Rainer Jeh

Das Silberkomplott

1. Auflage Juni 2006
2. Auflage November 2006

Lektorat: Dr. Renate Oettinger
Umschlaggestaltung: ZERO Werbeagentur, München
Satz und Layout: Agentur Pegasus, Zella-Mehlis
Druck und Bindung: Clausen & Bosse, Leck

ISBN 3-938516-26-7

Gerne senden wir Ihnen unser Verlagsverzeichnis
Kopp Verlag
Pfeiferstraße 52
D-72108 Rottenburg
Email: info@kopp-verlag.de
Tel.: (0 74 72) 98 06-0
Fax: (0 74 72) 98 06-11

Unser Buchprogramm finden Sie auch im Internet unter:
www.kopp-verlag.de

Reinhard Deutsch

Das Silberkomplott

JOCHEN KOPP VERLAG

Für meine kleine Familie
Gabi, Frauke, Lukas, Hannah

Anmerkung und Danksagung

Dieses Buch baut auf einer Broschüre auf, die ich im Jahr 2000 geschrieben habe mit dem Titel *Die Geldfalle – Warum der Silberpreis explodieren wird.* Diese Broschüre, obwohl nur im Eigenverlag als Copyprint erschienen, fand großen Zuspruch, und es wurden über Empfehlungen und Mundpropaganda zahlreiche Exemplare davon verkauft. Fonds und Investmentclubs verschenkten die Broschüre an Mitglieder. Silber stand damals auf seinem historischen Tiefstpreis von vier Dollar pro Unze. Obwohl der Silberpreis sich inzwischen mehr als verdoppelt hat, steht Silber nach meiner Überzeugung immer noch am Anfang einer völligen Neubewertung. Die Gründe dafür finden Sie in dem Buch.

Danken möchte ich vor allem meinem Freund Dr. Uwe Burkheiser für die vielen Gespräche, Hilfen und Hinweise. Seinem Drängen, den Telefonaten mit Heinz Geilich aus der Schweiz sowie der Initiative meines Verlegers Jochen Kopp, der einfach einen Vertrag geschickt hat, ist es zu danken, daß schließlich ein richtiges Buch aus der oben genannten Broschüre geworden ist.

Danken möchte ich auch Frau Ursula Stucki aus Basel für viele Anregungen und die sorgfältige Korrektur der ersten Fassung.

Breidenbach, im März 2006

Inhaltsverzeichnis

Ein paar Geschichten zur Einstimmung

A. Das rätselhafte Komplott

Komplott ist ein sehr schillernder Begriff. Eigentlich steht Komplott für die Verabredung zu einem strafbaren Unternehmen. Wenn man das »strafbare« weglassen will, spricht man besser von Intrigen, die nur interessegeleitete Ränke bezeichnen, die nicht strafbar sind.

So harmlos ist die Intrige aber nun auch wieder nicht, handelt es sich doch um eine Verschwörung oder eine hinterhältige Machenschaft, mit der jemand (oder eine Gruppe) versucht, einem anderen (oder einer Gruppe) Schaden zuzufügen oder auf Kosten anderer sich einen unfairen Vorteil zu verschaffen.

Am besten wird der Sachverhalt, um den es geht, vielleicht mit dem schönen Begriff *Kabale* umschrieben, wobei es sich um ein geheimes Einverständnis von Personen zu einem bösen Zweck oder Anschlag handelt. *Die Silberkabale* wäre also vielleicht der treffende Titel für dieses Buch gewesen, aber das klingt halt ein wenig altmodisch und auch nicht tückisch genug.

Wie dem auch sei, es wird Sie jetzt vielleicht überraschen, aber Sie selbst sind ein Teil dieses Komplottes und zugleich sein Opfer. Ja, Sie – genau Sie selbst. Sie glauben das nicht? Dann versuchen Sie mal offen und ehrlich vor sich selbst die folgende Frage zu beantworten: Ist Silber Geld? Kann Silber jetzt hier und heute als Geld verwendet werden?

Wenn Sie nicht schon von den libertären Gedanken eines Murray Rothbart infiziert sind, werden Sie die Frage mit einem klaren Nein beantwortet haben. Praktisch alle Menschen halten Silber für einen Rohstoff, aber nicht für Geld, und sie sind felsenfest davon überzeugt, daß Silber in einer modernen Wirtschaft nicht als Geld taugt, ebensowenig wie das andere »barbarische Relikt« aus früheren Zeiten, nämlich Gold.

Wenn Sie sich auf das Thema einlassen, werden Ihnen selbst viele Gründe einfallen, warum Gold und Silber heute nicht mehr als Geld verwendet werden können. Der erste Grund, der meist sofort genannt wird, ist das Argument, es gebe nicht genug Gold und Silber, um eine moderne Währung darauf aufzubauen. Dieses Argument stimmt hinten und vorne nicht, es ist einfach falsch (ich werde weiter unten im einzelnen darauf eingehen), aber gleichwohl hat jeder sofort dieses Argument parat, und damit ist der Casus erledigt – man muß nicht länger darüber nachdenken.

Dieser Sachverhalt ist eigentlich höchst erstaunlich. Wie kann es sein, daß in unserer aufgeklärten Welt, mit Fernsehen, Internet, Presse- und

Meinungsfreiheit etc., ein völlig falsches Argument so fest in den Köpfen der Menschen verankert ist, daß sie es vehement verteidigen und teilweise richtig böse werden, wenn man erklärt, das Argument sei falsch? Prüfen Sie sich mal selbst: Haben Sie nicht auch hier und jetzt das Gefühl, Gold und Silber können nicht als Geld funktionieren, einfach weil es nicht genug davon gibt und weil man damit keine »elastische« Geldversorgung sicherstellen kann?

Ich will einmal versuchen, Ihre Überzeugung mit einer einfachen Frage zu erschüttern. Wenn es denn stimmt, daß es nicht genug Gold gibt, um eine Währung darauf aufzubauen, warum hat man dann Silber als Geld abgeschafft? Silber gab es ja schon immer etwa 15mal mehr als Gold, es war also immer viel mehr Silber vorhanden. Wie kann man erklären, das Gold sei zu knapp, um als Geld zu dienen, nachdem man vorher das reichlich vorhandene Silber als Geld abgeschafft hat? Wäre es nicht viel sinnvoller gewesen, das reichlich vorhandene Silber als Geld zu behalten, zusätzlich zum knappen Gold? Versuchen Sie mal, darauf eine vernünftige Antwort zu geben, es wird Ihnen kaum gelingen.

Wie kann es sein, daß bei einem so wichtigen Thema, wie es Geld ist und das ja alle Menschen elementar betrifft, eine so falsche Vorstellung in den Köpfen der Menschen verankert wurde, daß sie jetzt ohne Zwang aus tiefster Überzeugung diese Vorstellung selbst verteidigen und sich so selbst zu Teilnehmern an einem Komplott machen, das gegen sie selbst gerichtet ist?

Ich will die Sache einmal ein wenig auf die Spitze treiben und mit einem Vergleich zeigen, welche Gehirnwäsche da eigentlich stattgefunden hat. Etwa um die Mitte des 16. Jahrhunderts kamen die ersten Kartoffeln aus Südamerika nach Europa. Zunächst hatte man sie wegen ihrer Blüten als Zierpflanze genutzt. Daß man die unterirdischen Knollen essen konnte, war noch weitgehend unbekannt. Die Bauern kannten die Pflanze nicht und wollten sie auch nicht anbauen. Es wurden sogar allerlei Gerüchte über ihre Giftigkeit verbreitet. Es dauerte noch 200 Jahre, bis in den Köpfen der Menschen die Kartoffel als Nahrungsmittel akzeptiert wurde. Von Friedrich dem Großen wird berichtet, daß er Kartoffelfelder von seinen Soldaten bewachen ließ, um sie als wertvoll erscheinen zu lassen. Zur Erntezeit zogen dann die Soldaten ab, um den Bauern Gelegenheit zu geben, die Kartoffeln zu stehlen und als Saatkartoffeln zu nutzen. Mit diesem Trick versuchte er, die Kartoffel als wertvolles Nahrungsmittel in die Köpfe der Menschen zu bringen. Heute weiß jeder: Kartoffeln schmekken, sind gesund und ein nützliches Nahrungsmittel. In Notzeiten würden viele Menschen sofort anfangen, Kartoffeln anzubauen. Das Wissen ist heute in den Köpfen verankert.

Können Sie sich vorstellen, daß dieses Wissen wieder verlorengeht, daß die Mehrzahl der Menschen sagt, Kartoffeln kann man nicht essen, ohne es auch nur auszuprobieren? Eine solche Gehirnwäsche kann man sich kaum vorstellen, und gleichwohl ist genau das mit Silber passiert. Nur etwa 100 Jahre später, nachdem Friedrich der Große begonnen hatte, die Kartoffel in die Köpfe der Menschen zu pflanzen, wurde damit begonnen, Silber als Geld aus den Köpfen der Menschen zu entfernen.

Mit der Reichsgründung 1871 führte Deutschland Gold als alleiniges Geld ein und schaffte Silber als Geld ab, und praktisch alle anderen Staaten folgten diesem Beispiel. Später wurde dann auch Gold als Geld abgeschafft, und seit 1971 läuft weltweit ein gigantisches Experiment mit ungedecktem Papiergeld, sogenanntem *fiat money*, wobei die meisten Menschen gar nicht wissen, daß hier ein Experiment läuft und daß dieses Experiment jetzt wahrscheinlich scheitern wird, wie alle Experimente vorher mit fiat money.

Das Verblüffendste aber ist: Obwohl die Menschen mit fiat money ausgeraubt werden, wie es Alan Greenspan in seinem berühmten Aufsatz *Gold und monetäre Freiheit* sehr schön einfach und klar beschreibt, verteidigen sie dieses Geld und behaupten, Gold und Silber können kein Geld sein. Sie sind, um im Bild zu bleiben, felsenfest davon überzeugt, daß man Kartoffeln nicht essen kann bzw. daß Silber kein Geld sein kann.

B. Gibt es einen Plan im Universum?

Im Jahre 1714 reißt an einem Sommertag die schönste Hängebrücke von Peru. Bei dieser Katastrophe finden fünf Menschen den Tod: Dona Maria, die einsame, alternde Marquese de Montemayor, ihre junge Gesellschafterin Pepita, der um seinen Zwillingsbruder Manuel trauernde Esteban, der von einem abenteuerreichen Leben gezeichnete Onkel Pio und der Knabe Don Jaime, den sich Pio von seiner Mutter, der Schauspielerin Perichole, erbettelt hat, um ihn in Lima zu erziehen.

Bruder Juniper, den fast das gleiche Los getroffen hätte, nimmt dieses Verhängnis zum Anlaß, Nachforschungen über das Leben dieser Unglücklichen anzustellen. »Warum geschah das just diesen Fünfen?«, fragte er sich. Wenn es überhaupt einen Plan im Weltall gab, wenn dem menschlichen Dasein irgendein Sinn innewohnte, mußte er sich, wenn auch noch so geheimnisvoll verborgen, sicherlich in diesen fünf so jäh abgeschnittenen Lebensläufen entdecken lassen. Entweder leben wir durch Zufall und sterben durch Zufall, oder wir leben nach einem Plan und sterben nach einem Plan.

In dem Roman Thornton Wilders *Die Brücke von San Luis Rey* versucht Bruder Juniper, ein Franziskaner-Mönch, anhand dieses Ereignisses zu entdecken, ob es so etwas wie einen Plan im Universum gibt. Die Frage bleibt am Ende unbeantwortet, und der Mönch wird mitsamt seinem Buch von der Inquisition verbrannt, weil er die Frage überhaupt gestellt hat.

So schlimm sind die Sitten zum Glück heute nicht mehr, und es ist vielleicht ganz reizvoll, anhand eines einzigen Ereignisses einmal der Frage nachzugehen, ob es einen Plan im Finanzuniversum gibt. Hat sich unser Geldsystem zufällig evolutionär entwickelt, oder ist ein Plan, eine zielgerichtete Strategie erkennbar?

Das Ereignis, anhand dessen ich diese Frage analysieren will, ist die Entmonetisierung des Silbers ab der Mitte des 18. Jahrhunderts. Hat sich dieses Ereignis zufällig aus den Umständen heraus entwickelt, oder wurde es von Menschen planvoll und zielstrebig betrieben? Von der monetären Logik her ist ja zunächst kein Sinn zu erkennen. Wenn die Menschen Durst haben, ergibt es keinen Sinn, die Hälfte des Wassers (der Liquidität) wegzuschütten. Wenn man schon ständig erklärt, es gebe einfach nicht genug Gold, das als Geld dienen könne, und der Goldstandard würde die Wirtschaft einschnüren, dann macht es keinen Sinn, Silber als Geld, als Liquidität, abzuschaffen, nachdem es sich über viele Jahrhunderte als Geld bereits bewährt hat. Es würde viel mehr Sinn ergeben, das reichlich vorhandene Silber zusätzlich als Geld zu nutzen. Wurde also Silber als Geld abgeschafft, einfach weil der Markt es nicht mehr brauchte, weil es niemand mehr als Geld haben wollte? Warum wurde dann das andere barbarische Relikt, nämlich Gold, nicht auch vom gleichen Schicksal ereilt? Gold wird zwar heute im Geschäftsbetrieb nicht mehr als Geld benutzt, es dient aber gleichwohl nach wie vor als Geld, wie Alan Greenspan und die Zentralbanken erst jüngst erklärt haben. Praktisch alle Zentralbanken der Welt halten nach wie vor Gold als monetäre Reserve – warum nicht auch Silber? Wenn es also im Finanzuniversum so etwas wie einen Plan gibt, dann müßte er an dieser Stelle, bei der Entmonetisierung des Silbers, sichtbar werden.

C. Die Nornen und die Schicksalsfäden

Nach den Vorstellungen der Germanen sitzen die Drei Nornen unter der Welt-Esche Yggdrasill, spinnen den Schicksalsfaden jedes Menschen und spannen die Fäden des Schicksalsgewebes, in das die ganze Welt verstrickt ist. Die Drei Nornen bestimmen das Schicksal der Menschen, der Götter und aller anderen Wesen. Dabei steht Urd für die Vergangenheit, weshalb sie auch oft als uralte Frau beschrieben wird. Verdandi steht für die Gegenwart und wird oft als Frau mittleren Alters gezeichnet. Skuld symbolisiert die Zukunft, das Werdende. Aus diesem Grund stellte man sie oft als junges Mädchen dar. Das könnte eigentlich bedeuten, daß die Zukunft nicht vorherbestimmt ist, sondern, daß sie aus Vergangenheit und Gegenwart entsteht. Trotzdem war der Glaube an ein bereits vorherbestimmtes Schicksal bei den Germanen sehr verbreitet. Nimmt man aber an, die Nornen fertigen das Schicksal nur nach den Anweisungen einer höheren Macht, erkennt man, daß sie selbst im Grunde gar keinen Einfluß auf Vergangenheit, Gegenwart und Zukunft haben. Diese geheimnisvolle, über allem stehende Macht wird in der Mythologie als Orlög bezeichnet. Vielleicht stecken hinter Orlög in gewisser Weise die Naturgesetze, die letztlich alle Vorgänge im Universum nach bestimmten Regeln ablaufen lassen.

Gleichzeitig kann man aber mittels dieses Bildes auch die Meinung vertreten, daß das Schicksal nicht eine von fremder Hand festgelegte und starre »Bestimmung« ist, wie Anhänger autoritärer Religionen glauben, sondern ein dynamisches Werden, das sich immer wieder selbst gestaltet und aus seinen Ursachen hervorbringt.

Also auch hier wieder die alte Frage: Zufall oder Notwendigkeit? Gibt es einen Plan im Universum? Zum Glück haben wir es beim Silberkomplott aber nicht mit Göttern zu tun, sondern nur mit Menschen. Wir brauchen also nur zu fragen: Haben Menschen die Demonetisierung des Silbers planvoll betrieben, oder hat sich dies im Laufe der Zeit zufällig so ergeben?

Am besten ist es, wenn wir uns den Schicksalsfaden des Silbers einmal genauer anschauen. Vielleicht wird ja das Silberkomplott darin sichtbar, und wir können aus Vergangenheit und Gegenwart des Silbers auch etwas über seine Zukunft herauslesen. Ich werde in dem Buch auf die einzelnen Zeitabschnitte, die Berechnungen und Kursbewegungen näher eingehen, und wenn Sie das Buch gelesen haben, werden Ihnen die Charts hoffentlich sehr viel mehr erzählen können, als Sie jetzt sehen. Die beiden »Schicksalsfäden« sollen einfach eine Art Halteseil bilden bei unserer Reise durch die Geschichte des Geldes und der Betrachtung des atemraubenden Schicksals des Silbers. Im Kapitel »Das Silberkomplott« werden wir die Schicksalsfäden genauer untersuchen. Zunächst wollen wir uns aber noch ein wenig mit Zauberei beschäftigen.

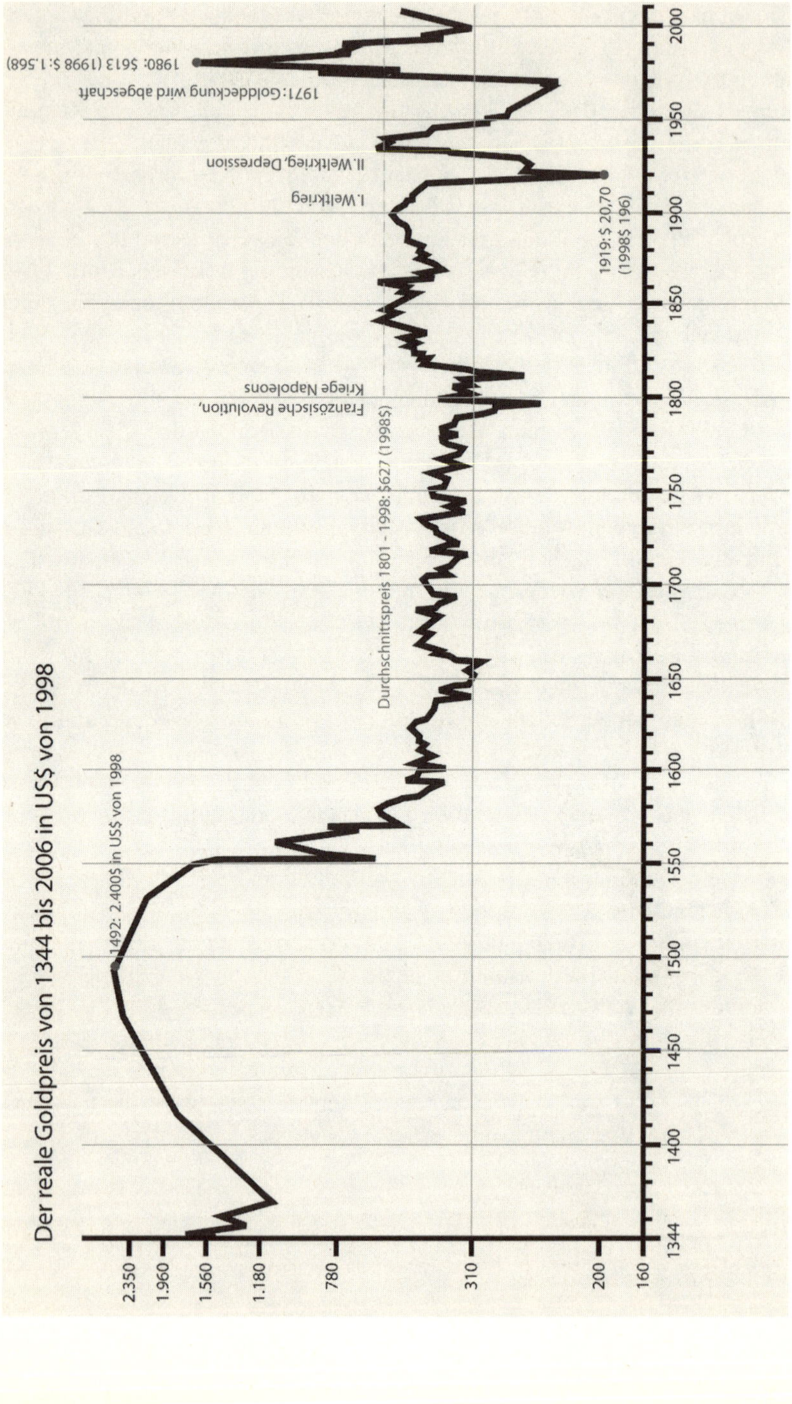
Der reale Goldpreis von 1344 bis 2006 in US$ von 1998
1492: 2.400$ in US$ von 1998
Durchschnittspreis 1801 - 1998: $627 (1998$)
Französische Revolution,
Kriege Napoleons
I. Weltkrieg
II. Weltkrieg, Depression
1919: $ 20,70
(1998$ 196)
1971: Golddeckung wird abgeschafft
1980: $613 (1998 $: 1.568)
2.350
1.960
1.560
1.180
780
310
200
160
1344
1400
1450
1500
1550
1600
1650
1700
1750
1800
1850
1900
1950
2000

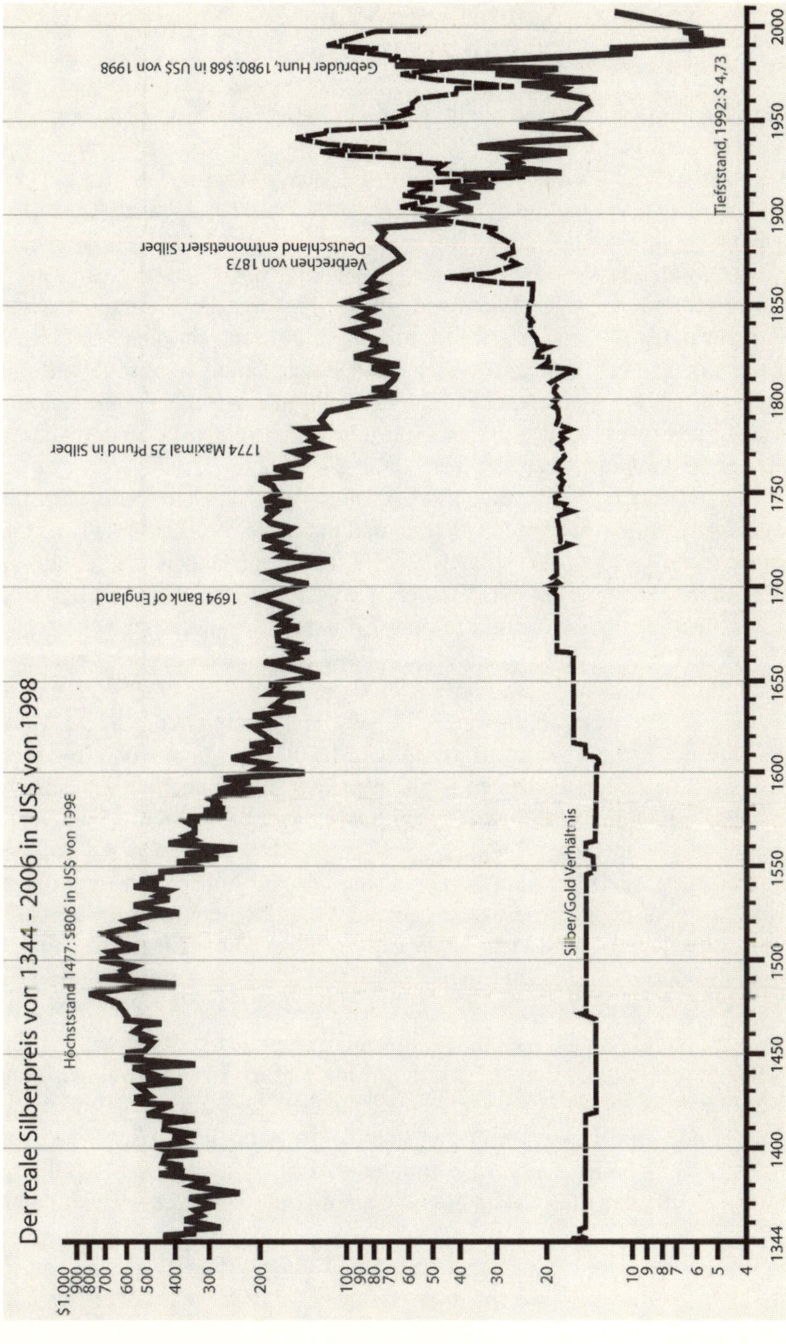
Der reale Silberpreis von 1344 - 2006 in US$ von 1998
Höchststand 1477: $806 in US$ von 1998
Silber/Gold Verhältnis
1694 Bank of England
1774 Maximal 25 Pfund in Silber
Verbrechen von 1873
Deutschland entmonetisiert Silber
Gebrüder Hunt, 1980: $68 in US$ von 1998
Tiefststand, 1992: $ 4,73
$1.000
900
800
700
600
500
400
300
200
100
90
80
70
60
50
40
30
20
10
9
8
7
6
5
4
1344
1400
1450
1500
1550
1600
1650
1700
1750
1800
1850
1900
1950
2000

D. Götter vollbringen Wunder – Menschen können nur zaubern

Das Zaubern sollte man nicht gering schätzen. In guten Zaubertricks stecken sehr viel Intelligenz, Psychologie, Weisheit und menschliche Erfahrung. Im Laufe der Jahrhunderte hat sich so viel Erfahrung bei der Zauberei angesammelt, daß ein David Copperfield heute ganze Züge oder gar die Freiheitsstatue vor den Augen eines staunenden Millionenpublikums verschwinden lassen kann und nur ganz wenige begreifen, wie es geht.

Im Grunde ist jeder Zaubertrick ein Angriff auf die Naturgesetze und den gesunden Menschenverstand, mit oft verblüffend simplen Tricks, und doch fallen die Menschen immer wieder neu darauf herein. Allerdings steckt in den Tricks eben auch viel Klugheit, Phantasie und Erfahrung, und viele Zaubertricks sind sogar patentiert. Es könnte eigentlich jeder wissen, wie es funktioniert, aber wer liest schon die Patente …

Es mag vielleicht abwegig klingen, aber wenn Sie Geldpolitik wirklich verstehen wollen, sollten Sie sich einmal intensiver mit Zauberei beschäftigen, denn Geldpolitik ist auch aus Zauberei entstanden. Die Alchimie war nichts anderes als der Versuch, Geld herbeizuzaubern. Dabei sind nicht nur viele naturwissenschaftliche Erkenntnisse gewonnen worden und das Porzellan entstanden, sondern am Ende ist es auch wirklich gelungen, Geld zu zaubern, und zwar verblüffend einfach und auf eine ganz andere Weise, als man ursprünglich gedacht hatte. In Anbetracht des Sachverhaltes, um den es geht, nämlich gewaltige Macht, kann man wohl erwarten, daß zu allen Zeiten die besten Köpfe an diesem Trick gearbeitet haben.

Das folgende Zitat illustriert den Sachverhalt sehr schön: »Von Herrn Bagehot, der in diesen Dingen die höchste Autorität ist, haben wir die Erklärung vernommen, daß man noch niemals eine höhere und wertvollere Intelligenz an irgendeine Sache gewendet hat, als man heute in England den finanziellen Problemen zuwendet.« (Alfred Marshall, Erklärung vor dem *Committee on Indian Currency*, 1899)

Der Satz stammt aus der Zeit, in der Silber als Geld abgeschafft wurde und auf die ich mich besonders konzentrieren will. Um Ihnen ein Gefühl dafür zu geben, wie machtvoll solche simplen Tricks funktionieren können, lernen Sie jetzt einen einfachen Zaubertrick, mit dem Sie nicht nur Ihre Kinder und Enkel verblüffen können. Es handelt sich dabei um den ältesten Trick in der Zauberei, nämlich die Aufmerksamkeit des Publikums vom eigentlichen Geschehen abzulenken und auf eine Nebensächlichkeit zu richten.

Also, Sie nehmen in die rechte Hand einen Bleistift, der nur noch halblang ist, so daß Sie ihn bequem und sicher hinter das rechte Ohr stecken können, und in die linke, offene Hand legen Sie eine Münze. Nun behaupten Sie, Sie könnten die Münze mit Ihrem Zauberstab verschwinden lassen, und heben mit weit ausholender Geste den Bleistift bis hoch an Ihren Kopf. Dann senken Sie den Bleistift theatralisch, weisen damit auf die Münze in Ihrer offenen Hand und sagen »Abra«. Anschließend heben Sie den Bleistift wieder weit ausholend bis an den Kopf und schließen die linke Hand um die Münze, dann senken Sie erneut den Bleistift, öffnen die Hand mit der Münze, weisen mit dem Bleistift auf die Münze und sagen »Kadabra«. Blicken Sie jedes Mal selbst konzentriert auf die Münze. Das ist wichtig, weil das Publikum immer dahin schaut, wo Sie selbst hinsehen. Sie führen das Publikum mit Ihren Augen. Das ist auch so ein Trick …

Nun wieder die linke Hand schließen und die rechte Hand weit ausholend zum Kopf führen. Diesmal stecken Sie den Bleistift hinters Ohr, senken die rechte Hand ohne Bleistift, öffnen die linke Hand und rufen laut »Verschwindibus«. Die Münze liegt noch in der Hand, aber der Bleistift ist weg. »Oh«, erklären Sie nun erstaunt, »da habe ich mich wohl verzaubert. Jetzt habe ich aus Versehen den Bleistift weggezaubert statt der Münze.« Während Sie das sagen, drehen Sie Ihre rechte Seite zum Publikum, wobei sie mit einer leichten Geste zum Ohr weisen, so daß jeder den Bleistift hinter dem Ohr entdeckt. Während jeder sich freudig auf die Entdeckung des Bleistifts hinter dem Ohr konzentriert, lassen Sie die Münze in die linke Hosentasche gleiten, die ja jetzt vom Publikum abgewandt ist. Sie nehmen den Bleistift deutlich sichtbar vom Ohr und sagen »jetzt aber«. Danach schwingen Sie wieder mit weit ausholender Geste den Bleistift, sagen »Abra Kadabra«, lassen diesmal die linke Hand aber geschlossen. Beim dritten Mal rufen Sie laut »Verschwindibus«, öffnen die linke Hand und zeigen mit dem Bleistift auf die leere Hand.

Am Anfang war die Aufmerksamkeit des Publikums auf die Münze gerichtet, die Sie durch das Vorzeigen und Öffnen und Schließen der linken Hand noch gesteigert haben, und die Zuschauer waren verblüfft, daß der Stift weg war. Dann war die Aufmerksamkeit auf den Stift gerichtet, und die Zuschauer waren verblüfft, daß die Münze weg war.

Sie werden es jetzt sicher nicht glauben wollen, aber auf so simplen Tricks beruht auch der Geldbetrug. Nachfolgend ein praktisches Beispiel dafür, wie der Trick im Geldbereich funktioniert. Wenn Sie gefragt werden, was Inflation bedeutet, werden Sie, wie die meisten Menschen, wohl antworten: steigende Preise. Wenn das allgemeine Preisniveau steigt, nennt man das Inflation, und die Zentralbank muß dafür sorgen, daß die Preise stabil bleiben. – Sehen Sie, damit sind Sie schon auf den Trick hereingefallen. Ihre Aufmerksamkeit wird auf die Preise gelenkt und auf böse Kaufleute, Unternehmer und Gewerkschaften, welche die Preise und Löhne erhöhen, was die edle Zentralbank nach Möglichkeit verhindern soll. Dabei ist die Zentralbank der eigentliche Zauberkünstler, der die Preise erhöht. Preise müssen sich bewegen, um Knappheiten, Angebot und Nachfrage zu spiegeln. Das ist ihre eigentliche Aufgabe – die Preise dürfen gar nicht stabil sein. Preise müssen auch deutlich steigen, wenn ein Gut, wie beispielsweise Öl, knapp wird, damit der Markt sich an diese reale Situation anpassen kann.

Ja – werden Sie jetzt vielleicht einwenden –, einzelne Preise sollen sich auch bewegen, aber das gesamte Preisniveau darf nicht steigen, davor muß uns die Zentralbank schützen. Aber warum sollten alle Wirtschaftsteilnehmer plötzlich auf die Idee kommen, alle Preise zu erhöhen? Niemand hätte einen Vorteil davon. In der Tat gibt es so etwas im realen Leben auch gar nicht. Im Goldstandard ist das Preisniveau über Jahrhunderte konstant geblieben und sogar eher leicht gesunken, wegen der wachsenden Produktivität. Allenfalls in Kriegszeiten sind alle Preise zeitweilig gestiegen, weil alles knapper wurde und Kriege meist mit zusätzlichem Falschgeld finanziert werden, um danach wieder auf das alte Niveau zu fallen.

Erst seit es Zentralbanken gibt, haben wir es mit immer heftigeren Schwankungen des allgemeinen Preisniveaus zu tun und vor allem mit einer permanenten Geldentwertung. Den Menschen wird erzählt, die Preise würden ständig steigen, wir hätten zwei bis sechs Prozent Inflation trotz des heldenhaften Kampfes der Zentralbanken.

In Wahrheit steigen aber nicht die Preise, sondern das Geld wird immer wertloser, weil die Zentralbanken immer mehr davon erzeugen. Die stabile D-Mark hat in ihrem kurzen Leben von 55 Jahren 80 Prozent ihres Wertes verloren, und beim Euro geht es noch viel schneller, der hat in seinen sechs Jahren offiziell bereits 16 Prozent eingebüßt. Aber diese offizielle Zahl kann man getrost als gefälscht bezeichnen. Sie wurde mit statistischen Tricks erzeugt. In Wahrheit hat der Euro bereits 50 Prozent seines Wertes verloren. Wein, Pizza, Bücher, Benzin und viele Dinge des täglichen Bedarfs kosten heute in Euro so viel, wie sie früher in DM gekostet haben. Inzwischen wurde dieser Sachverhalt auch offiziell bestätigt. Das Statistische Bundesamt hat zusammen mit Prof. Hans Wolfgang Brachinger von der Universität Freiburg jetzt ermittelt, daß der Kaufkraftverlust des Euro von Anfang an bei sieben Prozent p. a. und darüber lag.

Die Zauberer in den Zentralbanken spielen sich als Retter auf, verweisen nach der Methode »Haltet den Dieb!« auf die bösen Kaufleute und verschleiern, daß sie die einzigen sind, die Inflation erzeugen und Inflation erzeugen können. Nur die Banken können die Geldmenge erhöhen, nur sie können zusätzliches Geld aus dem Nichts herbeizaubern. Inflation kommt von *inflare* – aufblähen – und heißt: Aufblähen der Geldmenge. Dies hat mit Preisen zunächst überhaupt nichts zu tun. Erst wenn das viele Geld immer wertloser wird, haben wir den Eindruck, die Preise steigen, weil wir immer mehr Geld auf den Tisch legen müssen, um bestimmte Produkte oder Dienstleistungen zu kaufen. Aber genau das ist der Täuschungstrick.

Man bezeichnet einfach nicht die steigende Geldmenge als Inflation, sondern die steigenden Preise; man benutzt das gleiche Wort für zwei ganz verschiedene Sachverhalte, und damit hat man von sich selbst als Urheber der Inflation abgelenkt. In Wahrheit sind also die Zentralbanken die eigentlichen Mafia-Zentralen, die das Falschgeld erzeugen und gleichzeitig die Aufmerksamkeit auf Unternehmer und Gewerkschaften lenken, die angeblich inflatorische Lohn-Preis-Spiralen in Gang setzen, wovor die Zentralbanken uns schützen müßten.

Wenn Sie jetzt noch einmal kurz einen Blick auf unseren Schicksalsfaden werfen, in diesem Fall den langfristigen Goldchart auf Seite 18, so sehen Sie: Erst seit es überall Zentralbanken gibt, so etwa ab dem Jahre 1900, fängt die Geldmenge und damit der Geldwert an, extrem auf- und abzuschießen. Mit dem einfachen Trick, die Geldmenge extrem zu verändern und abwechselnd mal viel Geld, mal wenig Geld in Umlauf zu bringen, können Sie extreme Reichtümer ansammeln und enorme Macht ausüben, besonders, wenn Sie immer vorher wissen, was kommt. Der Spekulant George Soros hat an einem Tag eine Milliarde Dollar verdient, weil er vorher wußte, was mit dem Pfund geschieht. Wenn Sie wissen wollen, wie Insidergeschäfte in der Praxis funktionieren und welche enormen Summen dabei verdient werden, lesen Sie mal das Buch *Club der Diebe* von James B. Stewart. Da können Sie monetäre Zauberkünstler in der Praxis beobachten.

Mit dem Spiel am Ende des Buches können Sie lernen, wie der Trick »viel Geld – wenig Geld« funktioniert, weshalb das Spiel auch »Inflation – Deflation« heißt.

»Wenn wir nicht das Recht der Geldausgabe und das Geldmonopol des Staates und der Behörden abschaffen und völlige Freiheit in der Wahl des Geldes ermöglichen, werden wir nie wieder eine anständige Währung und auch nie wieder ein anständig funktionierendes Wirtschaftssystem haben.«

Nobelpreisträger Prof. Friedrich A. von Hayek

E. Der Aufbau des Buches

Hier erfahren Sie, wie der Krimi aufgebaut und was der »Plot« ist

Der Charme eines wirklich guten Zaubertricks oder auch Trickbetruges besteht darin, daß er so simpel ist, daß man es nicht für möglich hält. In der Geschichte des Geldes reiht sich ein staatlicher Geldbetrug an den anderen. Diese geschichtliche Erfahrung legt eigentlich die Vermutung nahe, daß so etwas auch heute wieder geschieht. Vielleicht halten Sie es jetzt nicht für möglich, aber es geschieht in der Tat gerade wieder vor Ihren Augen. Das eigentlich Verwunderliche daran ist, daß es sich immer um den gleichen simplen Trick handelt, und daß er immer wieder funktioniert. Staat und Banken erzeugen einfach legales Falschgeld, und das Publikum hält es nicht für möglich, weil es glaubt, legales Falschgeld könne oder dürfe es nicht geben.

Ich will Ihnen in diesem Buch zeigen, wie sich dieser Trick entwickelt hat, wie er im Laufe der Geschichte immer raffiniertere Formen angenommen hat, wie er heute funktioniert, wie Sie sich privat vor seinen Auswirkungen schützen können, und schließlich, wie ein besseres Geldsystem aussehen könnte, das jetzt vielleicht entsteht. Sie werden sehen, daß in einem längeren Prozeß zunächst Gold und Silber von legalem Falschgeld verdrängt werden mußte und wie in einem wirklich raffinierten Komplott diese Entmonetisierung von Gold und Silber etwa ab dem Jahre 1700 langfristig geplant und zielstrebig durchgeführt wurde. Kein Geringerer als Alan Greenspan wird Ihnen in diesem Buch klipp und klar erklären, warum das notwendig war und wie es gemacht wurde. Die zentrale These des Buches ist dann, daß dieses bisher größte Falschgeldexperiment, das vor etwa 35 Jahren begonnen wurde, jetzt scheitert und wir wieder zu gedecktem Geld zurückkehren werden. Dabei kommt es zu einer Remonetisierung von Gold und Silber, wovon der Silberpreis besonders profitieren dürfte. Diesen Prozeß aber wollen Regierungen und Zentralbanken so lange wie möglich verhindern. Ich werde Ihnen am Ende des Buches zeigen, wie heute, vor Ihren Augen, ein gnadenloser Kampf um Gold und Silber geführt wird auf den Märkten und in den Medien, um möglichst lange zu verhindern, daß die Edelmetallpreise steigen und Gold und Silber wieder privates Geld werden.

Ich verspreche Ihnen eine spannende Reise durch die Geldgeschichte, an deren Ende Sie sich fragen werden, wie es trotz allen Wissens und aller Aufklärung immer wieder möglich war, die Menschen mit Geld und in bezug auf Geld so zu täuschen. Sie werden Geld, Ihre Geldanlagen und auch Ihre Altersversorgung danach mit anderen Augen sehen. Aber ich werde Ihnen auch zeigen, wie an vielen Stellen die Menschen jetzt anfangen, den Trick zu durchschauen und nach Lösungen zu suchen für ein besseres Geldsystem.

Vielleicht stören Sie sich jetzt noch an so moralischen Begriffen wie *Betrug* und *Falschgeld*, aber das wird sich ändern. Man soll das Kind beim Namen nennen, weil der Sachverhalt dann klarer wird. Schon ein altes chinesisches Sprichwort sagt: »Der erste Schritt zur Weisheit ist, die Dinge beim richtigen Namen zu nennen.« Aber wenn Sie es doch sanfter mögen, setzen Sie einfach gedanklich für das Wort Betrug die Floskel *kollektive Selbsttäuschung* ein und für Falschgeld den international üblichen englischen Begriff *fiat money*, was soviel bedeutet wie »es werde Geld«, also Zaubergeld. Es gibt überraschenderweise kein deutsches Wort für den Begriff *fiat money*. Die Übersetzung *legales Falschgeld* trifft wohl am besten den Sachverhalt, der damit gemeint ist. Das Merkwürdige ist nur, daß der Begriff *legales Falschgeld* sofort ein starkes Unbehagen auslöst. Es sieht so aus, als ob hier ein Tabu berührt würde, das es zu entzaubern gilt.

Es sollte aber auch klar sein, daß ich nicht Banker, Staatsbeamte und Politiker als Betrüger und Geldfälscher bezeichnen will. Man muß gar nicht kriminelle Energien unterstellen. Das aktuelle Geldsystem bringt diese Folgen aus sich selbst zwangsläufig hervor. Das System ist zwar nicht vom Himmel gefallen, und es hat auch eine große Anzahl Staatsmänner, Banker und Wirtschaftswissenschaftler bewußt »gefälscht« und mit genau dieser Zielsetzung an der Entwicklung des Systems mitgearbeitet, aber die große Mehrzahl der Banker und Politiker nutzen dieses System heute in gutem Glauben und verteidigen es wohl auch aus tiefer Überzeugung. Manche sehen zwar die Zusammenhänge, können aber nicht anders handeln, weil sie Gefangene des Systems sind. Wahrscheinlich traf das auch auf Alan Greenspan zu. Es gibt hier keine einfache Unterscheidung zwischen Gut und Böse. Der ganze Zwiespalt des Sachverhaltes, um den es hier geht, kommt sehr schön in einer kleinen Geschichte zum Ausdruck, die Baudelaire unter dem Titel *Das falsche Geldstück* erzählt und die ich zur Einstimmung nachfolgend wiedergeben möchte.

F. Das falsche Geldstück

»Während wir uns von dem Tabakladen entfernten, begann mein Freund, die verschiedenen Münzsorten seines Geldes sorgfältig zu sondern; die kleinen Goldstücke wanderten in die linke, die kleinen Silberstücke in die rechte Westentasche, in die linke Hosentasche ließ er eine größere Menge Kupfermünzen gleiten und in die rechte endlich ein silbernes Zweifrankenstück, das er einer besonderen Prüfung unterzogen hatte.

›Was für eine wunderliche umständliche Art, sein Geld auf sich zu verteilen‹, sprach ich bei mir selbst.

Wir begegneten einem Armen, der uns zitternd seine Mütze hinhielt. – Ich kenne nichts Quälenderes als die stumme Beredtsamkeit dieser flehenden Augen, aus denen für den fühlenden Menschen, der darin zu lesen versteht, soviel Demut und zugleich soviele Vorwürfe sprechen. Er gewahrt dort etwas, das an Tiefe der vieldeutigen Empfindung nahe kommt, wie sie in den tränenden Augen geschlagener Hunde liegt.

Die Spende meines Freundes war sehr viel ansehnlicher als die meine, und ich sagte zu ihm: ›Nächst dem Vergnügen, sich überraschen zu lassen, gibt es kein größeres, als einem anderen eine Überraschung zu bereiten.‹ – ›Es war das falsche Geldstück‹, antwortete er gelassen, als wollte er seine Freigebigkeit rechtfertigen.

In meinem elenden Gehirn aber, das immer damit beschäftigt ist, sich in abwegigen Vermutungen zu ergehen (welche beschwerliche Gabe hat die Natur mir da verliehen!), entstand alsbald die Vorstellung, ein solches Verhalten meines Freundes sei nur entschuldbar, wenn es dem Verlangen entsprang, in dem Leben dieses armen Teufels ein Ereignis zu schaffen, vielleicht gar die verschiedenen möglichen Folgen zum Schlimmen oder Guten festzustellen, die ein falsches Geldstück in der Hand eines Bettlers nach sich ziehen kann. Konnte es sich nicht in echten Geldstücken vervielfältigen? Konnte es ihn nicht auch ins Gefängnis bringen? Ein Schankwirt, ein Bäcker etwa würden ihn vielleicht als Falschmünzer oder als jemand, der Falschgeld verbreitet, verhaften lassen? Ebenso gut aber könnte das falsche Geldstück für einen armen kleinen Spekulanten zum Grundstock eines kurzfristigen Reichtums werden. Und so ließ ich meiner Phantasie die Zügel schießen, lieh meinem Freund Geistesflügel und zog alle nur denkbaren Schlüsse aus allen nur denkbaren Hypothesen.

Jäh aber unterbrach mein Freund mich in meinem Sinnieren, und meine eigenen Worte aufgreifend, sagte er: ›Ja, Sie haben recht; es gibt kein süßeres Vergnügen, als einen Menschen dadurch zu überraschen, daß man ihm mehr gibt, als er erwartet.‹

Ich blickte ihm tief in die Augen und sah mit Entsetzen, daß seine Augen von unbestreitbarer Treuherzigkeit leuchteten. Da erkannte ich denn, daß er zugleich ein Almosen geben und ein gutes Geschäft machen wollte; zwanzig Groschen und Gottes Herz dazu gewinnen, das Paradies erknausern und zuletzt noch kostenlos als ein Wohltäter dastehen. Ich war fast bereit gewesen, ihm das Verlangen nach dem verbrecherischen Vergnügen zu verzeihen, dessen ich ihn soeben für fähig gehalten hatte; ich hätte es merkwürdig, seltsam gefunden, daß er sich einen Spaß daraus machte, den Armen Ungelegenheiten zu bereiten; aber seine törichte Berechnung werde ich ihm nie verzeihen. Man ist niemals entschuldbar, wenn man böse ist, aber es liegt ein gewisses Verdienst darin zu wissen, daß man es ist; und es ist das ärgste von allen unheilbaren Lastern, das Böse aus Dummheit zu begehen.«

G. Sapere aude – denken Sie selbst!

Geldtheorie ist nicht schwer, und es geht um Ihre Zukunft

Im Jahre 1777 schrieb die Preußische Akademie der Wissenschaften einen Preis über die Frage aus, ob es nützlich sei, das Volk zu betrügen. Dem war ein schamloser Geldbetrug vorausgegangen, mit dem Friedrich der Große seinen Siebenjährigen Krieg finanzierte. Ich werde auf diese spannende Geschichte später noch eingehen. Es ist gewiß ein Zeichen von aufgeklärter Toleranz, daß eine solche öffentliche Debatte unter Friedrichs Herrschaft überhaupt möglich war. Die Preisfrage lautete: »Ist es dem gemeinen Haufen der Menschen nützlich, getäuscht zu werden, indem man ihn entweder zu neuen Irrtümern verleitet oder bei den gewohnten Irrtümern erhält?« Der Preis wurde schließlich geteilt zwischen einem Befürworter und einem Gegner der Täuschung. Durch diese Preisfrage wurde aber in Deutschland eine Diskussion ausgelöst, die sich über 20 Jahre hinzog, über die Frage, was Aufklärung sei, sowie über ihre Vorteile, Grenzen und Gefahren für Religion und Staat. Im Rahmen dieser Diskussion veröffentlichte Immanuel Kant im Dezember 1784 seinen berühmten Beitrag mit dem Titel *Was ist Aufklärung*, worin er die These vertritt, daß es die natürliche Bestimmung der Menschen sei, selbst zu denken und sich so von Bevormundungen aller Art zu befreien. Aufklärung sei der Ausgang des Menschen aus seiner selbst verschuldeten Unmündigkeit. »Sapere aude« forderte Kant – habe Mut, dich deines eigenen Verstandes zu bedienen.

Bei geldtheoretischen Fragen glauben die meisten Menschen heute nicht mitreden zu können, weil diese Fragen ihnen zu kompliziert erscheinen. Obwohl ihr Leben und ihre Freiheit weitgehend von Geld bestimmt wird, überlassen sie das Thema den »Experten«. Kant schreibt sehr deutlich dazu: »Faulheit und Feigheit sind die Ursachen, warum ein so großer Teil der Menschen, nachdem sie die Natur längst von fremder Leitung freigesprochen, dennoch gerne zeitlebens unmündig bleiben; und warum es anderen so leicht wird, sich zu deren Vormündern aufzuwerfen. Es ist so bequem, unmündig zu sein.«

Natürlich benutzen die Fachleute eine komplizierte Sprache und entwerfen komplizierte Theorien. Jeden Teil des Lebens kann man unendlich kompliziert betrachten. Versuchen Sie einmal zu beschreiben, was Liebe ist, es wird Ihnen kaum gelingen – und dennoch ist es zugleich die einfachste Sache der Welt. Und leider ist es auch die einfachste Sache der Welt, mit Liebe zu täuschen. Ähnlich verhält es sich mit dem Geld. Es gibt unendlich komplizierte Beschreibungen darüber, was Geld ist, aber ich hoffe, Ihnen in diesem Buch zeigen zu können, daß es sich letztlich doch um eine sehr einfache Sache handelt. Viel einfacher als Liebe. Aber leider ist es eben auch beim Geld sehr einfach zu täuschen, weil Geld wie Liebe auf Vertrauen aufbaut.

Über Geld ist das meiste wohl schon längst gesagt und geschrieben worden, aber das nützt Ihnen gar nichts, wenn es nicht auch in Ihren Kopf gelangt. Dabei wird in älteren Büchern der Sachverhalt häufig viel einfacher, klarer und besser beschrieben als in heutigen Büchern mit ihren vielen mathematischen Formeln. Glauben Sie nicht die Behauptungen, daß heute alles ganz anders sei. Beim Geld hat sich, ähnlich wie in der Liebe, kaum etwas geändert, seit es Menschen gibt. Natürlich haben wir heute Telefon, Fernsehen und das Internet, aber wir nehmen mit unseren Augen, Ohren und Empfindungen ähnliche Signale auf wie vor Tausenden von Jahren. Vielleicht schneller und vielleicht mehr Informationen, aber am Prinzip hat sich nicht allzu viel geändert. Und das gilt auch für das Geld. Auch beim Geld hat sich am Grundkonzept nicht viel geändert, und Sie werden sehen: Auch der Geldbetrug funktioniert noch immer nach genau dem gleichen Prinzip wie vor 1000 Jahren. Es ist nicht schwer, das zu durchschauen, auch heute nicht bei digitalem Geld und flexiblen Wechselkursen. Deshalb das sapere aude: Haben wir den Mut, uns auch in Geldfragen unseres eigenen Verstandes zu bedienen.

Das Geldrätsel und ein wenig Theorie

In diesem Kapitel bekommen Sie einen wichtigen Schlüssel für den ganzen Krimi

Kaum etwas bestimmt unser Leben so sehr wie das Geld, und dennoch ist kaum einer unter tausend in der Lage zu sagen, was Geld eigentlich ist und wie es funktioniert. Legen Sie das Buch einmal kurz zur Seite und stellen Sie sich vor, Sie müßten jemandem erklären, was Geld ist. Was würden Sie sagen? In der Tat gibt es ja eine verwirrende Fülle von Antworten und Erklärungen auf diese Frage, und man hat oft den Eindruck, daß die Antworten mehr Verwirrung stiften als Klarheit schaffen. Eine recht gute Definition lautet z. B.: »Geld ist eine Übereinkunft unter Menschen, einen bestimmten Gegenstand als Tauschmittel zu benutzen.« Das ist eine sehr einfache und plausible Definition. Aber was haben Sie von einer solchen Definition? Selbst wenn man sie auswendig lernt, hilft sie wirklich weiter? Ich will Ihnen einmal eine simple Zweiteilung zeigen, mit der Sie in Geldfragen wirklich etwas anfangen können. Wenn Sie diese Zweiteilung einmal verstanden haben, können Sie plötzlich viele geldtheoretische Fragen sehr einfach verstehen und sich selbst erklären. Wahrscheinlich kennen Sie ja das Gefühl des Erkenntnisblitzes, einer Aha-Reaktion, bei der Sie zu sich selbst sagen: »Ach so ist das!« Wenn man das erste Mal verstanden hat, daß ein Vertrag zwischen zwei Menschen einfach durch zwei übereinstimmende Willenserklärungen zustande kommt, ist das so eine Aha-Reaktion. Und wenn man dann weiter erfährt, daß es sich hier um Schuldrecht handelt, mit dem Beziehungen zwischen Menschen geregelt werden, und daß es daneben Sachenrecht gibt, mit dem Beziehungen zwischen Menschen und Sachen geregelt werden, versteht man plötzlich viel besser, wovon Juristen reden. Wenn man diesen Zusammenhang einmal verstanden hat, kann man sich vieles selbst erklären und ableiten. Die zwei Schubladen »Schuldrecht« und »Sachenrecht« schaffen einfach Ordnung im Kopf.

Zwei solche Schubladen gibt es auch in der Geldtheorie. Sie müssen nur einmal verstanden haben, daß es zwei prinzipiell verschiedene Arten von Geld gibt, nämlich Kreditgeld und Warengeld. Sobald Ihnen das klar ist, verstehen Sie plötzlich geldwirtschaftliche Zusammenhänge, die bisher höchst verwirrend waren, viel einfacher. Ich möchte sogar behaupten, daß Sie damit mehr von Geld verstehen als viele Experten, denen dieser

Zusammenhang nicht klar ist. Die meisten Experten sitzen nämlich heute nur in einer Schublade, und zwar in der Kreditgeldschublade. Wenn die über Geld reden, meinen sie immer nur Kreditgeld, d. h. sie reden nur im Schuldrecht: Nur Schuld ist Geld, es wird nur die Schuldner-Gläubiger-Beziehung betrachtet. Das war aber nicht immer so. Vor noch nicht allzu langer Zeit saßen nahezu alle Experten ausschließlich in der anderen Schublade, gleichsam in der Sachenrecht-Schublade. Damals gab es nur Warengeld, d. h. nur Gold und Silber waren Geld, und Papiergeld mußte durch eine Ware, nämlich Gold oder Silber, gedeckt sein bzw. stand nur stellvertretend für die Ware. Wenn Sie also mit einem Fachmann über Geld reden, müssen Sie sich immer als erstes klar machen, in welcher Schublade er sitzt bzw. von welcher Schublade er redet. Viele Fachleute werden Ihnen erzählen, es gebe heute nur noch eine Schublade, nämlich das Kreditgeld. Gold und Silber seien kein Geld mehr. Aber das dürfen Sie nicht glauben. Vertrauen Sie da einfach Ihrem eigenen Verstand. Wenn Ihnen jemand erzählen würde, es gebe nur noch Schuldrecht und kein Sachenrecht mehr, würden Sie das glauben? Seit es Menschen gibt, hat es Schuldrecht und Sachenrecht gegeben, und das wird es auch in Zukunft immer geben.

Genauso verhält es sich mit dem Geld. Seit es Menschen gibt, kennt man Kreditgeld und Warengeld, und beides wird es immer gleichzeitig nebeneinander geben. Allein die Tatsache, daß nahezu alle Zentralbanken dieser Welt etwa ein Fünftel ihrer Währungsreserven in Warengeld, nämlich Gold, halten und den Rest in Kreditgeld, zeigt deutlich, daß es auch heute beide Geldarten nebeneinander gibt.

Die meiste Verwirrung entsteht nun dadurch, daß die beiden Schubladen Kreditgeld (Schuldgeld) und Warengeld ständig miteinander verwechselt werden, ohne daß gesagt wird, wovon gerade die Rede ist. In den Köpfen der meisten Menschen purzeln die beiden Schubladen munter durcheinander, was nur durch die geschichtliche Entwicklung zu erklären ist, wie wir später noch sehen werden. Die meisten Menschen glauben heute, daß unser Geld durch irgend etwas gedeckt sei, z. B. durch das Bruttosozialprodukt, daß es sich also eigentlich um Warengeld handele. Aber das ist nicht der Fall. Unser Geld ist heute mit nichts mehr gedeckt und nur noch ein undefiniertes Schuldversprechen. Es gibt in der Tat nur noch Kreditgeld im täglichen Verkehr. Warum trotzdem das viele Warengeld (Gold) noch bei den Zentralbanken herumliegt, weiß niemand so recht zu sagen.

Aber bevor wir uns in die Abgründe des modernen Geldwesens begeben, wollen wir uns erst noch einmal den wichtigen Unterschied zwischen Warengeld und Kreditgeld klarmachen, damit wir dieses erklärungstüchtige Schema dann immer richtig einsetzen können.

A. Warengeld

Die Vorteile eines Zwischentauschmittels sind oft beschrieben worden und dürften wohl auch hinreichend bekannt sein. Indem man nicht mehr direkt tauscht (Naturaltausch), sondern eine Standardware wie Vieh, Zigaretten, Muscheln, Salz, Gold oder Silber als Zwischentauschmittel, also Geld, benutzt, wird man beim Tauschen unabhängig von Zeit und Raum. Es entstehen Handel, Märkte und Arbeitsteilung. Dabei kann im Grunde jede Ware als Zwischentauschmittel dienen, entscheidend ist nur, daß diese Ware von möglichst vielen anderen Menschen auch begehrt wird. Nur dann kann eine Ware zu Warengeld werden. Dieser Punkt ist wichtig. Man kann nämlich Menschen nicht zwingen, etwas zu begehren.

Nun könnte man versucht sein zu sagen, die Menschen wollen die Ware nur haben, weil sie als Geld dient. Aber das ist ein Trugschluß. Wenn die Menschen die Ware nicht mehr haben wollen, ist sie auch kein Geld mehr. Das heißt, daß keine Obrigkeit auf Dauer gegen den Willen der Bevölkerung irgend etwas als Geld einführen kann. Bei manchem Leser wird dieser Satz vielleicht jetzt noch Widerspruch erregen. Aber nehmen Sie ihn vorerst einfach so hin. Es wird später klarer, was damit gemeint ist und warum das so ist.

Neben der allgemeinen Akzeptanz kamen noch ein paar praktische Gesichtspunkte hinzu, die Gold und Silber über Jahrhunderte zur bevorzugten Zwischentauschware, zum Warengeld, werden ließen. Aber das ist nicht der entscheidende Punkt. Worauf es hier zur Unterscheidung von Kreditgeld ankommt, ist etwas anderes. Bei Warengeld bezahle ich immer mit einem bereits vorhandenen Gegenstand. Die Zwischentauschware ist schon erzeugt und vorhanden. Ich tausche gleichsam eine Ware, nämlich die Zwischentauschware Gold oder Silber, gegen eine andere Ware ein. In dem bekannten Marx'schen Schema gilt eigentlich nicht »Ware – Geld – Ware«, sondern vielmehr »Ware – Zwischentauschware – Ware«. Entscheidend ist, daß die Gegenleistung in der Vergangenheit bereits erbracht wurde. Sie steckt gewissermaßen in dem Goldstück, das ich übergebe, denn das Gold mußte ja erst gefunden, gefördert und gemünzt werden. Ich erzeuge also erst etwas und bezahle dann mit diesem Erzeugnis. Ich bezahle (tausche) mit einem realen werthaltigen Gegenstand, ich übertrage Eigentum an einem Ding. Wir bewegen uns also im Sachenrecht.

B. Kreditgeld

Ganz anders ist es beim Kreditgeld, bei dem wir uns im Schuldrecht bewegen. Hier bezahle ich mit einer Leistung, die erst für die Zukunft versprochen wird. Kreditgeld entsteht ausschließlich durch Verschuldung, indem jemand das Versprechen abgibt, in der Zukunft eine Leistung zu erbringen. Dieses Versprechen wird dann in irgendeiner Form notiert, z. B. als Wechsel, als Schuldschein, als Geldschein, als Buchgeld oder neuerdings auch elektronisch auf Plastikkarten oder in Computern. Diese Zettel, Notizen oder elektronischen Informationen laufen als Geld um, solange die Schuld besteht. Hier sind wir an einem ganz entscheidenden Punkt angelangt, in dem sich Kreditgeld und Warengeld unterscheiden. Warengeld in Form von Gold und Silber kann im Grunde ewig umlaufen. Es geht nie wieder unter. Alles Gold, das jemals gefördert wurde, ist praktisch immer noch vorhanden, und es gibt heute noch alte römische oder griechische Münzen, die nach wie vor Wert haben und mit denen Sie sofort etwas kaufen können.

Anders beim Kreditgeld. Dieses entsteht mit dem Schuldversprechen, mit dem Akt der Verschuldung, und es verschwindet wieder, wenn die versprochene Gegenleistung erbracht wird. Der Schuldschein wird zerrissen. Mit jeder offenen Rechnung entsteht praktisch Kreditgeld oder Schuldgeld. Wenn ich eine Ware beziehe und die Gegenleistung erst in drei Monaten verspreche, ist damit für drei Monate neues Kreditgeld entstanden. Üblicherweise wird darüber ein Wechsel ausgestellt. Der Wechsel läuft dann drei Monate als Kreditgeld um und wird bei Fälligkeit zerrissen bzw. ungültig gemacht.

Der erste und entscheidende Unterschied ist also, daß es sich bei Warengeld um eine bereits in der Vergangenheit erbrachte Leistung handelt, während bei Kreditgeld die Leistung erst für die Zukunft versprochen wird. Der zweite Unterschied ist, daß Warengeld nicht untergeht, während Kreditgeld entsteht und wieder vergeht.

Bei Warengeld befinden wir uns in der Sachenrechtschublade, bei Kreditgeld in der Schuldrechtschublade. Verwirrung entsteht, wie gesagt, dadurch, daß beide Schubladen miteinander verwechselt werden, und genau das ist beabsichtigt. Wir haben wieder den gleichen Trick wie bei der Inflation, daß man das gleiche Wort, hier das Wort *Geld*, für zwei ganz verschiedene Sachverhalte verwendet, somit Verwirrung stiftet und damit etwas verschleiert.

C. Kleiner Exkurs über Begriffsverwirrungen

Ich will eine kleine Geschichte einfügen, die zeigt, wie der Verschleierungstrick mit der Begriffsverwirrung praktisch funktioniert. In der amerikanischen Verfassung § 1, Sektion 10 steht: »Kein Staat darf Geld prägen oder Kreditpapiere ausgeben oder irgend etwas anderes als Mittel zur Schuldentilgung erklären, außer Gold und Silber.« Diese Verfassung ist heute noch gültig, und das bedeutet, nur Gold und Silber sind auch heute noch nach der Verfassung in USA legales Geld (lawful money).

Papiergeld stand immer nur stellvertretend für Gold und Silber und war jederzeit in Metall einlösbar. Der Begriff *legales Geld* (lawful money) tauchte dann später immer wieder in Gerichtsurteilen auf, wurde aber nie genau definiert. Zum ersten Mal wird der Begriff *lawful money* am 25. Februar 1862 benutzt, und zwar ausgerechnet bei der Schaffung von Falschgeld, um einen Krieg zu finanzieren. Der US-Kongreß genehmigte damals den Druck von sogenannten Greenbacks zur Finanzierung des Sezessionskrieges und erklärte sie zu »legalem Geld und gesetzlichem Zahlungsmittel« (lawfull money and a legal tender) für alle Schulden, öffentliche wie private. Der Kongreß versuchte damit, ungedecktes Papiergeld zum gesetzlichen Zahlungsmittel zu machen, und die Greenbacks waren zwei Dinge in einem, nämlich lawful money und legal tender, also legales Geld und gesetzliches Zahlungsmittel. Was der Unterschied sei, wurde nicht erklärt.

Nach 1933 wurden dann alle Formen staatlichen Geldes zu gesetzlichem Zahlungsmittel erklärt, wodurch eine paradoxe Situation im Hinblick auf die Einlösbarkeit entstand. Noten der Zentralbank und Noten des Staates z. B. konnten in legales Geld umgetauscht werden. Aber was war legales Geld? Die dadurch entstandene Verwirrung wird sehr hübsch durch einen Briefwechsel demonstriert, den ein Bürger aus Cleveland mit dem US.-Schatzamt führte:

9. Dezember 1947

An den ehrenwerten John W. Snyder
Sekretär des Schatzamtes
Washington, D. C.

Sehr geehrter Herr,

ich sende Ihnen hiermit per Einschreiben eine 10-Dollar-Note der *Federal Reserve Bank*. Auf dieser Note ist folgendes aufgedruckt: »Diese Note ist gesetzliches Zahlungsmittel für alle Schulden, öffentliche wie private und einlösbar in legales Geld (lawful money) beim US.-Schatzamt oder bei der *Federal Reserve Bank.*«

Würden Sie mir bitte, entsprechend dieser Erklärung, 10 Dollar in legalem Geld schicken.

Verbindlichst
Ihr A. F. Davis

—*—

11. Dezember 1947

Mr. A. F. Davis
12818 Colt Road
Cleveland 1, Ohio

Sehr geehrter Herr Davis,

ich bestätige den Eingang Ihres Briefes vom 9. Dezember, dem eine 10-Dollar-Note der *Federal Reserve* beigefügt war. Entsprechend Ihrem Wunsch übersende ich Ihnen hiermit zwei 5-Dollar-Noten der Vereinigten Staaten.

Stets zu Ihren Diensten
M. E. Slindee, Schatzamtsbediensteter

—*—

23. Dezember 1947

Mr. M. E. Slindee
Schatzamtsbediensteter
Schatzamt – Steuerabteilung
Washington 25, D. C.

Sehr geehrter Herr,

der Eingang von zwei 5-Dollar-Noten der Vereinigen Staaten wird hiermit bestätigt, die wir, entsprechend Ihrem Brief, nun als legales Geld betrachten. Müssen wir daraus schließen, daß Noten der Zentralbank (Federal Reserve Notes) kein legales Geld sind?

Ich füge eine der 5-Dollar-Noten, die Sie mir geschickt haben, anbei. Auf der Note steht: »Die Vereinigten Staaten von Amerika zahlen dem Überbringer bei Vorlage 5 Dollar.« Ich bitte Sie hiermit um 5 Dollar.

Ergebenst
Ihr A. F. Davis

—*—

29. Dezember 1947

Herrn A. F. Davis
12818 Colt Roard
Cleveland 1, Ohio

Sehr geehrter Herr Davis,

ich bestätige den Empfang Ihres Briefes vom 23. Dezember, in dem Sie eine 5-Dollar-Note der Vereinigten Staaten übersenden mit der Bitte um Zahlung von 5 Dollar.

Ich möchte Ihnen mitteilen, daß der Begriff legales Geld (lawful money) in der staatlichen Gesetzgebung nicht definiert wurde. Er wurde zuerst vor 1933 benutzt, als ein Teil der amerikanischen Währung kein gesetzliches Zahlungsmittel war, aber für die Banken als legale Geldreserve galt. Nachdem die Anordnung vom 12. Mai 1933, die der Resolution vom 5. Juni 1933 hinzugefügt wurde, die Währung sowie alle Münzen der Vereinigten Staaten zu gesetzlichem Zahlungsmittel erklärt hat und die Resolution vom 27. August 1935 den Umtausch von Geld oder Münzen in andere Formen von solchem Geld oder Münzen sicherstellt, hat der Begriff legales Geld keine spezielle Bedeutung mehr.

Die 5-Dollar-Note der Vereinigten Staaten aus Ihrem Brief vom 23. Dezember erhalten Sie hiermit zurück.

Stets zu Ihren Diensten
M. E. Slindee
Schatzamtsbediensteter

Was ist der Kern der Konfusion?

Die Banknoten, die hier als Geld benutzt werden, dienen gleichzeitig zwei völlig verschiedenen Zwecken. Man überträgt einmal Eigentum (Sachenrecht, Warengeld) und im anderen Fall ein Zahlungsversprechen (Schuldrecht, Kreditgeld). Man sieht es der Banknote aber nicht an, welcher Funktion sie gerade dient. Solange nur mit Gold- und Silbermünzen bezahlt wurde, war alles klar. Wenn ich mit einer Silbermünze bezahle, übertrage ich Eigentum an zehn Gramm Silber. Als man anfing, Gold bei einer Bank zu hinterlegen und mit der dafür ausgegebenen Banknote zu bezahlen, die ja praktisch ein Lagerschein war, war auch noch alles klar. Mit der Banknote habe ich Eigentum an dem hinterlegten Geld übertragen. Als aber der Staat und die Banken anfingen, Zahlungsversprechen als Banknoten auszugeben, war die Konfusion da. Jetzt konnte die gleiche Banknote nämlich sowohl Eigentum als auch Schuld transportieren. Erst beim Konkurs der Bank oder des Staates zeigte sich, welcher Anteil der Noten durch Eigentum (Gold) gedeckt und welcher Anteil nur ein leeres Zahlungsversprechen war. Mr. Davis will eigentlich sein Eigentum (Gold), bekommt aber immer nur neue Zahlungsversprechen.

Die Sache würde viel einfacher, wenn man nicht beides als Geld bezeichnen würde. Bei unseren zwei Schubladen müßte eigentlich an der einen Schublade »Geld« stehen, also da, wo konkrete Gegenstände drin sind, wie Gold, Silber, Kühe, Muscheln, Zigaretten etc., die man als Eigentum erwerben kann, und an der anderen Schublade müßte »Kredit« stehen, also da, wo künftige Leistungsversprechen in Form von Zetteln oder Urkunden drinliegen, mit denen man eine Schuld, eben das Leistungsversprechen, übertragen (zedieren) kann.

Die ganze Geldtheorie würde viel klarer, wenn man immer streng zwischen Geld und Kredit unterscheiden würde. Die Bezeichnung Warengeld und Kreditgeld ist eigentlich auch schon völlig schief. Es gibt Geld (Gold, Silber etc.) und Kredit (Schuldurkunden). Sie behalten also noch besser die Übersicht, wenn Sie nur »Geld« und »Kredit« an Ihre beiden Schubladen schreiben.

D. Monopolygeld

Zu allem Überfluß müssen wir jetzt noch eine dritte Schublade aufmachen, mit einem Geld, mit dem immer wieder experimentiert wurde und das immer wieder gescheitert ist, nämlich Monopolygeld, fiat money, ungedecktes Papiergeld, Konfettigeld, Ersatzgeld und wie die Bezeichnungen dafür alle lauten.

Damit Sie nun nicht glauben, ich hätte mir diese Dreiteilung aus den Fingern gesogen und damit Sie sehen, daß wir mit diesen drei Schubladen auch auf einem wissenschaftlich gut gesicherten Fundament stehen, will ich Ihnen einmal ein kleines gedankliches Gerüst beschreiben, das unsere Altvorderen gezimmert haben und das, wie ich denke, auch heute recht nützlich ist, um darin geldtheoretische Fragen aufzuhängen, zu verknüpfen und sich selbst zu erklären. In seinem Lehrbuch *Die Grundlagen der Nationalökonomie* aus dem Jahre 1950 unterscheidet Walter Eucken drei Arten der Geldentstehung:

A. Ein Sachgut wird zu Geld.
B. Geld entsteht bei Lieferung einer Ware oder Leistung von Arbeit als Gegenleistung.
C. Kreditgeber schaffen Geld.

In diesen simplen Sätzen stecken Wissen und Erfahrung vieler Philosophen, Wissenschaftler und Banker aus vielen Jahrhunderten, und ich möchte behaupten, wer sich die Mühe macht, dieses Gerüst zu verstehen, ist auch in der Lage, das Geldrätsel für sich selbst zu lösen. Dieses Gerüst ist etwa das, was man als klassische Geldtheorie bezeichnet und was auch die Bundesbank unterschreiben würde. Deshalb eignet es sich ganz gut als Ausgangspunkt, um andere, völlig abweichende Meinungen, die ja auch häufig vorgetragen werden, beurteilen und einordnen zu können. Es gibt durchaus Leute, die sagen, was die Bundesbank und die Klassiker so schreiben, sei Unsinn. Deshalb ist es nützlich, ein gedankliches Gerüst zu haben für ein eigenes Urteil. Wenden wir uns also einmal kurz den einzelnen Punkten des Gerüstes zu. Es handelt sich wieder um die drei Schubladen, nur ein wenig wissenschaftlicher beschrieben.

1) Ein Sachgut wird Geld

Hier handelt es sich um unser bekanntes Warengeld. Es gibt heute (scheinbar) kein Warengeld mehr, kein Sachgut mehr, das als Geld Verwendung findet. *Scheinbar* muß man sagen, denn Gold ist ganz zweifellos auch heute noch Geld, und zwar nicht nur, weil die Notenbanker das selbst so sagen, sondern auch, weil fast alle Notenbanken neben Papiergeld nach wie vor noch Gold als »Währungsreserve« halten. Im Anhang finden Sie eine Tabelle über diese Bestände. Wenn Gold nämlich kein Geld mehr wäre, würde es vielleicht bei 30 oder 40 Dollar pro Unze stehen und nicht bei über 500 Dollar. Aber gehen wir einfach einmal von der Tatsache aus, daß es heute kein Warengeld mehr gibt, sondern nur noch die beiden anderen Geldarten B und C, und schauen wir uns genauer an, was es damit auf sich hat.

2) Geld entsteht bei Lieferung einer Ware oder bei Leistung von Arbeit als Gegenleistung

Arbeitsteiliges Wirtschaften ist immer Austausch von Leistung und Gegenleistung. Wenn die Gegenleistung nicht sofort erfolgt, wie beim Warengeld, sondern für später versprochen wird, entsteht ein Kreditverhältnis. Man läßt »anschreiben«, die Rechnung bleibt zunächst offen. Damit dieses Leistungsversprechen nicht in Vergessenheit gerät, wird es seit alters her in irgendeiner Form notiert. Der Bäcker schreibt es in ein Buch (anschreiben), oder der Schuldner stellt einen Schuldschein aus. Es gibt und gab zahlreiche Formen, in denen so ein Schuldversprechen festgehalten und notiert wurde. Auf Kerbhölzern, Tontafeln, Zetteln in Form von Schuldscheinen, Wechseln, Anleihen, in Büchern oder heute auch elektronisch in Computern. Eigentlich handelt es sich nicht um Geld wie beim Warengeld, sondern um Kredit. Aber weil diese Schuldscheine meist in einem begrenzten Kreis wie ein Gegenstand weitergereicht wurden (umlauffähig gemacht wurden), spricht man auch hier von Geld. Eigentlich wird aber Kredit (eine Schuld) weitergereicht, und man sollte genauer von Kreditgeld sprechen. Die besondere Eigenschaft des Kreditgeldes ist es, daß es aus dem Nichts entsteht und wieder ins Nichts verschwindet, im Gegensatz zu dem Warengeld Gold beispielsweise, das zunächst durch Arbeit (Goldschürfen) entsteht und dann ewig umläuft und nicht wieder verschwindet.

Kreditgeld (Schuldgeld) lebt nur so lange, wie die Schuld besteht. Erlischt die Schuld, stirbt auch das Kreditgeld (der Schuldschein oder Wechsel wird zerrissen). Dieses Kreditgeld (Schuldgeld) gibt es, seit es Menschen gibt, und wohl auch schon lange, bevor es Warengeld gab. In jeder Gesellschaft gibt es Schuldbeziehungen, die irgendwie notiert werden, und wenn diese Notizen weitergereicht werden (die Schuld an einen anderen abgetreten wird), spricht man von Kreditgeld. Neben dieser Form von Kreditgeld, das es schon immer gab und immer geben wird, hat sich aber im 17./18. Jahrhundert eine weitere recht heimtückische Form von Kreditgeld entwickelt, der wir uns nun zuwenden wollen.

3) Kreditgeber schaffen Geld

Das Prinzip dieses Geldes läßt sich am besten aus der Geschichte erklären. Weil es beschwerlich war, größere Mengen Goldmünzen mitzunehmen, lagerte man sein Gold bei Goldschmieden ein, die dafür Lagerscheine ausstellten, und diese Lagerscheine wurden als Geldnoten weitergereicht, für die man aber jederzeit Gold abholen konnte. Irgendwann merkten die Goldschmiede, daß nur ein Bruchteil abgeholt wurde und das meiste Gold immer nur im Tresor lag, und das brachte sie auf die Idee, mehr Banknoten zu drucken als Gold im Tresor war, und diese zusätzlichen Banknoten zu verleihen. Damit war die Idee geboren, wie Kreditgeber Geld aus dem Nichts zaubern können. Aber anders als im Fall B, bei dem ja der Kreditnehmer als Gelderzeuger sich durch seine Unterschrift zu einer späteren realen Gegenleistung verpflichtet, muß hier der Gelderzeuger, also die Bank als Kreditgeber, selbst keine reale Gegenleistung erbringen. Die Bank selbst hat das Geld, das sie verleiht, gleichsam aus dem Kopierer gezogen, sie hat nie selbst dafür eine Leistung erbracht, und sie muß auch für das Geld, das sie verleiht, nie selbst eine Leistung erbringen, sie muß den versprochenen Umtausch in andere Güter heute selbst nicht mehr vornehmen, anders als früher im Goldstandard, als sie noch Gold für ihr Geld rausrücken mußte. Geld ist heute allein gedeckt durch Geld – das eine Leistungsversprechen nur durch ein anderes Leistungsversprechen.

Dieser Punkt wird meist nur schwer verstanden oder einfach nicht für möglich gehalten.

Die meisten Menschen glauben immer noch, wenn sie 1000 Euro für zwei Prozent aufs Sparbuch einzahlen, würde die Bank diese 1000 Euro für sechs Prozent verleihen, und vier Prozent sei die Marge, von der die Bank lebt. In Wahrheit legt die Geschäftsbank die 1000 Euro als Mindestreserve zurück und erzeugt 10 000 Euro aus dem Nichts, die sie für sechs Prozent verleiht. Das geschieht, indem die Bank einfach die Soll- und Haben-Taste am Computer drückt, womit die Bank sich selbst zugleich zu Schuldner und Gläubiger erklärt (Bilanzverlängerung). Damit ist allerdings nur das Prinzip beschrieben. In der Praxis läuft dieser Vorgang etwas komplizierter ab, und nicht eine einzelne Bank, sondern nur das Bankensystem insgesamt im Zusammenspiel mit der Zentralbank kann auf diese Weise Geld aus dem Nichts erzeugen. Genauer – die Zentralbanken erzeugen es, und die Geschäftsbanken multiplizieren es.

Das Bankensystem erzeugt gleichsam Anspruchszettel auf das Bruttosozialprodukt, aber diese Anspruchszettel müssen zurückgegeben werden. Irgend jemand muß versprechen, die geliehenen Zettel zurückzugeben, damit sie überhaupt als Geld in Umlauf kommen. Und weil dieser jemand die Zettel nicht selbst drucken kann, muß er sie, wenn er sie für etwas ausgegeben hat, im Markt erst durch eine eigene Leistung wiederbeschaffen. Es werden also auch in diesem System Leistung und Gegenleistung ausgetauscht. Aber im Fall C sind die Banken am Leistungsaustausch selbst nicht mehr beteiligt. Sie stellen selbst kein Bruttosozialprodukt mehr zur Verfügung, sie vermitteln nur und stellen gleichsam Vermittlungsformulare (leihweise) zur Verfügung, und genau an dieser Stelle entsteht das große schwarze Loch. Vermittlungsformulare kann man nämlich (anders als

Gold oder Leistungen) beliebig erzeugen, und Versprechen auf Rückgabe der Formulare kann man auch beliebig abgeben.

Aber selbst in diesem System ist immer noch eine Bremse eingebaut, nachdem man die Goldbremse ausgebaut hat. Selbst dieses »Geld aus dem Nichts« im Fall C kann nicht einfach verteilt oder vom Hubschrauber abgeworfen werden. Es kommt nur durch Verschuldung in die Welt. Irgend jemand muß immer noch wenigstens ein Versprechen auf Rückgabe der Zettel abgeben, damit dieses Geld in Umlauf kommt, auch wenn das Versprechen noch so unglaubwürdig ist, wie z. B. im Falle des Staates, der einfach verspricht, künftige Generationen würden es zurückgeben. Das ist also etwa so, als wenn beim Monopolyspiel die Scheine am Anfang nicht einfach verteilt werden, sondern gegen Zins an die Spieler verliehen werden.

Aber Sie ahnen es wahrscheinlich schon – ja, es gibt Stimmen, die wollen auch diese Bremse bei der Gelderzeugung noch abschaffen. Die Freigeldanhänger z. B. wollen einfach ein »Währungsamt« einrichten, welches das Geld druckt und über die Staatsausgaben gerecht verteilt. Wenn der Staat schon die Geldhoheit hat, dann kann er sich ja auch das Geld gleich selbst drucken, ohne dafür Zinsen zahlen zu müssen. Wenn man den Gedanken weiterspinnt, kommt man sehr schnell zu der Forderung, daß jeder sein Geld am Computer selbst druckt, weil so die Armut am schnellsten beseitigt wird. Natürlich darf jeder nur soviel drucken, wie er wirklich braucht.

Die Debitisten wiederum sagen, Geld sei nur das, was man dem Staat schuldet. Der Staat erklärt einfach irgend etwas zum »Abgabegut« und bestimmt dessen Wert und Menge, und weil die Menschen dieses Abgabegut zum Termin abliefern müssen, fangen sie an zu wirtschaften, um sich dieses Abgabegut zu besorgen. Wenn man diesen Gedanken zu Ende denkt, braucht man eigentlich gar kein Geld mehr. Es genügt die Peitsche in der Hand des Sklavenaufsehers.

Neben dem Monopolygeld, dem Freigeld und dem Zwangsgeld der Debitisten gibt es natürlich noch zahlreiche andere Ideen zur Geldentstehung und zur Geldtheorie, die aber eben alle außerhalb dieses Gedankengerüstes der ordo-liberalen Volkswirtschaftslehre liegen.

So existiert z. B. eine Theorie, die behauptet, Geld sei im Laufe der Geschichte immer stoffloser und unsichtbarer geworden, habe sich von einem realen Gegenstand immer mehr zur abstrakten Information gewandelt. Von der konkreten Münze über die Note und den Bucheintrag bis hin zum elektrischen Impuls, zur reinen gesellschaftlichen Information. Aber das ist auch ein gedankliches Verwirrspiel.

Ein Schuldvertrag war schon bei den alten Griechen genauso abstrakt und unsichtbar wie heute, während ein Goldstück heute noch so konkret und sichtbar ist wie vor 1000 Jahren. Ein Vertrag gilt auch, wenn er nicht aufgeschrieben, also unsichtbar ist. Ob ich ihn zum Zweck der Erinnerung auf Papier notiere, in Holz schnitze, in Stein meißele, elektronisch auf Plastikkarten oder im Computer festhalte, ist letztlich belanglos. Es geht zunächst nur darum, ein im Prinzip unsichtbares Schuldverhältnis zu notieren. Damit ändert sich aber am Geld noch gar nichts. Allenfalls kann man sagen, daß es heute sehr viel mehr »unsichtbares« Kreditgeld gibt als »sichtbares« Warengeld. Was sich geändert hat, ist lediglich die Technik der Geldübertragung.

Fazit

Von den drei Geldentstehungsarten wurde A (vorübergehend) ganz abgeschafft, B gibt es nach wie vor und wird es immer geben, und C – fiat money – ist heute die dominierende Form der Geldentstehung, über die immer schneller immer mehr Geld produziert wird. Alle Experimente mit C, also fiat money, endeten bisher stets in einer Finanzkatastrophe, und das wird wohl auch diesmal wieder so sein. In der Regel wurde nach einer Finanzkatastrophe A wieder eingeführt, weil man erneut entdeckt hatte, daß man Wohlstand nicht drucken kann und mehr Geld nicht mehr Wohlstand bedeutet. Geld muß letztlich immer mit einer realen Leistung verbunden sein und kann nur aus erspartem Einkommen durch Konsumverzicht entstehen. Das Versprechen auf Leistung genügt nicht. Eine versprochene Wurst macht uns nicht satt.

Was ist legales Falschgeld?

Sie werden es nicht glauben, aber das ist der ganze Trick

Der Übergang von echtem Geld zu Falschgeld wird, wie wir noch sehen werden, an einer bestimmten Stelle fließend, so daß man nicht sagen kann, ob das Geld schon falsch ist oder noch echt. Wir wollen uns deshalb das wesentliche des Vorganges vor Augen führen.

Wenn ich direkt mit Gold bezahle, übertrage ich Eigentum. Ich tausche Ware gegen Ware. Wenn ich mein Gold bei einer Bank hinterlege, und die Bank gibt mir einen Lagerschein in Form einer Banknote, weil das praktischer ist, so steht die Banknote nur stellvertretend für das Gold. Ich übertrage also Eigentum genau so, als ob ich das Gold direkt übergeben würde. Die Banknote ist nur ein Substitut, ein Stellvertreter, für das eigentliche Geld. Natürlich darf die Bank das Gold nicht an jemand anderen verleihen. Das wäre so, als ob ich mein Auto in einem Parkhaus abgebe, und der Parkhausbesitzer verleiht das Auto in meiner Abwesenheit. Die Bank muß also einen guten Ruf haben, und jeder muß darauf vertrauen, daß das Gold immer da ist, sonst würde niemand die Noten dieser Bank annehmen. Ich bin auch bereit, ähnlich wie im Parkhaus, eine geringe Gebühr dafür zu bezahlen, daß die Bank mein Gold sicher aufbewahrt und mir ihre Noten und ihren guten Ruf zur Verfügung stellt. Mit dieser Dienstleistung erleichtert sie meinen Zahlungsverkehr erheblich. So ist in der Tat das private Bankgewerbe entstanden, wie wir später sehen werden.

Nun kann es sein, daß ich einen Teil meines Goldes für die nächsten zwölf Monate nicht brauche. Ich verzichte auf die Benutzung des Goldes als Geld, also auf Tauschbereitschaft (Liquidität), und stelle gegen einen Zins von drei Prozent der Bank das Gold für zwölf Monate zur Verfügung. Jetzt bekomme ich allerdings keine Banknote dafür, mit der ich das Gold jederzeit abholen kann, sondern einen Schuldschein, der mich berechtigt, in zwölf Monaten das Gold abzuholen zuzüglich drei Prozent Zins. Jetzt kann die Bank das Gold an einen anderen Kunden gegen sechs Prozent auf zwölf Monate verleihen, weil ich für diese Zeit auf die Benutzung als Geld, d. h. auf Liquidität, verzichte.

Während ich im ersten Fall für die Aufbewahrung und die Zurverfügungsstellung der Papiernoten bereit war, eine geringe Gebühr von vielleicht drei Prozent zu bezahlen, bekomme ich jetzt für den Verzicht auf eine Verfügung für zwölf Monate drei Prozent Zins. Natürlich kann ich nun auch diesen Schuldschein gegen irgendeine Ware oder Dienstleistung weiterreichen. Ich würde dann mit Kreditgeld bezahlen, und der neue Besitzer des Schuldscheines könnte in zwölf Monaten das Gold plus drei Prozent bei der Bank abholen.

Mit diesem gedanklichen Grundgerüst im Hinterkopf wollen wir nun eine erste Beschreibung dessen versuchen, was Falschgeld ist. Im weiteren Verlauf wird der Sachverhalt dann noch sehr viel klarer werden.

A. Falsches Warengeld

Beim Warengeld liegt der Fall ziemlich klar. Hier wird einfach mit Gewicht und Metallgehalt, also mit Schrot und Korn, wie man es nannte, getäuscht. Auf der Münze steht 30 Gramm Silber, obwohl nur 20 Gramm drin sind. Entweder macht man die ganze Münze etwas leichter, als sie sein müßte (Schrot), aber das läßt sich mit einer Waage relativ leicht feststellen. Oder aber man mischt Kupfer darunter (Korn), was schon viel tückischer und nicht so leicht zu überprüfen ist. Bis ins 18. Jahrhundert wurde überwiegend von Staats wegen mit diesen Methoden legales Falschgeld erzeugt. Im 19. und 20. Jahrhundert verlagerte sich die staatliche Falschgeldproduktion ausschließlich auf Kreditgeld.

B. Falsches Kreditgeld

Dieser Fall ist schwieriger, weil der Übergang von echt zu falsch fließend ist. Man kann an bestimmten Stellen nicht klar sagen, ob es bereits Falschgeld oder noch echtes Geld ist. Dies hängt damit zusammen, daß es sich bei Kreditgeld immer um das Versprechen einer künftigen Leistung handelt, wie wir im Abschnitt »Was ist Geld?« gesehen haben. Aber die Zukunft ist immer ungewiß. Man kann nie genau sagen, ob das Versprechen eingehalten wird oder nicht. Jenseits dieser Grauzone gibt es aber auch bei Kreditgeld Bereiche, bei denen man ganz klar sagen kann, daß es sich hier um Falschgeld handelt. Dann nämlich, wenn es sich von Anfang an um falsche Versprechungen handelt, wenn klar erkennbar ist, daß das Versprechen gar nicht eingehalten werden kann, oder gar nicht die Absicht besteht, es einzuhalten.

Der größte Teil unseres heutigen Geldes ist in diesem Sinne Falschgeld. Aussagen von Politikern wie etwa »Schulden müssen nicht zurückgezahlt, sondern bedient werden« sind ein klares Indiz, daß es sich hier um

Falschgeld handelt. Wenn Sie z. B. in der Zeitung lesen, daß von den sechs größten Euro-Ländern pro Jahr Staatsanleihen im Volumen von rund 500 Milliarden Euro neu aufgelegt werden und sich abzüglich der fällig werdenden Schuldtitel daraus ein Netto-Emmissionsvolumen von etwa 160 Milliarden Euro ergibt, so erkennen Sie, daß einfach 340 Milliarden alte Schulden mit neuen Schulden »bedient« werden und 160 Milliarden zusätzliche Schulden oben draufkommen. Eine Absicht zur Rückzahlung besteht nicht mehr. Daß künftige Generationen es einmal zurückzahlen, glaubt ohnehin niemand. Auch der amerikanische Staat hat nie Schulden zurückgezahlt, wie man zuweilen lesen konnte. Die Schulden sind nur zeitweise etwas langsamer gestiegen. Die Gesamtschulden der USA sind heute mit ca. 37 Billionen Dollar höher als das gesamte Welt-Sozialprodukt von ca. 33 Billionen, und etwa zwei Milliarden Dollar (2000 Millionen) borgt sich der amerikanische Staat täglich von seinen eigenen Bürgern und zusätzlich ca. zwei Milliarden pro Tag von den Ausländern (twindeficit). Eine Rückzahlung ist nicht beabsichtigt.

Ein weiteres klares Indiz für falsches Kreditgeld ist die Tatsache, daß der Schuldinhalt nicht mehr benannt wird. Wenn in einem Schuldverhältnis nicht gesagt wird, was der Schuldner schuldet, handelt es sich um ein leeres Schuldversprechen. In unserem Kreditgeldbeispiel schuldet die Bank nach zwölf Monaten das Gold. Aber bei modernem, ungedecktem Kreditgeld schuldet die Bank heute nach zwölf Monaten kein Gold mehr, sondern Geld. Aber was ist das? Richtig: ein neues, leeres Schuldversprechen. Der Schuldinhalt wird nicht mehr definiert. Die alten, undefinierten Schuldversprechen werden lediglich durch neue, nicht definierte Schuldversprechen abgelöst.

Halten wir also fest: Man erkennt falsches Kreditgeld daran, daß es nicht mit einem konkreten Schuldinhalt ausgestattet ist und daß die Absicht, eine konkrete, reale Gegenleistung zu erbringen, bei demjenigen, der das Kreditgeld erzeugt, von vornherein nicht besteht. Allenfalls besteht die Absicht, ein neues Schuldversprechen abzugeben.

Rufen wir noch einmal in Erinnerung, daß bei echtem Kreditgeld die reale Gegenleistung nur aufgeschoben ist. Es muß immer die Verpflichtung zu einer realen Gegenleistung bestehen. Wenn diese erbracht ist, verschwindet das Kreditgeld wieder. Wenn aber die Absicht zu einer realen Gegenleistung von vornherein gar nicht besteht, ja die reale Gegenleistung nicht einmal definiert ist, so ist das ein klares Indiz für Falschgeld, für falsches Kreditgeld. Machen wir dazu ein kleines Gedankenexperiment. Unterstellen wir einmal, es gebe nur eine Bank, die Zentralbank. Sie leihen sich bei der Bank eine Million, die Ihnen die Bank auf Ihrem Konto gutschreibt. Als Sicherheit verpfänden Sie Ihr Haus. Die Bank hat für Sie eine Million neues Buchgeld, sogenanntes fiat money, geschöpft und Ihrem Konto gutgeschrieben. Sie haben eine Million Schulden bei der Bank. Nun geht die Investition, für die Sie die Million gebraucht haben, leider schief. Sie können nicht zurückzahlen, und die Bank übernimmt Ihr Haus. Aber was hat die Bank für das Haus geleistet? Wo ist die Gegenleistung der Bank? Sie hat die Million durch einen simplen Buchungsvorgang quasi aus dem Nichts erzeugt. Wie das technisch geht, werden wir später noch sehen. Die Bank selbst muß keine Leistung erbringen. Sie hat das einzigartige Privileg, daß sie die Gegenleistung der Gesellschaft auferlegen darf. Sehen Sie: Das ist Falschgeld.

Aber Moment mal – die Million ist doch trotzdem noch im Umlauf. Irgend jemand hat sie doch jetzt, und der kann theoretisch zur Bank gehen und ihr das Haus für eine Million abkaufen. Richtig. Dann hätte die Bank real wieder nichts mehr, sie stünde genauso da wie am Anfang, als sie noch nichts verliehen hatte. Sie hätte gleichsam das Haus gegen ihr eigenes Falschgeld wieder verloren. Was würden Sie also tun anstelle der Bank? Sie würden wie jeder normale Geldfälscher sagen, das Haus verkaufe ich dafür nicht, mein Falschgeld kann ich mir selbst produzieren. Die Bank ist natürlich nur so lange in irgendeiner Form bereichert, wie das Falschgeld bei anderen umläuft, das ist bei jedem Falschgeld so. Die Banken können aber davon ausgehen, daß immer reichlich umläuft.

Wie würde dieses Beispiel dagegen bei goldgedeckten Banknoten aussehen, wenn also die Bank goldgedeckte Noten statt Falschgeld in Form von Buchgeld verliehen hätte? Nun, dann müßte die Bank irgend jemandem, der diese Noten jetzt hat, gegen Vorlage der Noten Gold aushändigen, und damit hätte sie dann selbst eine Leistung für das Haus erbracht, denn an Gold kommt sie nicht ohne Leistung.

Aufgrund dieser Überlegung kommt man nun zu dem etwas paradoxen Ergebnis, daß wohl nahezu alles Geld heute Falschgeld ist. Aber ganz so paradox ist das auch wieder nicht, wenn Sie erfahren, daß ein Großteil aller Experten Falschgeld für nützlich hält. Allerdings nennen sie es nicht Falschgeld, sondern eben fiat money, Zaubergeld. Wir werden in einem späteren Kapitel feststellen, daß Falschgeld in der Tat segensreiche Wirkungen haben kann. Aber bevor wir uns dem zuwenden, wollen wir sehen, wie sich Falschgeld geschichtlich entwickelt hat, weil damit das Verständnis des Mechanismus' erheblich erleichtert wird. Wenn mir ein Zauberkünstler zeigt, wie der Trick funktioniert, so ist das Aufklärung. Leider verschwindet dabei auch die Magie. Wenn wir verstehen, wie Falschgeld entstanden ist und funktioniert, so ist das auch Aufklärung, aber leider eben auch mit »Enttäuschung« im wahrsten Sinne des Wortes verbunden. Es geht nämlich die schöne Täuschung verloren, daß wir mit Falschgeld unsere Probleme auf bequeme Weise lösen könnten, daß wir Wohlstand herbeidrucken könnten. Wie also ist Falschgeld aus geschichtlicher Sicht entstanden?

Wie hat sich Falschgeld entwickelt?

Es gibt bis heute nur drei Varianten von Falschgeldtricks

In der Geschichte des Geldes reiht sich ein staatlicher Geldbetrug an den anderen. Immer wieder wurden die Menschen mit dem immer gleichen simplen Trick ihres Eigentums und damit auch ihrer Freiheit beraubt. Meist wird allerdings die Geldgeschichte nicht unter diesem Blickwinkel erzählt. Deshalb ist es nützlich, in konzentrierter Form einmal diese Sicht der Geschichte auf sich wirken zu lassen. Dabei wird Ihnen klar, wie der Trick funktioniert. Obwohl es sich immer wieder um den gleichen Trick handelt, nämlich daß von Staats wegen legales Falschgeld erzeugt wird, können wir in der praktischen Durchführung doch einen Wandel beobachten, der in erster Linie damit zusammenhängt, daß sich das Fälschen immer mehr auf Kreditgeld verlagert. Es ergeben sich deshalb drei Varianten dieses Grundprinzipes, die ich hier mit Trick 1, Trick 2 und Trick 3 bezeichnen möchte. Diese Muster haben sich in allen Staaten der Welt praktisch in gleicher Weise entwickelt. Ich möchte mich zunächst auf die Entwicklung in Deutschland beschränken, zumal es hier zu recht drastischen Formen dieser drei Varianten gekommen ist.

Bernd Sprenger, auf dessen Buch *Das Geld der Deutschen* ich mich hierbei weitgehend stütze, teilt die deutsche Geldgeschichte in vier große Perioden ein:

- Die erste und zugleich längste Periode erstreckt sich über mehr als zwei Jahrtausende. Sie beginnt mit dem Aufkommen vormünzlicher Zahlungsmittel in der Bronzezeit und endet im 8. Jahrhundert nach Christus mit den frühmittelalterlichen Münzreformen.
- Die sich daran anschließende zweite Periode wird als das Zeitalter der Pfennigmünze bezeichnet. Von der Mitte des 8. bis zum Ende des 13. Jahrhunderts war der silberne Pfennig die einzige umlaufende Münzsorte und zugleich das Währungsgeld in Deutschland.
- Mit dem Aufkommen von größeren Silber- und Goldmünzen im Spätmittelalter wurde der Pfennig zur geringwertigen Kleinmünze. Für diesen dritten Zeitabschnitt der deutschen Geld- und Währungsgeschichte – von etwa 1300 bis 1871 – ist eine fast unübersehbare Vielfalt nebeneinander bestehender Münzsorten und regionaler Währungen charakteristisch.

– Der vierte und letzte Zeitabschnitt reicht von der Gründung des Deutschen Reiches 1871 bis zur Gegenwart. Dieser letzte Zeitabschnitt ist durch den Übergang von der traditionellen, jahrtausendealten Metallwährung zur ungedeckten, stoffwertlosen Papierwährung gekennzeichnet. Das Warengeld wird mit Hilfe des Silberkomplottes durch fiat money verdrängt.

A. Der Zauber beginnt

Die Germanen benutzten als Zwischentauschmittel vorwiegend Vieh, wobei ziemlich genau festgelegt war, wie eine solche Standardkuh auszusehen hatte. Daneben wurde auch Kleidergeld verwendet, sogenannte Weden, worunter ein mehr oder weniger standardisiertes Wollgewand zu verstehen ist. Und schließlich auch Schmuckgeld in Form von Ringen aus Gold, Silber oder Kupfer. Man merkte sehr früh, daß sich Gold und Silber besonders gut als Zwischentauschmittel eignen, einfach weil sie unbegrenzt haltbar sind, sich sehr leicht in beliebig kleine und homogene Einheiten teilen lassen und von den meisten Menschen begehrt werden. Ein Goldstück gleicht immer dem anderen, was z. B. bei Diamanten nicht der Fall ist. Diese physikalisch-chemischen Eigenschaften machen Gold und Silber zum idealen Zwischentauschmittel, zum idealen Geld. Es liegt zwar nahe, dieses ideale Tauschmaterial in standardisierten Klumpen weiterzureichen, ähnlich wie die Standardkuh, aber man mußte auf diese Idee der Münze eben auch erst einmal kommen.

Midas in Lydien hat wohl im 7. Jahrhundert v. Chr. seinen sagenhaften Reichtum genau mit dieser Idee begründet, indem er kleine Edelmetallklumpen mit einem Stempel versah, als Zeichen, daß es sich hier um einen Standardklumpen handelt. Mit diesem Stempel war die Münze erfunden, aber auch das Grundprinzip des Geldbetruges, nämlich die Verwendung des gleichen Begriffes für zwei verschiedene Sachverhalte. Wenn ich eine »5« auf die Münze präge, kann das bedeuten, die Münze wiegt fünf Gramm oder die Münze hat den Wert fünf. Sehr schnell ist man dann dahinter gekommen, daß man sein Geld verdoppeln kann, wenn man einfach eine »10« aufprägt und behauptet, die Zahl bestimme den Wert und nicht das Gewicht. Aber so schlau waren sie damals noch nicht. Eine »5« bedeutete noch fünf Gramm. Die Münze breitete sich im Mittelmeerraum rasch aus und legte den Grundstein für den Aufstieg der griechischen und römischen Kulturen.

Die Germanen kamen erst im 1. Jahrhundert v. Chr. mit dieser Erfindung in Berührung, vorwiegend durch Soldzahlungen der Römer an die

Kelten. Es finden sich grobe Nachprägungen der römischen Goldmünzen, die alle etwa 7,5 Gramm wiegen. Im Laufe des 1. Jahrhunderts v. Chr. gelangten Gallien und wesentliche Teile des späteren Deutschland unter römische Herrschaft und damit für die nächsten 500 Jahre unter den Einfluß des römischen Geldsystems. Die keltischen Münzen verschwanden aus dem Verkehr.

Zur gängigen Goldmünze wurde der Aureus. Dabei wurden aus einem römischen Pfund, das 327 Gramm wog, 40 Aurei geprägt. Um das Jahr 23 v. Chr. führte Kaiser Augustus eine Münzreform durch. Man nennt das immer Münzreform, nicht Münzbetrug. Er nahm das alleinige Prägerecht in Anspruch und ließ 42 Aurei aus dem Pfund prägen. Damit sank das Gewicht eines Aureus von ursprünglich 8,2 Gramm Gold auf 7,8 Gramm. Neben der Goldmünze gab es den bereits zu Zeiten der römischen Republik massenhaft geprägten Denar aus Silber, von dem 84 Stück aus einem Pfund geprägt wurden, was einem Sollgewicht von 3,9 Gramm pro Münze entsprach. Die Münzen waren praktisch aus reinem Gold und Silber. Daneben gab es noch kleinere Münzen aus Kupfer und Messing, was insgesamt ein erstaunliches und vorbildlich abgestuftes Münz- und Geldsystem ergab.

Bereits unter Nero (54–68 n. Chr.) begann eine allmähliche Verschlechterung der Münzen, indem nun 45 statt 42 Aurei aus dem Pfund Gold geprägt wurden und 96 statt 84 Denar aus einem Pfund Silber. Dadurch ging das Münzgewicht, das sogenannte Schrot, bei der Goldmünze von 7,8 auf 7,3 und bei der Silbermünze von 3,9 Gramm auf 3,4 Gramm zurück. Auf den Münzen stand aber immer noch 1 Aureus bzw. 1 Denar. Sie sehen, jetzt hatte man den Trick mit dem Wert schon drauf. Gleichzeitig führte Nero aber noch einen neuen, ziemlich fiesen Trick ein, indem er den Feingehalt, das sogenannte Korn, bei der Silbermünze Denar verschlechterte. Der Denar bestand praktisch unlegiert aus 97–98 %igem Silber. Das wurde unter Nero durch Beimischung von Kupfer auf 90 bis 94 Prozent reines Silber reduziert. Die Veränderung des Gewichtes konnte man notfalls noch erkennen, die Änderung der Legierung nicht mehr.

Trajan (98–117 n. Chr.) verringerte diesen Feingehalt dann auf 80 bis 85 Prozent, Marc Aurel (161–180 n. Chr.) auf etwa 75 Prozent, Commodus (180–192 n. Chr.) auf rund 70 Prozent und Septimus Senerus (193–211 n. Chr.) auf nur noch knapp 50 Prozent. Das System funktionierte allerdings trotzdem, denn zum einen schwankte das Gewicht der einzelnen Münzen untereinander, weil es nicht ganz einfach war, immer gleiche Münzen herzustellen. Man nahm es also nicht so genau. Zum anderen waren die unter der Münzhoheit des Kaisers hergestellten und mit seinem Kopf und Namen versehenen Münzen mit einer Art Wertgarantie (nicht

Gewichtsgarantie) versehen, die niemand anzweifelte, und sie waren das allein gültige Zahlungsmittel. Man konnte also davon ausgehen, daß ein anderer die Münze nahm, auch wenn sie weniger Silber enthielt.

Wieso ist es dann aber Betrug, wenn weniger Silber in so einer Münze ist? Kann man hier nicht argumentieren, daß es doch nur wirtschaftlich sei, wenn der Kaiser versucht, aus einem Klumpen Silber so viele Münzen wie möglich machen zu lassen? Kann es dem Tagelöhner nicht egal sein, wieviel Silber in so einer Münze ist, Hauptsache, er bekommt einen Denar für einen Tag Arbeit? Nun, der Betrug liegt einfach in der heimlichen Veränderung des Maßstabes. Der Tagelöhner bekommt nur noch die halbe reale Gegenleistung für einen Tag Arbeit, wenn nur noch halb soviel Silber im Denar ist wie vorher. Er merkt es aber nicht, und es wird ihm natürlich auch nicht gesagt. Erst nach einer gewissen Zeit merkt er, daß er nur noch halb so viele Güter für einen Tag Arbeit bekommt, weil sich inzwischen herumgesprochen hat, daß ein Denar nur noch halb so viel Silber enthält und alle jetzt mehr Denare für ihre Ware haben wollen, weil der Denar wertloser geworden ist (weniger Kaufkraft hat). Er verlangt deshalb auch zwei Denar. Aber bis dahin hat der Landesherr den Silbergehalt schon wieder heimlich halbiert, und der Tagelöhner wird erneut betrogen.

Von den nachfolgenden Kaisern wurde dieser Trick dann immer schamloser angewandt. Der Silbergehalt sank immer weiter, bis er um 250 nur noch etwa vier bis sechs Prozent erreichte. Um die drastische Münzverschlechterung zu vertuschen, ging man dazu über, durch Weißsieden Kupfermünzen als Silber erscheinen zu lassen. Dabei wurden Kupfermünzen in Silber getaucht, jedoch war die dünne Silberschicht nach kurzer Umlaufzeit abgegriffen, so daß das Kupfer zum Vorschein kam. Der Mißbrauch des Geldmonopols durch die römischen Kaiser im 3. Jahrhundert führte zum allmählichen Vertrauensverlust in die staatliche Wertgarantie. Daß der Vertrauensverlust schon vorher eintrat, kann man aus Funden ablesen, in denen meist nur ältere Denare gehortet wurden. Das gute Geld wird gehortet, das schlechte weitergeben.

Spätere Kaiser versuchten, durch Geldreformen das Vertrauen wiederherzustellen. So führte Constantin der Große 309 den Solidus ein, der zunächst in Trier geprägt wurde und ab 324 die Standardgoldmünze im gesamten römischen Reich wurde. Er bestand aus reinem Gold, soweit das technisch damals möglich war, und wog 4,55 Gramm. Aus einem römischen Pfund wurden also 72 Solidii geprägt. Zur Erinnerung: Zur Jahrtausendwende bei Christi Geburt wurden nur 40 Aurei aus einem Pfund geprägt, was 8,2 Gramm pro Münze entsprach.

Immerhin wurde der Solidus für viele Jahrhunderte Grundlage des römisch-byzantinischen Geldwesens und bewirkte eine erstaunlich lange

Geldwertstabilität. Wie war das möglich? Was hatte sich plötzlich geändert? Im Gegensatz zu früher wurde jetzt auf die exakte Einhaltung des Gewichtes der Goldmünze geachtet. Aufgrund der vorausgegangenen Währungszerüttungen im 3. Jahrhundert war das Vertrauen in den Staat erschüttert. Jetzt vertraute man nicht mehr auf den Stempel, sondern wog nach. Zahlungen nahm man nach Gewicht vor, und es wurde auch ungemünztes Gold als Zahlung genommen. Das heißt, es konnte eigentlich jeder sein privates Geld mit seinem eigenen Zeichen prägen. Der Staatsbetrug mit dem Stempel funktionierte nicht mehr, und damit wurde die Währung wieder zu Privatgeld und damit stabil. Allerdings galt das nur für Goldmünzen. Mit Silbermünzen wurde lustig weiterhin betrogen, wohl weil sich hier der Aufwand mit dem Prüfen und Wiegen nicht lohnte. Der Solidus für die Großen und der Denar zum Betrügen für die Kleinen.

Im 5. Jahrhundert brach die Herrschaft der Römer in Deutschland zusammen. Das römische Imperium war nicht zuletzt durch die permanente Geldverschlechterung und die damit verbundene Zerrüttung von Währung und Staatsfinanzen für immer untergegangen. Die römische Münzstätte in Trier stellte die offizielle Prägetätigkeit ein. Eine ausgeprägte Geldwirtschaft, wie die Römer sie geschaffen hatten, gab es nicht mehr. Wirtschaft und Handel bildeten sich zurück.

Die Germanen kopierten dann die römischen Goldmünzen mit den Stempeln der verschiedensten römischen Kaiser. Das geschah meist sehr roh und mit Fehlern in den Umschriften, was aber keine Rolle spielte, weil ohnehin kaum jemand lesen konnte.

Der Frankenkönig Theudebart (534–548) war der erste, der es wagte, seinen eigenen Namen auf den Solidus zu setzen. Das wurde damals wohl als ungeheuerlich empfunden, weil dieses Recht nach allgemeiner Auffassung nur dem byzantinischen Kaiser zustand. Dieser Vorgang ist deshalb besonders interessant, weil er sehr schön die Nahtstelle zwischen staatlichem und privatem Geld zeigt. Offenbar wurde das Nachmachen von Münzen als eine Art Geldfälschung empfunden, auch wenn es sich um das gleiche Münzgewicht handelte. Der Stempel hatte schon eine Art magische Kraft entfaltet. Allerdings sollte sich diese Kraft bald wieder völlig auflösen.

Die schwindende Kraft der Zentralgewalt spiegelt sich in der stark zersplitterten Münzprägung des 7. Jahrhunderts wider. Es gab über 800 Prägeorte in Deutschland, darunter Köln, Zülpich, Mainz, Worms, Trier und Speyer. Die Münzen trugen selten den Namen des Königs, sondern vielmehr den Namen des Münzmeisters und des Prägeortes. Kontrolliert wurde mit Feinwaagen. Betrügerische Münzen hatten kaum eine Chance im privaten Wettbewerb.

B. Der Pfennig kommt und ein neuer Trick

Um 800 unter Karl dem Großen wurde eine grundlegende Reform der Münzordnung durchgeführt, die für Jahrhunderte das deutsche Geldwesen bestimmen sollte. Das Münzrecht wurde wieder allein vom König in Anspruch genommen, und die privaten Münzstätten wurden geschlossen. Nur wenigen ausgewählten kirchlichen und weltlichen Herren billigte man eine Ausnahme zu. Die Zahl der Münzstätten wurde auf etwa 30 reduziert. Zunächst wurden nur noch silberne Denare oder Pfennige geprägt, mit einem Gewicht von 1,24 Gramm reinem Silber. Goldmünzen wurden nicht mehr geprägt. Karl der Große änderte dann diesen Münzfuß in ganz ungewöhnlicher Weise. Die Pfennige wurden deutlich schwerer. An die Stelle des römischen Pfund trat das sogenannte Karlspfund zu 408 Gramm, und aus ihm sollten 240 Pfennige geprägt werden.

Das Gewicht des Pfennigs hatte sich damit auf 1,7 Gramm erhöht, und die alten leichteren Pfennige wurden »verrufen«, d. h. eingezogen. Über diesen einzigartigen Vorgang, daß ein Herrscher das Münzgewicht erhöht, hat man lange Zeit gerätselt und es schließlich mit einem gewissen Silberüberfluß erklärt. Der Vorgang ist aber auch in der Geschichte ziemlich einmalig geblieben. Der Pfennig galt im gesamten Frankenreich und weit darüber hinaus. Allerdings war der Geldbedarf relativ gering, weil man weitgehend autark wirtschaftete. Für einen Pfennig bekam man etwa sechs Kilogramm Weizen oder zwei Hühner, und ein Landarbeiter erhielt einen halben Pfennig pro Tag. Man sieht daran, daß der Pfennig für den Kleinhandel noch zu hochwertig war, er wurde vorwiegend für den Fernhandel verwendet.

Im Laufe des 10. und 11. Jahrhunderts gewährte der Kaiser dann immer mehr Privilegierten das Münzrecht. Neben die ursprünglich nur königlichen Münzen traten erzbischöfliche, bischöfliche, gräfliche und Abts-Pfennige. Auf den Märkten wurden Münzen wegen des Stempels bzw. Münzbildes – die eine Art amtliches Gütesiegel für den Feingehalt waren – natürlich lieber genommen als Rohsilber, zumal wenn es sich um eine anerkannte Münzsorte wie den Kölner oder Regensburger Pfennig handelte.

Nun ist überliefert, daß der Kaiser bereits 1061 dem Augsburger Bischof gestattete, 30 Pfennig mehr aus dem Pfund zu schlagen (also 270 statt 240), was eine Reduzierung des Gewichtes um immerhin 12,5 Prozent bedeutete. Immer mehr Herren fanden diesen Gedanken gut. Der Prozeß vollzog sich zwar allmählich, aber immerhin war gegen Ende des 11. Jahrhunderts das Gewicht des Pfennig gegenüber seiner Einführung um etwa die Hälfte gesunken. Wie verhindert man nun als fürsorglicher Landesvater, daß das Volk von so etwas beunruhigt wird? Ganz einfach: Der

Besitz von Feinwaagen wurde verboten. Zur Ehrenrettung muß man allerdings sagen, daß der Moralstandard der Herrschenden damals doch noch vergleichsweise hoch war. Am Silberfeingehalt, der ja sehr viel schwerer zu überprüfen ist, wurde noch kaum manipuliert. Es wurde also nur beim Gewicht (Schrot) gemogelt, nicht am Korn.

Im Laufe des 12. und 13. Jahrhunderts schwand die kaiserliche Macht über das Reich zusehends. Immer mehr Territorialherrscher usurpierten einfach das lukrative Münzrecht und errichteten ihre eigenen lokalen Münzstätten. Mitte des 13. Jahrhunderts war die Zahl der Münzstätten bereits wieder auf etwa 500 gestiegen, diesmal aber nicht unter privater, sondern unter staatlicher Regie. Natürlich bildeten sich regional unterschiedliche Münzfüße aus mit im Zeitablauf immer weiter sinkenden Pfenniggewichten. Bei größeren Geldleistungen wurden die Pfennige dann nicht mehr gezählt, sondern gewogen, und deshalb entwickelte sich nun zunehmend wieder der andere hinterhältige Trick, indem der Feingehalt an Silber durch Zusatz unedler Metalle herabgesetzt wurde, was viel schwerer zu erkennen war.

Gegen Ende des 13. Jahrhunderts wurde dann noch ein weiterer Trick entwickelt, die sogenannte Münzverrufung. Unter irgendeinem Vorwand wurden die umlaufenden Geldstücke einfach für ungültig erklärt und eingezogen. Dabei wurden häufig für vier alte nur drei neue Pfennige ausgegeben, die meist obendrein noch schlechter waren. Der Beitrag von Münzverrufungen zur Staatsfinanzierung war nicht unerheblich.

Häufige Münzverrufungen waren aber nur möglich, wenn die Münzbilder der einzelnen Ausgaben deutlich genug voneinander unterschieden werden konnten. Deshalb kam man auf den Gedanken, die Münzen nur aus dünnem Silberblech zu prägen und, damit das Pfenniggewicht ungefähr stimmte, dafür größer zu machen. Diese drei bis fünf Zentimter großen Münzen, die sogenannten Hohlpfennige oder Brakteaten, wurden nur einseitig geprägt. Dies hatte den Vorteil, daß man deutlich unterscheidbare, teilweise sogar künstlerisch hochstehende Münzbilder prägen und so auch mehrmals im Jahr einzelne Münzbilder verrufen konnte.

Die Anhänger von Silvio Gesell, die sogenannten Freiwirte, empfehlen diese Form von Staatsbetrug auch heute noch als Geldreform und schreiben den Brakteaten eine wundersam belebende Wirkung zu, weil ja jeder versucht, diese Art von Geld vor der Verrufung schnell wieder loszuwerden und auf diese Weise die Umlaufgeschwindigkeit des Geldes erhöht würde. Allerdings litten die Märkte und die Städte sehr stark unter diesem Prozeß quasi automatischer Münzverschlechterung. Der Handel war auf gute, gleichbleibende Münzen angewiesen. Einzelne Städte kauften deshalb den Fürsten das Münzrecht ab, um so gleichsam die Münzprägung wieder zu privatisieren. Lübeck erlangte so 1226 das Münzrecht, Basel 1273, später folgten Erfurt, Hamburg und Lüneburg. Die Städte beseitigten die Münzverrufung, bemühten sich um gleichbleibend stabile Münzen und führten den »ewigen Pfennig« ein, der auch als Dickpfennig bezeichnet wurde und wieder beidseitig geprägt war.

C. Die Herren werden immer hemmungsloser und kommen auf neue Ideen

Im 14. und 15. Jahrhundert kamen neue Münzsorten auf, die jetzt Groschen hießen. Diese waren mit etwa vier Gramm deutlich schwerer als die Pfennige, die zuletzt weniger als ein halbes Gramm gewogen hatten. Der Vorteil dabei war, daß man damit das Spiel mit Schrot und Korn von neuem beginnen konnte, denn während man bei einem halben Gramm nicht mehr viel abknapsen konnte, war das bei vier Gramm schon wieder möglich. Die Zeit war aber auch schon schnellebiger geworden, und der Verfall ging diesmal sehr viel schneller. Die zum Teil recht drastischen Verschlechterungen der neuen größeren Silbermünzen erschütterten rasch das Vertrauen, das diesen Geldstücken ursprünglich entgegengebracht worden war. Zahlreiche Städte gingen deshalb im 15. Jahrhundert dazu über, fremde Groschen nach Überprüfung gegenzustempeln. Oft weisen Groschen die Stempel von mehreren Städten auf.

Das 14. und 15. Jahrhundert ist von einer unglaublichen Vielfalt an Münzsorten gekennzeichnet. Neben zahlreichen Silbermünzen gab es in geringerem Umfang auch noch Goldmünzen. Die große Münzvielfalt spielte aber keine Rolle, denn im Grunde geht es ja immer nur um das Bezahlen mit Metall in Gramm, d. h. Gold und Silber nach Gewicht waren gleichsam einheitliches Weltgeld. Ein gewisses Problem entstand nur deshalb, weil jeder seiner Münze ein anderes Gewicht gab, das man erst umrechnen mußte, und weil immer etwas anderes drauf stand, als drin war.

Wir sehen hier, daß der Staat bzw. die Obrigkeit das Problem nicht löst, sondern schafft. Private Münzen im Wettbewerb und ohne Annahmezwang hätten das Problem viel besser gelöst, zum einen, weil sich sehr rasch ein einheitliches Standardgewicht im Markt durchgesetzt hätte, und zum anderen, weil falsche Münzen einfach nicht angenommen worden wären. Außerdem ist es viel praktischer, wenn alle Münzen das gleiche Gewicht haben und man nicht an jeder Landesgrenze umrechnen und umtauschen muß. Aber auch die zahlreichen Münzvereine, die sich damals bildeten, konnten das Problem nicht lösen.

Diese Münzvereine und Münzverträge waren der Versuch, wieder ein einheitliches, verläßliches Gewicht der Münzen sicherzustellen, weil der Handel nun einmal auf Vertrauen und verläßliches Geld angewiesen ist. Aber offensichtlich können Verträge und gute Absichten das Problem auch nicht lösen. Jedenfalls konnten zahlreiche Münzverträge und Münzvereine im Deutschland des 14. und 15. Jahrhunderts den Prozeß permanenter Münzverschlechterung und den Verfall der Landeswährungen nicht aufhalten, weil niemand die Verträge einhielt. Die Münzverschlechterungen waren ja ein bewußter Mißbrauch des Münzregals zum Betrug durch deren Inhaber. Das Münzrecht wurde in erster Linie als eine zusätzliche finanzielle Einnahmequelle des Staates angesehen. Münzverschlechterungen konnten diese Einnahmen erhöhen. Eine Verringerung des Feingewichtes der Münzen brachte so lange zusätzlichen Gewinn, wie dies im Zahlungsverkehr nicht auffiel. War die Verschlechterung erkannt und die Münze dementsprechend abgewertet, konnten nur weitergehende Verschlechterungen neue, zusätzliche Einnahmen bringen. Wir werden später sehen, daß sich an diesem Mechanismus jedenfalls im Prinzip bis heute nichts geändert hat. Wie stark die Münzverschlechterung war, zeigt sich exemplarisch am Kölner Pfennig, der über lange Zeit als die stabilste Münze galt. Der Kölner Pfennig war bis um 1280 etwa 1,4 Gramm Silber schwer. Er enthielt zu Beginn des 14. Jahrhunderts noch 0,5 Gramm Silber und knapp ein Jahrhundert später nur noch rund 0,07 Gramm. Bei anderen Münzen, wie dem Lübecker oder Konstanzer Pfennig, war die Entwicklung ähnlich.

Um 1400 entstand eine neue revolutionäre Geldentwicklung, zunächst vorwiegend in Italien, nämlich Wechsel und Anweisung als bargeldlose Zahlungsmittel. Man mußte nicht mehr Silbermünzen von Nürnberg nach Florenz schleppen. Es genügte ein Zettel, der die Bank in Florenz anwies, Münzen vom eigenen Konto auszuzahlen. Durch diesen Wechsel- und Giroverkehr entstand jedoch kein zusätzliches Geld. Das vorhandene Gold und Silber wurde lediglich nicht mehr in Truhen, sondern in Form von Zetteln transportiert, die gewissermaßen als Stellvertreter für das Metall standen. Der eigentliche Trick mit Papiergeld war damit noch nicht erfunden.

Von 1458 bis 1460 erlebte Deutschland mit den sogenannten Schinderlingen, allerdings auch ohne Papiergeld, zum ersten Mal die volle Wucht des staatlichen Geldbetruges. Diese erste große Inflation in Deutschland beschränkte sich zunächst auf den bayrischen und österreichischen Raum.

Im Jahre 1457 begann in Bayern der Graf von Öttingen, unterwertige Pfennige in größeren Stückzahlen zu prägen. Die Landgrafen von Hals, der Erzbischof von Salzburg und der Bischof von Passau schlossen sich an, und auch der Kaiser ließ in Unmengen verschlechterte Pfennige und Kreuzer herstellen. Dabei scheute man nicht davor zurück, Münzbilder des längst verstorbenen Königs Albrecht zu verwenden, um so die Leute glauben zu lassen, es handele sich um ältere gute Pfennige. Die bayrischen Herzöge schlossen sich an, und so prägten bald alle Potentaten in Bayern und Österreich, vom Kaiser bis zu Grafen und Bischöfen, um die Wette minderwertiges Geld, im Volksmund Schinderlinge genannt. Irgendwie müssen da plötzlich alle moralischen Dämme bei den Herrschern gebrochen sein.

Am Kurs des Goldguldens kann man die Entwertung gut ablesen. Der Preis für einen Gulden stieg von 222 Pfennigen Anfang 1458 über 300 Pfennige Ende 1458 und 960 Pfennige Ende 1459 auf schließlich 3700 Pfennige im April 1460. Auf dem Höhepunkt der Schinderlingszeit stieg der Kurs des Guldens um 20 bis 30 Pfennige täglich. Dies war für die Menschen eine völlig neue Erfahrung. Bisher hatte sich der Silbergehalt des Pfennigs im Laufe eines Menschenlebens allenfalls auf die Hälfte verringert. Die wirtschaftlichen Folgen der Schinderlingszeit müssen verheerend gewesen sein. Die Deutschen erlebten zum ersten Mal die volle Wucht des staatlichen Geldbetruges, ihre erste große Inflation – es sollte nicht die letzte sein. Ende April 1460 ging man wieder zur Ausprägung guter Pfennige über. Die Inflation hatte sich totgelaufen. Wenn Sie jetzt einen kurzen Blick auf den Schicksalsfaden des Silbers werfen, so werden Sie sehen, daß Silber sich gerade in dieser Zeit auf dem Weg zu seinem Allzeithoch von real 806 Dollar pro Unze befand. Wie das zusammenpaßt, werden wir später sehen.

Der Übergang vom 15. zum 16. Jahrhundert, also vom Mittelalter zur Neuzeit, bringt auch eine neue Münze hervor: den Taler. In Tirol und im Erzgebirge bei Joachimsthal wurden reiche Silbervorkommen entdeckt. Daraus prägte man etwa 30 Gramm schwere sogenannte »Joachimsthaler Guldengroschen« mit einem Silbergehalt von zunächst 27,4 Gramm. Dies entsprach dem Wert eines herkömmlichen Goldguldens zu 2,5 Gramm Gold, daher der Name Guldengroschen. Der Name wurde später auf »Joachimstaler« und schließlich nur noch auf »Taler« verkürzt, womit die neuen schweren Silbermünzen ihren bleibenden Namen hatten, der heute noch als »Dollar« weiterlebt.

Der Grundgedanke war, eine Silbermünze (Guldengroschen) zu schaffen, die genau einer Goldmünze (Gulden) entsprach, also eine Wertgleichheit von Gold- und Silbermünzen über das entsprechende Gewicht. 27,4 Gramm Silber wurden also wie 2,5 Gramm Gold bewertet, was einem Wertverhältnis von etwa 11:1 entspricht. Silber wurde also im Verhältnis zu Gold recht hoch bewertet, im Vergleich zu den 16:1 später und heute teilweise über 100:1. Aber auch der Silbergehalt des Talers ging in der Folgezeit wieder zurück. Der Staat ist im Grunde nie an ehrlichem Geld interessiert. Er betrügt nur mal mehr und mal weniger hemmungslos. Die zahlreichen Reichsmünzordnungen hatten daher nur die Wirkung, daß die Menschen wieder eine Weile glaubten, von nun an halte sich jeder an das neue Gewicht.

Mit dem Ausbruch des Dreißigjährigen Krieges 1618 nahm die Münzverschlechterung wieder rasch zu. Der Silbergehalt sank auf weniger als die Hälfte des vorgeschriebenen Edelmetallgehaltes. Um die Herkunft der Münzen zu verschleiern, trugen sie oft keine Angaben über den Münzherren mehr, sondern dafür Sprüche wie »An Gottes Segen ist alles gelegen«. Da die meisten Menschen nicht lesen konnten, vertrauten sie auf das übliche Münzbild. Fast alle deutschen Fürsten beteiligten sich an der Ausgabe minderwertigen Geldes, selbst die großen Handelsstädte, die eigentlich an stabilen Währungsverhältnissen interessiert waren, machten mit.

Zur Edelmetallbeschaffung waren überall in Deutschland Händler unterwegs, die hochwertige Münzen aufkauften und zum Einschmelzen zu den zahlreichen, neu eingerichteten Münzstätten brachten. Die dabei benutzten Münzwaagen und das häufig betrügerische Kippen und Wippen der Waagschalen verschaffte den Aufkäufern im Volksmund den Namen Kipper und Wipper. Die Bevölkerung tauschte dabei ihre Ersparnisse, die sie in Form von vollgewichtigen Reichstalern und Goldmünzen im Sparstrumpf hatte, gegen sogenannte Kippermünzen ein. Man glaubte, dadurch reicher zu werden, da man ja eine nominell höhere Summe erhielt, diese allerdings in schlechterem Geld.

Die alten Reichstaler und andere hochwertige Münzen stiegen ständig im Kurs der Kippermünzen, die immer mehr Kupfer enthielten. Die immer größere Münzmenge regte zunächst Handel und Produktion an, bis starke Preissteigerungen einsetzten und plötzlich für viele Menschen der Lohn nicht mehr ausreichte, das Leben zu bestreiten. Die Getreidepreise verfünf- und versechsfachten sich in Kippermünzen. Nur wer gute Reichstaler oder Goldmünzen hatte spürte die Inflation nicht.

Um 1622/23 weigerten sich immer mehr Bauern, Händler und Handwerker, ihre Waren gegen schlechtes Silbergeld abzugeben. Sie wollten nur noch gegen hochwertiges Geld verkaufen. Gustav Freytag schildert in seinen *Bildern aus der deutschen Vergangenheit* eindringlich diese Zeit:

»Von allen Schrecken des beginnenden Krieges erschien dem Volk keiner so unheimlich als die plötzliche Entwertung des Geldes, weil es überall die gehässigen Leidenschaften aufwühlte und Unfrieden in den Familien, Haß und Empörung zwischen Gläubigern und Schuldnern, Hunger, Armut, Bettelhaftigkeit und Entsittlichung zurückließ. Es machte ehrsame Bürger zu Spielern, Trunkenbolden und Troßknechten, jagte Prediger und Schullehrer aus ihren Ämtern, brachte wohlhabende Familien an den Bettelstab, stürzte alles Regiment in heillose Verwirrung und bedrohte in einem dicht bevölkerten Land die Bewohner der Städte mit dem Hungertod.«

Und dann ereignete sich ein kleines Wunder. 1623, mitten im Krieg, kehrten die Münzherren wieder zur Herstellung guten Geldes zurück, wobei allerdings die Kippermünzen nochmals drastisch abgewertet und eingezogen wurden. Ein 75-Kreuzer-Stück wurde mit zehn Kreuzern, ein 48-Kreuzer-Stück mit sechs Kreuzern usw. eingelöst. Wie kam es zu dem plötzlichen Sinneswandel mitten in einem Krieg, der noch 25 Jahre dauern sollte und weiterhin viel Geld kostete?

Der Hauptgrund dürfte wohl gewesen sein, daß die Landesherren bei Abgaben und Steuern ihr eigenes schlechtes Geld zurückbekamen, das keiner mehr haben wollte, sie selbst natürlich auch nicht. Die Geldentwertung war an ihre Grenze gestoßen. Die Rückkehr zu einem geordneten Münzwesen mitten im Krieg stellt in der deutschen Geschichte einen einzigartigen Vorgang dar. Die Folgen der vorangegangenen kurzen Episode der Kipper- und Wipperinflation waren für das Land gleichwohl wieder verheerend.

Das ausgehende 16. Jahrhundert war aber auch die hohe Zeit der großen Handelshäuser der Fugger und Welser. Der gewaltige Aufschwung des Handels im 16. Jahrhundert war begleitet von der zunehmenden Entwicklung des bargeldlosen Zahlungsverkehrs. Geldzahlungsversprechen wie Anweisungen und Wechsel ersetzten den risikoreichen und beschwerlichen Transport von Münzen über große Entfernungen. Daneben kam es zur Gründung zahlreicher Börsen, an denen solche Wechsel gehandelt wurden. Frankfurt am Main entwickelte sich ab 1615 zur bedeutendsten deutschen Geld- und Wechselbörse.

Im Jahre 1619 entstand in Hamburg noch etwas Neues, sehr Bemerkenswertes, nämlich das Grundmodell eines privaten Geldsystems, das wir heute sofort wieder übernehmen könnten, die Hamburger Girobank. Um den Geld- und Zahlungsverkehr in der Hansestadt zu erleichtern, der durch den Umlauf zahlreicher Münzsorten mit unterschiedlichem Metallgehalt erheblich erschwert wurde, sollte die Bank Zahlungen bargeldlos durch Umbuchung von Konto zu Konto ermöglichen. Als Kontoeinlage wurden zunächst nur vollwertige Reichstaler angenommen, wobei pro Reichstaler drei Mark »Banco« gutgeschrieben wurden. Dies war nur eine Verrechnungseinheit, wodurch die Bank aber quasi eine stabile Recheneinheit und eine eigene Währung schuf, die von Münzverschlechterungen verschont blieb. Später wurde auch ungemünztes Silber in Form von Barren angenommen. Die Bank war verpflichtet, den Kontoinhabern ihre Guthaben jederzeit in Metall auszuzahlen. Sie konnte aufgrund ihrer Satzung kein

Buchgeld schöpfen, das über ihren Bestand an Silber in den Tresoren hinausging. Dieses Modell einer privaten Währung würde auch heute sofort wieder funktionieren, und es entsteht in der Tat gerade wieder neu – im Internet. Ich werde auf diese spannende Entwicklung später noch eingehen. Die Mark Banco galt bis zur Einführung der Reichswährung 1870, also immerhin 250 Jahre, als das sicherste und unveränderlichste Geld der Welt und die Bank als Symbol der Solidität des Hamburger Kaufmanns.

Nach den üblen Erfahrungen der Kipper- und Wipperzeit und den Reformen von 1623 blieb Deutschland für fast 30 Jahre von Münzverschlechterungen verschont, trotz des Dreißigjährigen Krieges. Aber ab etwa 1650 begann das Spiel wieder von neuem. Kaiser, Fürsten und Bischöfe, alle beteiligten sich daran, immer neue, vor allem kleinere Münzen in Umlauf zu bringen, bei denen der vorgeschriebene oder angebliche Silbergehalt nicht eingehalten wurde. Dazu kamen noch ausländische Münzen und solche von konkurrierenden Geldfälschern, sogenannte Heckenmünzen. Zwischendurch wurden mehrmals Münzreformen durchgeführt und alte Münzen verrufen und eingezogen. Dieses Spiel konzentrierte sich vorwiegend auf Silbermünzen. Erst zu Beginn des 18. Jahrhunderts verbreiteten sich auch in Deutschland allmählich wieder Goldmünzen, vor allem der französische Louisdor und die spanische Pistole. Silbergeld blieb jedoch vorherrschend. Goldmünzen dienten nur zur Abwicklung hochwertiger Geschäfte, etwa im Pferdehandel oder als Sparkapital. Im täglichen Verkehr stellten sie eher eine Ausnahme dar.

Friedrich der Große übernahm 1740 von seinem Vater ein recht desolates Münz- und Geldwesen. Er beauftragte 1750 Johann Philipp Graumann mit einer Münzreform, die zum Ziel hatte, die zahlreichen auch ausländischen Münzsorten mit einem einheitlichen preußischen Geld abzulösen. Hauptwährungsmünze wurde das Ein-Taler-Stück mit einem Silbergehalt von 16,7 Gramm. Daneben gab es den Friedrichsdor mit einem Goldgehalt von 6,06 Gramm und einem Nennwert von fünf Talern, was etwa einem Verhältnis von 13,8:1 entspricht. Die Münzreform gelang. Mit dem neuen Taler stand eine stabile Großsilbermünze zur Verfügung, die im kommenden Jahrhundert ihren Siegeszug durch ganz Deutschland antreten sollte. Für Preußen, das keine eigenen Minen besaß, war allerdings die Edelmetallbeschaffung ein Problem.

Im August 1756 besetzte Friedrich II. das Nachbarland Sachsen, womit der Siebenjährige Krieg begann. Sachsen besaß reiche Silbervorkommen im Erzgebirge. Noch im gleichen Jahr verpachtete Friedrich die Leipziger Münzstätte an den Juden Veitel Ephraim. Der Vertrag sah vor, bei der Prägung das Münzbild des sächsischen Kurfürsten beizubehalten, den

Silbergehalt der Geldstücke jedoch um ein Viertel zu verringern – eine bewußte Verfälschung der sächsischen Landeswährung. Für so hergestellte neue Münzen im Nennwert von je einer Million Reichstaler sicherte Ephraim dem preußischen König einen Schlagschatz von 200 000 Reichstalern zu. Daraufhin begann in der Leipziger Münzstätte ab Januar 1757 die Prägung von unterwertigen Groschen. Um die Bevölkerung über den Zeitpunkt der Herausgabe zu täuschen, versah man die Geldstücke mit den Jahreszahlen 1753, 1754 und 1756. Auch sächsisch-polnische Sorten wurden mit diesen Jahreszahlen geprägt.

Diese Münzen wurden in der Folgezeit die häufigsten Kriegsmünzen, ihr Umlauf in Preußen jedoch zunächst verboten. Allerdings ließ sich der edle Vorsatz, das eigene Land vor Münzverschlechterungen zu verschonen, auf Dauer nicht aufrecht erhalten. Bereits 1758 verpachtete Friedrich auch alle preußischen Münzstätten an ein Konsortium, das sich aus Veitel Ephraim, Moses Isaac und Daniel Itzig zusammensetzte. Anstelle des 1750 eingeführten 14-Taler-Fußes prägte man ab 1759 einen 19-3/4-Taler-Fuß, womit ein Taler nur noch 11,8 statt 16,7 Gramm Silber enthielt. Ab 1760 sank der Silbergehalt gar auf 7,8 Gramm und weniger. Auch die Goldmünzen Friedrichsdor und den sächsischen Augustdor ließ er ausprägen, allerdings mit um 30 Prozent verringertem Feingehalt. Zur Täuschung wurden wieder die Jahreszahlen 1755, 1756 und 1757 verwendet. Die minderwertigen Kriegsmünzen, im Volksmund als »Ephraimiten« bezeichnet, behielten ihr ursprüngliches Rauhgewicht. Verschlechtert wurde nur der Feingehalt, so daß sie mit der Münzwaage kaum von vollwertigen Stücken unterschieden werden konnten. Die Verbreitung auch in neutrale und feindliche Territorien gelang so gut, daß zeitweise sogar die Österreicher ihre eigenen Truppen damit entlohnten. Man hielt es wohl einfach nicht für möglich, daß Friedrich der Große so etwas tun würde.

Zur Ehrenrettung Friedrichs muß man allerdings sagen, daß er am Ende des Krieges mit einer Sanierung der preußischen Währung begann. Mit dem Münz-Edikt vom März 1764 erfolgte die Rückkehr zum 14-Taler-Fuß mit 16,7 Gramm. Die Kriegsmünzen wurden eingezogen. Ihr Umtausch bei den Staatskassen erfolgte allerdings in Anlehnung an den Metallwert. Die Besitzer der Kriegsmünzen verloren damit einen beträchtlichen Teil ihres Geldvermögens, im Höchstfall bis zu knapp drei Viertel. Doch diese Geldreform gelang ebenfalls; bis etwa 1770 war die Umprägung der Kriegsmünzen abgeschlossen. Friedrich war ein sparsamer Fürst. Als er 1786 starb, hatte er es immerhin geschafft, einen Staatsschatz in Höhe von 55 Millionen Reichstalern anzulegen, was etwa 30 bis 40 Prozent des preußischen Volkseinkommens entsprach. Außerdem empfand man damals Falschgeld noch als moralisch bedenklich. Im Jahre 1777, also noch zu Lebzeiten Friedrichs, schrieb die Preußische Akademie der Wissenschaften die bereits erwähnte Preisaufgabe über die Frage aus, ob es nützlich sei, das Volk zu betrügen, woraus sich eine umfangreiche philosophischen Debatte zur Aufklärung entwickelte. Eine solche Debatte wäre heute sicher wieder nützlich.

D. Der Übergang zum Papiergeld

Anfang des 18. Jahrhunderts wurde dann eine ganz neue und geradezu geniale Betrugsidee entwickelt, die sich so hervorragend bewährte, daß man sich heute praktisch ausschließlich nur noch darauf stützt. Der pfälzische Kurfürst Johann Wilhelm II., im Volksmund Jan Wellem genannt, gründete 1705 in Köln die *Banco di gyro d'affrancatione*, die als erste Notenbank in Deutschland gilt und die damals als Zettelbank bezeichnet wurde. Mit ihr hoffte der Kurfürst seine drückenden finanziellen Probleme zu lösen. Die Bank gab 1706 – also noch Jahre vor dem Papiergeldexperiment des John Law in Frankreich – Zettel in Umlauf, die auf den Namen ausgeschrieben und durch Unterschrift übertragbar waren. Die Zettel waren von den Ständen unterschrieben, die der Kurfürst zur Unterschrift gezwungen hatte, also eine Art Zwangsanleihe. Die Zettel sollten am Verfallstag von der Bank eingelöst werden, und zwar mit einem gewissen Aufschlag, waren also verzinslich. Eingelöst heißt natürlich in Edelmetall. Das Grundkonzept ist so genial, daß uns bis heute nichts Besseres eingefallen ist.

Die Zettel waren keine Banknoten, bei denen Gold bei der Bank hinterlegt wird und die Bank eine Art Lagerschein als Banknote dafür ausstellt. Vielmehr handelte es sich hier um ein Versprechen auf künftiges Gold. Das Gold war noch gar nicht da. Die Bank bzw. die Stände, die unterschrieben hatten, versprachen lediglich, Gold zu liefern, wenn der Zettel fällig war. Die Einlösung gestaltete sich natürlich schwierig. Die alten Zettel wurden deshalb einfach durch neue ersetzt, wieder mit Zins, versteht sich. Die gesamte Emission belief sich auf etwa drei Millionen Reichstaler. Die Zettel wurden dann schließlich mit 30 bis 40 Prozent Abschlag gehandelt, und erst zwischen 1750 und 1777 löste man sie endgültig zu einem Drittel des Nennbetrages, unter Verzicht auf die Zinsen, ein. Nach genau diesem Prinzip funktionieren heute Staatsanleihen, mit dem kleinen Unterschied, daß heute überhaupt nicht mehr eingelöst wird. Man bekommt nur immer neue Zettel.

Irgendwie muß dieser geniale Gedanke damals in der Luft gelegen haben, und John Law hat ihn in seinem brillanten Buch ausführlich theoretisch begründet, bevor er in Frankreich um 1715 sein Experiment mit Papiergeld in ganz großem Stil durchführte. Der Grundgedanke für unser heutiges Betrugssystem war geboren.

Mitte des 18. Jahrhunderts wurde dieser neue Gedanke dann von Österreich und auch von anderen Staaten aufgegriffen. Johann Wolfgang von Goethe war später von dem Gedanken so fasziniert, daß er einen Teil des *Faust II* diesem Thema widmete. Darin offenbart sich eine so profunde Kenntnis dieser neuen Betrugsidee, daß man eigentlich nur staunen kann. Selbst heute sind den wenigsten diese Zusammenhänge wirklich klar, weshalb ja auch der Trick nach wie vor so hervorragend funktioniert.

In *Faust II* erklärt Mephisto, wie er gedenkt, aus dem Nichts Geld zu schaffen, aber Kanzler und Kaiser verstehen es nicht und drängen Mephisto, er möchte endlich wirkliches Geld besorgen. Daraufhin läßt Goethe Mephisto sagen:

»Daran erkenn ich den gelehrten Herrn!
Was ihr nicht tastet, steht euch meilenfern,
Was ihr nicht faßt, das fehlt euch ganz und gar,
Was ihr nicht rechnet, glaubt ihr, sei nicht wahr,
Was ihr nicht wägt, hat für euch kein Gewicht,
Was ihr nicht münzt, das, meint ihr, gelte nicht!«

Darauf der Kaiser, dem das alles zu nebulös ist:

»Dadurch sind unsere Mängel nicht erledigt;
Was willst du jetzt mit deiner Fastenpredigt?
Ich habe satt das ewige Wie und Wenn;
Es fehlt an Geld, nun gut, so schaff es denn!«

Nachdem Mephistopheles nochmals vergeblich versucht, es zu erklären, resigniert er schließlich mit dem Satz:

»Wie sich Verdienst und Glück verketten,
Das fällt den Toren niemals ein;
Wenn sie den Stein der Weisen hätten,
Der Weise mangelte dem Stein.«

Mit anderen Worten: Selbst wenn sie wüßten, wie es funktioniert, würden sie es nicht verstehen. Mephisto schafft dann das Geld, und in der Szene im Lustgarten kommt die bekannte Stelle, die ich zur Erinnerung, und weil sie den Vorgang so schön klar beschreibt, hier noch einmal zitieren will:

KANZLER (der langsam herankommt)
Beglückt genug in meinen alten Tagen.–
So hört und schaut das schicksalschwere Blatt,
Das alles Weh in Wohl verwandelt hat.
Zu wissen sei es jedem, der's begehrt:
Der Zettel hier ist tausend Kronen wert.
Ihm liegt gesichert, als gewisses Pfand,
Unzahl vergrabnen Guts im Kaiserland.
Nun ist gesorgt, damit der reiche Schatz,
Sogleich gehoben, diene zum Ersatz.

KAISER
Ich ahne Frevel, ungeheuren Trug!
Wer fälschte hier des Kaisers Namenszug?
Ist solch Verbrechen ungestraft geblieben?

SCHATZMEISTER
Erinnre dich! hast selbst es unterschrieben;
Erst heute nacht. Du standst als großer Pan,
Der Kanzler sprach mit uns zu dir heran:
Gewähre dir das hohe Festvergnügen,
Des Volkes Heil, mit wenig Federzügen.
Du zogst sie rein, dann ward's in dieser Nacht
Durch Tausendkünstler schnell vertausendfacht.
Damit die Wohltat allen gleich gedeihe,
So stempelten wir gleich die ganze Reihe,
Zehn, Dreißig, Funfzig, Hundert sind parat.
Ihr denkt Euch nicht, wie wohl's dem Volke tat.
Seht Eure Stadt, sonst halb im Tod verschimmelt,
Wie alles lebt und lustgenießend wimmelt!
Obschon dein Name längst die Welt beglückt,
Man hat ihn nie so freundlich angeblickt.
Das Alphabet ist nun erst überzählig,
In diesem Zeichen wird nun jeder selig.

KAISER
Und meinen Leuten gilt's für gutes Gold?
Dem Heer, dem Hofe gnügt's zu vollem Sold?
So sehr mich's wundert, muß ich's gelten lassen.

MARSCHALL
Unmöglich wär's, die Flüchtigen einzufassen;
Mit Blitzeswink zerstreute sich's im Lauf.
Die Wechsler-Bänke stehen sperrig auf,
Man honoriert daselbst ein jedes Blatt
Durch Gold und Silber, freilich mit Rabatt.
Nun geht's von da zum Fleischer, Bäcker, Schenken;
Die halbe Welt scheint nur an Schmaus zu denken.

So etwas kann man nur schreiben, wenn man den Zusammenhang verstanden hat. Als Mitglied diverser Freimaurerlogen kannte Goethe natürlich das Geheimnis der Falschgeldproduktion, das den Mitgliedern erst in den höchsten Graden schrittweise enthüllt wurde und unter ausdrücklicher Strafandrohung nicht öffentlich gemacht werden durfte. In der mystischen Sprache der Freimaurer hieß das freilich nicht Falschgeldproduktion, sondern »chymische Hochzeit« oder »Kunst der Transmutation«, bei der aus unedlen Metallen oder minderwertigen Stoffen Gold und Silber entstand.

Einige Logen, wie z. B. die Rosenkreutzer, hatten die Erzeugung von Geld aus dem Nichts als ausdrückliches Satzungsziel. Auch Friedrich der Große war Freimaurer und kannte von daher einige Tricks, wie wir gesehen haben. Daß es mit der Alchimie nicht klappte, hatte man inzwischen erkannt. Aber jetzt gab es ganz andere, viel elegantere Wege. Dieses Wissen sollte möglichst geheim gehalten werden, konnte man mit diesem Wissen doch Macht und Reichtum sichern. Offenbar kam das Wissen der Freimaurer von den Templern, die im 13. Jahrhundert ein Giro- und Kreditsystem entwickelt hatten, mit dem sie in kurzer Zeit eine enorme finanzielle Macht gewinnen konnten und am Ende riesige Vermögen verwalteten. Der spannende Roman Dan Browns, *Sakrileg,* nimmt darauf Bezug.

Goethe kannte mit Sicherheit das Buch von John Law, und er hatte das große Papiergeld-Experiment mit den französischen Assignaten selbst erlebt. Ein großes Geheimnis plauderte Goethe selbst als Freimaurer nicht mehr aus, zumal nicht allzu viele sich *Faust II* ansehen. Heute machen sich die Bürger jedenfalls über staatliches Falschgeld keine Gedanken mehr. Man glaubt, so etwas würde der Staat heute nicht mehr machen. Die wenigsten können mit diesen Zeilen in *Faust II* überhaupt noch etwas anfangen. Ist das nun ein Komplott zur Förderung eigener Interessen, wenn Freimaurer Geldwissen weiterreichen, oder arbeiten sie am Fortschritt der Menschheit?

Wie dem auch sei, mit dem Einmarsch Napoleons 1803 verloren die große Mehrheit der über 300 souveränen deutschen Territorien und die meisten freien Reichsstädte sowie alle geistlichen Fürstentümer ihre Souveränität und damit auch ihre Münzrechte. Nach dem Ansturm Napoleons erklärte Kaiser Franz II. das Römische Reich Deutscher Nationen für aufgelöst. Für die herrenlos gewordenen Geldstücke der ihrer Souveränität beraubten Fürsten und Städte fühlte sich niemand verantwortlich, und sie blieben daher noch lange Zeit im Umlauf. Wie man daraus erkennen kann, funktionieren Gold und Silber als Geld auch ohne Staat. Auf deutschem Boden blieben noch 35 selbständige Staaten und vier freie Städte bestehen. Als 1833 zwischen 18 deutschen Staaten der Deutsche Zollverein gegründet wurde, gab es noch rund ein Dutzend verschiedener Münz- und Rechnungssysteme, sieben sich teilweise überschneidende Währungsgebiete und vier verschiedene Währungssysteme. Dabei handelte es sich allerdings immer nur um Gold und Silber mit unterschiedlichem Gewicht, also letztlich doch um ein einheitliches Währungssystem.

In verschiedenen Münzverträgen versuchten mehrere Staaten immer wieder, die Münzsysteme in ihren Gebieten zu vereinheitlichen, was jedoch nicht gelang. Allerdings bewirkten der technische Fortschritt und die hohen Investitionskosten in moderne Prägemaschinen jetzt ein Massensterben der Prägeanstalten. Von 1803 bis 1871 sank ihre Zahl von 43 auf neun. Die Kleinstaaten vergaben ihre Prägeaufträge und verloren damit die Möglichkeit, mit der Münzproduktion Einnahmen zu erzielen, weil man ja nicht gut offizielle Aufträge zur Geldfälschung erteilen konnte. Man verlegte sich daher zunehmend zur Finanzierung von Staatsausgaben auf den neuen Trick, nämlich auf die Ausgabe von Papiergeld.

Die Deutschen standen dem Papiergeld lange Zeit sehr skeptisch gegenüber. Nach der drastischen Abwertung der französischen Assignaten und den schlechten Erfahrungen mit anderen Papiergeld-Experimenten wie den preußischen Tresorscheinen, die innerhalb kurzer Zeit bis zu 75 Prozent ihres Wertes verloren, trauten sie dem Papier nicht. Im *Brockhaus* von 1820 heißt es: »Papiergeld ist in vieler Ohren ein so furchtbarer Ton, daß sie schon bei dem bloßen Namen desselben erschrecken.«

Im Laufe der Zeit sank aber der Widerstand gegen das Papiergeld. Zum einen ist es natürlich sehr viel praktischer, einen Zettel mit der Angabe »1000 Taler« zu übergeben, als 1000 Münzen herumzuschleppen (die immerhin etwa 18 Kilogramm wiegen) und abzuzählen, zum anderen half der Staat mit sanftem Druck bei der Einführung von Papiergeld nach. Um die Akzeptanz seiner »Cassen-Anweisungen« zu erhöhen, verfügte der preußische Staat, daß alle in Silbergeld zu entrichtenden Zahlungen an den Staat zur Hälfte in Cassen-Anweisungen zu erfolgen hätten, bei Androhung einer Strafe von zwei Silbergroschen pro Taler bei Nichtbefolgung. Später wurde dann Papiergeld immer gleich mit einem Annahmezwang ausgestattet, damit es akzeptiert wurde. Nicht wenige deutsche Kleinstaaten sahen angesichts wirtschaftlicher Schwierigkeiten im Revolutionsjahr 1848 in der Ausgabe von Papiergeld eine günstige Möglichkeit, sich billige Finanzierungsmittel für den Staatshaushalt zu beschaffen. Billig deshalb, weil sie für die gedruckten Zettel keine Zinsen bezahlen mußten. Wobei in der Regel kleine Scheine zu einem und fünf Talern gedruckt wurden, weil die leichter unterzubringen waren.

Allerdings hielt man diesen Papiergeld-Trick damals dann doch noch für unmoralisch, und so wurde es im Artikel 22 des Wiener Münzvertrages von 1857 verboten, eine Zwangsannahme für Papiergeld festzulegen, sofern das Papiergeld nicht jederzeit in vollwertige Silbermünzen eingetauscht werden konnte. Heute gibt es solche Bedenken nicht mehr. Heute muß kein Staat das Geld, das er erzeugt, gegen irgend etwas eintauschen.

Für das Papiergeld der damaligen Zeit muß man eine klare Unterscheidung treffen. Es gab einerseits das Staatspapiergeld, also gedruckte Zettel, denen keine Deckung zugrunde lag, d. h. eine Art staatliches Falschgeld, das im Münzvertrag von 1857 verboten wurde. Daneben gab es Banknoten, denen eine Metalldeckung zugrunde lag und die jederzeit wieder in Metall umgetauscht werden konnten. Diese Banknoten waren gleichsam Geldsurrogate, weil es praktischer war, ein paar Zettel mitzutragen als einen Beutel mit Münzen. Diese Banknoten kann praktisch jeder ausgeben, dazu braucht man den Staat nicht. Der Ausgeber muß nur vertrauenswürdig genug sein, und er muß verpflichtet sein, seine Noten auch jederzeit wieder in Silber oder Gold zurückzutauschen oder eben Konkurs anzumelden.

Eine liberale Wirtschaftsgesinnung und der allgemeine wirtschaftliche Aufschwung führten in Deutschland in den Jahren 1853 bis 1856 zu einer Gründungswelle von sogenannten Zettelbanken, wie diese Notenbanken damals genannt wurden, die alle solche gedeckten privaten Banknoten ausgaben. 1857 wurde diese euphorische Phase von einer Handels- und Bankenkrise beendet, wobei einige in Not geratene Banken gestützt werden mußten, weil sie ihre Einlöseverpflichtung nicht voll erfüllen konnten. Immerhin gab es 1858 in 20 deutschen Ländern 30 private Zettelbanken, und von 1865 bis 1871 kamen noch weitere sechs Neugründungen hinzu. Der private Banknotenumlauf erreichte 1870 bereits 281 Millionen Taler gegenüber nur 31 Millionen Talern im Jahre 1850. Das Papiergeld hatte sich in Deutschland als zusätzliches Zahlungsmittel eingebürgert. Aber man muß immer sehen, daß diese Banknoten damals gedecktes privates Geld waren, das jederzeit in Metall eingelöst werden konnte. Es gab zwar unterschiedliche Deckungsvorschriften – die Bank mußte also nicht immer 100 Prozent Deckung vorhalten –, aber die Einlösepflicht bestand immer, und die Möglichkeit eines Bankruns mußte bei der Kreditvergabe immer mit einkalkuliert werden.

Der Anteil des Papiergeldes an der gesamten Stückgeldmenge stieg bis 1870 auf etwa ein Drittel, und zwei Drittel waren nach wie vor Münzen. An dieser Relation änderte sich bis 1913, also bis kurz vor dem Ersten Weltkrieg, praktisch nichts. Allerdings verdoppelte sich der Münzgeldbestand von etwa 300 auf 600 Millionen Taler. Daneben nahm aber ein anderes neues Geld, nämlich das Kreditgeld in Form von Buchgeld, beträchtlich zu. 1870 war von der Gesamtgeldmenge von etwa 1500 Millionen Talern etwa die Hälfte Buchgeld, die andere Hälfte Metallgeld bzw. durch Metall gedecktes Papiergeld. Der durch die rasche Industrialisierung wachsende Geldbedarf wurde überwiegend mit Kreditgeld oder besser über Kredit befriedigt.

E. Warengeld wird von Kreditgeld verdrängt

Im Jahre 1871, nach dem gemeinsamen Sieg der deutschen Einzelstaaten über Frankreich, wurde das Deutsche Reich gegründet. In der Verfassung des Reiches wurde die bisher von den Einzelstaaten beanspruchte Geldhoheit auf das Reich übertragen. Die Einzelstaaten hatten vorwiegend Silbermünzen geprägt. Das Reich prägte Goldmünzen als Zehn- und 20-Mark-Stücke mit 3,5 bzw. sieben Gramm Gold. Diese Reichsgoldmünzen galten für das ganze Reich als gesetzliches Zahlungsmittel. Die silbernen Ländermünzen sollten allmählich eingezogen werden, blieben aber zunächst im Umlauf, wodurch sich eine Gold- und Silber-Doppelwährung mit einem festgelegten Wertverhältnis von 1:15 ergab.

Mit der allmählichen Außerkurssetzung der alten silbernen Ländermünzen, die sich bis 1878 hinzog, überwog allmählich das Goldgeld, was nicht zuletzt durch die Reparationszahlungen Frankreichs, die in Gold erfolgten, möglich war. Daneben wurden zwar auch noch reichseinheitliche Silbermünzen zu ein, zwei und fünf Mark geprägt, die pro Mark funf Gramm Silber enthielten, das Fünf-Mark-Stück also 25 Gramm Silber. Offiziell war Deutschland jedoch, wie davor schon England, zu einer Goldwährung übergegangen, es hatte offiziell den Bimetallstandard abgeschafft und den Goldstandard eingeführt. Kaum jemand hat seinerzeit dagegen protestiert, obwohl das ein Teil des eigentlichen Silberkomplottes war. Aber das hat damals kaum jemand so bewertet. Ich werde darauf noch eingehen.

Die Münzreform war scheinbar der einfachere Teil. Schwieriger gestaltete sich die Neuordnung des staatlichen Papiergeldes, das ja gerade als neues, sehr leistungsfähiges Finanzierungsinstrument entdeckt worden war. Besonders die Einzelstaaten bangten um ihre neuen Pfründe. Immerhin bedeutete die Aufnahme eines Staatskredites von einer Million bei vier Prozent Zins eine jährliche Zinsbelastung von 40 000 Talern, die man sich mit der Ausgabe von Papiergeld sparen konnte – zumindest solange dieses nicht zur Einlösung vorgelegt wurde.

Nach langen, zähen Verhandlungen einigte man sich darauf, daß die Ausgabe von legalem Falschgeld nur dem Zentralstaat zustehen sollte. Bis zum 1. Januar 1878 sollte das bisherige Staatspapiergeld der deutschen Länder eingezogen und an seiner Stelle ungedecktes Reichspapiergeld im Gesamtwert von 120 Millionen Mark ausgegeben werden. Die Summe sollte unter den deutschen Bundesstaaten entsprechend ihrem Anteil an der Bevölkerung verteilt werden und deren bisherige Emissionen ersetzen. Der Zentralstaat und die Bundesstaaten einigten sich gewissermaßen, ein gemeinsames staatliches Falschgeld auszugeben, in einer vergleichsweise noch bescheidenen Menge. Diesen Trick, einen Teil der Noten ungedeckt auszugeben, hat man sich bei der *Bank of England*, der Mutter aller Zentralbanken, abgeschaut, die ihn schon bei ihrer Gründung 1694 angewendet hat (fiduciary issue).

Bemerkenswert ist allerdings, daß diese sogenannten Reichskassenscheine kein gesetzliches Zahlungsmittel waren, d. h. ihre Annahme im Privatverkehr konnte verweigert werden, während die Kassen des Reiches und der Bundesstaaten sie annehmen mußten. Die Reichshauptkasse löste darüber hinaus die Scheine in Bargeld, d. h. Gold- und Silbermünzen, ein. Das Geld wurde zwar ohne Deckung ausgegeben, aber der Staat empfand noch die Verpflichtung, notfalls dafür einzustehen und es nachträglich zu decken, also eine Gegenleistung zu erbringen. Diese Verpflichtung wird heute von Staats wegen nicht mehr empfunden. Deckung wird gar nicht erst versprochen. Dafür wird das ungedeckte Papier heute von vornherein als gesetzliches Zahlungsmittel mit einer Annahmepflicht ausgestattet. Neben diesen staatlichen Reichskassenscheinen liefen aber nach wie vor die Banknoten der privaten Notenbanken um wie auch Banknoten der Reichsbank, die nur mit vorhandener Deckung ausgegeben werden durften. Dabei mußte mindestens ein Drittel durch Münzen oder Goldbarren, der Rest durch Wechsel mit einer Verfallszeit von höchstens drei Monaten mit zwei guten Unterschriften gedeckt sein. Es handelte sich also schon um eine Mischung aus Kreditgeld, Warengeld und Falschgeld.

Um Ihnen zu zeigen, wie man denselben Sachverhalt auch genau umgekehrt sehen kann, will ich an dieser Stelle ein Zitat einfügen, das aus dem lesenswerten Buch *Geschichte des Geldes* stammt, das der bekannte Journalist Wolfram Weimer von der *Frankfurter Allgemeinen Zeitung* geschrieben hat. Sie sehen an dem Zitat auch, wie man mit Begriffen verwirren kann und wie wichtig es ist, die Dinge beim richtigen Namen zu nennen. Den allmählichen Übergang zu staatlichem Falschgeld, den Weimer offenbar befürwortet, beschreibt er wie folgt: »Auch nach der Reichsgründung zeigten die Banknoten-Sperrgesetze und die heftig umstrittene Genese einer staatlichen Zentralbank erst zögernd ihre Wirkung. Im Jahre 1900 druckten immerhin noch sieben Institute ihr eigenes Geld, von der Bayrischen bis zur Sächsischen Notenbank (was Weimer offenbar verurteilt – Anmerkung R. D.). Die Reichsbank wurde erst 1906 ermächtigt, auch Banknoten in Höhe von 50 und 20 Mark auszugeben. Dagegen wird den Privatnotenbanken die Stückelungsgenehmigung verweigert. 1909 wurden die Reichsbanknoten schließlich zum gesetzlichen Zahlungsmittel erkoren, blieben aber ›unechtes‹ Papiergeld, da sie per staatlicher Garantie jederzeit in Gold umgetauscht werden konnten. Insofern stellten diese Banknoten nur ein Zertifikat für die Auszahlung von Goldmünzen oder ein Goldsubstitut dar. Erst nach Aufhebung des Umtauschrechtes am 31.7.1914 entstand echtes Papiergeld.« – Ende des Zitates. So verkauft man die Einführung von Falschgeld als Fortschritt.

Halten wir einmal kurz fest, wo wir in der Entwicklung auf dem Weg zu unserem modernen Falschgeldsystem jetzt stehen:

1. Der Trick mit den Münzgewichten kommt aus der Mode.
2. Der neue Trick mit Papiergeld ist zwar bereits entdeckt, man ist jedoch noch sehr zögerlich in der Anwendung. Eine richtige volkswirtschaftliche Theorie dazu, die auch moralische Bedenken ausräumt, fehlt noch. Erst mit dem Kriegsbeginn 1914 spielt Moral keine Rolle mehr.
3. Nur Münzen sind gesetzliches Zahlungsmittel. Für Papiergeld besteht noch kein Annahmezwang.
4. Jeder Notenemittent, auch der Staat, muß immer damit rechnen, daß er seine Noten zum Umtausch in richtiges Geld, also Metall, präsentiert bekommt, wenn Mißtrauen entsteht. Das Kreditvolumen muß sich an den realen Rückzahlungsmöglichkeiten orientieren. Die Geldmenge ist über die Metalldeckung an die reale Güterwelt gebunden. Es gibt noch keine Instanz, die beliebig Geld erzeugen kann.

In den folgenden Jahren gingen die meisten europäischen Staaten, wie auch die USA, Rußland und Japan, vom Bimetallstandard (Gold und Silber) ab, sie gingen zur reinen Goldwährung über, die in England schon seit 1816 galt. Japan, China und Indien blieben bei der Silberwährung.

Damit waren die Währungen der wichtigsten Industrieländer über die Goldparität fest miteinander verbunden. Wechselkursschwankungen gab es praktisch nicht. Es gab quasi ein einheitliches Weltgeld, nämlich Gold, und zwar ohne daß es einer politischen Einigung bedurfte – ein Zustand, von dem wir heute nur träumen können.

Diese Jahrzehnte des klassischen internationalen Goldstandards, der bis 1914 währte, hatten immer noch ein gut funktionierendes Geldsystem, darin sind sich viele Sachverständige einig. Die deutsche Wirtschaft wie auch die Weltwirtschaft erlebte in dieser Zeit ein atemraubendes Wachstum mit einer weltweiten Industrialisierung und immensen Investitionen. Dabei gab es praktisch keine Inflation, und die Zinsen lagen bei zwei bis drei Prozent. Die häufig vorgetragene Behauptung, eine von Natur aus zu knappe Goldversorgung würde das Wirtschaftswachstum behindern, trifft für diese Zeit offensichtlich nicht zu.

Allerdings trat jetzt zusätzlich ein neues Phänomen auf, nämlich eine rasante Zunahme der Bankeinlagen und des bargeldlosen Zahlungsverkehrs. Während sich der Metallgeldbestand und der Papiergeldumlauf in Deutschland von 1875 bis 1913 nur etwa verdoppelten, verzehnfachte sich der Umfang des Buchgeldes. Da Buchgeld im Gegensatz zu Banknoten nicht gedeckt sein mußte, konnte so dabei eine beträchtliche Geldschöpfung betrieben werden, die vom Goldvorrat weitgehend unabhängig war. Die Fessel der Goldwährung wurde so umgangen, und es läßt sich im Nachhinein natürlich schwer sagen, ob ohne dieses Phänomen die Entwicklung nicht doch langsamer verlaufen wäre, wegen der Goldfessel. Man muß aber gleichwohl sehen, daß Buchgeld ja immer in Bargeld und dieses in Gold umgetauscht werden mußte, was heute nicht mehr der Fall ist. Die Fessel war zwar gelockert, aber sie bestand nach wie vor. Gleichzeitig wurde aber der Liquiditätsverlust durch die Entmonetisierung des Silbers mehr als überkompensiert durch die Explosion des Buchgeldes. War das nun planvoll organisiert oder eine zufällige Entwicklung?

Der Anteil des Buchgeldes an der gesamten Geldmenge erhöhte sich in dieser Zeit von etwa 60 auf 90 Prozent, was etwa auch dem heutigen Anteil entspricht. Das rasante Wirtschaftswachstum wurde also auch durch die Entwicklung des sogenannten »fractional banking« und der damit verbundenen Kreditausweitung begünstigt. Mit dem fractional banking war aber ein neuer, atemraubender Gelderzeugungstrick gefunden, der von nun an eine immer größere Rolle spielen sollte.

Es gibt im wesentlichen bis heute nur drei grundlegende Tricks für die Falschgelderzeugung, die man immer auseinander halten muß, weil sonst leicht die Übersicht verloren geht.

Da haben wir zunächst die drei Münztricks mit Schrot, Korn und

Verrufung, die heute ein wenig aus der Mode gekommen sind und die ich zusammenfassen und als Trick 1 bezeichnen will.

Dann haben wir den Trick mit der Zukunft, wie ihn Goethe beschreibt, den ich als Trick 2 bezeichnen möchte. Ich verpfände etwas, was es noch gar nicht gibt, das erst in Zukunft vielleicht entsteht. Hier kann man notfalls noch von echtem Kreditgeld reden, denn vielleicht ist ja da wirklich etwas.

F. Kreditgeld wird von Falschgeld verdrängt

Und nun kommt der dritte Trick dazu: Ich verkaufe oder verpfände denselben Gegenstand mehrfach. Also z. B. verkaufe ich denselben van Gogh an mehrere Leute, aber jeweils mit der Bedingung, daß das Bild im Museum hängen bleiben muß. Allerdings ist van Gogh ein schlechtes Beispiel, weil jeder von den Leuten sagen kann: »Das ist mein van Gogh.« Bei Goldbarren ist das einfacher, weil jeder Goldbarren aussieht wie der andere, was wichtig ist für den Fall, daß man einmal einen Barren vorzeigen muß zum Beweis, daß er noch da ist. Noch einfacher funktioniert es natürlich mit Papiergeld, wobei heute üblicherweise ein einmal eingelegter Papiergeldbetrag bis zu 20mal und öfter verliehen wird. Buchgeldschöpfung oder fractional banking nennt man diesen Vorgang, weil nach mehrfacher Verleihung desselben Geldes nur noch eine »fraction« (hier ein Zwanzigstel) des verliehenen Betrages als Papierreserve in der Kasse ist. Deshalb bezeichnet man das System auch als »fractional reserve system«. Früher wurde der gleiche Goldbarren 20mal verliehen, und heute wird ein und dasselbe Zentralbankgeld 20mal verliehen. Neuerdings wird übrigens auch Gold wieder mehrfach verliehen, wie wir später noch sehen werden.

Bei den Goldschmieden wird das fractional banking meist noch so erklärt, daß diese auf den Goldvorrat im Keller einfach mehrere Banknoten ausgestellt hätten. Für das heutige Geldsystem wäre diese einfache Erklärung des fractional banking wohl etwas zu klar und zu durchsichtig, weshalb das Ganze so erklärt wird, daß das Publikum es nicht versteht, obwohl es in jedem Lehrbuch beschrieben ist. Lesen Sie es einfach einmal selbst nach, oder lassen Sie es sich von einem Fachmann erklären. Sie werden sehen: Am Ende kommt genau das heraus, was ich hier beschrieben habe, daß nämlich der 20fache Betrag der ursprünglichen Einlage verliehen wird, wenn der vorgeschriebene Reservesatz (fractional reserve) bei fünf Prozent liegt.

Damit Sie sich eine ungefähre Vorstellung machen können, wie das Wunder funktioniert, vollziehen wir ein kleines Gedankenexperiment.

Stellen Sie sich vor, zehn Freunde sitzen in der Kneipe am Stammtisch. Nun leiht der A dem B 20 Euro, und der B schreibt auf einen Bierdeckel: »Ich, B, schulde gegen Vorlage dieses Deckels 20 Euro – Unterschrift B.« Dann gibt B die 20 Euro weiter an C, der seinerseits eine Quittung auf einem Bierdeckel mit seiner Unterschrift ausstellt usw. Haben alle zehn Freunde unterschrieben, kommen die 20 Euro wieder bei A an, und jeder hat einen Bierdeckel als Schuldschein über 20 Euro. Damit sind praktisch 200 Euro neues Kreditgeld in Form von Bierdeckeln quasi aus dem Nichts entstanden, die durch ein Leistungsversprechen der Freunde gedeckt sind. Man kann unterstellen, daß die Freunde einander vertrauen und jeder einen solchen Bierdeckel, den ein anderer unterschrieben hat, als Bezahlung akzeptiert. Wahrscheinlich würde auch der Wirt jeden dieser Deckel als Bezahlung akzeptieren und dafür Bier ausschenken. Aber ist denn auch für 200 Euro neues Bier entstanden? Offensichtlich nicht. Für das viele neue Geld gibt es nicht genug Bier, es sei denn, der Bierpreis steigt. Genug Bier gäbe es nur, wenn jeder sich verpflichtet hätte, für 20 Euro neues Bier zu brauen. Das hat er aber nicht. Jeder hat sich nur verpflichtet, 20 Euro zu zahlen. Und diese Verpflichtung kann er leicht erfüllen, durch Rückgabe eines Bierdeckels. Wenn die Runde einmal rückwärts läuft, ist das Kreditgeld wieder weg, und die 20 Euro sind auch wieder bei A.

Was lehrt uns das? Echtes Kreditgeld muß mit einer Warenlieferung oder einer realen Gegenleistung verbunden sein. Es wird nur die Zeitspanne zwischen Leistung und Gegenleistung damit überbrückt, womit wir beim guten, alten Wechsel sind oder bei dem oben beschriebenen Fall B, nämlich Geld entsteht bei Lieferung einer Ware oder Leistung von Arbeit als Gegenleistung. Um das zu verstehen, müssen Sie sich nur vorstellen, der Wirt schenkt tatsächlich für jeden Bierdeckel Bier aus. Dann hat der Wirt alle Bierdeckel, und jeder einzelne Freund muß für seinen Deckel etwas leisten, wenn der Wirt kommt und ihm den Deckel präsentiert. Er hat dann kein Geld mehr, mit dem er seine Schuld beim Wirt begleichen könnte.

Um die Sache klarer zu machen, will ich noch eine hübsche kleine Geschichte erzählen: Ein Gastwirt findet in der leeren Gaststube einen 1000-Euro-Schein. Da er nicht weiß, wer ihn verloren hat, beschließt er, seiner Frau einen teuren Mantel dafür schneidern zu lassen. Der Schneider geht mit dem Schein zum Maler und läßt sich seine Werkstatt renovieren. Der Maler arrangiert eine Hochzeitsfeier für seine Tochter beim Gastwirt und bezahlt mit dem 1000-Euro-Schein. Der Wirt beschließt, nun den Schein bei der Bank auf sein Sparkonto einzuzahlen, und der Bankier erklärt ihm, er sei auf einen Scherz hereingefallen. Es gebe gar keine 1000-Euro-Scheine.

Diese Geschichte wird gern von Freigeldanhängern vorgetragen, um zu beweisen, daß Geld nicht gedeckt sein müsse, daß staatliches Falschgeld auch funktioniert, solange es nur zirkuliert. Ohne den Schein, so wird behauptet, wären die ganzen Aktivitäten gar nicht in Gang gekommen. Die Menschen müssen erst Geld bekommen, damit sie Nachfrage entfalten können. Auf den ersten Blick sieht es ja tatsächlich so aus, als ob das Argument stimmt. Die Wirtschaft hat sich belebt, alle haben etwas gewonnen, niemand hat etwas verloren. Was also ist schief an der Sache? Versuchen Sie erst einmal, es selbst herauszufinden.

Der Trick dabei ist, daß der Schein zum Wirt zurückkehrt. Damit ist der Kreislauf von Leistung und Gegenleistung geschlossen. Jeder hat für die empfangene Leistung eine Gegenleistung erbracht. Normalerweise kehrt Falschgeld aber nicht zum Emittenten zurück. Wenn der Schneider die Hochzeitsfeier bei einem anderen Wirt arrangiert hätte, dann hätte dieser Wirt für nichts gearbeitet, was er spätestens auf der Bank bemerkt hätte.

Im übrigen wird bei der obigen Geschichte überhaupt kein Geld gebraucht, wenn man sie realistisch erzählt. In diesem Fall hätte der Schneider die Hochzeit ausgerichtet und über die 1000 Euro einen guten alten Wechsel für den Wirt unterschrieben. Dieser hätte den Mantel für seine Frau schneidern lassen und mit dem Wechsel bezahlt, und der Schneider hätte bei Fälligkeit dem Maler den Wechsel präsentiert, der ihm dafür die Werkstatt renoviert hätte. Wir sehen, die Entstehung von Geld muß immer mit einer Leistung verbunden sein. Geld, das ohne eine Leistung entsteht, ist Falschgeld.

Die weitere Entwicklung stützt sich nun vornehmlich auf diese beiden neuen Tricks, also Verpfändung eines noch gar nicht vorhandenen Gegenstandes und Mehrfachbeleihung ein und desselben Gegenstandes, wobei Staat und Zentralbank vorwiegend mit Trick 2 arbeiten und die Geschäftsbanken mit Trick 3.

Zur Verschleierung kommt dann noch ein weiteres Manöver hinzu, auf das ich schon an dieser Stelle hinweisen möchte. Man rückt den eigentlichen Gegenstand, welcher der Verpfändung und Beleihung im Bankengewerbe zugrunde liegt, nämlich das Gold, zunehmend aus dem Blickfeld des Publikums. Dies geschieht mit einem wirklich faszinierenden sprachlichen Kniff. Durch die Substantivierung des Tätigkeitswortes *arbeiten* entsteht der abstrakte Begriff *die Arbeit*. Wenn ich eine Person oder einen Gegenstand liebe oder wertschätze, und ich substantiviere diese Empfindung, entstehen die abstrakten Begriffe *die Liebe* oder *der Wert*. Diese abstrakten Begriffe fangen dann an, im menschlichen Gehirn ein Eigenleben zu führen, als ob sie ein realer Gegenstand wären. Der anfaßbare reale Wertgegenstand Gold wird zu einem gedanklichen, abstrakten Wertkonzept, wenn ich es als Geld bezeichne. »A thing of value becomes a concept of value«, würde man auf Englisch sagen. Wir werden später sehen, wie dieser Prozeß große Bedeutung erlangt. Er ermöglicht es schließlich, sogenanntes fiat money, also Falschgeld, zu erzeugen und theoretisch zu rechtfertigen.

Der Ausbruch des Ersten Weltkrieges führte auch zum Ende des klassischen Goldstandards. Mit dem Beginn des Krieges im Jahre 1914 stellte die Reichsbank die Einlösung ihrer Banknoten in Gold ein. In den Wochen davor hatte die Bevölkerung Goldmünzen im Wert von über 100 Millionen Mark von der Reichsbank abgezogen. Die Privatnotenbanken durften ebenfalls ihre Banknoten nun statt in Gold in Reichsbanknoten einlösen. Der entscheidende Schritt aber war, daß Schuldverschreibungen des Reiches jetzt zur Banknotendeckung zugelassen wurden. Das heißt, es durfte Geld ausgegeben werden, das nur noch durch imaginäre Zukunftsversprechen gedeckt war, also das, was wir oben als Trick 2 bezeichnet haben. Damit erhielt die Reichsregierung Zugang zur Notenpresse, um die Finanzierung sicherzustellen, und sie machte davon hemmungslos Gebrauch. Dies führte zu einer bislang unvorstellbaren Expansion der Falschgeldmenge.

Im Laufe des Krieges bis 1918 verfünffachte sich die Papiergeldmenge von ca. sechs auf 30 Milliarden Mark mit Trick 2, während sich darauf aufbauend die Buchgeldmenge mehr als verdoppelte, von 40 auf 90 Milliarden mit Trick 3. Die Staatsverschuldung stieg rasch an. Gold- und Silbermünzen verschwanden aus dem Zahlungsverkehr. Patriotische Bürger gaben ihr Gold bei der Reichsbank ab, nach dem Motto: »Gold gab ich für Eisen«. Da Gold das einzige international anerkannte Zahlungsmittel blieb, brauchte der Staat Gold, um notwendige Einfuhren finanzieren zu können.

Am Ende des verlorenen Krieges erforderten die Umstellung auf eine Friedenswirtschaft sowie die Reparationszahlungen an die Sieger erst recht erhebliche Finanzmittel. Die Staatsverschuldung, die Geldmenge und die Preise explodierten, bis schließlich ein Brot 300 Millionen Mark kostete. Die Bevölkerung verlor ihr gesamtes Geldvermögen und die Ersparnisse von Generationen. Am Ende wurden Schulden mit Pfennigbeträgen zurückgezahlt. Die gesamten Kriegsschulden in Höhe von 154 Milliarden Mark hatten am 15. November 1923 lediglich noch einen Wert von 15,4 Pfennigen der Zeit vor 1914.

Der Erste Weltkrieg und seine Folgen wurde also im wesentlichen mit Trick 2 und Trick 3 finanziert. Der Staat gab mit seinen Staatsanleihen ein Versprechen auf die Zukunft ab und bezahlte damit heutige Leistung. Die Banken vervielfachten dieses Versprechen nochmals mit fractional banking. Es gab dazu noch ein neues Phänomen: Der Gegenstand, auf den sich das

Zukunftsversprechen stützen sollte, wie z. B. der Goldschatz im Boden, wurde nicht mehr benannt. Der Staat machte sich gar nicht mehr die Mühe zu sagen, was der Inhalt seines Schuldversprechens sei. Der Staat schuldete einfach Geld – ein abstraktes Konzept. Die Anleihenkäufer mögen anfangs vielleicht noch an die Siegesbeute in Form von Gold gedacht haben, aber tatsächlich war die Staatsschuld erstmals nicht mehr definiert. Das war neu.

Im Sommer 1923, auf dem Höhepunkt der Inflation, entwickelte Karl Helfferich vom Finanzministerium einen Plan zur Währungssanierung. Der Gedanke war, auf die Grundstücke der Bevölkerung Zwangshypotheken einzutragen und diese gewissermaßen als Pfand und Deckung für ein neues Geld zu nehmen. Weil man nicht genug Gold hatte, sollte das neue Geld in Roggen definiert werden. Eine Roggenmark sollte fünf Kilogramm Roggen entsprechen. Das Geld bzw. die Schuld war damit wieder mit einem konkreten Gegenstand, diesmal Roggen, definiert. Allerdings wurde diese sogenannte Roggenmark dann doch nicht eingeführt, weil man wohl zu recht befürchtete, daß eine auf Getreide beruhende Währung im Ausland nicht anerkannt würde. Auch aus psychologischen Gründen wollte man lieber versuchen, an die alte Goldparität anzuknüpfen, wobei man sich allerdings eine offizielle Golddeckung zur alten Parität nicht leisten konnte.

Man kam deshalb auf den Gedanken, Trick 2 gleichsam als Doppeltrick durchzuführen. Es wurde eine neue Bank gegründet, die deutsche Rentenbank. Diese Bank bekam die Zwangshypotheken in Höhe von 3,2 Milliarden Rentenmark zugeteilt und durfte in dieser Höhe neues Geld, sogenannte Rentenbankscheine bzw. Rentenmark, in Umlauf setzen. Wer wollte, konnte diese Rentenmark bei der Rentenbank in Mindestbeträgen von 500 Rentenmark in Rentenbriefe einlösen, die auf 500 Goldmark lauteten. Die Rentenbriefe stellten quasi die Deckung der Rentenmark dar. Der Doppeltrick funktionierte. Die Inflation hatte sich praktisch tot gelaufen; jedes Geld war besser als die alte Mark. Als die Reichsregierung im Dezember 1923 von der neuen Rentenbank einen Kredit wollte und die Rentenbank ablehnte, hatte die neue Währung eine gewisse erste Probe bestanden. Hinzu kam, daß die Rentenmark kein Zwangsgeld war, sie war nicht gesetzliches Zahlungsmittel, aber man nahm sie freiwillig lieber als alle anderen Zettel, die noch umliefen. Immerhin wurde ja hier noch ein Hauch von realer Deckung in Aussicht gestellt.

Ein Jahr später, mit dem Währungsgesetz vom 30. August 1924, wurde das Währungssystem in Deutschland neu geordnet. Dabei kam Trick 2 etwas raffinierter, aber auch bereits deutlich schamloser zur Anwendung. Zunächst wurde die Reichsbank zu einer von der Reichsregierung unabhängigen Bank erklärt. Nach der schlechten Erfahrung mit der Selbstbedienungsmentalität des Staates an der Notenpresse wollte man damit signalisieren, daß gleichsam ein unabhängiger Wächter vor der Notenpresse stand. Wie sich später zeigen sollte, war das auch eine Täuschung, weil selbst eine unabhängige Zentralbank die Gelderzeugung durch den Staat nicht verhindern kann.

Aber 1924 flößte diese Vorschrift erst einmal Vertrauen in die neue Reichsbank ein. Die Reichsmark wurde neue Währungseinheit, alle alten, auf Mark lautenden Reichsbanknoten wurden im Umstellungsverhältnis von einer Reichsmark = eine Billion Mark eingezogen. Eine Reichsmark entsprach einer alten Goldmark. Und jetzt kommt der Trick: Die neuen Reichsbanknoten stellten das einzig gültige gesetzliche Zahlungsmittel dar, waren also Zwangsgeld. Im Gegensatz zur klassischen Goldwährung hatte der Besitzer einer Banknote aber keinen Anspruch mehr auf Einlösung in Gold. Zwar war die Reichsbank von Gesetzes wegen immerhin noch verpflichtet, 30 Prozent ihres Notenumlaufes mit Gold zu decken, aber durch Einlösung überprüfen konnte man das praktisch nicht mehr. Die restlichen 70 Prozent des Notenumlaufes mußten durch Devisen oder gute Wechsel gedeckt sein, also durch Versprechungen Dritter! Wir können hier den allmählichen Übergang von einem realen einlösbaren Schatz zu einem imaginären Zukunftsversprechen beobachten. Man verspricht zwar, 30 Prozent Gold zu haben, aber eine Umtauschverpflichtung besteht nicht mehr. Und man hat 70 Prozent Versprechen Dritter, aber auf was? Devisen und Wechsel sind ja nur Versprechen auf Zahlung. Aber Zahlung von was? Reichsbanknoten? Trotz dieser nebulösen Konstruktion erwarb die Reichsmark das Vertrauen der Bevölkerung. Es blieb ihr wohl nichts anderes übrig.

Die Jahre von 1924 bis 1929 gingen als die Goldenen Zwanziger in die deutsche Geschichte ein. Der Dawes-Plan von 1924 reduzierte die Reparationszahlungen auf ein erträgliches Maß. Die im Laufe des Ersten Weltkrieges auch in England, Frankreich und Amerika entstandene riesige Verschuldung hatte zu einer gewaltigen Aufblähung der Kreditgeldmenge geführt, was u.a. zu der dramatischen Börsenhausse in Amerika beitrug. Die Welt ertrank in Liquidität, man kann auch sagen in Falschgeld, ähnlich wie heute. Ein Problem für Deutschland war dabei die rasch steigende Auslandsverschuldung.

Im Anschluß an den Börsenkrach 1929 fing das Ausland an, einen Teil dieser kurzfristigen Gelder aus Deutschland abzuziehen. Weltweit löste sich immer mehr Kreditgeld in Luft auf, ein Prozeß, den wir auch heute wieder beobachten können. Dieser Prozeß verstärkte sich 1930 und brachte immer mehr Banken und Staaten in Zahlungsschwierigkeiten. Als im

Juli 1931 die Darmstädter und Nationalbank ihre Schalter schließen mußten, setzte in Deutschland ein regelrechter Run auf die Banken ein, was wiederum die Kapitalflucht aus Deutschland verstärkte.

Es wird an dieser Stelle immer wieder das Argument vorgetragen, die Weltwirtschaftskrise und die Depression seien damals durch die Rückkehr zum Goldstandard herbeigeführt worden. Die Geldmenge sei geschrumpft, weil nicht genügend Gold da war, was schließlich zum Preisverfall und zur allgemeinen Depression geführt habe. Damit wird aber der wahre Sachverhalt auf den Kopf gestellt. Es ist nie zu wenig Gold da. Jedes Handelsvolumen kann prinzipiell mit jeder beliebigen Goldmenge oder Geldmenge abgewickelt werden. Die Geldmenge darf nur nicht wieder verändert werden. Erst Veränderungen bewirken Krisen, und starke Veränderungen bewirken starke Krisen. Der entscheidende Fehler war damals, daß man zur alten Vorkriegsparität des Goldes von 1914 zurückkehren wollte. Dadurch bekam man natürlich auch die Preise von 1914 und einen enormen Preisverfall. Die durch Abschaffung der Goldbindung im Krieg geschaffene zusätzliche Geldmenge war nun einmal da, und die Preise hatten sich ihr angepaßt. Rückkehr zur alten Goldparität hieß also Rückkehr zu den Preisen von 1914 und Vernichtung der überschüssigen Geldmenge. Man hätte besser die Goldparität bzw. den Goldpreis deutlich höher angesetzt als 1914. Mit anderen Worten: Dollar und Pfund, wie auch alle anderen Währungen, hätten gegen Gold deutlich abgewertet werden müssen, wie es Rooseveld dann 1933 viel zu spät auch getan hat. Dies hätte zu einer erneuten Goldbindung auf dem vorhandenen erhöhten Preisniveau mit der vorhandenen größeren Geldmenge geführt, und die Deflationskrise wäre vermieden worden. Durch die Beibehaltung der alten Goldparität mußte die riesige überschüssige Geldmenge vernichtet werden. Es stimmt also, daß die Geldmenge dramatisch zurückging, aber nicht die Goldmenge, sondern die riesig aufgeblähte Menge an Kreditgeld, oder eben Falschgeld, ging zurück. Eine Bank nach der anderen ging pleite, aber nicht, weil kein Gold da war, sondern weil die Kredite faul wurden, die bei sinkendem Preisniveau nicht mehr bedienbar waren. Es bleibt zu hoffen, daß dieser Fehler heute nicht wieder gemacht wird und der Goldpreis gleich erhöht bzw. der Dollar abgewertet wird.

Als Hitler 1933 die Macht übernahm, war der viel hemmungsloser in der Anwendung der neuen Tricks. Unter den Nationalsozialisten wurde der eigentliche Kern moderner sozialistischer Geldpolitik entwickelt. Als erstes schaffte Hitler die Unabhängigkeit der Reichsbank ab. Von 1939 an unterstand die Reichsbank praktisch unmittelbar dem Führer und Reichskanzler. Damit war zumindest klar, wer die Verantwortung trug, was heute leider nicht mehr so klar erkennbar ist.

Weniger klar war den meisten Menschen damals, wie Hitler das Beschäftigungswunder vollbrachte und die Arbeitslosenzahl von über fünf Millionen in drei Jahren praktisch auf Null senkte. Aber das war ganz einfach die Wunderwirkung von Trick 2, für den die Reichsbank eine bis heute wegweisende, moderne Form entwickelte. Es wurde ein imaginärer Schatz erfunden in Form der Deutschen Gesellschaft für öffentliche Arbeit und der Metallforschungsgesellschaft. Dieser Schatz wurde frei nach Goethe sofort gehoben, indem diese Firmen Aufträge vergaben und als Bezahlung Wechsel unterschrieben, sogenannte Öffa- oder Mefo-Wechsel, die bei der Reichsbank eingereicht wurden gegen frisches Geld. Also genau wie Goethe es schon beschrieben hatte: »Nun ist gesorgt, daß dieser reiche Schatz, sogleich gehoben, diene als Ersatz.«

Es gibt ein kleines Büchlein aus dieser Zeit, das 1940 ein Prof. Wagemann veröffentlichte mit dem Titel: *Wo kommt das viele Geld her?* Er beantwortet darin die Frage knapp und bündig: »Das viele Geld kommt von der vielen Arbeit.« Mit anderen Worten: Ich drucke ein paar Zettel mit leeren Versprechungen, und viele Leute fangen an zu arbeiten. Aber mit diesem Argument kann natürlich auch jeder gewöhnliche Geldfälscher sein Tun rechtfertigen, jeder Geldfälscher schafft so Arbeit.

Das neue Modell für Trick 2 mit den Wechseln war aber so bahnbrechend, daß es noch heute der Kern moderner Fiskalpolitik ist. Alle modernen Staaten schreiben heute Wechsel auf eine imaginäre Zukunft und lassen sich von den Banken dafür Geld aushändigen. Auch heute erzeugt der Staat nach genau diesem Modell sein Falschgeld selbst. Er läßt bei den Banken lediglich drucken.

Die Geldentwicklung unter und nach Hitler birgt dann keine weiteren Überraschungen mehr. Bei Kriegsende erreichte die Staatsverschuldung rund 400 Milliarden Reichsmark, was etwa dem fünffachen des Sozialproduktes entsprach. Aus staatlichem Papiergeld wurde wieder einmal wertloses Altpapier, die Bürger wurden wieder einmal um ihre Ersparnisse betrogen.

Lassen Sie uns noch einmal kurz rekapitulieren, was die Nationalsozialisten zur Entwicklung unseres heutigen Falschgeldsystems beigetragen haben, denn es ist in der Tat so, daß unser heutiges System noch weitgehend auf den »Errungenschaften« des Nationalsozialismus aufbaut. Als Deckung für die Ausgabe von Papiergeld dienten zuvor Gold oder Warenwechsel. Der neue Gedanke war nun, Staatsanleihen als Deckung zu nehmen, also Geldschöpfung durch Staatsanleihen. Der Gedanke war so revolutionär, daß er bis heute von den wenigsten verstanden wird. Die meisten Menschen glauben heute noch, der Staat würde Ersparnisse einsammeln gegen Staatsanleihen. Den wenigsten ist klar, daß der Staat mit jeder Anleihe praktisch neues Geld erzeugt wie bei einem Wechsel und daß er dabei auf Erspartes nicht angewiesen ist. Das Geld entsteht bereits mit dem Akt der Verschuldung, mit der Unterschrift auf dem Anleiheformular, und muß nicht erst durch Verkauf auf dem Markt eingesammelt werden. Das ist ähnlich wie bei unserem Beispiel mit den Bierdeckeln: Da entstand das Kreditgeld auch mit der Unterschrift. Bei jedem Wechsel ist das so. Damals, 1934, als dieser Plan an die Öffentlichkeit gelangte, liefen die Presse und die Banken Sturm dagegen, und 32 Professoren verfaßten einen feierlichen Protest gegen solch verbrecherische Anschläge auf die deutsche Währung.

Heute kann man kaum noch jemandem erklären, daß Staatsanleihen gleichsam frisch gedrucktes Falschgeld sind. Damals mußten sich die Nationalsozialisten noch Mühe geben, den Sachverhalt zu verschleiern. Man nannte deshalb die Papiere nicht Staatsanleihen, sondern Wechsel, weil ja Handelswechsel immer als Deckung akzeptiert wurden. So entstanden jetzt Arbeitsbeschaffungswechsel, die sogenannten Öffa-Wechsel, sowie zur Rüstungsfinanzierung die Mefo-Wechsel. Mit Wechseln hatte das allerdings nichts zu tun. Es lag kein Warengeschäft zugrunde, und die Laufzeit war von vornherein auf fünf Jahre und länger angelegt. Der Staat reichte die Papiere bei der Reichsbank ein und bekam frisch gedrucktes Geld dafür, gerade so, als ob er gleich selbst gedruckt hätte – und daran hat sich bis heute nicht viel geändert.

Neben diesem bahnbrechenden Beitrag zur Entwicklung des modernen Finanzsystems muß man den Geldfachleuten des Nationalsozialismus aber noch etwas anderes zugute halten, nämlich, daß sie in einer klaren, kernigen Sprache beschrieben haben, worum es geht. Leider ist diese Klarheit aus naheliegenden Gründen verloren gegangen. Man spricht heute verschwommen von Geld- und Finanzpolitik im Interesse sozialer Gerechtigkeit. Im folgenden ein paar Kostproben von Prof. Wagemann, der die Idee mit den Staatsanleihen als sogenannten »Wagemannplan« entwickelt hatte.

In seinem 1940 erschienenen Buch *Wo kommt das viele Geld her?* beschreibt er klipp und klar alle Tricks. Zitat: »Von jeher nahmen es die Fürsten als gutes Recht für sich in Anspruch, sich durch Münzverschlechterungen neben dem sichtbaren Zehnten, der ihnen gebührte, noch einen unsichtbaren Zehnten zu verschaffen.« Dann beschreibt er, wie sich dieser aus seiner Sicht legitime Staatsbetrug zunehmend von der Münzprägung auf das Papiergeld verlagerte, Zitat: »Die Notenausgabe, die ja ursprünglich ein Privileg privater Notenbanken war, die Banknoten gegen Hinterlegung von Gold ausgeben durften, wurde mehr und mehr verstaatlicht und der Zentralbank auch das Recht verliehen, Gewinn daraus zu ziehen.« Und dann entdeckt Wagemann plötzlich einen neuen Konkurrenten beim Betrügen. Weil dies so schön klar und deutlich beschrieben ist, wollen wir das auch noch im Original genießen. Er stellt erschrocken fest, daß es jetzt neben dem Staat noch andere Geldfälscher gibt und schreibt, Zitat: »Inzwischen geriet die Geldschöpfung von neuem zu einem wesentlichen Teil in die Hände der privaten Banken. Diese übten ein recht einträgliches Privileg aus, das von dem Gesetzgeber als solches lange Zeit nicht erkannt wurde.« Wie das in aller Heimlichkeit geschehen konnte, beschreibt er so: »Das Giralgeld ist in aller Stille von der Praxis hervorgebracht worden. Jahrzehnte, Jahrhunderte hat man gebraucht, um dies überhaupt zu merken. Die Praxis der Banken hatte in ihrer kaufmännischen Klugheit bald herausgefunden, daß Geldeinlagen, selbst wenn die Kunden sich das Recht vorbehalten, sie täglich wieder abzuheben, normalerweise großenteils auf dem Konto belassen werden. Damit entstand Geld, das den Noten in seiner wirtschaftlichen Funktion völlig ebenbürtig ist. Das ist aber erst später von der Theorie erkannt worden. Die Bankiers jedoch – als die Praktiker, die es Gewinn bringend zu nutzen wußten – schienen sich durch diese Feststellung in ihrer Ehre getroffen zu fühlen und erklärten, daß sie doch keine Falschmünzer seien.«

Unter den Nationalsozialisten wollte der Staat allerdings beim Falschmünzen keine Konkurrenz dulden. Wagemann schreibt wieder erfrischend klar: »Mit all diesen finanziellen Rechten und Privilegien hat der Nationalsozialismus aufgeräumt. Es liegt im Wesen eines Volksstaates, daß seine Führung, die kein anderes Ziel kennt, als der Nation zu dienen, es ablehnt, Geldschöpfung und Finanzlenkung, die ihrer Natur nach volkswirtschaftliche Funktionen sind, geschäftlichen, auf Gewinn ausgehenden Interessen auszuliefern.«

Heute sieht man das ein wenig anders: Staat und Banken haben sich arrangiert und teilen sich die Beute. Außer dieser Zusammenarbeit zwischen Staat und Banken ist in der Tat nicht mehr viel Neues hinzugekommen. Der Staat betrügt mit Trick 2, die Banken mit Trick 3, und beide stützen sich gegenseitig.

G. Der alte Trick wird in Bretton Woods neu verpackt

In Bretton Woods wollte Keynes nach dem Krieg eine Weltbank einrichten, welche die Falschgeldproduktion kontrollieren sollte. Das wollten aber die Amerikaner nicht, und sie schufen den IWF, den Internationalen Währungsfonds. Diese Konstruktion gab den Amerikanern die Möglichkeit, Trick 2 in ungeahntem Maß mit der ganzen Welt zu betreiben. Mit dem Dollar als Leitwährung konnten sie undefinierte Zukunftsversprechungen nicht nur gegenüber ihren eigenen Landsleuten, sondern gegenüber der ganzen Welt abgeben. Die ganze Welt liefert Waren und Leistungen gegen diese Versprechen. Amerika läßt sich jedes Jahr für etwa 400 Milliarden Dollar Ware liefern, die es mit frisch erzeugtem Falschgeld bezahlt.

Am Anfang behauptete man zwar noch, diese Versprechungen seien durch Gold gedeckt. Aber als Frankreich und andere Staaten wirklich Gold haben wollten, machte Amerika 1971 das Goldfenster einfach zu und hielt sich nicht an sein Versprechen. Danach hat man dem Publikum weisgemacht, daß Gold kein Geld sei, daß Geld und Staatsanleihen nicht gedeckt sein müßten, daß das Versprechen des Staates genüge und Staatsanleihen das Sicherste seien, was man sich denken kann. Nachdem diese Überzeugungsarbeit gelungen war, gab es natürlich kein Halten mehr bei der Falschgeldproduktion.

Gibt es nach all den schlechten geschichtlichen Erfahrungen Gründe anzunehmen, daß unser Staat heute so etwas nicht mehr macht? Wohl kaum! Also versuchen wir einfach einmal zu erkennen, ob sich derselbe Vorgang tatsächlich heute wieder vor unseren Augen abspielt. Als Einleitung dazu nochmals ein Wagemann-Zitat, weil darin der ganze Zynismus sehr schön zum Ausdruck kommt. Unter der Überschrift »Wie man es machte« schreibt Wagemann:

»Es ist bekanntlich ein wichtiger Kunstgriff aller Zauberkünstler, die Aufmerksamkeit des Publikums auf eine nebensächliche, möglichst harmlose Stelle zu lenken, so daß es den entscheidenden Teil der Handlung übersieht.«

Und genau das geschieht heute wieder bei der Erzeugung von Falschgeld mittels Staatsanleihen, und wieder wird das Publikum mit diesem simplen Trick getäuscht. Durch den Verkauf der Anleihen im Markt wird der entscheidende Teil der Handlung, nämlich die eigentliche Erzeugung des Falschgeldes, übersehen. Wie also funktioniert der Trick heute, vor unseren Augen?

Daß Banken mit Trick 3 praktisch aus dem Nichts Geld erzeugen, ist in Fachkreisen unbestritten und eigentlich gängige Lehrbuchweisheit. Gleichwohl hält sich im Publikum hartnäckig die Vorstellung, die Banken würden vorwiegend Ersparnisse einsammeln und gegen höhere Zinsen wieder ausleihen. Tatsächlich ist es so, daß die Banken die Einlagen nur als Grundlage benutzen, um daraus mehr als den zehnfachen Betrag an neuem Geld in Form von Buchgeld zu erzeugen. Das ist es, was sie ausleihen und woran sie verdienen, nicht die Einlage. Die Beispiele in den Lehrbüchern werden meist nur mit dem Zehnfachen gerechnet, damit es nicht gleich so üppig aussieht. Die Praxis tendiert mehr zum 20- bis 40fachen. Eine Bank erzeugt im Prinzip neues Geld, indem sie auf beiden Seiten der Bilanz den gewünschten Betrag einbucht. Daher der Name Buchgeld. Im Lehrbuch wird das etwas verwirrend so beschrieben: »Sie kauft Forderungen gegen ihre Schuldner an, die den Aktiven zugeschrieben werden, und gibt dagegen Buchgeld aus, das unter den Passiven erscheint.« Forderungen monetisieren nennt man diesen Vorgang.

Noch hartnäckiger ist aber im Publikum die Vorstellung verankert, der Staat würde sich von seinen Bürgern nur erspartes Geld leihen, wenn er eine Anleihe ausgibt. Dem ist nicht so. Wie bei einem Wechsel ist schon mit der Unterschrift neues Geld entstanden. Das Geld entsteht mit dem Akt der Verschuldung. Wenn ich einen Wechsel ausstelle, erzeuge ich neues Geld und bezahle damit. Genau das gleiche geschieht, wenn der Staat eine Anleihe ausstellt. Deshalb haben die Nazis ja auch die Anleihe am Anfang noch Wechsel genannt. Allerdings verschwindet beim richtigen Wechsel das neue Geld automatisch wieder nach Ablauf von drei Monaten, im Gegensatz zur Anleihe, bei der das neue Geld immer im Kreislauf bleibt, weil der Staat praktisch nie seine Schulden tilgt.

Der Staat unterschreibt die neue Anleihe und trägt sie zur Bank, die sie mit Buchgeld ankauft und damit monetisiert. Dadurch ist das Falschgeld bereits entstanden. Wenn die Bank anschließend die neue Anleihe ans Publikum weiterverkauft und das Publikum sich auf Zinssätze und Laufzeit konzentriert, bevor es sein erspartes Geld scheinbar dem Staat gibt, ist in Wahrheit das Geld längst erzeugt und über die Staatsausgaben zusätzlich bereits im Kreislauf.

Wenn Sie z. B. in der Zeitung lesen, daß die Bundesrepublik eine neue Anleihe über fünf Milliarden Euro mit 30 Jahren Laufzeit aufgelegt hat, daß davon aber nur 2,5 Milliarden im Markt untergebracht wurden und die Bundesbank die restlichen 2,5 Milliarden zur »Marktpflege« aufgenommen (monetisiert) hat, so erkennen Sie klar, daß mindestens 2,5 Milliarden frisches Falschgeld in Form von Zentralbankgeld in den Umlauf gekommen sind. Daraus können die Banken dann 25 Milliarden Buchgeld machen, wenn man zehn Prozent fractional reserve unterstellt. Mit diesen 25 Milliarden Buchgeld kann der Markt dann leicht die restlichen 2,5 Milliarden Anleihen aufnehmen. Anleihen werden häufig mit Buchgeld gekauft und nicht mit Bargeldkoffern.

Man kann sich das etwa so vorstellen, daß ein gewöhnlicher Geldfälscher 100 Millionen Falschgeld druckt und bei einer Bank deponiert, die ihm dafür Buchgeld gutschreibt. Allerdings besteht bei gedrucktem Falschgeld immer die Gefahr, daß es einer merkt. Besser wäre es, einen gefälschten Rembrandt oder gefälschtes Gold zu deponieren. Aber das müßte dann immer im Tresor bleiben. Am allerbesten ist daher ein falsches Zahlungsversprechen, denn da kann niemand nachweisen, daß es falsch ist. Man kann es daher auch ohne Probleme wie einen Wechsel weiterverkaufen, besonders wenn es nie eingelöst werden muß. Aber das ist nur der relativ einfach zu durchschauende Trick 2. Schwieriger ist Trick 3 zu begreifen, der mit dem fractional reserve banking.

In ihrem schönen Geldmuseum hat die Bundesbank den Vorgang mit dem fractional banking einigermaßen verständlich erklärt. Das etwas erstaunliche Endergebnis müssen Sie allerdings sehr schnell genießen. Immer wenn man gerade verstehen will, wie denn nun die 10 000 Mark fiat money wirklich aus dem Nichts entstanden sind, geht das Licht aus. Wenn Sie es in Ruhe verstehen wollen, gehen Sie am besten auf die Internetseite der Bundesbank. Dort wird mit Handreichungen und Broschüren für Schüler und Lehrer der Sachverhalt liebevoll erklärt mit dem Tenor, die Geldmenge müsse elastisch den jeweiligen Erfordernissen angepaßt werden.

Um es nochmals auf einen ganz einfachen Nenner zu bringen: Die Banken und der Staat dürfen Falschgeld erzeugen, für das sie keinerlei Gegenleistung erbringen müssen, während alle anderen für Geld, auch für ihr Kreditgeld, arbeiten müssen. Das ist das intelligenteste Sklavensystem, das je erfunden wurde.

Damit Sie nun nicht glauben, daß nur ich das so sehe, möchte ich noch ein Zitat von Prof. Wilhelm Hankel anfügen, der ja unter Karl Schiller u.a. für unser heutiges Geldsystem Mitverantwortung trug. Er sagt im Grunde das gleiche wie ich, nur vielleicht nicht ganz so brutal: »Seit Midas' Entdeckung des stoffwertlosen Geldes reklamieren die Staaten und ihre Zentralbanken das Geldschöpfungsmonopol für sich. Den von ihnen inzwischen voll abhängigen Geschäfts- oder Privatbanken überlassen sie großzügig den Geldhandel – das Kreditgeschäft der Geldübertragung. So verdienen die einen prächtig an der Geld-, die anderen an der nicht minder lukrativen Kreditschöpfung.« (Lietaer: *Das Geld der Zukunft*, S.14)

Wenn Sie den gleichen Sachverhalt mehr wissenschaftlich formuliert aus der Feder eines ehemaligen Mitglieds des Bundesbankdirektoriums, nämlich Prof. Otto Veit, lesen wollen, dann klingt das etwa so: »Es findet eine Umverteilung in der gegenwärtigen Periode statt. Die Banken selbst kommen dabei in eine etwas merkwürdige Position. Der mit dem Kreditakt verbundene Verbrauchsverzicht belastet nicht die kreditgewährende Bank. Beim Primärkredit schafft die Bank neues Geld, und damit wird Dritten ein Güterverzicht auferlegt, und zwar all denen, die durch den Kredit nicht unmittelbar begünstigt sind. Diese eigenartig vorteilhafte Lage einer kreditgebenden und geldschaffenden Bank wird vom Staat unterstützt, wenn das von der Bank geschaffene Geld gesetzlich sanktioniert wird. Ist diese staatliche Sanktion in der Wirtschaft allgemein anerkannt, so lösen die Banken ihre Schuldversprechen ein, indem sie immer neue Schuldversprechen geben. Die Bank selbst braucht den versprochenen Umtausch in andere Güter niemals zu leisten.« (Veit: *Reale Theorie des Geldes*, S. 160)

Derselbe Sachverhalt noch einmal, diesmal aus der Feder des ehemaligen Bundesbankpräsidenten Helmut Schlesinger: »Durch die öffentliche Kreditaufahme werden zusätzliche, verzinsliche Forderungsrechte in Umlauf gebracht. Dem steht zwar zunächst im privaten Sektor ein Entzug von Kaufkraft gegenüber; im Zuge der Verausgabung der Mittel bei der Haushaltsbewirtschaftung gelangt dieses Geld indes alsbald wieder in die Hände der Privaten zurück. Im Ergebnis ist also das gesamte Netto-Vermögen des privaten Sektors nach Maßgabe der öffentlichen Kreditaufnahme erhöht. Zugespitzt formuliert: Die Emission von ›Ersatzgeld‹ über Staatsverschuldung erübrigt die Ausgabe von zusätzlichem Zentralbankgeld, etwa die Offenmarktoperationen der Währungsbehörde.« Schlesinger nennt es lieber Ersatzgeld statt Falschgeld. (Schlesinger: *Staatsverschuldung ohne Ende?*, S. 169)

Ich hoffe, daß ich Sie mit dieser geschichtlichen Betrachtung und mit diesen abschließenden Zitaten davon überzeugen konnte, daß es sich in der Tat um legales, also staatlich sanktioniertes Falschgeld handelt. Dieser Begriff wird zwar immer schamvoll umgangen, aber er bringt Klarheit in den Sachverhalt. Um dieses Falschgeld (fiat money) weltweit einzuführen, mußten Gold und Silber als Geld abgeschafft werden. Wie das organisiert wurde, wollen wir uns jetzt einmal ansehen.

Das Silberkomplott

Im Jahre 1694 wurde die Bank von England als private Aktiengesellschaft gegründet. Mit ihr wurde zum ersten Mal das Modell der Zusammenarbeit zwischen Staat und Banken im großen Stil erprobt. Der Grundgedanke war, daß die Bank den Staat und seine Kriege mit fiat money finanziert und sie dafür vom Staat das Monopol auf die Erzeugung von fiat money bekommt.

Fiat money wurde damals gerade erst richtig erfunden. Wie es der Zufall will, war der Gründer der Bank von England, William Patterson, verwandt mit dem Schotten John Law, dem eigentlichen Erfinder des fiat money. Dieses Geld wird bekanntlich von Banken aus dem Nichts erzeugt und gegen Zins an den Staat und das Publikum verliehen. Das Modell war so lukrativ, daß es bald über die ganze Welt verbreitet wurde. Gold und Silber sind die natürlichen Feinde von fiat money. Deshalb wurde in einem ersten Schritt Silber als Geld abgeschafft und ein reiner Goldstandard eingeführt, um dann in einem zweiten Schritt auch Gold als Geld abzuschaffen. Dieser zweite Schritt erfolgte 1971, und heute haben wir einen reinen fiat-money-Standard.

Rückblickend sieht natürlich der Goldstandard wie das monetäre Paradies aus, aber er trug schon den Virus des fiat money in sich. Das eigentliche Paradies war der Bimetallismus mit freiem Münzprägerecht (free coinage), wie sich zeigen wird.

Wir wollen uns jetzt der Abschaffung von Silber als Geld zuwenden, dem also, was ich als das Silberkomplott bezeichne. Obwohl bereits um das Jahr 1700 zielstrebig damit begonnen wurde, diesen Plan umzusetzen, dauerte es doch beinahe 200 Jahre, bis das Silber endgültig demonetisiert war.

Sie können sich nicht vorstellen, daß sich Menschen zusammensetzen und solche langfristigen Pläne schmieden und umsetzen? Dann will ich Ihnen einmal ein Beispiel geben, wie simpel so etwas in der Praxis abläuft, wenn man in der Oberliga spielt, und wie solche Pläne, die langfristig das Schicksal vieler Menschen betreffen, beschlossen oder auch abgelehnt werden. Hjalmar Schacht, der frühere Reichsbankpräsident, erzählt in seinem Buch *Magie des Geldes* folgende Episode:

»Diese meine Einstellung macht deutlich, daß ich den lebhaften Wunsch hatte, eine für Hitler annehmbare Lösung der Judenfrage zu finden. Ich trug ihm vor, daß die terroristische Behandlung der Juden ein politischer Fehler sei und daß er sich anderer Mittel bedienen müsse, wenn er sich der deutschen Juden entledigen wolle. Ich verwies darauf, daß die Reichsbank das in Deutschland befindliche jüdische Vermögen auf rund sechs Milliarden Reichsmark geschätzt habe. Ich schlug vor, dieses jüdische Eigentum unter die Verwaltung eines internationalen Treuhandkomitees zu stellen und aufgrund dieser sechs Milliarden Vermögensgarantie eine Dollar-Anleihe aufzulegen, etwa in Höhe von eineinhalb Milliarden Reichsmark, die von den ausländischen Juden gezeichnet werden solle. Ich glaubte, daß es nicht schwer sein würde, diese Eineinhalb-Milliarden-Anleihe bei dem großen Kreis ausländischer wohlhabender Juden unterzubringen. Aus dem Dollar-Erlös der Anleihe solle das Treuhandkomitee jedem deutschen Juden, der die Absicht hätte, Deutschland zu verlassen, einen angemessenen Betrag geben, der es ihm ermöglichen würde, seine Existenz im Ausland wieder aufzubauen. Damit würde nicht nur den auswandernden Juden, sondern auch den Ländern gedient sein, die zögerten, mittellose Juden aufzunehmen. Das Deutsche Reich solle sich verpflichten, die Anleihe in Dollar zu verzinsen und im Laufe von 20 Jahren in Dollar zu tilgen.

Erstaunlicherweise ging Hitler auf diesen Vorschlag ein und ermächtigte mich, wie ich ihm angeboten hatte, mit meinen Londoner Freunden zu verhandeln, um herauszufinden, ob ein solcher Plan durchführbar sei. Ich fuhr Anfang Januar 1939 nach London und trug zunächst dem Gouverneur der Bank von England, Montagu Norman, die Angelegenheit vor, der sie billigte und mir eine Besprechung mit einem der angesehensten Juden Londons vermittelte, dem Chef der bekannten Weltfirma Samuel & Samuel, Lord Berstedt. Dieser sagte mir sein Einverständnis mit dem Plan zu, bemerkte aber, daß er zunächst darüber mit dem geistigen Führer der Londoner Juden sprechen müsse, Herrn Chaim Weizmann. Nach zwei Tagen kam er wieder zu mir und teilte mir mit, daß er meinen Plan leider ablehnen müsse, weil Herr Weizmann sich auf das Nachdrücklichste dagegen ausgesprochen habe. Eine Begründung hierfür gab er mir nicht. Ich mußte mich mit der Tatsache abfinden, daß mein Versuch, den deutschen Juden ihre persönliche und politische Freiheit durch eine Finanztransaktion zu ermöglichen, gescheitert war, obwohl es sich nicht einmal um einen Freikauf, sondern nur um eine zu verzinsende und zurückzahlende Anleihe handelte, die den Juden noch dazu ihr deutsches Vermögen belassen hätte. Ich habe für dieses Verhalten niemals Verständnis aufgebracht. Daß Hitler auf meinen Plan einging, zeigt, daß er damals, Ende 1938, noch kompromißbereit war. Ob die Juden in aller Welt in der Lage gewesen wären, ihre deutschen Glaubensgenossen vor der späteren Vernichtung zu retten, wird immer ein Diskussionspunkt unter den Menschen guten Willens bleiben. Der frevelhafte Gedanke der ›Endlösung‹ ist offenbar erst später gereift. Auch wenn man an eine solche damals noch nicht denken konnte, war der Wunsch vieler deutscher Juden auszuwandern verständlich. Die Weigerung jüdischer Prominenz, unseren Vorschlag aufzugreifen, hat auch in jüdischen Kreisen zu Erörterungen geführt.« (Schacht: S. 78 ff)

Sie sehen, wie hemdsärmelig solche Dinge umgesetzt werden. Daß die Entmonetisierung des Silbers in der Oberliga langfristig geplant, beschlossen und umgesetzt wurde, läßt sich am Schicksalsfaden des Silbers und den Ereignissen dahinter sehr gut ablesen.

A. Die Schicksalsfäden von Gold und Silber

Um die beiden Schicksalsfäden zu verfolgen, müssen wir in der Geldgeschichte noch einmal ganz bis zu den Anfängen zurückgehen, diesmal den Fokus nicht auf Deutschland gerichtet, sondern auf England, Frankreich, die USA und den Rest der Welt. Bei den historischen Angaben stütze ich mich weitgehend auf das Buch von Stephen Zarlenga *Der Mythos vom Geld – die Geschichte der Macht*, erschienen im Conzett-Verlag, Zürich 1999.

Über den Ursprung des Geldes können wir nur spekulieren. Man streitet bis heute darüber, ob der Ursprung im Warenhandel, in der Entwicklung von Macht und Gesellschaft oder in religiösen Opfergaben zu suchen ist. Wahrscheinlich ist es eine Mischung aus allen drei Faktoren. Jedenfalls werden Gold und Silber schon im Alten Testament als Geld erwähnt. Im alten Ägypten dagegen scheint eher Korn als Geld gedient zu haben.

Das Getreide wurde in großen Silos in den Tempeln eingelagert, und die Tempel nahmen scheckähnliche Überweisungen von Getreide, sogar an Zweigstellen in anderen Städten, vor. Zwar dienten auch Gold und Silber in Form von Metallstaub nach Gewicht als Zahlungsmittel, aber das allgemeine Wertmaß war offenbar eine Handvoll Getreide, wobei »eine Handvoll« etwa 130 Körner bedeutete. Das Gewicht von 130 bis 135 Körnern oder auch 130 Gran (vom lat. *granum* – das Korn) wurde so zum allgemeinen Wertmaßstab, einfach weil 130 bis 135 Körner bequem auf eine Handfläche passen. Wir haben hier wieder das Phänomen, daß es einen allgemeinen, objektiven Wert nicht gibt und nicht geben kann, weshalb stellvertretend das Gewicht irgendeines realen Gegenstandes als Wertmaßstab dienen muß. Ein Korn (Gran) wiegt etwa 0,06 Gramm, d. h. 130 Gran bedeuten ein Gewicht von etwa acht Gramm. Nun scheint der Getreidestandard eine ägyptische Spezialität gewesen zu sein – jedenfalls wurde nie eine pharaonische Münze gefunden –, und in anderen Ländern wurde nicht Getreide, sondern Vieh als Geld verwendet. Ochsen und Kühe wurden von Irland bis zum Mittelmeer und in Afrika als Geld benutzt.

Etwa zwischen 1500 und 1000 v. Chr. gingen die Geldsysteme der Gesellschaften im östlichen Mittelmeerraum vom Viehstandard auf den Goldgewichtsstandard über, wobei die Tempel wieder eine wichtige Rolle spielten. Das Standardgewicht von 130 Gran wurde dabei auf Gold übertragen, so daß jetzt 130 Gran Gold (etwa acht Gramm Gold) der allgemeine Wertmaßstab wurde. Eine Kuh kostete 130 Gran Gold.

Mit der Erfindung der Münzen, etwa um 700 v. Chr., wurden dann die 130 Gran zum Standardgewicht der Münzen. Die Münzen der unterschiedlichen Staaten wichen nur geringfügig von der Kuh-Werteinheit ab. So wogen z. B. (Zarlenga, S. 30):

Indische Dharana (600–500 v. Chr.)	130 Gran
Krösus' Goldstater (ca. 550 v. Chr.)	128 Gran
Darius' persischer Dareik (ca. 505 v. Chr.)	130 Gran
Goldmünze von Rhodos (frühes 4. Jh. v. Chr.)	130–135 Gran
Goldmünze von Athen (ca. 400 v. Chr.)	130 Gran
Philipps II. makedonischer Stater (ca. 345 v. Chr.)	130 Gran

Daß damals in Gold und weniger in Silber gerechnet wurde, hängt einfach damit zusammen, daß Silber das wertvollere Edelmetall war. Für die Völker der Antike war Gold das am einfachsten zu gewinnende Metall. Reine Goldpartikel lagerten sich über Jahrmillionen als leicht abschwämmbares Waschgold im Flußsand ab, und da es sich nicht zersetzte oder oxydierte, blieb es erhalten, bis die Menschen es fanden. Kupfer war schon schwieriger zu gewinnen, und Silber, dessen Gewinnung sehr komplizierte technische Verfahren erforderte, stand an dritter Stelle. Dies führte dazu, daß Silber im alten Ägypten fast genauso wertvoll war wie Gold.

Das klare Bild von 130 Gran, also etwa acht Gramm Gold für eine Kuh, hilft uns, die Schicksalsfäden für Gold und Silber besser zu verstehen. Werfen Sie noch einmal einen Blick auf die beiden Charts am Anfang des Buches. Es handelt sich um sogenannte reale Preise, bei denen die Geldentwertung herausgerechnet ist. Alle historischen Preise sind in konstante Dollar von 1998 umgerechnet. Wir wollen jetzt einmal außen vor lassen, wie das genau geht, und uns nur auf die Wirkung konzentrieren, um unsere Schicksalsfäden besser zu verstehen, und hier hilft das Bild von der Kuh.

Wenn die Kurve ansteigt, bedeutet das, daß die Güterpreise in Gold sinken. Ich bekomme also immer mehr Kuh für eine Handvoll Gold. Wir würden heute sagen, wir haben Deflation mit sinkenden Güterpreisen und sinkender Geldmenge. Die Kaufkraft des Goldes steigt. Mit jedem Goldkorn kann ich jetzt mehr Kuh kaufen.

Umgekehrt, wenn die Kurve fällt, haben wir steigende Güterpreise und steigende Geldmengen. Die Kaufkraft des Goldes fällt. Ich muß immer mehr Gold für eine Kuh geben.

Daß das Ganze ursprünglich einmal in Dollar ausgerechnet wurde, spielt keine Rolle mehr. Der Dollar ist als Berechnungsgrundlage gleichsam rausgeflogen. Die Kurven zeigen jetzt nur noch das Austauschverhältnis (die Preise) von realen Gütern. Also welche Menge an Kuh Sie für eine bestimmte Menge Gold in den einzelnen Jahren bekommen haben. Es wurden halt nicht 130 Gran, sondern eine Unze Gold bzw. Silber als Standardmenge genommen.

Wenn wir, mit diesem Wissen ausgerüstet, jetzt noch einmal einen kurzen Blick auf unsere Schicksalsfäden werfen, so erkennen wir bei Gold ab ca. 1350 n. Chr. einen ansteigenden Wert (Deflation) von ca. 1000 Kuh bis auf 2400 Kuh pro Unze Gold, dann einen Wertverfall des Goldes bis etwa 1650 n. Chr. auf nur noch ca. 400 Kuh pro Unze Gold (Inflation). Man bekam also immer weniger Kuh pro Geldeinheit. Danach stabilisierte sich der Goldwert bei durchschnittlich 400, d. h. man erhielt über 350 Jahre bis heute etwa ca. 400 Kuh für eine Unze Gold, wobei der Wert in jüngster Zeit immer stärker um diesen Mittelwert schwankt.

Beim Silber zeigt sich zunächst eine ähnliche Entwicklung. Also ein Anstieg ab ca. 1350 n. Chr. von 250 Kuh pro Unze bis auf 806 Kuh im Jahre 1477 n. Chr. (Deflation) und dann einen allmählichen Abstieg bis 1650 n. Chr. auf ca. 200 Kuh pro Unze (Inflation). Danach stabilisiert sich Silber bei ca. 200 Kuh ebenfalls, um dann im Gegensatz zu Gold ab dem Jahre 1750 n. Chr. dramatisch einzubrechen. Der Wert von Silber verfällt immer schneller immer mehr. Man bekommt immer weniger Kuh für eine Unze Silber. Wenn es also ein Komplott gegen das Silber gab, dann muß es um diese Zeit, also etwa um 1750 n. Chr., wirksam geworden sein.

B. Das Geheimnis

Bevor wir uns der historischen Entwicklung an dieser spannenden Stelle zuwenden, muß ich Ihnen noch von dem bestgehüteten Geheimnis berichten, mit dem über viele Jahrhunderte Macht und Reichtum erworben wurden.

Dieses Geheimnis erklärt auch den merkwürdigen Anstieg von Gold und Silber ab 1350 n. Chr. bis zu den Höchstkursen von 2400 Dollar pro Unze Gold und 806 Dollar pro Unze Silber ca. 1500 n. Chr. Die Kenntnis dieses Zusammenhanges steckt auch hinter dem Silberkomplott. Mit genau dieser Technik, diesem Trick, wurde Silber entmonetesiert. Was war das Geheimnis? Ganz einfach: Silber wurde im Osten höher bewertet als im Westen. Für Silber erhielt man in Indien lange Zeit fast doppelt so viel Gold wie in Europa. Der Grund dafür war folgender Mechanismus: Das Gold-Silber-Verhältnis im Westen wurde auf hohem Niveau gehalten. (Es schwankte im Laufe der Jahrtausende zwischen 1:9 und 1:16.) Das Wertverhältnis in Indien und Asien dagegen blieb auf niedrigem Niveau stehen (in der Regel bei 1:6 oder 1:7). Über Tausende von Jahren bedeutete diese unterschiedliche Bewertung eine immense Machtquelle für diejenigen, die sie kannten. Der Landweg in den Nahen Osten stellte die Verknüpfung zwischen Ost- und Westhandel dar. Wer immer dieses Gebiet beherrschte, beherrschte auch den Handel. Teile der römischen Oberschicht konnten auf diese Weise ihren Einfluß erheblich ausbauen, bis Rom von innen heraus auseinanderbrach. Die Gewinne, die Venedig aus dem Mechanismus zog, waren eine Ursache der Renaissance-Bewegung. Jüdische Kaufleute, die ihre Aktivitäten von Asien nach Europa verlegten, bedienten sich seiner stillschweigend während vieler Jahrhunderte.

Die Existenz und Bedeutung dieser Zweiteilung ist bis heute weitgehend unbekannt und war damals erst recht nicht bekannt.

Dieses zweigeteilte Wertverhältnis wurde über Tausende von Jahren beibehalten. Noch im Jahr 1625 setzte Japan das Verhältnis von Silber zu Gold auf 6:1 fest, ohne sich darüber im klaren zu sein, daß es in Europa viel höher lag (damals bei 15:1). So waren portugiesische Händler zwischen 1565 und 1625 in der Lage, Japan um ein Drittel seines Goldes, d. h. etwa 250 Tonnen, zu erleichtern. John Locke wies darauf hin, daß die britische Ostindische Kompanie diese Zweiteilung bis weit in das 18. Jahrhundert hinein zu ihrem Vorteil nutzte und damit dem englischen Silbergeldsystem schadete. Locke nennt den Mechanismus »eine zerstörerische Seuche, die den soliden Wohlstand des (britischen) Weltreichs im Indischen Ozean versenkt«.

Daß der Abfluß von Silber Teil eines Komplotts war, sah Locke offenbar nicht.

C. Greshams Gesetz

Unter dieser Bezeichnung wird der rätselhafte Mechanismus in der Literatur beschrieben. Das Gesetz besagt: Schlechtes Geld würde immer das gute Geld aus dem Umlauf verdrängen.

Man kann sich das wieder anhand eines einfachen Bildes klar machen. Früher wurde an den Rändern der Silbermünzen heimlich immer Metall abgeschabt und abgefeilt, so daß die Münzen immer leichter, also schlechter, wurden. Die guten Münzen, bei denen noch nichts abgeschabt war, wurden dann aussortiert und zurückbehalten, während die schlechten weitergegeben wurden, bis schließlich nur noch schlechte, abgeschabte und leichte Münzen umliefen. Das schlechte Geld hatte das gute verdrängt.

Das Gesetz funktioniert allerdings nur in dieser Weise, wenn der Staat den Wert des Geldes bestimmt und nicht der Markt. Wenn also der Fürst erklärt, jede Münze mit seinem Kopf darauf sei gleichviel wert, egal, wie schwer die Münze ist, fängt das Gresham'sche Gesetz an zu wirken. Das schwere Geld wird aussortiert, und die leichten Münzen laufen um.

Wenn die Bewertung allerdings nicht von oben bestimmt wird, sondern der Markt, also die Menschen selbst entscheiden, wie sie die jeweilige Münze bewerten, dreht sich das Gresham'sche Gesetz um. Dann verdrängt nämlich das gute Geld plötzlich das schlechte Geld. Die Menschen akzeptieren nur noch schwere Münzen und weisen die leichten zurück.

Ein frühes Beispiel, wie mit dem Mechanismus gespielt wurde, findet sich im alten Rom zu Cäsars Zeiten. Im Jahre 45 v. Chr. führte Cäsar im ganzen Imperium den Goldstandard ein. Zwar ersetzten Goldmünzen nicht Silber und Bronze als zirkulierendes Geld, doch wurden alle hohen Beträge in Gold ausgedrückt und das relative Wertverhältnis von Gold und Silber um ein Drittel angehoben. Im Mittelpunkt dieser »Reform« stand die Goldmünze Aureus mit einem Gewicht von 168 Gran und einem Wertverhältnis zu Silber von 1:9. In mehreren Schritten reduzierte Cäsar den Aureus schnell auf 125 Gran Gold, um ihn dem alten Tempelwert eines Ochsen oder einer Kuh anzunähern. Dadurch stieg das römische Wertverhältnis zwischen Gold und Silber auf 1:12. Auf diesem Stand blieb es fast 1300 Jahre lang, bis zum Fall des Römischen bzw. Byzantinischen Reiches im Jahre 1204.

Kaum hatte sich Rom auf eine Gold- und Silberwährung mit einem willkürlichen Wertverhältnis von 12:1 festgelegt, wurde Silber knapp. Durch den Handel mit Indien floß Silber aus dem Reich ab. Da vorwiegend teure Waren, wie Gewürze und Parfüme, damit bezahlt wurden, floß auch kein Gold zurück. Der Abfluß von Silber hatte starke deflationäre Wirkungen. Im Jahr 33 sah sich Tiberius gezwungen, 100 Millionen Sesterzen zu prägen und als dreijähriges zinsloses Darlehen vorzuschießen, um zahlreiche verschuldete Bauern vor der Kündigung ihrer Hypotheken zu bewahren. Ein Sachverhalt, dem wir 1895 beim Silberkomplott in den USA wieder begegnen werden, bei dem auch durch einen künstlich herbeigeführten Silbermangel zahlreiche Farmer in Elend und Überschuldung getrieben wurden.

Und noch eine andere Parallele zeigt sich hier. Cäsar hatte einen Goldstandard eingeführt. Der Wertmaßstab war nicht mehr Silber wie bisher, sondern alles wurde am Gold, am Gewicht des Aureus, gemessen, und das Prägen von Goldmünzen war das ausschließliche Vorrecht des obersten Souveräns. Silber dagegen war das Geld des kleinen Mannes, und Silbermünzen wurden in zahlreichen privaten Münzstätten geprägt. Wir haben es also mit einem Bimetallstandard zu tun, mit einem von oben willkürlich festgelegten Wertverhältnis von Gold und Silber, bei dem immer das Gesham'sche Gesetz in seiner negativen Form wirksam wird, indem das gute Geld (hier Silber) vom schlechten (hier Gold) verdrängt wird.

Daraus können wir die allgemeine Regel ableiten: Wenn die Obrigkeit den Wert des Geldes festlegt, haben wir schlechtes Geld, und wenn der Markt über den Wert des Geldes entscheidet, haben wir gutes Geld. Wenn wir jetzt unsere Schicksalsfäden analysieren, sollten wir diesen Zusammenhang immer im Hinterkopf behalten, denn er ist auch der Schlüssel für das Komplott. Mit diesem Trick wurde Silber mehr oder weniger heimlich entmonetisiert.

D. Das moderne Geldwissen entsteht – in Geheimbünden

Noch bevor unsere Schicksalsfäden im Jahre 1350 beginnen, entwickelt sich plötzlich in Europa ein praktisches Geldwissen, das in Geheimbünden weitergereicht wird und zu einer enormen Machtfülle führt, mit dem Templer-Orden als erstem Kristallisationspunkt.

Der Templer-Orden, der ursprünglich den Namen Arme Ritterschaft Christi vom Salomonischen Tempel trug und zwischen 1114 und 1118 gegründet wurde, war eines der bedeutendsten Ergebnisse des ersten Kreuzzuges. Der Orden widmete sich vorgeblich in erster Linie dem Schutz der Pilger im Heiligen Land. Die Aufrichtigkeit dieser Zielsetzung wird jedoch heute in Frage gestellt. Baigent und Leigh meinen in ihrem provokativen Buch *The Temple and the Lodge*, es gebe Hinweise darauf, daß dieses erklärte Ziel nur eine Fassade war und daß die Ritter sehr viel ehrgeizigere und größere geopolitische Pläne verfolgten. Die Gründungsmitglieder des Ordens waren zu einflußreich, und der Orden breitete sich zu rasch aus, als daß man keinen Verdacht schöpfte. Es bestanden auch gewisse Verbindungen zum Zisterzienser-Orden, der einer der Hauptförderer des vierten Kreuzzuges wurde.

Beim Konzil von Troyes 1128 erhielt der Orden von der Kirche die ersten Statuten. Danach gingen innerhalb nur eines Jahres Ländereien in Frankreich, Schottland, Spanien und Portugal in den Besitz des Ordens über. Binnen eines Jahrzehnts dehnte sich sein Landbesitz bis nach Italien,

Österreich, Deutschland, Ungarn und Konstantinopel aus. 1131 hinterließ der König von Aragòn dem Orden ein Drittel seiner Ländereien. Gegen 1150 hatte sich der Templer-Orden bereits als die mit Ausnahme des Papsttums weitaus reichste und einflußreichste Einrichtung des Christentums durchgesetzt. Dieser phänomenale Aufstieg läßt sich kaum allein durch den Pilgerschutz erklären.

Wie sich nachfolgend zeigen wird, ging es vielmehr um monetäre Macht und den Raub von Edelmetallen. Zarlenga schreibt dazu: »Byzanz hatte den dritten Kreuzzug vereitelt und war mit Saladin, der Jerusalem hielt, ein Bündnis eingegangen. Bestimmte Kräfte im Westen, darunter die Führung von Cluny, dem bedeutendsten religiösen Zentrum Frankreichs, sowie vor allem Angehörige des Zisterzienser-Ordens schmiedeten nun gemeinsam ein Komplott gegen Byzanz. Unter dem Vorwand, dem byzantinischen Kaiser Isaak II. und seinem Sohn Alexios ihre bei einem Palastputsch verlorengegangene Macht zurückzugeben, sah der geheime Plan eine Umlenkung des vierten Kreuzzuges in einen Angriff auf Konstantinopel vor.

Der europäische Adel brachte diesem Vorhaben wenig Begeisterung entgegen, bis ihm Papst Innozenz III. die Einführung einer Einkommensteuer von 2,5 Prozent androhte, falls er sich nicht doch noch dafür erwärmen könne. Die große Ritterschaft erfuhr nichts von dem Geheimplan; sie wurde nach und nach in die Täuschung hineinmanövriert.

Venedigs Flotte spielte dabei eine Schlüsselrolle. Eine Abordnung verhandelte mit dem Dogen Enrico Dandolo, der im Gegenzug für seine im voraus gegebene Zustimmung zu dem Unternehmen harte Bedingungen stellen konnte. Dandolo mußte eingeweiht und als Unterstützer gewonnen werden. Da er früher von byzantinischen Beamten geblendet worden war, hatte er ohnehin noch eine alte Rechnung mit Byzanz zu begleichen. Das Heer sammelte sich im Juni 1202, stach in See, und die Flotte gelangte schließlich 1203 an ihren Zielort Konstantinopel.

Mit einer Ausdehnung von 90 Quadratkilometern und einer Einwohnerzahl von fast einer Million war Konstantinopel die größte Stadt des Mittelalters. Es gab reichlich Wasser, öffentliche Parkanlagen, Straßenbeleuchtung und ein gutes Abwassersystem. Doch Byzantions Führung sowie seine Armee, Marine und seine Bewohner hatten sich ausgesprochen negativ entwickelt.

Allein das Auftauchen der Kreuzfahrerflotte im Jahr 1203 war Grund genug für den herrschenden Kaiser, über Nacht die Flucht zu ergreifen und Kaiser Isaak II. wieder einzusetzen.

Am 9. April griffen die Kreuzfahrer die Byzantiner an und schlugen sie. Vom 13. bis zum 15. April wüteten die christlichen Invasoren in der größten christlichen Stadt der Welt. Wie die Wilden plünderten sie die Stadt. Reliquien – zum Beispiel die Gebeine der Heiligen, Teile des Kreuzes, Milch der Mutter Gottes – bewahrten sie auf; dagegen zerstörten sie großartige Kunstwerke: die bronzenen Wagenlenker im Hippodrom, die Romulus und Remus säugende Wölfin, Paris, der Venus den Apfel reicht, eine herrliche Statue der Helena von Troja, von Augustus in Auftrag gegebene Statuen; kurz, alle bedeutenden Kunstwerke, die in neun Jahrhunderten von den alten Tempeln nach Konstantinopel gebracht worden waren. Sie alle wurden zu Barren oder Münzen eingeschmolzen.

Mit der Eroberung von Konstantinopel wurde die seit Julius Cäsar in Europa vorherrschende monetäre Macht des Römisch-Byzantinischen Reiches offiziell beendet. Das Geldsystem der Cäsaren war am Ende. Dies ist eines der wesentlichsten monetären Ereignisse der Geschichte, weil die Macht des Geheimnis gebrochen war.«

Um es noch einmal zu wiederholen: Die »geheime« Triebkraft hinter dem »geheiligten« Vorrecht der Goldmünzenprägung bestand ja darin, daß der Basileus bereitwillig zentral geprägte Goldsolidi gegen lokal geprägte Silbermünzen in einem Verhältnis von 12:1 umtauschte. Für dasselbe Silber erhielt er in Indien und anderen östlichen Gebieten Barrengold in bis zu doppeltem Wert. Mit dem Ende des Byzantinischen Reiches ging auch die monetäre Kontrolle, über die vorher religiöse Institutionen verfügt hatten, in säkulare Hände über. Das vierte Laterankonzil verkündete zwar bald (1215) das Supremat des Papsttums über alle weltlichen Souveräne, doch konnte es sich nicht durchsetzen. So nahm Kaiser Friedrich II. das Vorrecht des Basileus für sich in Anspruch und prägte 1225 in Neapel Goldmünzen mit einem Feingehalt von 82 Gran. Die alte Weltordnung war zusammengebrochen.

Ihm taten es lokale Herrscher in ganz Europa gleich: 1225 wurde in Lyon eine Goldmünze mit einem Feingehalt von 54 Gran emittiert, 1250 in Frankreich unter Ludwig IX. eine weitere mit 63 Gran. In der Republik Florenz wurde seit 1252 der Goldflorin mit 56 Gran geprägt, in England unter Heinrich III. seit 1257 Goldmünzen mit 43 Gran. 1284 begann die Republik Venedig mit der Prägung des Golddukaten mit einem Feingehalt von 56 Gran. 1316 schließlich ließ Papst Johannes XXII. in Avignon Goldzechinen mit einem Feingehalt von 54 Gran prägen.

Von Konstantinopel wurde eine riesige Beute nach Europa zurückgebracht. Ihr Wert wird in offiziellen Angaben unterschätzt, denn die Plünderer brachten nur einen Teil davon in den großen gemeinsamen Topf ein, der Silber im Wert von etwa 400 000 Mark Gewicht umfaßte. Die Venezianer etwa sollen ihre Beute zum Großteil auf ihren Schiffen gelagert haben, anstatt sie mit der Beute der anderen zusammenzulegen. In den Kirchen wurden große Mengen Silber und Gold geplündert. Allein unter dem Altar der Hagia Sophia entdeckte man 40 Fässer Gold. Jacobs schätzt, daß die Plünderung Konstantinopels mehr Edelmetall-Reichtum brachte als der gesamte Handel der vorangegangenen Jahrhunderte.

Während ihrer Zeit im Osten machten sich die Ritter des Templer-Ordens schnell mit dem dortigen Geld- und Finanzwesen vertraut. Mit ihrem Wissen über Bank- und Kreditsysteme legten sie nach ihrer Rückkehr vom ersten Kreuzzug den Grundstein für die Entstehung des Bankwesens in Europa. Historiker führen den Ursprung und die Entwicklung der wirtschaftlichen Institutionen im Westen in der Regel auf die jüdischen Geldverleiher und die großen italienischen Handelshäuser und Konsortien zurück. In Wirklichkeit jedoch waren die jüdischen Geldverleiher im Vergleich zu den Templern von untergeordneter Bedeutung. Die Templer waren nicht nur die Vorläufer der italienischen Handelshäuser, sondern sie führten auch die Mechanismen und Methoden ein, die von diesen Häusern später übernommen wurden. In der Tat kann die Entstehung des modernen Bankwesens dem Templer-Orden zugeschrieben werden. Auf dem Höhepunkt ihrer Macht verwalteten die Templer einen Großteil, wenn nicht sogar den größten Teil des in Westeuropa vorhandenen Kapitals. Sie waren Pioniere auf dem Gebiet des allgemeinen Kreditwesens.

Byzanz unterdrückte das Bankwesen, doch die Templer waren stark genug, um es trotzdem voranzutreiben. Nachdem 1204 der griechische Kaiser aus dem Weg geräumt war, hatten die Templer mehr Freiheit bei der Einführung und Entwicklung des Bankwesens in Europa. Die Templer besaßen und verwalteten das depositorium, das Teil der französischen Schatzkammer in Paris war. Sie trieben Steuern für die Krone ein und vergaben Darlehen an die französische und englische Krone. Um 1260 bis 1266 verpfändete Heinrich III. die britischen Kronjuwelen an die Templer.

Die Templer wurden so populär, daß es schließlich »so gut wie kein Testament mehr ohne eine Erklärung zugunsten der Templer gab«, bemerkt C. G. Addison in *The Knights Templar*. Addison schätzte das aus dem Besitz von 9000 Gutshöfen oder Lordschaften resultierende Jahreseinkommen der Templer in Europa um 1300 auf etwa sechs Millionen Pfund Sterling. Gold machte etwa ein Drittel ihrer Einnahmen aus. Die Templer standen im allgemeinen über dem normalen Recht. Ihre Häuser waren geheiligte Orte. Sie waren von den meisten Steuern und Abgaben befreit und konnten normalerweise nicht vor Gericht gebracht werden.

Aber der Einfluß der Templer wurde offenbar zu groß, denn am Freitag, dem 12. Oktober 1306, ließ der französische König Philipp IV. alle französischen Templer verhaften. Mit geheimer und versiegelter Order ließ er sämtliche Untergliederungen des Ordens gleichzeitig durchsuchen. Zu jener Zeit gab es in Europa ungefähr 20 000 Templer, von denen zehn Prozent schlagende Ritter waren. Bei der Razzia leisteten sie jedoch keinen Widerstand. Anschließend wurden sie über Jahre hinweg verhört, und viele von ihnen wurden gefoltert und ermordet.

Da alle Versuche, die Templer unter päpstliche Kontrolle zu bringen, scheiterten, löste Papst Klemens V. im Jahre 1312 auf Druck Philipps des Schönen den Orden auf und übergab seine Besitztümer an den Johanniter-Orden. Bei seiner von Philipp befohlenen öffentlichen Verbrennung prophezeite Jacques Bernard de Molay aus Burgund, der letzte Großmeister des Templer-Ordens, vom Scheiterhaufen aus den Tod von Papst Klemens V. und König Philipp IV. innerhalb eines Jahres. Beide starben im darauf folgenden Jahr unter mysteriösen Umständen. Die überlebenden Templer gingen in den Untergrund.

Kurz vor der großangelegten Verhaftungsaktion im Jahre 1306 verließen die Pariser Tempelritter die Schatzkammer des Ordens mit zahlreichen Packpferden. Sie verluden ihre wertvolle Fracht auf die 18 Schiffe des Ordens und verschwanden spurlos. Nach heutigen Erkenntnissen fanden sie im schottischen Kilmarten Zuflucht. Der dortige Herrscher Bruce war vom Papst exkommuniziert worden. In der Schlacht von Bannockburn 1313 schlug Bruce dank der verdeckten Unterstützung der Templer überraschend die Engländer. Er begründete die Stuart-Dynastie, die Großbritannien bis 1688 regierte.

Der Umstand, daß die Templer in Schottland Zuflucht fanden, könnte erklären, warum später gerade dort zahlreiche Neuerungen im Bankwesen aufkamen und warum manche Finanzreformer wie William Paterson und John Law schottischer Herkunft waren. Sogar Adam Smith, der in einem schottischen Dorf von 1773 bis 1776 sein nationalökonomisches Hauptwerk *Untersuchung über die Natur und die Ursachen des Nationalreichtums* verfaßte, stellte fest, daß das schottische Bankwesen die Welt beherrschte.

Durch die Templer entstanden die Rittersagen vom »Heiligen Gral«, die als Vorbild für ritterliches Handeln galten. Die Themen dieser Sagen – ein schwacher Herrscher, ein verwüstetes Land und ein Ritter auf der Suche nach dem Heiligen Gral, der die Macht besitzt, alles wieder gut zu machen – stellen noch heute ein Musterschema für heldenhaftes Handeln dar.

Die Templer tauchten später in einigen Freimaurerlogen wieder auf. Sie wurden weiterhin vom Papst verfolgt. 1738 verbot Papst Klemens XII. die Freimaurerei mit seiner Bannbulle *In Eminenti* und exkommunizierte alle an der Bewegung teilnehmenden Katholiken. Dennoch verbreitete sich die Freimaurerei erfolgreich weiter. 1740 stellte eine weitere Papstbulle die Mitgliedschaft in Freimaurerlogen unter die Todesstrafe, allerdings ohne abschreckende Wirkung. Die Freimaurer sollten die weltweite Entwicklung stark beeinflussen.

Die Tempelritter spielten im 13. Jahrhundert beim Zustandekommen der *Magna Charta*, Englands großer Urkunde über die Freiheiten, eine wichtige Rolle. Ihre Nachfolger, die Freimaurer, waren an der Französischen Revolution, an der Einigung Italiens und vor allem an der amerikanischen Revolution maßgeblich beteiligt. Benjamin Franklin war Amerikas berühmtester Freimaurer. Er war ab 1734 Großmeister von Pennsylvania. Von den 56 Unterzeichnern der Unabhängigkeitserklärung waren mit Sicherheit neun und vielleicht weitere zehn Freimaurer. Vor allem in den Logen haben sie das erhabene Ideal der Menschenrechte sowie die Vorstellung von der Perfektionierbarkeit der Gesellschaft kennengelernt.

Viele der britischen Offiziere, denen sie im Kampf gegenüberstanden, waren ebenfalls Freimaurer. Ernst Troeltsch, der bedeutende Historiker der Reformation, ist der Auffassung, daß die Rechte des einzelnen ihren Ursprung in Amerika haben, wobei »der Einfluß der Literatur des Illuminimus unverkennbar ist«. Offenbar gibt es in der weltweiten Freimaurerbewegung aber auch Untergliederungen, in denen einige Traditionen mit weniger erhabenen Idealen wurzeln. Nachfolgend eine gute Beschreibung zum Begriff *Geheimbund* aus der Internet-Enzyklopädie *Wikipedia*.

Kleiner Exkurs zum Begriff *Geheimbund*

»Der Begriff *Geheimbund* oder *Geheimgesellschaft* bezeichnet eine Organisation oder auch Vereinigung mit einem konspirativen Hintergrund. Geheime Gesellschaften bilden ein Sammelbecken verschiedener gemeinsamer Interessen, die von aufklärerischen, politischen, spirituellen, religiösen, mystizierenden, okkultistischen oder esoterischen Zielen motiviert sein können. Aufgrund der Tatsache, daß Geheimbünde sich meist aus konspirativen Gründen zusammenfinden, um ihre Ziele durchzusetzen, ist ihr Wissen nicht für die Öffentlichkeit bestimmt und unterliegt der Geheimhaltung.

Wesentliches Kriterium von auch heute noch existierenden Geheimbünden ist das (eventuell nur vorgebliche) Vorhandensein von Kenntnissen, die nur innerhalb des Geheimbundes weitergegeben werden. Weiterhin ist das Nichtwissen um diese Gesellschaft eine wesentliche Voraussetzung, um sie als Geheimbund oder Geheimgesellschaft einordnen zu können. Allein das Wissen um ihre Existenz würde sie als geheime Vereinigung deklassifizieren. Geheimbünde existierten in vergangenen Epochen wie auch in heutiger Zeit. Allein das Nichtwissen um ihre Existenz läßt sie zahlenmäßig gewiß nicht weniger werden! Sie vertreten Inhalte und Ziele, die den gesellschaftspolitischen Normen der jeweiligen Zeit in einem jeweiligen Land widersprechen oder sich ihnen widersetzen. Darunter waren in der Neuzeit auch revolutionäre, demokratische, sozialistische, kommunistische und anarchistische Vereinigungen. Eine Bekanntgabe ihrer Existenz würde mit großer Wahrscheinlichkeit auch mit dem Scheitern ihrer geheimen Ziele einhergehen und sie angreifbar machen.

Im Laufe der Jahrhunderte wandelten sich oft Geheimgesellschaften in eine *diskrete Gesellschaft* um. Beispielsweise wären dabei die Rosenkreuzer und Freimaurer zu nennen. Ihr Auftreten kann als diskret angesehen werden, da sie größtenteils die Aufmerksamkeit der Öffentlichkeit meiden, aber trotzdem einen gewissen Bekanntheitsgrad in der Gesellschaft besitzen.

Häufig betrachten sich *diskrete Gesellschaften* als Orden mit Initiationsregeln und -riten. Im Volksmund werden diese auch gern als Geheimbünde bezeichnet, da sie der breiten Öffentlichkeit meist unbekannt und somit suspekt erscheinen. Mitglieder haben *Ordensgrade* bzw. *Initiierungsgrade*. Die Bünde organisieren sich also entweder hierarchisch oder nach Klassen bzw. Graden. Bestimmte Teile der Lehren werden dabei nur jeweils innerhalb der ›höheren‹ bzw. ›inneren‹ Grade weitergegeben. Die Gründe sind dabei weniger konspirativ als eher philosophisch zu verstehen. Viele *diskrete Gesellschaften* des 18. Jahrhunderts basieren auf dem Konzept des Neoplatonismus der Renaissance und der stufenweisen Erkenntnis seiner Umwelt.

Historisch berufen sich heutige *diskrete Gesellschaften* bzw. ›Geheimbünde‹ in aller Regel entweder auf die Templer, die Freimaurer, die Rosenkreuzer oder den Illuminaten-Orden. Es gibt jedoch auch christliche ›Geheimbünde‹, wie zum Beispiel *Opus Dei.*

Der Freimaurerei geht es nicht um die Vermittlung ›geheimen Wissens‹, sondern um Aufklärung, Selbsterkenntnis, Brüderlichkeit und ethisches Wachstum in geschütztem Raum. Sinnigerweise steckt hinter der Selbsterkenntnis trotzdem ein gewisses Geheimnis, sein Selbst zu ergründen, wozu auch die Rituale innerhalb der Tempelarbeit dienen sollten. Das eigentliche Geheimnis der Freimaurerei liegt somit im Freimaurer selbst verborgen. Durch sein Gelöbnis ist ein Freimaurer an die Verschwiegenheit bezüglich der sogenannten Erkennungszeichen (Ausweise), der Rituale und der Privatsphäre gebunden, ebenso an allgemeine Moralvorstellungen. Freimaurer sind in der heutigen Zeit eingetragene Vereine, machen Öffentlichkeitsarbeit und halten ihre Organisationsstrukturen keineswegs geheim; sie sind daher nicht als Geheimbund anzusehen.

Von Geheimbünden im Prinzip abzugrenzen, jedoch meist mit sehr fließenden Grenzen in bezug auf Symbolik, Sprachregelungen etc., sind

Organisationen, deren Ziel weniger die Bewahrung und Weitergabe von Kenntnissen ist, sondern der geheime Aufbau eines Netzwerkes von Personen mit gleichen Zielen. Bei diesen Organisationen wird in der Regel die Mitgliedschaft, meist auch die Existenz der Organisation möglichst geheim gehalten. Die Bandbreite reicht von relativ harmlosen, kleineren Organisation zum Knüpfen wirtschaftlicher Bande (ähnlich der Funktion mancher Golfclubs) über Organisationen, die gezielt Einfluß auf Politik und Wirtschaft zu nehmen versuchen (z. B. den *Skull and Bones*) bis hin zu kriminellen Organisationen wie der *Propaganda Due*. An diesem Ende der Skala ist dann wiederum der Übergang zur terroristischen Gruppierung fließend.

Bekanntere ›Geheimbünde‹ aus Vergangenheit und Gegenwart sind beispielsweise der *Ordo Templi Orientis* (OTO) und der *Golden Dawn*.

Betrachtet man den OTO und den *Golden Dawn* mitsamt seinen Splittergruppen, so ist der Übergang zwischen Religionen, Sekten und neuen Religionen eher fließend als klar abzugrenzen. So sahen sich die ersten Anhänger des Rosenkreuzertums sicher noch als gute Christen. Der sich auf die Rosenkreuzerei berufende *Golden Dawn* gab sich bereits sehr viel sektiererischer. Die davon abgespaltene *Ordo Templi Orientis* begründete bereits eine eigene Religion (Thelema), die allerdings nur marginale Bedeutung erlangte. In einem absolut marginalen Bezug zum OTO wiederum ist *Scientology* zu sehen, das zumindest in den USA den Status einer nicht mehr ganz unbedeutenden, vom Christentum losgelösten, Religion erlangt hat.«*

E. Die Entwicklung der Schicksalsfäden

Unsere beiden Schicksalslinien beginnen ab etwa 1350 einen Anstieg, der über 150 Jahre bis ca. 1500 andauert und zu den absoluten realen Höchstpreisen von 2400 Dollar für die Unze Gold und 806 Dollar für die Unze Silber führt. Wie ist dieser einzigartige, langanhaltende Anstieg der Kaufkraft von Gold und Silber zu erklären?

Erinnern wir uns zunächst noch einmal: Dieser Anstieg bedeutet ja Deflation, also ständig fallende Preise in Gold und Silber mit, in diesem Falle, einer Rate von fast fünf Prozent p. a. Man bekam gleichsam jedes Jahr mehr Kuh für eine Unze Gold oder Silber. Der Grund dafür ist wohl in dem phänomenalen Aufstieg der italienischen Stadtstaaten, insbesondere

* Artikel »Geheimbund« in: *Wikipedia, Die freie Enzyklopädie*. Bearbeitungsstand: 17. April 2006, 04:58 UTC. URL: http://de.wikipedia.org/w/index.php?title=Geheimbund&oldid=15740015.

Venedigs, zu suchen, gepaart mit einer ganz merkwürdigen gleichzeitigen Kreditfeindlichkeit der Hansestädte im Norden. Venedig könnte heute als Modell für eine moderne Gesellschaft dienen, mit einem Geldsystem, das auf Gold und Silber aufgebaut ist. Alle notwendigen Instrumente waren damals schon entwickelt. Es lohnt sich daher, den Aufstieg Venedigs in der Zeit von etwa 800 bis 1500 genauer zu betrachten, zumal damals auch der Grundstein für die wirtschaftliche Wiederbelebung Westeuropas gelegt wurde.

Die Abstammung der Venezianer ist nach wie vor ungeklärt, jedenfalls wurde Venedig 697 eine Republik mit einer Verfassung, die 500 Jahre gelten sollte. Eigentlich die erste liberale kapitalistische Gesellschaft. Das Inferno der Völkerwanderung hob die Unterschiede innerhalb der venezianischen Gesellschaft auf: Jeder mußte von vorne anfangen. Deshalb gründete sich die Aristokratie mehr auf die Fähigkeiten des einzelnen als auf Vererbung. Diese Aristokratie gab sich eine demokratische Form und handelte nach dem Grundsatz der Zusammenarbeit zum Wohle der Republik. Die Grundeinheit des Handels bildeten staatlich regulierte Familienpartnerschaften. Später, als sich Kapital ansammelte, verbreitete sich in Venedig eine von den Moslems entlehnte Partnerschaftsform, bei welcher der aktive Teilhaber zur See fuhr und der passive Teilhaber zu Hause blieb (die sogenannte colleganza). Während die Gewinne geteilt wurden, waren die Verluste von dem passiven Teilhaber alleine zu tragen.

Im frühen 8. Jahrhundert setzte sich Venedig über das byzantinische Verbot hinweg und begann, mit den Moslems Handel zu treiben. Die Gewinne aus diesen Geschäften waren immens: pro Lieferung mehrere 100 Prozent. Venedig sicherte sich seinen Anteil am niedrigen Gold-Silber-Wertverhältnis in Indien durch den Handel mit den Moslems in Alexandria. Mit diesem Handel begann auch die Kapitalansammlung Venedigs.

Zwei Kräfte bewirkten, daß Venedig aufgebaut und der Grundstein für die Wiederbelebung Europas gelegt wurden. Die erste Kraft war der Kanal in Alexandria, der den Warentransport zwischen Ost und West wesentlich sicherer und einfacher machte. Die zweite Kraft war das östliche Wertverhältnis von 7:1 für Gold zu Silber.

Die Bedeutung dieses zusätzlichen Auftriebs sollte nicht unterschätzt werden, denn derjenige Staat, der den Handel mit den unterschiedlichen Wertverhältnissen beherrschte, beherrschte in der Regel auch den Westen. Die Kraft, die jahrhundertelang Europas Silberwährungen belastete, brachte nun Venedig direkt Vorteile. Aus dem Osten wurden Gewürze, vor allem Pfeffer, Seidenstoffe, Goldgewebe, Parfüme, Arzneimittel und Gold nach Europa eingeführt. Die Venezianer verkauften diese Waren im Inland in

Pavia, das zu Südeuropas Haupthandelszentrum wurde. Im Gegenzug exportierte Venedig Sklaven, Holz, Eisen und Silber.

Das Heer des ersten Kreuzzuges wurde im Jahre 1095 aufgestellt, um von Konstantinopel aus Jerusalem von den Moslems zurückzuerobern. Venedig hielt sich zunächst aus diesem Kriegszug heraus und bemühte sich weiterhin um gute Beziehungen zu seinen Handelspartnern in Alexandria. Vom Erfolg des Kreuzzuges überrascht, entschied sich Venedig aber später doch noch zur Teilnahme, weil es sich von einem siegreichen Ausgang die Gründung eines Landweges nach Osten erhoffte, der den alten Weg durch den ägyptischen Kanal hinfällig machen würde.

Als die Venezianer 1202 erfuhren, daß Byzanz mit Genua verhandelte, um Venedig als Haupthandelspartner zu ersetzen, schlossen sie sich dem Vorhaben an, den vierten Kreuzzug in einen Angriff auf Konstantinopel umzulenken. Für diesen Angriff war die venezianische Flotte unentbehrlich. Als Bezahlung erhielt Venedig 85 000 Silbermark im voraus sowie zusätzlich die Hälfte der Beute und die Hälfte der eroberten Gebiete. Der geheime Osthandel, der wertvoller war als alles andere, wurde jedoch mit keinem Wort erwähnt. Venedigs Anteil an der Beute betrug 900 000 Silbermark (eine Mark = acht Unzen) und umfangreiche neue Territorien.

Byzanz wurde im Jahr 1204 unter die Siegermächte aufgeteilt. Alsbald prägte der blinde Doge Enrico Dandolo, der im Alter von 90 Jahren den Angriff angeführt hatte, mit dem venezianischen Beuteanteil den Silbergrosso. Er hatte einen Silbergehalt von 2,141 Gramm und einen Feingehalt von 96,5 Prozent und wurde bald die gängigste aller größeren Silbermünzen in Europa.

Um der Abnutzung der bereits umlaufenden Denare Rechnung zu tragen, prägte Venedig den Grosso mit einem Gewicht, das zwei Prozent unter dem Vergleichswert des Denars lag. Das sollte den parallelen Umlauf der Münzen sicherstellen. Daher lag das Verhältnis zwischen tatsächlichem und gesetzlichem Silbergehalt beim Grosso nicht höher als beim Denar.

Diese Maßnahme verdeutlicht zwei wesentliche Punkte: Zum einen war dies eine sehr ausgeklügelte Methode, um einer der Gefahren zu begegnen, denen Edelmetallwährungen ausgesetzt waren: der Auslese oder Hortung von Münzen mit höherem Edelmetallgehalt gegenüber gesetzlich gleichrangigen, aber leichteren Münzen. Es war also ein Mittel zur Bekämpfung genau desjenigen Phänomens, das erst 300 Jahre später als Gresham'sches Gesetz beschrieben wurde. Es zeigt sich hier, daß Venedig klug genug war, kein festes Wertverhältnis zwischen Gold und Silber festzulegen.

Byzanz war mächtig genug, um viele Jahrhunderte lang ein offizielles Silber-Gold-Wertverhältnis von 12:1 beizubehalten. Als das Reich zerfiel, machten sich jedoch bald erste Schwankungen im Wertverhältnis bemerkbar. Zwischen 1250 und 1360 stieg das Wertverhältnis in Venedig von 8,5:1 auf 14,2:1 und fiel danach wieder auf 9,6:1. Venedig versuchte nur selten, ein einmal festgelegtes Wertverhältnis durch das Gesetz aufrechtzuerhalten. Seine Händlermentalität bewahrte es davor, in diese Falle zu gehen. Das Wertverhältnis blieb daher in Venedig meist flexibel, und Kaufleute durften daraus Gewinne erzielen.

Florenz versuchte im Jahre 1279, ein gesetzliches Wertverhältnis von 10:1 einzuführen. Dieser Schritt stellte sich als Fehler heraus, denn er hatte zur Folge, daß zunächst der Marktwert von Gold sank. Dies wiederum bedeutete, daß der Silberflorin eingeschmolzen und mit Gewinn verkauft werden konnte, da der Marktwert von Barrensilber über dem offiziellen Wert des Silbermünzgelds lag. Daraufhin stieg der Goldwert wieder an, was dazu führte, daß nun Goldmünzen dem Schmelztiegel zum Opfer fielen, weil der Marktwert von Gold höher als der Wert von Goldmünzen war. Danach fiel der Goldwert wieder ab und so weiter. Florenz schuf daher das feste Wertverhältnis schnell wieder ab und etablierte an seiner Stelle zwei getrennte Währungen – eine aus Gold, eine aus Silber – mit einem schwankenden Wertverhältnis zueinander. Dieses System, der Bimetallismus ohne festes Wertverhältnis, ist mit weitem Abstand das sinnvollste Geldsystem, wie wir später noch sehen werden, und sogar einem Goldstandard überlegen.

1284 prägte Venedig unter dem Dogen Giovanni Dandolo seine erste Goldmünze, den Dukaten. Er wog 56 Gran und sollte die Tradition des Solidus fortführen. Anfangs wiederholte Venedig den Fehler von Florenz, indem es versuchte, ein festes gesetzliches Wertverhältnis von 10,7:1 (ein Golddukat zu 450 Silbersoldi) einzuführen, kam aber von diesem Vorhaben 1296 gezwungenermaßen wieder ab.

Ab der Mitte des 14. Jahrhunderts sank allgemein der Goldwert im Verhältnis zum Silber. Die Ursache hierfür war die Wiederaufnahme der seit den Kreuzzügen unterbrochenen venezianisch-ägyptischen Handelsbeziehungen im Jahre 1345. Dies stand vermutlich in Zusammenhang mit der Unterdrückung der Templer im Jahre 1307 und dem Zusammenbruch der umfassenden, während der Kreuzzüge aufgebauten Handelsbeziehungen zwischen dem Templer-Orden und der Levante.

Einmal mehr konnte Venedig seine Machtposition in Europa behaupten, weil es in der Lage war, sich zum östlichen Gold-Silber-Wertverhältnis und zum Gewürzhandel einen gewinnträchtigen Zugang zu verschaffen. Hatte der frühere Handel den Zufluß von Gold nach Europa im Austausch gegen Sklaven und Rohstoffe sichergestellt, so beabsichtigte Venedig nun in erster Linie den Abfluß von Silber nach Osten im Austausch gegen Gold und Gewürze. Venedig tat also genau das, was das Römisch-Byzantinische Reich jahrhundertelang vorgemacht hatte: Es zerstörte das europäische Silbergeldsystem, indem es Silber nach Indien exportierte

Venedig führte riesige Silbermengen nach Asien aus: 13 200 000 Silbergrossi jährlich, also etwa 28 Tonnen. Europas Silbergeldbestand war bald erschöpft. Am Ende des 14. Jahrhunderts hatte die Silberknappheit ein bedrohliches Ausmaß erreicht. Die monetäre Krise eskalierte in der Mitte des 15. Jahrhunderts, was man sehr schön an den Schicksalsfäden ablesen kann. Die meisten Münzstätten in Europa, bis auf die Londoner Münzstätte im Norden, waren geschlossen. Allmählich wurden wieder einige neue Münzstätten eröffnet, was zur Entschärfung der Krise beitrug. Ab 1503 verlor Venedig dann seine Vormachtstellung im Osthandel. In diesem Jahr wurde mit der Heimkehr der ersten portugiesischen Schiffsladungen die Kap-Route nach Indien eröffnet. Dies war das Ende der venezianischen Herrschaft über den Ost-West-Handel und über den Mechanismus der Wertverhältnisse. In den Anfangsjahren importierte die portugiesische Flotte jährlich 2,3 Millionen Pfund Gewürze, hauptsächlich Pfeffer. Diese Waren wurden aus dem Handel, den Venedig mit Alexandria unterhielt, abgezweigt, und dieser ging infolgedessen zunächst um 75 Prozent zurück.

Das Jahr 1500 steht außerdem auch für das Ende des hundertjährigen Kampfes gegen den Bankkredit, der in Nordeuropa von der Hanse und den Herzögen von Burgund geführt wurde. Dieser Kampf hatte in Nordeuropa zu zahlreichen Bankenschließungen geführt, deren Auswirkungen auch in Venedig deutlich zu spüren waren.

Der große 150jährige Krieg gegen Kredit

Seit Ende des 14. Jahrhunderts gab es eine schwere Auseinandersetzung zwischen der Hanse, die zusammen mit dem Haus Burgund ein Handelssystem auf der Grundlage von Bargeld favorisierte, und den Italienern, Süddeutschen, Engländern und anderen, die für die Kreditvergabe im Handel eintraten. Die Kampagne gegen den Kredit wurde damit begründet, daß Kredite Preisinstabilität schaffen und die Geschäfte stören würden.

Der 150 Jahre dauernde Krieg gegen die Kredite mit dem Zentrum in Brügge war im Jahre 1389 vom Hause Burgund ausgelöst worden: Als Reaktion auf eine durch Kreditausweitung verursachte inflationäre Periode schlug Burgund eine harte Geldpolitik ein, die eine schwere Deflation zur Folge hatte.

Nutznießer der Deflation waren der Landadel, der Klerus und die Verpächter. Pachtzinsen, die in ihrer Höhe gleichgeblieben waren, wurden nun in höherwertigem Geld bezahlt. Im Dezember 1390 wurde deshalb der Stadtkämmerer von Brügge von einer aufgebrachten Volksmenge fast gelyncht, woraufhin die Pachtzinsen umgehend durch ein Gesetz herabgesetzt wurden. Zehn Jahre später kam in Brügge eine weitere Deflation auf. Die Stadt verfügte damals, daß nach dem 2. Oktober 1399 alle Wechsel in Münzen und nicht durch Gutschriften auf Bankkonten bezahlt werden mußten. Dies schränkte die Geldschöpfungsmacht der Banken erheblich ein.

Eine weitere Verordnung sah vor, daß alle Devisenwechsel in Gold bezahlt werden mußten: Silber wurde innerhalb eines Jahres in drei Stufen aus dem Verkehr gezogen. Durch die Demonetisierung des Silbers verschwand ein Großteil der Geldmenge, was wiederum deflationäre Auswirkungen hatte. Die Verordnung erwies sich schnell als nicht umsetzbar, mußte abgeändert werden und wurde wenig später im September 1401 aufgehoben.

Erst jetzt beteiligte sich auch die Hanse an der Auseinandersetzung. Sie forderte und erreichte die Abschaffung der Kredittransaktionen. Lübeck verbot drei Jahre lang alle mit Ausländern getätigten Kreditkäufe und -verkäufe in Flandern. 1411 mußte bei allen importierten Waren mit einem Begleitschein nachgewiesen werden, daß sie in Flandern gegen Bargeld gekauft wurden.

1433 unterdrückte die Stadt Brügge alle in- und ausländischen Bankiers. Ihnen wurden alle möglichen Verstöße gegen das Allgemeinwohl vorgeworfen. Sie wurden beschuldigt, die Währungen durch Auslese zu verknappen, Barren an ausländische Münzstätten zu versenden und die unterwertigen Währungen aus diesen Stätten in Brügge in Umlauf zu bringen. Daß die Banken einen beträchtlichen Teil der gesamten Geldbestände in ihrem Säckel angehäuft hatten, erleichterte ihnen zweifellos die Geldverknappung durch Auslese. Für die Bankiers hatte diese Politik schlimme Folgen. 1468 verkauften die Medici ihre Brügger Niederlassung an ihre lokalen Geschäftspartner. 1488 wurde das Unternehmen ganz aufgelöst.

Der permanente Geldabfluß aus Europa durch die Silberexporte, gepaart mit der Einschränkung des Kreditvolumens, führte zu der langanhaltenden Deflation und einem permanenten Preisverfall mit einem entsprechenden Anstieg der Kaufkraft von Gold und Silber.

Ab etwa 1500 drehte sich die Situation völlig um. Die wirtschaftliche Vorherrschaft verlagerte sich vom Mittelmeerraum auf die Nordseeregion, und der Aufstieg des Kapitalismus in Nordeuropa begann mit einem langen Anstieg der Güterpreise (Preisrevolution) und einem Verfall der Kaufkraft von Gold und Silber durch die immensen Edelmetallimporte aus Amerika.

F. Die große Wende um 1500 und einige Überlegungen zur Kaufkraft von Gold und Silber

Die Templer hatten dank ihrer finanziellen Innovationen und des Handels mit dem Gold-Silber-Wertverhältnis die wirtschaftlichen Angelegenheiten Europas im 12. und 13. Jahrhundert dominiert. Das 16., 17. und 18. Jahrhundert sollte unter dem Einfluß zweier navigatorischer Bravourstücke des portugiesischen Christus-Ordens stehen.

Sowohl Portugals Herrscher Prinz Heinrich der Seefahrer (1393–1460) als auch Kolumbus gehörten zu diesem Orden, der die Kunst der Navigation und der Kartographie weiterentwickelte. Kolumbus' Entdeckung Amerikas im Jahr 1492 und Vasco da Gamas Entdeckung des Seeweges nach Indien um das Kap der Guten Hoffnung herum im Jahr 1498 waren von großer geopolitischer Bedeutung. Beide Entdeckungen waren das Resultat von Versuchen, an dem schon erwähnten Gold-Silber-Handel mit dem Osten teilzunehmen und sich im Gewürzhandel eine gute Position zu erkämpfen. Durch diese Entdeckungen wurde der Handel mit dem Osten nicht mehr vom Mittelmeerraum, sondern von West- und Nordwesteuropa aus kontrolliert, und das Zentrum europäischer Macht verschob sich nach und nach in den Nordseeraum. Die Öffnung der Kap-Route gab Portugal die Kontrolle sowohl über den Gold-Silber-Handel als auch über den Gewürzhandel und machte das Land über mehrere Jahrzehnte zu einer europäischen Großmacht.

Die riesigen Mengen Gold und Silber, die in den beiden Amerikas während der Reisen Kolumbus' geraubt wurden, stellten die europäischen Vorkommen weit in den Schatten. Der plötzliche Überfluß an diesen Metallen hatte tiefgreifende Auswirkungen auf Europas Geldsystem. Eine »Renaissance des Nordens« war das Resultat.

Es war also nicht die Erfindung des Falschgeldes (fiat money) der Motor dieser Renaissance, wie zuweilen behauptet wird, sondern die plötzliche Geldvermehrung in Form von Gold und Silber. Falschgeld kann zwar auch solche Wunder bewirken, aber bei Falschgeld folgt notwendigerweise immer der Katzenjammer in Form eines völligen Zusammenbruchs des Vertrauens und der Vernichtung von Ersparnissen. Der Zustrom von Edelmetallen aus Amerika bewirkte zwar über 100 Jahre eine für damalige Zeiten immense Preissteigerung von fast zwei Prozent p. a. in Europa, d. h. die Kaufkraft von Gold ging von 2400 auf ca. 450 und die von Silber von 800 auf 200 zurück. Mit anderen Worten, Gold verlor etwa 80 Prozent seiner Kaufkraft und Silber ca. 75 Prozent über 100 Jahre. Man bekam also immer weniger Kuh pro Unze. Das war für damalige Verhältnisse eine gewaltige Geldentwertung, weshalb man die Zeit von 1460 bis

1650 auch als Zeit der Preisrevolutionen in Europa bezeichnet. Die Preissteigerungen über die 100 Jahre betrugen bei einzelnen Waren, wie Mais, Weizen, Öl, Kerzen, Wein, Hering etc., in England und Frankreich bis zu 400 Prozent. Allerdings wurde dieser Preisanstieg niemals als Schock empfunden, da es sich nicht um plötzliche Preissprünge handelte, sondern der Preisanstieg gleichmäßig über die ganze Periode verteilt war.

Wenn man bedenkt, daß die D-Mark in den 50 Jahren ihres Bestehens etwa 80 Prozent ihres Wertes verloren hat und der Euro in fünf Jahren bereits ca. 50 Prozent, ist Preisrevolution vielleicht das falsche Wort. Entscheidend ist, daß nach der dramatischen Geldentwertung nicht, wie bei Papiergeld üblich, der völlige Zusammenbruch des Geldsystems folgte, mit einer Währungsreform und der Vernichtung aller Geldersparnisse, sondern daß sich die Kaufkraft von Gold und Silber auf dem neuen, tieferen Niveau stabilisierte und anschließend über etwa 300 Jahre konstant blieb. Zumindest trifft das auf Gold zu. Bei Silber währte die Stabilität nur 200 Jahre. Dann begann das Silberkomplott, mit dem die Kaufkraft des Silbers völlig zerstört wurde.

An der langfristigen Stabilität der durchschnittlichen Kaufkraft des Goldes (goldene Konstante) zeigt sich aber auch, daß die Weltwirtschaft im Grunde mit jeder beliebigen Geldmenge abgewickelt werden kann. Die Geldmenge darf sich nur nicht abrupt verändern. Sie sollte entweder konstant bleiben oder sich über die Jahre nur in sehr geringem Maße verändern, wie das bei der Goldproduktion normalerweise der Fall ist. Erst wenn die Geldmenge ständig massiv verändert wird, bekommen wir diese wilden Ausschläge, wie sie nach 1900 erkennbar sind. Nach der plötzlichen Erhöhung der Geldmenge durch die Edelmetalleinfuhren nach 1500 hat sich die Wirtschaft über die Preise an die neue Geldmenge angepaßt und sich dann auf dem neuen Preisniveau über sehr lange Zeit stabilisiert, weil die Menge an Gold und Silber, also die Geldmenge, nur noch sehr mäßig mit etwa zwei bis drei Prozent p. a. wuchs, also etwa der Produktion der Bergwerke und auch der übrigen Produktion. Gold würde normalerweise seinen alten realen Höchstkurs von 2400 Dollar nie wieder erreichen, weil Gold nie wieder so knapp wird, im Verhältnis zu allen anderen Gütern, wie um 1500. Die Welt hat mit 150 000 Tonnen reichlich Gold zur Verfügung, um den Welthandel damit abzuwickeln, und es müßte im Prinzip auch kein Gramm mehr hinzukommen. Wahrscheinlich würde sich in unserem Chart ein Mittelwert von ca. 400 Kuh als goldene Konstante einstellen, wenn wir wieder zu einer Goldwährung zurückkehren.

Wenn Gold gleichwohl wieder einen Preis von 2400 Dollar erreichen wird, ja ihn wahrscheinlich deutlich übersteigen wird, heißt das nur, daß der Dollar immer wertloser wird. Man bekommt dann nach wie vor 400 Kuh für eine Unze Gold, aber man muß zehn Millionen Dollar für 400 Kuh hergeben.

An unserem Goldchart auf Seite 16 ist übrigens noch ein weiteres interessantes Phänomen zu beobachten. Bis 1971 – also der Aufhebung der Golddeckung durch Nixon – war Gold der Maßstab, das eigentliche Geld. Der Chart zeigt bis dahin, was eine Unze Gold im Verhältnis zu anderen Waren wert war. Wenn also die Kurve vor 1971 steigt, heißt das, die Preise aller anderen Güter in Gold fallen, und wenn die Kurve fällt, heißt das, die Preise aller anderen Güter in Gold steigen, ich muß also immer mehr Gold pro Kuh hinlegen.

Ab 1971 dreht sich aber dieser Zusammenhang genau um, weil nun nicht mehr Gold der Maßstab, also Geld, ist, sondern der Dollar. Ist Gold also nun ein Schutz gegen Inflation oder gegen Deflation oder gar beides? Früher war es der ideale Schutz gegen Deflation. Gold war Geld, und Geld wird in der Deflation (bei fallenden Preisen) immer wertvoller. Gegen starke Inflation war es ein weniger guter Schutz, wie wir an den tiefen Zacken zur Zeit der französischen Revolution und der Hyperinflation 1923 sehr schön ablesen können. Ab 1971 ist Gold aber offiziell kein Geld mehr, sondern nur noch Rohstoff.

Wenn also die Kurve ab 1971 stark steigt, heißt das, das Gold steigt gemeinsam mit allen anderen Güterpreisen, weil der Dollar immer wertloser wird. Die Menge an Kuh ändert sich möglicherweise gar nicht. Die Kaufkraft von Gold bleibt konstant, die Kaufkraft des Dollar sinkt.

Wenn die Kurve nach 1980 wieder stark fällt, heißt das, die Kaufkraft des Dollar steigt gegen Gold wie gegen andere Güter. Ich muß für Gold wie für andere Güter und Rohstoffe immer weniger Dollar bezahlen. War also früher Gold ein Schutz gegen Deflation, so ist es heute ein Schutz gegen Inflation. Wenn dagegen alle Güterpreise in Dollar fallen, hält man besser Dollar statt Gold.

Aber wie realistisch ist die Vorstellung, daß der Dollar immer wertvoller wird, weil alle Güter- und Rohstoffpreise in Dollar sinken? Es gibt durchaus seriöse Analysten, die einen Goldpreis von 44 Dollar und einen Silberpreis unter vier Dollar pro Unze prognostizieren. Das Argument behauptet, daß die riesigen Dollar-Schulden in einer Krise fällig gestellt werden und alle Welt verzweifelt versuchen müsse, sich Dollar zu beschaffen, indem alles gegen Dollar verkauft wird, von Aktien und Immobilien bis hin zu Gold und Silber.

Was ist schief an diesem Argument? 1933 war der Dollar offiziell noch an Gold gebunden. Man konnte weder beliebige Mengen Gold noch beliebige Mengen Dollar erzeugen, anders als heute. Diese Goldfessel hat man gewiß nicht abgeschafft, um sich ihr jetzt wieder zu unterwerfen. Die obersten Währungshüter, z. B. in Gestalt von Ben Bernanke, dem neuen Chef der FED (*Federal Reserve Bank*), haben denn auch unmißverständlich klargemacht, daß sie beliebige Mengen Dollar erzeugen werden, um einen Schuldenkollaps zu vermeiden. Damit würde der Dollar immer wertloser und nicht wertvoller. Gold ist heute also in der Tat ein Schutz gegen beide Entwicklungen. Ob die Schulden nun einfach gestrichen werden (Bankrott) oder in entwertetem Geld zurückgezahlt werden (Hyperinflation), mit Gold und Silber können Sie, anders als mit Dollar, Kaufkraft aufbewahren, Wert über diese Zeit transportieren.

Schauen wir uns noch einmal an, welche Mengen an Edelmetall etwa ab 1500 nach Europa flossen. Stephen Zarlenga gibt in seinem Buch eine Schätzung an von 1230 Tonnen Gold und 60 440 Tonnen Silber, die von den Spaniern zwischen 1493 und 1690 mit Mord und Totschlag und mit dem Segen von Kirche und Obrigkeit geraubt wurden. Allerdings hat nur ein Teil davon Spanien erreicht, weil die anderen Räuberregierungen, wie England und Holland, einfach die spanischen Schiffe ausgeraubt haben. Die englische Regierung verkaufte offiziell Kaperbriefe an Piraten. Das ist etwa so, als wenn Sie eine Lizenz verkaufen, Ihren Nachbarn zu erschlagen und zu berauben. Der moralische Standard von Kirche und Obrigkeit war nie sehr hoch, weshalb man diesen Institutionen auch nicht die Hoheit über Geld anvertrauen kann.

Den Spaniern ist allerdings der Edelmetallsegen nicht gut bekommen. Während der Zufluß von Gold und Silber im nördlichen Europa Handel und Industrie stimulierten und sich das wirtschaftliche Machtzentrum von den italienischen Stadtstaaten am Mittelmeer zu den Städten an der Nordsee verschob, war die Wirkung in Spanien eher negativ. Wie Zarlenga schreibt, beraubte Spanien die beiden Amerikas und bereicherte seine Edelleute, Europa beraubte die Spanier und bereicherte vor allem das Volk. Spanien stürzte sich mit diesem Gold und Silber in Kriege und Eroberungen, statt Handel und Industrie zu entwickeln. Gewisse Parallelen zu den USA und Asien heute sind nicht von der Hand zu weisen. Die USA verschicken riesige Dollar-Mengen in alle Welt, um Kriege und den eigenen Konsum zu finanzieren, während China, Indien etc. das Geld nutzen, um Handel und Industrie aufzubauen. Während aber das Dollar-System notwendigerweise inflationär explodieren muß, schon allein, weil es ausschließlich auf Verschuldung aufgebaut ist und damit der Zinseszinseffekt wirksam wird, stabilisierte sich das Gold- und Silbersystem ab 1650 einfach auf einem neuen Niveau. Immerhin hatte sich die Geldmenge in Form von Edelmetallen in Europa nach William Jacobs von etwa 35 Millionen englischen Pfund im Jahre 1492 auf ca. 87 Millionen Pfund im Jahre 1599 mehr als verdoppelt und mit 287 Millionen Pfund in den nächsten 100 Jahren bis 1699 sogar nochmals mehr als verdreifacht. (Alle Zahlen nach Zarlenga, S. 147 ff.)

Aber warum sind die Preise und die Geldmenge nicht einfach immer schneller, immer weiter gestiegen, wie das bei modernen Geldsystemen der Fall ist? Nun, Gold und Silber sind keine Schuld, sind kein Schuldgeld. Sie tragen nicht den eingebauten Explosionsvirus der Zinseszinsen in sich. Trotz einer plötzlich stark steigenden Geldmenge kann sich ein Geldsystem, das auf Gold und Silber aufgebaut ist, auf einem neu gefundenen Preisniveau langfristig stabilisieren, wie die beiden Charts auf Seite 16 und 17 eindrucksvoll belegen.

Es trugen allerdings noch ein paar andere Faktoren zu der erstaunlichen Preisstabilität über die fast 200 Jahre von 1600 bis 1800 bei. Das unterschiedliche Preisverhältnis zwischen Europa und Asien bestand nach wie vor, und man schätzt, daß etwa die Hälfte von allem Gold und Silber, das zwischen 1492 und 1724 nach Europa gelangte, über den Handel nach Indien und China weitergeflossen ist. Hinzu kam, daß sowohl die Bevölkerung als auch die allgemeine Güterproduktion in dieser Zeit stark gewachsen sind, wodurch die steigende Geldmenge quasi absorbiert wurde. Daneben bildeten sich neue Wirtschaftszentren in Europa, die das gesammelte Geldwissen ihrer Vorgänger aufnahmen und weiterentwickelten.

Nachdem die Ptolemäer, Rom, Konstantinopel, Venedig und die Tempelritter von dem Geheimnis des Gold-/Silber-Wertverhältnisses profitiert und neue Geldtechniken, insbesondere Kredittechniken, entwickelt hatten, übernahmen nun die Portugiesen, Brügge, Antwerpen, Amsterdam und schließlich London diese Techniken. Als besonderer Träger dieses Wissens fungierten dabei die Juden, die als Geldwechsler, Pfandleiher, aber auch wegen Wucher und dubioser Techniken häufig unbeliebt waren und immer wieder aus einzelnen Ländern ausgewiesen wurden, wie beispielsweise aus Venedig, Spanien oder Portugal. Meist blühten in den Städten, in die sie dann zogen, wie Brügge, Antwerpen, Amsterdam und später London, Handel und Wandel auf, und es entstanden Börsen, Banken und Handelsbeziehungen. Eine besondere Rolle, auch im Zusammenhang mit unserem Komplott, spielt dabei die *Bank of England*, der wir uns jetzt zuwenden wollen.

G. Die Bank von England wird ausgeheckt

Am Beispiel Englands lassen sich die unterschiedlichen Interessen, die bei der Ausübung der Geldmacht aufeinander stoßen, sehr schön exemplarisch zeigen. Die englischen Könige wollten keine Konkurrenz beim Geldbetrug dulden. Das Münzrecht war nicht auf zahlreiche Edelleute oder Kirchenfürsten verteilt, sondern fest in der Hand des Königs. Das Münzgeld wurde etwa alle sechs Jahre neu geprägt. Alle Münzen wurden eingezogen, und für vier dieser Pfennige wurden drei neue ausgegeben, was einer Steuer von 25 Prozent alle sechs Jahre bedeutete, also ca. vier Prozent pro Jahr. Einige religiöse Würdenträger, die versuchten, durch Abzwacken an den Münzrändern auch so eine Art Besteuerung durchzuführen, wurden wegen Geldfälschens angeklagt.

Nachdem es dem Unterhaus gelungen war, jegliche Besteuerung von der Zustimmung des Parlamentes abhängig zu machen, versuchten ab 1346 die Parlamentarier immer wieder, selbst die Kontrolle über das Geldwesen zu erlangen in der Erkenntnis, daß, wer das Geldwesen kontrolliert, auch das Land kontrolliert.

Im Jahre 1600 kam es vor dem höchsten Gericht zu einer Art »showdown« um die Frage, wer die Macht über das Geld haben soll: die Regierung oder das Volk. Diese Frage ist bis heute nicht entschieden. Die große Mehrheit würde heute wohl sagen, die Regierung müsse die Macht über das Geld ausüben. Das andere Lager, das die Macht über das Geld in die Hände des Volkes, also des Marktes, legen will, ist gerade dabei, sich erst einmal wieder neu zu organisieren, und dieses Buch soll auch ein Baustein dafür sein. In der Zwischenzeit liegt die Macht über das Geld weder beim Volk noch bei der Regierung. Wie es dazu kam, werden wir gleich sehen.

Zunächst erst einmal ist das Gerichtsurteil im sogenannten »Mixt Moneys of Ireland Case« so bedeutend, daß es heute noch in Urteilsbegründungen zitiert wird. Wie in einem Brennglas zeigt sich darin die etatistische Auffassung vom Geld, die unter den Begriffen *Chartalismus* oder auch *Machttheorie des Geldes* oder später von Knapp in seinem Buch *Staatliche Theorie des Geldes* vorgetragen wird.

Der Fall ist schnell erzählt: Elisabeth I. führte im Mai 1600 aus unedlem Metall hergestelltes Münzgeld als offizielles Zahlungsmittel in Irland ein. Als ein Ire dann die 100 Pfund Sterling, die er einem Londoner Kaufmann schuldete, mit dem neuen Münzgeld begleichen wollte, verklagte ihn dieser auf Rückzahlung in Gold- und Silbermünzen. Der Fall wurde auf höchster Ebene entschieden – na, raten Sie mal, zu wessen Gunsten –, natürlich zugunsten des Iren, und in der Begründung wurde das Recht des Staates festgeschrieben, seine Bürger mit Geld zu betrügen. Um diese simple Frage geht es auch heute noch. Die wichtigsten Sätze aus diesem Urteil lauten wie folgt:

»Bei Geld handelt es sich um einen staatlichen Wertmaßstab, und jeder Staat entwickelt sein eigenes Geldwesen.« –

»Der Herrscher – oder von ihm autorisierte Personen – haben das Recht, das Geld seines Einflußbereiches zu schaffen, und es ist Verrat, wenn andere das tun … Erklärt der Herrscher, ein Geldstück sei ein Pfennig, Groat oder Shilling, so ist das so.« –

»Der Herrscher hat das Recht, die Geldmenge zu erhöhen oder zu verringern …, den gesetzlichen Wert des Geldes zu erhöhen oder zu verringern, bestimmte Münzen für ungültig zu erklären oder sie zu Barren einzuschmelzen – in welcher Form sie als Zahlungsmittel verboten werden können … Diese Macht behält sich der Staat zur eigenen Sicherheit und zum eigenen Wohlergehen vor.« (Zarlenga, S. 189)

Gegen diese Entscheidung wehrten sich die liberalen Kaufleute, die Goldschmiede und auch die mächtige Ostindische Gesellschaft, und es gelang im Jahre 1666, den sogenannten »Free Coinage Act« zu verabschieden. Das bedeutete, daß jedermann das Recht hatte, Silber oder Gold zu Münzen prägen zu lassen. Jeder konnte selbst Geld prägen lassen, und der Markt entschied, was man für eine solche Münze bekam, was eine solche Münze wert war. Auch das Verhältnis von Gold und Silber war nicht obrigkeitlich festgelegt, sondern wurde im Markt bestimmt. Neben dem König, der Kirche, den Kaufleuten und Goldschmieden gab es noch zwei andere Gruppen, die an der Geldmacht in England interessiert waren: die Holländer und die Juden. Zarlenga erzählt in seinem Buch eine spannende Geschichte, die ich hier einfügen will:

»Das sogenannte Clipping wurde im 13. Jahrhundert auch in England zu einem ernsten Problem. Die Clipper gingen schrittweise vor und zwackten zunächst Stücke vom Münzrand ab, die zwischen fünf und zehn Prozent der Münze ausmachten. Da große Mengen von Münzen durch die Hände der Geldverleiher gingen, waren letztendlich sämtliche Münzen um zehn Prozent leichter. Dann wurde von den ohnehin schon im Wert verringerten Münzen nochmals zehn Prozent entfernt usw. Immer wieder verlor Englands Münzgeld durch Beschneiden 50 Prozent seines Wertes.

Am 17. November 1279 wurde eine große Anzahl Juden in ganz England verhaftet. Bei Hausdurchsuchungen fand man große Mengen an Silber, das von Münzen abgezwackt worden war. Nach Roth wurden 680 Juden eingesperrt, 273 von ihnen gehängt – zusammen mit drei christlichen Goldschmieden. Das Problem blieb jedoch bestehen, und im Juli 1290 ließ Eduard alle 16511 Juden aus England ausweisen.

Etwa 350 Jahre später, in der Mitte des 17. Jahrhunderts, wurde dann die Aufhebung dieser Verbannung zum Hauptanliegen einiger zusammen agierender jüdischer Gemeinschaften Europas. Ihr führender Kopf in Holland war Rabbi Menasse ben Israel, der von einigen der reichsten jüdischen Händler unterstützt wurde. In einer 1649 eingereichten Petition an den *English Council* boten sie 500 000 Pfund Sterling für die Rücknahme der Gesetze gegen die Juden, für die Zusprechung der *Bodleian Library* in Oxford sowie für die Umwandlung der St.-Pauls-Kathedrale in eine Synagoge. Die Verhandlungen wurden abgebrochen, als die englische Regierung 800 000 Pfund Sterling verlangte.

Menasse hatte eine kurze Abhandlung mit dem Titel *Die Hoffnung Israels* verfaßt, die von der Delegation verwendet werden sollte. Der Titel der Abhandlung ist eine Anspielung auf die Erklärung, die der in Rom gefangene Paulus den vornehmsten der Juden abgibt: ›Es ist zur Hoffnung Israels, daß ich an dieser Kette liege‹ (Apostelgeschichte 28, 20). Diese Abhandlung – eine Kombination aus Drohungen, Schmeicheleien, Beleidigungen und dem Versuch, in den Engländern Schuldgefühle hervorzurufen – muß auf Leser von heute zwangsläufig sonderbar wirken.

Nach einer unterwürfigen Widmung der Abhandlung an das Parlament warnte er davor, daß all jene, die gegen die Juden handelten, von Gott bestraft würden. Als Beispiele führte er das Königspaar Ferdinand und Isabella von Spanien, das römische Pompei und Nebukadnezar von Assyrien an. Menasse sagte, der Messias komme, sobald die Juden auf der ganzen Erde verteilt seien. Weiter behauptete er, einige indianische Stämme in der Neuen Welt seien mit den Juden verwandt und nur England lasse keine Juden zu. Daher, so argumentierte er, sollten die Juden in England wieder zugelassen werden, um das Kommen des Messias zu ermöglichen.

Die zweite Hälfte der Abhandlung wurde von Moses Will, einem Christen, geschrieben, der anhand von Passagen aus der Bibel eine Reihe von Gründen angab, warum die Engländer die Juden lieben sollten.

Oliver Cromwell als ›Messias‹

Gleichzeitig mit der Ankunft von Menasses Delegation traf eine Gruppe ›asiatischer Juden‹ ein. Sie war ›in geheimer Mission unterwegs, um zu untersuchen, ob Oliver Cromwell der Messias sei‹. Offenbar ging diese Gruppe nicht gerade diskret vor, so daß ihre Ermittlungen in London zum Stadtgespräch wurden.

Die Engländer gingen bei ihren Überlegungen bezüglich der Wiederzulassung der Juden sehr vorsichtig vor. So wurden bedeutende Juristen des Landes konsultiert, unter ihnen John Dury, der im deutschen Kassel lebte. Er riet aufgrund seiner Erfahrungen ab. Menasse ben Israels Forderungen seien groß, und der Nutzen, den die Juden aus diesen Privilegien machen würden, sei ihrem Ruf nicht zuträglich. Wenn sie nicht klug in den Schranken gehalten würden, so würden sie in kurzer Zeit zu einem Problem.

Die Petition verursachte im Volk beträchtlichen Groll gegen die Juden, und viele Beiträge gegen ihre Wiederzulassung wurden veröffentlicht. Menasse ben Israels Bemühungen schlugen fehl, und Cromwell wurde wegen der Messias-Farce scharf kritisiert. Den Juden wurde die Wiedereinreise nicht offiziell erlaubt, sie kehrten jedoch, von Cromwell geduldet, ab 1650 in aller Stille zurück.« (Zarlenga, S. 193 ff.)

Daß aber nicht nur die Juden Coin-Clipping betrieben, wird an dem sogenannten Blondeau-Vorfall deutlich, den Zarlenga ebenfalls berichtet:

»Blondeau hatte eine Maschine erfunden, die das Abzwacken vom Münzrand verunmöglichte, da die mit dieser Maschine hergestellten Münzen mit gerändelten Kanten versehen wurden. In Frankreich kam diese neue Methode schnell zum Einsatz. Blondeau kam 1649 nach London, wo er seine Produktionsmethode einem parlamentarischen Ausschuß vorstellte, der positiv darüber berichtete. Der *Council of State* verschob jedoch die Entscheidung während sieben Jahren. In der Zwischenzeit sah sich Blondeau der unerbittlichen Feindseligkeit der Münzer gegenüber. Er veröffentlichte eine Flugschrift, in der er sie beschuldigte, Münzen unterschiedlichen Gewichts herzustellen – manche schwerer, manche leichter –, so daß ihre Kumpane außerhalb der Münzstätte die schwereren Münzen heraussuchen konnten, um dann den Gewinn mit ihnen zu teilen. Seine Gegner antworteten mit dem Versuch, ihn wegen Fälscherei verhaften zu lassen, nachdem er einige Münzen geprägt hatte, die sein Können demonstrieren sollten. Im Jahr 1656 bereitete Thomas Symon einige Prägestempel mit dem Kopf Cromwells vor. Blondeau wurde schließlich erlaubt, diese Münzen in der Münzstätte zu prägen. Wahrscheinlich aus politischen Gründen entschied sich Cromwell jedoch gegen die Ausgabe der Münzen, und Blondeau kehrte danach, offenbar angewidert von der Affäre, nach Frankreich zurück.« (Zarlenga, S. 195 ff.)

Die Obrigkeit und die Münzer wollten offenbar weiter betrügen. Erst ab 1663, nach der Rückkehr Karls II. nach England, wurden neue, mit gerändelten Kanten versehene Münzen, hergestellt.

Im Jahr 1688 ergriff ein Holländer, Wilhelm III. von Oranien, die englische Krone. Nach Jahren der Planung landete er im November 1688 an Englands Küste und übernahm praktisch kampflos das Land (Glorious Revolution). Für diesen Angriff erhielt Wilhelm beträchtliche finanzielle Unterstützung von den holländischen Juden. Wilhelm brachte eine Reihe von Tricks aus Holland mit, z. B. wie man durch Korruption die Stimmen der Wahlkreise und durch Patronage Mehrheiten im Parlament erhielt und vor allem, wie man über Staatsverschuldung seinen Einfluß bewahren und die Rückzahlung in die Zukunft verlegen kann.

Einige Jahre nach seiner Landung hatte England eine fundierte Staatsschuld nach holländischem Modell und eine Bank von England, die mit

Kapital aus Amsterdam gegründet wurde. Von diesem Zeitpunkt an gestaltete es sich allerdings immer schwieriger, die finanziellen Aktivitäten der wichtigsten jüdischen, holländischen und englischen Finanziers auseinanderzuhalten, da sich alle derselben Methoden bedienten. Sie können nicht mehr als eine bestimmte nationale, religiöse oder ethnische Gruppe identifiziert werden, sondern gehören eher einer Gruppe bzw. Bande von Finanzleuten an, die nicht groß genug ist, um als Klasse bezeichnet zu werden«, schreibt Zarlenga. (S. 202)

Die »Bande« gründet die Bank von England

Eine Zentralbank oder ein Geldsystem fallen nicht vom Himmel. Sie sind das Ergebnis sorgfältiger Planung und tatkräftiger Umsetzung durch kluge Leute, die klare Interessen verfolgen. Diese Interessen beziehen sich in der Regel nicht auf die allgemeine Wohlfahrt, sondern auf Geld und Macht. Was waren die Interessen der einzelnen Akteure?

Der König brauchte Geld, um seine Kriege zu finanzieren, und die Besteuerung des Volkes wurde zunehmend schwieriger. Die Bande sah eine Chance, dem König ein Angebot zu machen, das er kaum ablehnen konnte: »Wir stellen Dir Geld zur Verfügung in nahezu beliebiger Menge, und Du gibst uns das exklusive Privileg, Falschgeld zu erzeugen.« Dieser simple Deal ist die Grundlage des modernen Banksystems mit Zentralbanken, Geschäftsbanken und Staatsverschuldung. Die *Bank of England* ist das Modell und die Mutter aller Zentralbanken. Freilich wird die Gründung, Entwicklung und Zielsetzung der Bank in der Regel etwas komplizierter und wissenschaftlicher beschrieben – etwa so:

Die Ausgaben des Staates waren von 1680 bis 1692 von etwa 2,7 Millionen Pfund auf sechs Millionen gestiegen, mit 2,4 Millionen allein für Armee und Marine. Die Schulden Karls II. hatten 1679 etwa 1,5 Millionen Pfund betragen und waren danach auf etwa das Vierfache gestiegen. Die Goldschmiede gaben an den König kurzfristige Kredite nur noch zu 40 Prozent Zinsen. Die Lage spitzte sich immer mehr zu, und auch der neue König William III. versuchte verzweifelt, Geld aufzutreiben, um Heer und Kriege weiter finanzieren zu können.

Im Januar 1692 wurde ein spezielles Komitee eingerichtet, das Mittel und Wege finden sollte »for raising funds to carry on the war«, also Geld zu beschaffen, um den Krieg weiterzuführen. Eine Art staatlich organisiertes Brainstroming zu der Frage: Wie könnte man Geld beschaffen?

Die zweite Hälfte des 17. Jahrhunderts war offenbar eine geldtheoretisch sehr fruchtbare Zeit. Es wurden zahlreiche Vorschläge zur Verbesserung des Geldwesens gemacht, darunter sogar zwei Vorschläge mit negativen

Zinssätzen, wie es später Silvio Gesell propagierte. Mindestens vier Vorschläge kamen von William Paterson, dem späteren Gründer der *Bank of England*. Wie es der Zufall will, war Paterson mit dem Schotten John Law verwandt, der auch originelle Ideen zum Thema Geld entwickelt hatte.

Der Gedanke mit dem Papiergeld lag in der Luft. Die Pläne Patersons konnten allerdings erst 1694 nach der Landung Wilhelms III. von Oranien in die Tat umgesetzt werden. Seit 1685 gehörte Paterson zu dem Kreis in Amsterdam, der sich mit der Planung der Landung Wilhelms III. in England befaßte, und nachdem er mit Wilhelm III. nach London zurückgekehrt war, gelangte er dort zu Reichtum und Einfluß und gewann die Unterstützung mächtiger Männer für seinen Plan. Charles Montagu als Schatzkanzler brachte den Plan durch das Parlament, und Michael Godfrey kümmerte sich um die Zustimmung der Londoner Kaufleute. Paterson war auch ein Freund Isaac Newtons, des späteren Master of the Mint, der schließlich das Silberkomplott in Gang bringen sollte. Die Gründung der Bank wurde in aller Stille vorangetrieben, ein Verfahren, das wir auch später bei der Gründung der *Federal Reserve* wiederfinden werden. Zarlenga schreibt über diesen Vorgang:

»Über die Diskretion, mit der die Gründung dieser ›Revolutionsbank‹ – wie sie genannt wurde – vorangetrieben wurde, sagte Bannister, es sei die ganze Zeit hinweg vermieden worden, von einer ›Bank‹ oder ›Gesellschaft‹ zu sprechen, obwohl beide Konzepte beabsichtigt waren. Diejenigen, die die Gründung der Bank betrieben, hielten es nämlich für klug, einem Konstrukt dieser Art einen möglichst unauffälligen Anfang zu verschaffen. Auf diese Weise sollte die Entstehung von Vorurteilen und negativen Assoziationen in den Köpfen der Menschen verhindert oder wenigstens abgeschwächt werden. Zu einem späteren Zeitpunkt jedoch betrachtete man es als zweckmäßig, das Projekt der Gefahr auszusetzen und soviel wie nötig von dessen Wesen und Charakter preiszugeben, um es dem Parlament akzeptabel erscheinen zu lassen.« (Zarlenga, S. 207 ff.)

Von der Öffentlichkeit kaum bemerkt – eine Taktik, die in Amerika bei der Verabschiedung von Gesetzen über das Geldwesen Schule machen sollte –, wurden die mit der Gründung der *Bank of England* notwendig werdenden Gesetze in aller Stille verabschiedet – als Zusatz zu einem Steuergesetz über Schiffstonnage.

Der vorgegebene Beweggrund für die Gründung der Bank war die Beschaffung eines enormen Kredits für die Regierung Wilhelms III. Anteile dieser als Aktienbank gegründeten Institution konnten gegen Goldmünzen oder -barren von der Öffentlichkeit erworben werden. Das auf diese Art akkumulierte Aktienkapital von 1,2 Millionen Pfund Sterling sollte zu einem Zinssatz von acht Prozent an die Krone gehen.

Allerdings wurden von den Zeichnern nur 720 000 Pfund in Gold eingezahlt. Von diesen 720 000 wurden 700 000 in Gold an den Staat weitergereicht sowie zusätzliche 500 000 Pfund in Banknoten – schlichte, aus dem Nichts erzeugte Zettel. Der Staat zahlte allerdings acht Prozent auf die volle Summe von 1,2 Millionen, was einer Rendite von ca. 13 Prozent auf die wirklich gezahlte Summe von 700 000 entsprach. Mit diesen 500 000 Pfund in Banknoten war das Wunder vollbracht, Geld aus dem Nichts zu erzeugen, und damit war das Grundprinzip aller modernen Banksysteme gefunden. Die Bank finanziert den Staat und erhält dafür vom Staat das Privileg, ungedeckte Banknoten auszugeben. Die 1,2 Millionen waren gewissermaßen der Preis für das Privileg. Nun könnte man vielleicht einwenden, die 1,2 Millionen waren ja nur dem Staat geliehen, und diese Forderung bildete die Deckung für die Banknoten. So wird in der Tat auch heute noch argumentiert. Allerdings lag im Jahre 1713 die aufgelaufene Staatsschuld bereits bei 21 Millionen und 1815 bei 505 Millionen Pfund. Von Rückzahlung war nie die Rede, allenfalls von Verzinsung, wobei die Zinsen meist gleich mitgeliehen wurden.

Nach Aufnahme der Geschäfte nahm die Bank Einlagen zu einem Zinssatz von vier Prozent an. Sie gab auch eigene Noten aus, die als Zahlungsmittel kursierten und gegen die auf Verlangen Gold ausgezahlt werden sollte. Diese Noten waren zunächst zwar kein gesetzliches Zahlungsmittel, wurden jedoch von der Krone akzeptiert.

Der Bank war es erlaubt, Noten in derselben Höhe auszugeben, wie sie Kredite an die Regierung vergab. Oder anders ausgedrückt: Die Schulden der Regierung dienten der Bank als Reserve. Ersuchte also die Krone die Bank um einen Kredit, mußte diese nicht über die gewünschte Summe Geld verfügen, d. h. sie konnte einfach Noten ausgeben und das Geld für den Kredit quasi aus dem Boden stampfen. Diese Art Reservemedium war in der Tat verläßlicher als Gold oder Silber, und die Befürworter dieses Systems argumentierten mit einem gewissen Recht, die Bank könne sich auf eine Reserve stützen, die nur beim Untergang der Nation zunichte gemacht würde.

Die Noten der *Bank of England* hatten den enormen Vorteil, daß sie vom Staat für sämtliche Zahlungen akzeptiert wurden. Auch die Staatsausgaben wurden mit ihnen beglichen. Daher sollten die Noten bald mit dem Staat identifiziert werden.

In der Folge regte sich zwar in England heftiger Widerstand gegen die Bank von Seiten der Landlords, der Kaufleute und der Goldschmiede, aber die Bank wurde sehr geschickt geführt und überstand eine Reihe von Krisen, wobei sich allerdings Macht und Reichtum der Bank innerhalb eines sehr kleinen Kreises konzentrierten, und es wurde ihr oft vorgeworfen, in die Hände eines kleinen Kreises verwandter Familien gefallen zu sein, die ihre Interessen über die der Nation und der Wirtschaft stellten. 1816 griff David Ricardo die Bank mit folgenden Worten an:

»Sie haben die Macht, die vorhandene Geldmenge nach ihrem Belieben und ohne jegliche Kontrolle zu erhöhen oder zu verringern: eine Macht, die weder dem Staat selbst noch irgend jemand darin anvertraut werden sollte … Wenn ich mir die üblen Konsequenzen vorstelle, die aus einer plötzlichen großen Reduktion oder auch aus einer beträchtlichen Erhöhung der Geldmenge erwachsen können, komme ich nicht umhin, die Leichtfertigkeit zu mißbilligen, mit der der Staat die Bank mit einem solch erstaunlichen Vorrecht ausgestattet hat.« (Zarlenga, S. 213)

Die willkürliche Veränderung der Geldmenge ist der zentrale Hebel für die Ausübung von Geldmacht, wie wir später noch sehen werden und wie Sie mit dem angefügten Spiel »Inflation – Deflation« sehr schön praktisch selbst erfahren können. Alle Zentralbanken beschreiben heute die Regulierung der Geldmenge als ihre wichtige und schwere Aufgabe – zu unserem Wohl natürlich. Bei Gold und Silber kann man die Menge nicht willkürlich regulieren. Deshalb wollen die Zentralbanken immer Gold und Silber als Geld abschaffen. Mit Gold und Silber kann man auch keine Kriege finanzieren. Das geht nur mit aus dem Nichts erzeugtem Papiergeld. Die Bank von England war geradezu daran interessiert, notfalls auch beide Kriegsparteien zu finanzieren. Konnte sie doch Zinsen kassieren für ein Geld, das sie erst aus dem Nichts erzeugt und dann an die Regierung verliehen hatte. An einer Rückzahlung bestand von Seiten der Bank auch kein Interesse, solange sichergestellt war, daß die Banknoten von Staats wegen Steuerzahlungsmittel oder gar gesetzliches Zahlungsmittel waren. Den Zusammenhang zwischen Kriegskosten und aufgelaufener Staatsschuld zeigt folgende Tabelle sehr klar:

Englands Staatsschulden (in Millionen Pfund)

Kriegsperiode	*Kriegskosten*	*aufgelaufene Staatsschulden*
1688–1697	32,6	14,5
1702–1713	50,7	21,5
1739–1748	43,7	29,2
1756–1763	82,6	59,6
1776–1785	97,6	117,3
1793–1815	831,5	504,9

David Ricardo schreibt klipp und klar dazu: »Der Krieg, unter dem die meisten Klassen der Gesellschaft schwer zu leiden haben, wirft für die

Bank unerwartete Profite ab, und in dem Maß, wie sich die Belastungen und Schwierigkeiten des Staats erhöhen, steigen die Gewinne dieser Institution.« (Zarlenga, S. 216)

In der Zeit von 1715 bis 1720, als in Frankreich das gigantische Papiergeldexperiment des John Law aufblühte, das auf dem gleichen Konzept aufgebaut war wie die Bank von England, entstand auch in England ein ähnliches spekulatives Klima mit der sogenannten South Sea Bubble. Halb Europa wurde von einem wilden Spekulationsfieber ergriffen, angefacht von einer rasch steigenden Papiergeldmenge. Zahlreiche Schwindelfirmen entstanden und erzielten rasante Aktienkurssteigerungen. Die Aktie der *South Sea Company*, die im Jahre 1719 noch bei 126 Pfund stand, stieg am 2. Juni 1720 auf 890 und stand im August 1720 bei 2000 Pfund, um dann praktisch wertlos zu werden, wie viele Aktien anderer Gesellschaften.

Anders als in Frankreich, wo John Laws *Bank Royal* mit Schmach und Schande unterging und fast das ganze Land mit in den Abgrund riß, überstand die Bank von England diese finanzielle Katastrophe, weil sie die Papiergelderzeugung nicht in der Weise übertrieben hatte wie John Law. Offenbar plante die kluge Führung der Bank viel langfristiger – vielleicht auch skrupelloser. Jedenfalls wurde das Modell der Bank von England mit dem fiat money zur Mutter aller Zentralbanken.

H. Das Silberkomplott beginnt

Kaum war die *Bank of England* gegründet, wurde damit begonnen, die Entmonetisierung des Silbers einzuleiten, und zwar auf eine so raffinierte Weise, daß Außenstehende den Zusammenhang kaum begreifen konnten, zumal das langfristige Ziel, nämlich erst Silber und später Gold zu entmonetisieren, praktisch nicht erkennbar war. Es bestand nur in den Köpfen der eigentlichen Akteure. Dreh- und Angelpunkt war wieder das alte Geheimnis, das Wertverhältnis von Gold und Silber.

Bereits 1364 hatte Nikolaus Oresme den Zusammenhang, der später als Gresham'sches Gesetz bezeichnet wurde, wie folgt beschrieben: »Weicht das festgelegte, gesetzliche Wertverhältnis der Münzen vom Marktwert der Metalle ab, verschwindet die unterbewertete Münze völlig aus dem Umlauf, während allein die überbewertete Münze im Umlauf bleibt.« Im allgemeinen wird der Sachverhalt so dargestellt, als ob Isaac Newton als Master of the Mint das Verhältnis von Gold und Silber versehentlich falsch festgelegt und Silber unterbewertet und Gold überbewertet hätte, was dann dazu führte, daß Silber von Gold als Geld verdrängt wurde und England einen reinen Goldstandard bekam statt einen Bimetallstandard, wie alle anderen. An den Zufall mag man in diesem Zusammenhang glauben oder nicht. Bei dem enormen Geldwissen der Akteure ist ein Irrtum wohl eher auszuschließen.

Jedenfalls wurde in einer komplizierten Berechnung, die durch das eigenwillige Zahlensystem der Engländer mit Pfund, Schilling, Pence, Guineas, Sterling, Carat etc. schwer nachvollziehbar ist, ein Verhältnis von 1:15,2 festgelegt, statt dem Verhältnis von 1:15 im Markt. Dies führte dazu, daß man in England für die gleiche Menge Gold mehr Silber bekam als auf dem Kontinent, was wiederum dazu führte, daß Spekulanten Gold vom Kontinent nach England transportierten und Silber von England auf den Kontinent. Silbermünzen verschwanden in England aus dem Umlauf, und England hatte scheinbar eine reine Goldwährung.

1774 begann man auch offiziell, vom Bimetallstandard zu einem Monometall-Goldstandard überzugehen. Das erste Gesetz zu diesem Zweck bestimmte, daß Silber nur noch bis zu 25 Pfund gesetzliches Zahlungsmittel sei. »Die Bedeutung dieses Gesetzes wurde damals nicht voll verstanden« ist in der englischen *Encylopedia of Banking und Finance* auf Seite 466 zu lesen.

Die Wirkung zeigt sich allerdings bei unserer Silberschicksalslinie recht deutlich. Nachdem sich der Silberpreis über 100 Jahre auf seinem neuen Niveau stabilisiert hatte, erfolgt um diese Zeit der erste starke Rückgang des Silberpreises über einen Zeitraum von etwa 50 Jahren. Nach den Napoleonischen Kriegen im Jahre 1816 wurde Silber in England endgültig demonetisiert, und der Goldstandard, den man besser als Kampfstandard gegen Silber bezeichnen sollte, wurde endgültig durchgesetzt. Silber mußte nur noch bis zu einem Betrag von zwei Pfund als Geld akzeptiert werden, womit Silbermünzen und -barren ihren Nutzen als Tauschmittel und damit an Wert verloren.

Allerdings setzte zunächst erst noch einmal eine Erholung des Silberpreises am Weltmarkt ein. Infolge der enormen Ausweitung der Geldmenge über die Staatsverschuldung während der Napoleonischen Kriege waren die Preise in England zwischen 1791 und 1809 um etwa 40 Prozent gestiegen, was zu einer parlamentarischen Untersuchungskommission und dem sogenannten *Bullion Report* um 1810 führte. Ricardo hat damals seine berühmte Schrift *On the High Price of Bullion* verfaßt, in der er den Preisauftrieb auf die Notenemission durch die *Bank of England* zurückführte.

Auf dem Goldchart sind die beiden Preisschübe aufgrund der extremen Geldmengenausweitung in Form der beiden tiefen Zacken deutlich erkennbar. Zunächst die Assignateninflation in Frankreich, dann die starke Erholung, nachdem Napoleon zu Gold und Silber als Geld zurückgekehrt war, und dann die zweite Zacke nach unten als Ausdruck der starken Preissteigerungen im Gefolge der Napoleonischen Kriege.

Während des Krieges hatte die *Bank of England* die Einlösung ihrer Banknoten in Gold eingestellt. 1819 beschloß man, die Konvertibilität des Pfundes in Gold innerhalb von vier Jahren wieder herzustellen. Gleichzeitig wurde aber, wiederum durch eine komplizierte Berechnung, der Silberanteil im Shilling so tief angesetzt, daß der Shilling nur noch eine unterwertige Münze, also Scheidegeld, war und kein vollwertiges Silbergeld mehr.

Daneben wurde eine neue Goldmünze eingeführt, der Sovereign, der als ein Pfund Sterling definiert war und nicht mehr als 20 vollwertige Silber-Shilling. Damit war aber der Preis für Gold nicht mehr eine bestimmte Menge Silber, wie bisher, sondern ein Stück Papier, ein Pfund Sterling oder 20 unterwertige Shilling. Mit dieser Entmonetisierung des Silbers war ein entscheidender Schritt zu fiat money als Recheneinheit getan. Normalerweise muß der Preis von Gold in Silber ausgedrückt werden und der Preis von Silber in Gold. In dem Moment, in dem der Preis von Gold in einem Stück Papier ausgedrückt wird, ist die Schwelle zum Betrugsgeld überschritten.

Dies führt zu der etwas verblüffenden Erkenntnis, daß die Einführung des Goldstandards der erste Schritt zum reinen fiat-money-System ist. Bereits der Goldstandard ist schon kein ehrliches Geldsystem mehr, sondern ein Trick. England löste in der ersten Hälfte des 19. Jahrhunderts den Bimetallismus ab und führte gezielt den Goldstandard ein, um die Papierwährung Pfund Sterling zur internationalen Reservewährung zu machen und darauf sein Imperium zu gründen, so wie später die USA mit dem Dollar.

Mit diesem Trick wird es möglich, andere Länder zu besteuern und zur Tributzahlung zu bringen, ohne Kriege führen zu müssen, indem man sich in der eigenen Reservewährung verschuldet oder deren Menge vermehrt oder verknappt. Im Anschluß an die extreme Verschuldung und Geldmengenausweitung während der Napoleonischen Kriege wurde in England plötzlich das Geld knapp. Die Diskontkredite der *Bank of England* gingen von 20 Millionen Pfund auf nur noch vier Millionen im Jahr 1817 zurück. Die umlaufende Geldmenge sollte begrenzt werden, um die Währung zu den früheren Kursen konvertierbar zu machen. Durch die Demonetisierung des Silbers wurde die Deflation dramatisch verstärkt. Die Kaufkraft des Goldes stieg deutlich an und erreichte im Laufe von fünf Jahren ein deutlich höheres Plateau. Der Warenindex, der im April 1818 noch bei 142 Punkten stand, war im September 1822 auf 84 Punkte gefallen. Die Schuldenlast, insbesondere die Staatsschuld, die mittlerweile 800 Millionen Pfund betrug, wurde immer drückender. Auch die Kaufkraft von Silber stabilisierte sich in dieser Zeit, wenn auch auf einem tieferen Niveau, im Gegensatz zu Gold, das sich auf einem deutlich höheren Niveau als vorher stabilisierte. Erst nach der zweiten Welle des Silberkomplotts, etwa ab 1871, brach Silber endgültig ein.

I. Der Schauplatz des Dramas verlagert sich nach Amerika

England und die Holländer wollten nicht, daß Münzgeld in ihre Kolonien nach Amerika floß. Englische Gesetze verboten regelrecht die Geldausfuhr nach Amerika. Die Kolonisten sollten nicht untereinander Handel treiben, sondern Rohstoffe gegen Fertigwaren nach England liefern. Dies führte dazu, daß Nordamerika ein regelrechtes Labor für Geldexperimente wurde, weil die Siedler natürlich versuchten, ihr Geldproblem irgendwie zu lösen. Von indianischen Wampums (Perlenketten) über Mais, Weizen, Felle bis hin zu Tabak wurde alles Mögliche zeitweilig zum gesetzlichen Zahlungsmittel erklärt. Im Jahre 1652 widersetzte sich Massachusetts der englischen Krone und erlaubte einem John Hull, eine Münzstätte zu eröffnen und gegen eine Gebühr von fünf Prozent für jedermann Gold- und Silbermünzen zu prägen (free coinage). Das Kolonialparlament von Massachusetts erklärte das Münzgeld zum gesetzlichen Zahlungsmittel. England betrachtete dies als Verrat und schloß 1684 die Münzstätte. Der ständige Kampf zwischen den Puritanern und dem Geldadel um die Geldhoheit, der heute in Amerika noch sehr lebendig ist, nahm hier seinen Ausgang. Der Kampf um ehrliches Geld wird in USA auch heute noch stark von religiösen Gruppen getragen.

Ende des 17. Jahrhunderts war die Bevölkerung in den Kolonien auf fast eine Million angewachsen, was den Tauschhandel beschwerlich werden ließ. In einem tollkühnen Experiment versuchte Massachusetts 1690 den Trick mit ungedecktem Papiergeld, der damals in der Luft lag und die Basis für die *Bank of England* wie auch für John Law bildete. Diese *credit bills*, wie man sie nannte, waren zwar nicht gesetzliches Zahlungsmittel, sie wurden aber akzeptiert, einmal, weil es praktisch war, und zum anderen, weil sie zur Steuerzahlung akzeptiert wurden. Es war reines Monopolygeld, weder konvertierbar noch einlösbar in irgendein anderes Geld, und es kam in Umlauf, einfach indem der Staat seine Ausgaben damit bezahlte. Von diesem Modell träumen auch heute noch zahlreiche Geldreformer, wie z. B. Stephen Zarlenga, die es für das einzig richtige Geldsystem halten. Im Jahr 1692 wurden die Scheine dann doch zum gesetzlichen

Zahlungsmittel erklärt. Andere Kolonien ahmten das System nach, und die Menge der credit bills stieg immer weiter an, worauf ihr Wert dann drastisch fiel. Man lernte daraus, daß zu viel Geld wohl auch nicht gut ist und die Menge des Geldes eine gewisse Rolle spielt.

Ein etwas anderes und sehr interessantes Experiment war das Modell von Pennsylvania. Hier wurde das Papiergeld nicht einfach durch Staatsausgaben in den Umlauf gebracht, sondern der Staat verlieh das Geld an seine Bürger gegen Zins, also das, was normalerweise die Banken machen, nämlich Geld aus dem Nichts zu erzeugen und gegen Zins zu verleihen. Pennsylvania erzielte immerhin jedes Jahr etwa 2500 Pfund Zinsen, womit zuweilen die Hälfte der Staatsausgaben bestritten wurde. Man fand immer mehr Gefallen an Papiergeld, und der Banknotenumlauf stieg rasch an, von 50 000 Pfund im Jahre 1739 auf 80 000 Pfund und schließlich 350 000 Pfund nach der Revolution.

Benjamin Franklin war ein großer Befürworter von Papiergeld. Böse Zungen behaupten, daß das so war, weil er der Drucker war, der die meisten Scheine druckte. Andere fanden das System auch gut und druckten ohne offizielle Genehmigung fleißig mit. Die Papierscheine wurden in riesigem Umfang »gefälscht«. Im Jahre 1768 wurde eine organisierte Bande von 500 »Fälschern« entdeckt. Der Staat mochte aber keine Konkurrenz bei der Behebung der Geldnot. Wer mit Falschgeld erwischt wurde, dem wurden die Ohren abgeschnitten.

England war natürlich ohnehin dagegen, daß sich die Kolonien monetär selbständig machen wollten, und verbot ein Experiment nach dem anderen. Auch in den Kolonien sollte das »nationale«, also englische, Geldsystem gelten, und genau dies führte letztlich auch mit zum Bruch mit dem Mutterland. Franklin erklärte 1776 vor dem Unterhaus, daß ein Grund für die Ungeduld und Respektlosigkeit der Kolonien in dem Verbot der Papiergeldausgabe lag. Die amerikanische Revolution hatte also auch monetäre Ursachen, genau wie später die französische Revolution. Es war auch ein Kampf um die monetäre Macht.

Eine der ersten konkreten Handlungen des Kontinentalkongresses in Philadelphia 1775 war die Ausgabe von Schuldscheinen, der continental currency, in Höhe von zwei Millionen Dollar. Zunächst sollten die Scheine zum Umtausch in Gold oder Silber berechtigen – und das stand auch so auf den Scheinen –, die noch alle einzeln von Hand unterschrieben wurden. Mit diesen Scheinen, den sogenannten continentals, wurde der amerikanische Unabhängigkeitskrieg finanziert. Am 4. Juli 1776 verabschiedete der Kontinentalkongreß die Unabhängigkeitserklärung, und in einer zusätzlichen Resolution wurde jeder zum Staatsfeind erklärt, der sich weigerte, die continental currency als Zahlungsmittel anzunehmen.

Die englische Regierung wurde eigentlich nie von großen Skrupeln geplagt, wenn es um Macht und Geschäft ging, und so war eine ihrer Hauptwaffen im Kampf gegen die Kolonisten die massive Fälschung von continentals. Sie trat damit praktisch in Konkurrenz zu privaten Kriminellen, ähnlich wie beim Sklavenhandel, beim Raub der Edelmetalle von den Spaniern oder bei der Öffnung des chinesischen Marktes mit kriegerischer Gewalt, um dort einen Markt von 30 Millionen opiumabhängigen Chinesen aufzubauen. Es wird also von ganz oben durchaus brutale, kriminelle Energie eingesetzt, wenn es um Macht und Geld geht. Das spätere Silberkomplott, mit dem die monetäre Macht über Amerika wieder zurückgewonnen wurde, ist eher eine elegante, sehr intelligente Variante dieses Kampfes.

Im Januar 1776 produzierte eine Druckerpresse an Bord der englischen *HMS Phoenix*, die mit 44 Kanonen im Hafen von New York lag, Fälschungen der 30-Dollar-Note. Als General Howe 1776 New York einnahm, wurde die Stadt zum Zentrum der Geldfälschung. Riesige Mengen wurden dort offen gedruckt. Am 14. April 1777 erschien in der New Yorker Zeitung *H. Gaines Gazette* die folgende Anzeige: »Personen, welche in andere Kolonien gehen, können sich mit einer beliebigen Anzahl gefälschter Kongreßnoten zum Papierpreis je Ries (etwa 500 Bogen) ausstatten. Aufgrund ihrer tadellosen und präzisen Ausführung besteht keine Gefahr bei der Verwendung dieser Noten, da es fast ausgeschlossen ist, ihre Unechtheit festzustellen. Dies wurde durch zahlreiche Noten bewiesen, die bereits erfolgreich im Umlauf sind. Anfragen diesen Monat zwischen 11 und 16 Uhr an Q. E. D. im Coffee House.« (Zarlenga, S. 284)

Nach drei Kriegsjahren war der continental 1778 nur noch die Hälfte in Münzgeld wert, und bis zum Mai 1781, nachdem er sechs Jahre die Revolution finanziert hatte, wurde er praktisch sechs Monate vor ihrem triumphalen Ende wertlos. Die letzten sechs Monate mußten mit französischer Unterstützung auf der Grundlage von Münzgeld, also Gold und Silber, ausgefochten werden. Man schätzt, daß von den Konföderativen und den Einzelstaaten etwa 400 Millionen Dollar contintals gedruckt wurden und von den Engländern 200 Millionen – vielleicht aber auch 400 Millionen. Die Franzosen dagegen finanzierten die amerikanische Revolution. Man schätzt, daß Frankreich etwa 256 Millionen Dollar richtiges Geld zur Verfügung stellte, während die Ausgaben Amerikas sich auf etwa 170 Millionen beliefen und die Englands auf ca. 500 Millionen Dollar (97,6 Millionen Pfund). Es war also unter monetären Gesichtspunkten fast eine französische Revolution, und die französische Freiheitsstatue steht sicher zu Recht im New Yorker Hafen.

Die eigentliche Rechnung für die Amerikaner kam freilich, wie immer bei inflationärer Kriegsfinanzierung, erst nach dem Krieg. Benjamin Franklin schreibt dazu in seinen Kriegsaufzeichnungen: »Selbst den Politikern ist es ein Rätsel, wie wir vier Jahre lang einen Krieg ohne Geld führen konnten und wie wir mit einem Papiergeld zahlen konnten, das auf keiner vorab festgelegten Geldmenge beruhte, die speziell zum Zwecke ihrer Einlösung angepaßt wurde. Dieses Geld ist so, wie wir damit umgehen, eine wunderbare Maschine ... Es erfüllt seine Aufgabe, wenn wir es ausgeben, und wenn wir zu einer übermäßigen Ausgabe gezwungen sind, zahlt es sich selbst durch Abwertung ab.« Und das tat es dann auch. Viele hatten all ihre Ersparnisse verloren und hielten continentals, von denen sie glaubten, daß der Staat sie irgendwie einlösen würde. Thomas Paine brachte es auf den Punkt: »Doch zu glauben, wie es manche taten, daß sie (die continental currency) sich am Ende des Krieges in Gold oder Silber verwandeln oder einen ähnlichen Wert annehmen sollte, das kam dem Glauben gleich, daß wir für unsere Kriegsführung 200 Millionen Dollar erhalten sollten, anstatt die Kosten dafür zu tragen.«

Die USA wurden praktisch auf einen Staatsbankrott gegründet – und das war gut so –, wie sich gleich zeigen wird.

J. Die Verfassung von 1787

Bei der Verfassung ging es grundsätzlich um die Frage, ob die Menschen von einer Obrigkeit regiert werden müssen oder fähig sind, sich selbst zu regieren. Die amerikanische Verfassung ist ein Kompromiß zwischen diesen gegensätzlichen Ideologien, wobei ein intelligentes Sicherungssystem dafür sorgen sollte, eine autoritäre Staatsform auf jeden Fall zu verhindern. Alles, was nicht ausdrücklich als sein Recht aufgeführt wurde, durfte der Staat auch nicht tun.

Auf dem Geldsektor bedeutete das, daß der Staat ausdrücklich nicht die Macht über das Geld haben sollte. Diese Geldmacht kam bei der Verfassungsdiskussion in den fünf Zauberwörtern »To Emit Bills of Credit« zum Ausdruck, was so viel wie »Ausgabe von ungedecktem Papiergeld« bedeutet. Der Verfassungsausschuß stimmte mit 9:2 Stimmen gegen die Aufnahme der Formulierung »To Emit Bills of Credit« in der Verfassung. Die Befugnis zur Geldschöpfung wurde dem Staat nicht gewährt. Die schlechte Erfahrung mit den continentals wirkte nach. Der Staat mußte sich Geld von seinen Bürgern leihen und durfte es nicht einfach selbst drucken. Und was Geld war, wurde in der Verfassung in aller Klarheit beschrieben. Zunächst wurde formuliert, was der Kongreß in bezug auf Geld darf, nämlich:

Artikel 1, Sektion 8:

»The Congress shall have power

To borrow money on the Credit of the United States

To coin money, regulate the value thereof and of foreign coin, and fix the standards of weights and measures.«

Dann wurde festgelegt, was die einzelnen Staaten nicht dürfen in bezug auf Geld, nämlich:

Artikel 1, Sektion 10:

»No state shall coin money; emit bills of credit, make any thing but gold and silver coin a tender in payment of debts.«

Man hätte das alles sicher noch klarer formulieren können, aber in Verbindung mit den Umständen und dem damaligen Sprachgebrauch ist sonnenklar, was gemeint ist. Gleichwohl ist es der Geldmacht später immer mehr gelungen, sich, nun sagen wir mal, um den Text herumzumogeln und was ganz anderes als Geld einzuführen, als was hier gemeint war. Gleichwohl steht es immer noch so in der Verfassung, und das ist eine starke Trumpfkarte der amerikanischen Geldreformer, die sie jetzt zunehmend wieder ausspielen. Der Kongreß durfte also Geld leihen (nicht selbst drucken), und er durfte Münzen aus Gold und Silber prägen. Etwas anderes konnte damals nicht gemeint sein. Daß er den Wert der Münzen sowie den Wert von ausländischen Münzen bestimmen konnte, bezog sich klar auf Feinheit und Gewicht, auf Maße und Gewichte. Daß der Begriff Geld später ausgeweitet und anders ausgelegt wurde, kann die Worte und den klaren Willen der Verfassungsväter nicht ändern.

Den einzelnen Bundesstaaten war es dagegen ausdrücklich verboten, selbst Münzen zu prägen oder gar Papiergeld auszugeben, und es durfte nur Gold und Silber zum gesetzlichen Zahlungsmittel erklärt werden. Der heutige Zustand des amerikanischen Geldsystems ist klar verfassungswidrig. Darauf weisen zahlreiche Autoren und Ökonomen immer wieder hin. Gleichwohl ist es bisher nicht gelungen, Richter zu finden, die das auch klar so entscheiden.

Das ungedeckte Papiergeld erzeugen private Banken und leihen es dem Staat. Geld leihen darf er. Das Geld, das er aus Gold und Silber eigentlich prägen müßte, prägt er nicht (bis auf ein paar Sammlermünzen). Die Bundesstaaten bekommen einfach die Gold- und Silbermünzen, die sie allein zum gesetzlichen Zahlungsmittel erklären dürfen, vom Staat nicht zur Verfügung gestellt. Selber prägen dürfen sie nicht.

Das erscheint Ihnen alles etwas kindisch? Aber so ist es. Seit Jahren wird um diese Verfassungstexte ein juristisches Katz- und Maus-Spiel gespielt. Die Geldreformer, wie z.B. Bernard von Not-Haus mit seinem Liberty-Dollar und seinen mittlerweile über 100 000 Mitgliedern, wollen jetzt privat geprägte Münzen, eben den Liberty-Dollar, in den einzelnen Bundesstaaten einführen, weil der Kongreß seiner Verpflichtung, Münzen zu prägen, nicht nachkommt. Die einzelnen Bundesstaaten können diese Silbermünzen nach der Verfassung zu gesetzlichen Zahlungsmitteln erklären. Die Entwicklung ist schon recht weit fortgeschritten, und im Internet kann man verfolgen, wie der diesbezügliche Stand der Dinge in den einzelnen Bundessstaaten ist. Der privat geprägte Liberty-Dollar ist jedenfalls nach der Verfassung legal in den USA und kann legal als Zahlungsmittel verwendet werden, so viel ist schon einmal gerichtlich festgestellt.

Aber zurück ins Jahr 1791. Adam Hamilton als Schatzmeister und seine Partner brachten nun ein Bankgesetz durch den Kongreß, mit dem die *First Bank of the United States* gegründet wurde. Die neue Bank sollte sich in Privatbesitz befinden und eine Notenbank nach dem Vorbild der *Bank of England* werden. Das bedeutete, daß die Bank neues Papiergeld aus dem Nichts schöpfen und an den Staat verleihen konnte. Der Regierung wurden 20 Prozent der neuen Bankanteile zugewiesen.

Sie sehen, die Verfassungsväter waren doch nicht schlau genug.

Jefferson, der den Pferdefuß erkannte, wollte Präsident Washington noch überreden, sein Veto gegen das Bankgesetz einzulegen, weil es verfassungswidrig sei, aber seine Bemühungen blieben ohne Erfolg. Die Staatsschulden bei der neuen Bank stiegen danach auch kontinuierlich. Der Besitz eines Teils der Bank war für die Regierung sehr lukrativ, denn er brachte über 500 000 Dollar in die Staatskasse.

Als 1811 auf Jeffersons Einfluß hin der Kongreß die Lizenz für die Bank nicht erneuerte, stellte sich bei der Liquidation der Bank heraus, daß 18 000 der 25 000 Bankanteile von Ausländern gehalten wurden. Um den Ausfall des nun nicht mehr von der Bank bereitgestellten Geldes zu kompensieren, begann die Regierung auf Jeffersons Empfehlung hin mit der Ausgabe des ersten US-amerikanischen Papiergeldes. Allerdings handelte es sich nicht, wie bei der Bank, um ungedecktes Papiergeld (fiat money), sondern praktisch um Lagerscheine. Jede Note war bei Vorlage zahlbar in Metall. Das genehmigte Ausgabenvolumen der Noten betrug 60,5 Millionen, wurde aber nur in Höhe von 36,7 Millionen in Anspruch genommen. Daneben bestand der Banknotenumlauf aus den Noten der insgesamt 208 Banken in den einzelnen Staaten, die aber alle in Metall einlösbar waren.

Natürlich gab es auch schwarze Schafe, aber insgesamt hatte sich ein wettbewerbliches Geldsystem auf der Basis von Gold und Silber gebildet. Manche Autoren bezeichnen das als Chaos, weil es zahlreiche verschiedene Banknoten gab. Aber das ist eine Irreführung, denn im Grunde handelte es sich ja immer nur um unterschiedliche Mengen von Gold und Silber. Es wurde in allen Staaten und bei allen Banken nur mit Gold und Silber bezahlt. Die einzelnen Zettel waren nur Transportmittel für Gold und Silber in der aufgedruckten Menge.

Wenn sich 100 Jahre später Prof. J. Laurence Laughlin über diese Ausgabe von Papiergeld durch den Kongreß beklagt und schreibt: »Wir haben es hier unverkennbar mit einem Fall von Bills of Credit zu tun, die wie Geld umlaufen sollen«, so zeigt das exemplarisch die ganze Scheinheiligkeit und Verlogenheit der geldtheoretischen Diskussion.

Es handelt sich ja gerade nicht um ungedecktes Papiergeld ohne Einlöseanspruch (Bills of Credit), sondern um Lagerscheine, mit denen Gold und Silber nur auf praktischere Weise transportiert wurden. Wir werden Laughlin später beim Silberkomplott und der Organisation der *Federal Reserve Bank* wieder begegnen. Er ist einer der Akademiker, die gut dafür bezahlt werden, Begriffe zu verdrehen und Interessen zu vertreten, was an diesem Beispiel, wie ich finde, sehr schön deutlich wird.

Im Grunde geht es immer nur um zwei Gegensatzpaare: 1) Wo soll die Geldmacht liegen – beim Staat oder beim Volk (im Markt)? 2) Muß Geld gedeckt sein oder nicht?

Aber allein mit diesen Gegensätzen kann man schon viel Verwirrung stiften. Für Laughlin muß die Geldmacht in privaten Händen liegen. Aber unter *privat* versteht er nicht das Volk, sondern eine kleine feine Elite mit einem Geldmonopol, wie es die Bank von England ist. Und Geld muß nach Laughlin nicht gedeckt sein, die Menge muß nur von der kleinen Elite sorgfältig gesteuert werden.

Für Zarlenga darf die Geldmacht nicht bei Privatleuten oder gar beim Volk liegen, sondern gehört in die Hände des Staates. Geld muß auch nicht gedeckt sein. Der Staat muß nur dafür sorgen, daß sein Monopolgeld in der richtigen Menge unter das Volk kommt. Warum die Staatsbeamten plötzlich allwissend und allsorgend nur das Volkswohl im Sinn haben sollen, im Gegensatz zu Privatleuten, erklärt Zarlenga nicht.

Warum die amerikanische Verfassung das bewährte Modell des Free Coinage mit Gold- und Silberdeckung nicht auch einfach und klar vorschreibt, kann man nur ahnen. Jedenfalls versuchte es Präsident Madison 1817 noch einmal mit einem fiat-money-Modell und einer wüsten Zentralbankvariante, die einen gewissen Vorgeschmack auf spätere Zentralbanken gab. Unter dem Vorwand, Ordnung in das Durcheinander der vielen einzelstaatlichen Banken und Währungen zu bringen (es war immer nur Gold und Silber), wurde die *Second Bank of the United States* gegründet. Nachdem diese im April 1817 die Arbeit aufgenommen hatte, schlug man sofort eine irrsinnige monetäre Expansionspolitik ein. Bereits im Juli gab es 19 Zweigstellen, und man hatte Darlehen von über 52 Millionen vergeben sowie weitere neun Millionen an Umlaufwährung geschöpft. Dies alles auf der Grundlage von Gold- und Silbermünzen in Höhe von 2,5 Millionen. Diese Expansion löste einen wilden Spekulationsboom aus.

Im August 1818 änderte die Bank dann abrupt ihre Strategie und leitete eine extreme Geldkontraktion ein, die zur Panik von 1819 führte. Die Höhe der ausstehenden Darlehen und Vorschüsse wurden von anfangs 52 Millionen auf zwölf Millionen in 1819 herabgesetzt. Die Menge der umlaufenden Banknoten war von anfangs zehn Millionen auf nur noch 3,5 Millionen im Jahre 1820 gefallen. Wir erkennen den alten Trick – viel Geld, wenig Geld –, mit dem man die Menschen ausplündern kann.

Das Land wurde von einer gewaltigen Konkurswelle überrollt. Vermögenswerte, die der Bank als Pfand überlassen waren, wurden beschlagnahmt. Bauern und Handwerker verloren ihre Ersparnisse und ihr Lebenswerk. Eine Welle der Entrüstung ging durch das Land. Das Führungspersonal der Bank wurde ausgetauscht, und es gelang, den Aufruhr in eine inszenierte Debatte umzulenken über die Frage, ob eine inflationäre oder eine solide Geldpolitik zu bevorzugen sei. Präsident Jackson wollte die Bank auflösen, aber die wehrte sich mit Händen und Füßen. Zeitungen und Politiker wurden gekauft und bestochen. Sogar der große Abgeordnete Daniel Webster wurde gekauft. Nachdem Mr. Biddle, der Chef der Bank, »Darlehen« in Höhe von insgesamt 32 000 Dollar an Webster gezahlt hatte, stellte er die Zahlungen ein. Daraufhin erhielt er von Webster folgende Mitteilung: »Ich stelle fest, daß mein Vorschuß nicht wie üblich erneuert oder aufgefrischt wurde. Sollte es Ihr Wunsch sein, daß mein Verhältnis zur Bank wie bislang fortgesetzt werde, so ist zu empfehlen, daß Sie mir den üblichen Vorschuß zukommen lassen.

Hochachtungsvoll,

Daniel Webster.« (Zarlenga, S. 311)

Man ging also auch auf Staatsebene durchaus nicht zimperlich miteinander um, und die Mitarbeiter werden offenbar auch nicht automatisch zu Engeln und denken nur noch an das Gemeinwohl, nur weil die Bank staatlich lizenziert ist.

Im Januar 1835 scheiterte dann noch ein Mordanschlag auf Jackson, die Bank brach später zusammen und wurde liquidiert. Der Chef Biddle wurde wegen Betrugs angeklagt, aber, obwohl die Anteilseigner ihre gesamten Investitionen verloren hatten, nicht verurteilt. Ich berichte das nur, damit Sie etwas vorbereitet sind auf das Silberkomplott. Man muß auch feinen Bank- und Regierungskreisen schon ein paar Unregelmäßigkeiten zutrauen.

Nach der Schließung der beiden halbstaatlichen Banken (*First* und *Second Bank of the United States*) und ihren Experimenten mit ungedecktem Papiergeld erlebte Amerika von 1836 bis 1862 eine geldpolitisch sehr fruchtbare Zeit. Unter van Buren wurde von der Regierung Papiergeld in Form von Schatzwechseln ausgegeben, die aber jederzeit in Gold und Silber einwechselbar waren, also eben keine Bills of Credit mit einem Anspruch auf nichts, sondern Papiergeld mit einem Anspruch auf Gold und Silber. Durch diese Verbindung mit Gold und Silber war die Menge der Schatzwechsel begrenzt. Es war das erste Mal in der Geschichte der Vereinigten Staaten, daß eine reine Gold- und Silberwährung eingeführt wurde, weshalb eine strengere Regulierung notwendig wurde.

Es war die Zeit des sogenannten Free-Banking. Die Bundesstaaten hatten 1836 die Free-Banking-Gesetze erlassen, mit denen die Notenausgabe, die Kapitalreserven, die Haftung der Anteilseigner etc. reguliert wurden. Natürlich hatten die Privatbanken das Vorbild der *Bank of the Unitet States* nachgeahmt und reichlich ungedeckte Noten ausgegeben.

»Das damals beliebteste Spiel der Bankiers bestand, neben der Erhebung von Zinsen auf den von ihnen gedruckten Noten, darin, daß sie diese in Umlauf brachten, indem sie mit ihnen einkaufen gingen. Die Funktionäre und Direktoren der Banken sowie ihre Freunde, Verwandten und Geschäftspartner hatten vorrangig Anspruch auf das von ihren Banken geschaffene Papiergeld und waren auch die größten Entleiher. Ihre Banknoten wurden allgemein akzeptiert, weil sich kaum anderes Geld im Umlauf befand und, vor allem, weil sie für Zahlungen an die Regierung angenommen wurden.« (Zarlenga, S. 319)

Mit den Free-Banking-Gesetzen wurden auf der Basis von Gold und Silber gleichsam strenge Spielregeln für den freien Wettbewerb privater Banken festgelegt. Mit dem Bürgerkrieg wurde auch dieser fruchtbare Ansatz zerstört, und Amerika sollte nie wieder ein ehrliches Geldsystem haben. Mit dem Greenback begann eine Zeit des permanenten Geldbetruges, was freilich manche Autoren auch ganz anders sehen. Für Stephen Zarlenga war der Greenback die beste Währung, die eine Nation jemals gehabt hat.

K. Das Wunder der Greenbacks

Das Jahrzehnt vor dem Bürgerkrieg, also die Zeit, als Amerika eine reine Gold- und Silberwährung hatte, war von einem enormen realen Wirtschaftswachstum geprägt. Die Bevölkerung wuchs von 23 Millionen im Jahre 1850 auf 31 Millionen im Jahre 1860. »In Chicago wurden allein von McCormick jährlich 4000 mit Dampf betriebene Traktoren produziert; und es gab noch weitere 100 Hersteller. In den Häfen der großen Seen und am

Mississippi herrschte enorme Aktivität. Die in Amerika gebauten Schiffe gehörten zu den besten der Welt. 1854 bis 1855 wurden mehr als eine Million Bruttoregistertonnen gebaut, eine Tonnage, die erst 1917 wieder erreicht werden sollte.« (Zarlenga, S. 330)

Die Verhältnisse im Bank- und Geldsystem dieser Zeit beschreibt Zarlenga z. B. als chaotisch, weil »es noch immer keine einheitliche amerikanische Währung gab. Die Bankgeschäfte wurden von 1606 State Banks abgewickelt, und 7000 verschiedene Arten von Banknoten waren im Umlauf. Kleinste Probleme gaben Anlaß zu Runs auf die Banken, deren Noten in der Regel nicht ausreichend gedeckt waren, und es kam häufig zu Paniken auf dem Finanzsektor«, beklagt Zarlenga. Dies ist ein hübsches Beispiel, wie man reale Sachverhalte verdrehen kann, wenn man ein bestimmtes Interesse oder eine Ideologie verfolgt. Zarlenga plädiert für ein einheitliches Staatsgeld, und deshalb ist ihm Wettbewerb auf dem Geldsektor natürlich ein Graus.

Wenn er beklagt, daß es »noch immer keine einheitliche amerikanische Währung gegeben habe«, so meint er damit einen einheitlichen ungedeckten Staatszettel. Natürlich gab es eine einheitliche amerikanische Währung, und die war Gold und Silber. Die 7000 verschiedenen Banknoten waren ja nicht die Währung, sondern nur Transportmittel für die Währung, so wie es Millionen von Geldbörsen gibt, um Geld zu transportieren. Und daß es Runs auf Banken gibt, gehört eben zum Wettbewerb. Nur so können die schwarzen Schafe schnell herausgefiltert werden. Beim Staatsgeld merken die Leute immer erst alle 60 Jahre, daß ihr Geld nicht gedeckt war.

Mit Beginn des Bürgerkrieges im April 1861 ging dann Zarlengas Traum in Erfüllung. Wie immer bei Kriegen wurde die Golddeckung abgeschafft und der Krieg mit ungedecktem Papiergeld finanziert. Mit Gold lassen sich Kriege nicht finanzieren, wie die folgende Rechnung zeigt.

Präsident Lincoln hatte Salomon P. Chase zum Schatzmeister ernannt. In einem frühen Finanzierungsplan schätzte Chase die für den Krieg benötigte Summe auf 381 Millionen Dollar – 80 Millionen Dollar sollten über Steuern hereinkommen, 300 Millionen Dollar über Fremdfinanzierung. Alles Gold und Silber im Land hatte jedoch nur den Wert von etwa 100 Millionen Dollar. Die Lösung waren die Greenbacks. Zarlenga schreibt dazu: »Bei den Greenbacks handelt es sich nicht um das Versprechen, richtiges Geld, also Gold und Silber, zu bezahlen, wie bei den Schatzanweisungen, sondern die Greenbacks selbst waren das Geld. Die Greenbacks wurden auch nicht vom Staat geborgt, hatten also nicht zur Folge, daß der Staat Zinsen bezahlen mußte und sich weiter verschuldete.«

Das Erstaunliche war, daß der Greenback, obwohl er mit keinerlei Versprechen verbunden war, nicht nach kurzer Zeit wertlos wurde. Bei seiner Ausgabe Anfang 1862 waren Greenback und Gold-Dollar noch im Wert identisch. Mitte 1864 hatte sich der Wert des Greenback auf 36 Cent verringert und schwankte danach um die 50 Cent, um sich im Jahre 1865 auf 68 Cent zu erholen. Wieso diese merkwürdige Erholung? Wieso hatte der Greenback als ungedeckter Papierzettel überhaupt einen Wert? Man kann vielleicht sagen, weil Steuern und Abgaben damit bezahlt werden konnten, weil er eben gesetzliches Zahlungsmittel war, aber daneben gab es ja nach wie vor Gold- und Silbermünzen als Geld, weshalb er eben auch nur halb so viel wert war wie eine Goldmünze. Übrigens mußten Importzölle nach wie vor mit Gold bezahlt werden, und Zinsen auf US-Staatspapiere mußten ebenfalls in Gold beglichen werden. Warum wohl?

Zarlenga meint, der Greenback habe deshalb seinen Wert »behalten«, weil die Menge strikt auf 450 Millionen begrenzt war. Aber warum sollte der Staat, wenn er in Not ist, nicht 900 Millionen Greenbacks ausgeben, natürlich auch wieder strikt begrenzt? Es gibt allerdings auch eine sehr einfache Erklärung, warum der Greenback einen Wert behielt und ab 1865 sogar anstieg, um dann im Dezember 1878 wieder die volle Parität zum Gold-Dollar zu erreichen.

Im Januar 1879 trat das sogenannte »Resumption Law« in Kraft, und alle Greenbacks waren Dollar für Dollar frei in Gold konvertierbar. Das war natürlich sehr vorteilhaft, zumindest für alle, die das vorher schon wußten, wie z. B. der Finanzminister, sein Schwager und dessen Tochter. Diese konnten also getrost zehn Millionen Greenbacks zum halben Preis kaufen und liegen lassen.

Wir kennen diesen Trick schon von den Continentals, wo auch die Insider Staatsanleihen zum halben Preis kauften, die dann zum vollen Wert in Gold eingelöst wurden. Im Falle der Greenbacks konnte man das zwar schon vorher ahnen, denn bereits im Wahlkampf 1868 wurde dieses Gesetz diskutiert, das dann erst 1875 verabschiedet wurde und 1879 in Kraft trat. Aber als Insider mit festem Wissen geht man halt ganz anders vor.

Hinter der Goldeinlösung 1879 stand aber noch ein anderes Motiv. Man wollte der massiven Deflation entgegenwirken, die durch das Silberkomplott entstanden war. Zarlenga schreibt allerdings zu dem Thema: »Die Tatsache, daß für den Greenback die Gold-Einlösepflicht eingeführt wurde, war wohl das Schlimmste, was der Währung und der Nation passieren konnte.« Er ist sogar der Meinung, daß es der Gold-Einlösung gar nicht bedurfte und der Greenback auch ohne Gold-Einlösung seinen alten Wert wieder erreicht hätte. Er schreibt in einer etwas verqueren Logik, »daß jeder jemals gedruckte Greenback letztlich so wertvoll war wie Gold, zeigte sich daran, daß jede dieser Papiernoten zu ihrem vollen Wert in Gold konvertierbar wurde«. (Zarlenga, S. 329)

L. Das Verbrechen von 1873

Was geschieht, wenn man in einer Volkswirtschaft die Hälfte des Geldes aus dem Kreislauf nimmt? Richtig – das Geld wird knapp, die Preise sinken, Forderungen werden wertvoller, Schulden sind schwerer zu bedienen. Konkurse und Arbeitslosigkeit nehmen zu, und die Kaufkraft des verbliebenen Geldes steigt. Wir erkennen wieder den alten Trick – viel Geld, wenig Geld –, mit dem man sich elegant das Vermögen anderer aneignen kann, ohne Kampf und Krieg.

Erst werden mit viel Geld die Menschen dazu gebracht, sich zu verschulden und ihr Eigentum zu verpfänden, dann wird mit wenig Geld die Schuld aufgewertet und unbedienbar gemacht und das verpfändete Eigentum requiriert. In den 70er Jahren des 19. Jahrhunderts wurde auf eine äußerst raffinierte Weise und zunächst vom Publikum weitgehend unbemerkt in den westlichen Industrieländern etwa die Hälfte des umlaufenden Geldes aus dem Kreislauf genommen, mit genau den oben beschriebenen Folgen, indem das Silber entmonetisiert wurde. Das »Verbrechen von 1873«, wie es sogar ein so besonnener Mann wie Milton Friedmann nennt, ist heute kaum noch bekannt. Drei Zitate mögen die Emotionen verdeutlichen, die mit diesem Vorgang verbunden wurden:

»Bei der hier und in Europa angezettelten Verschwörung, die zum Ziel hat, über die Gesetzgebung und auf anderem Weg zwischen drei Siebteln und der Hälfte des Metallgelds der Welt zu vernichten, handelt es sich um das größte Verbrechen dieser und auch jeder anderen Epoche.« (John G. Carlisle, Schatzmeister der Vereinigen Staaten).

»Ich bin überzeugt, daß dieses Gesetz von 1873 als das größte, gesetzgeberische Verbrechen (greatest legislative crime) und die erstaunlichste Verschwörung gegen die Wohlfahrt der Menschen in den USA und Europa in die Geschichte eingehen wird.« (Senator John H. Reagan, 1890)

»Die Entmonetisierung von Silber war das Verbrechen des 19. Jahrhunderts.« (Senator William M. Stewart, 1889)

Prof. James Laurence Laughlin, der Mann der Banken, sah das dagegen anders. Er schrieb 1886: »Das Gesetz von 1873 war ein Glücksfall, mit dem unsere finanzielle Glaubwürdigkeit gerettet und die Ehre der Nation geschützt wurde.«

Stephen Zarlenga betrachtet das Ganze wieder aus einem anderen Sichtwinkel: »Im Jahr 1800 existiert die *Bank of England* schon über ein Jahrhundert. In dieser Zeitspanne war es ihren Drahtziehern gelungen, die Macht und den Reichtum von der Gesellschaft auf die Bankleute zu verlagern. Durch den Mißbrauch der Geldmacht der Nation begannen die ›Finanziers‹, die der Regierung zuvor untergeordnet gewesen waren, Regierung und Gesellschaft zu dominieren. Durch ›Makro-Wucher‹, d.h. durch strukturellen Mißbrauch der Geldmechanismen der Gesellschaft, wurden immense Reichtümer angehäuft. So wie diese Macht und diese Privilegien mit unmoralischen Methoden erkämpft wurden, so wurde auch auf unverantwortliche Art und Weise von ihr Gebrauch gemacht. Mit den monetären Waffen, die diesen Übeltätern am vertrautesten waren, wurde die Gesellschaft weiter ausgeplündert – von innen heraus und auch von außen. So wurde das 19. Jahrhundert Zeuge monetärer Verbrechen immensen Ausmaßes.« (Zarlenga, S. 351)

Das Münzgesetz (coinage act) von 1873, auf das sich die obigen Zitate beziehen, wurde im Repräsentenhaus mit 110 zu 13 und im Senat mit 36 zu 14 Stimmen angenommen. Es erregte damals kaum Interesse bei den Abgeordneten, auch nicht bei Senator Stewart, der dafür stimmte und es später heftig attackierte als »schweren Fehler«, als eine »Verschwörung – ein Verbrechen und einen großen gesetzgeberischen Betrug«. (Barnett: *The Crime of 1873 Re-examinied 1964*, S. 178–181)

Wie konnte eine scheinbar so harmlose Gesetzesmaßnahme über eine so lange Zeit so starke Emotionen auslösen? Wie konnte das Gesetz zum zentralen Punkt eines Präsidentschafts-Wahlkampfes werden, mehr als zwei Jahrzehnte nach seiner Verabschiedung? Konnte man es wirklich als Verbrechen bezeichnen? Was waren die konkreten Folgen des Gesetzes? Zum besseren Verständnis müssen wir uns ein paar historische und geldtheoretische Tatsachen nochmals ins Gedächtnis rufen.

Der Hintergrund

Die Verfassung gab dem Kongreß das Recht, »Münzen zu prägen und ihren Wert, sowie den Wert ausländischer Münzen zu bestimmen«, und sie untersagte den Einzelstaaten ausdrücklich, »etwas anderes als Gold- und Silbermünzen als Zahlungsmittel zu bestimmen«. In Ausübung dieses Rechtes erließ der Kongreß das Münzgesetz (coinage act) vom 2. April 1792, in dem der Silber-Dollar mit 371,25 Grains (ca. 22 Gramm) Feinsilber und der Zehn-Dollar-Gold-Eagle mit 24,7 Grains (ca. 1,5 Gramm) Feingold definiert waren. Beide Münzen konnten nach dem Gesetz frei geprägt werden (free coinage), d. h. jeder konnte mit seinem Gold oder Silber zur staatlichen Münze gehen und sich ohne zusätzliche Kosten seine Münzen prägen lassen, die dann gesetzliches Zahlungsmittel waren.

Das Verhältnis von 15:1 zwischen Gold und Silber ergab sich automatisch aus den Gewichtsdefinitionen. Damit hatte die USA einen sogenannten Bimetallstandard, bei dem jedermann beliebige Mengen Gold oder Silber zu Geld, in diesem Fall Dollar, prägen lassen konnte.

Das wäre eigentlich das ideale Geldsystem, das auch heute sofort wieder funktionieren würde, wenn hier nicht auch schon wieder ein kleiner, äußerst raffinierter Pferdefuß drinnen stecken würde. Dadurch, daß man beide Münzen Dollar nennt, hat man eine dritte Größe eingeführt, und plötzlich wird diese Größe definiert. Ein Dollar ist soundsoviel Silber und soundsoviel Gold. Und plötzlich ist der Dollar die Maßeinheit und nicht mehr Silber und Gold. Normalerweise müßte der Preis von Silber in Gold ausgedrückt werden und der Preis von Gold in Silber und nicht beides in Dollar. Also, der Preis von einem Gramm Gold ist 15 Gramm Silber und kann sich ändern. Das bedeutet, der Preis von einem Gramm Gold kann auch mal 16 Gramm Silber sein oder auch einmal 14 Gramm Silber. Wenn ich beides in Dollar ausdrücke, habe ich automatisch ein Verhältnis festgezurrt, in unserem Fall 15:1, und sofort setzt der bekannte Verdrängungsmechanismus, das Gresham'sche Gesetz, ein.

Ein perfektes Geldsystem wäre also Bimetallismus mit freiem Prägerecht und ohne ein festgelegtes Verhältnis von Gold und Silber. Das Verhältnis muß sich im Markt ergeben und einpendeln. Man darf Gold und Silber darüber hinaus auch nicht einen gemeinsamen Währungsnahmen geben, wie Dollar, Mark oder Franc, sondern entweder einen Mengennamen, wie Goldunze und Silberunze, oder eben jeder Münze einen eigenen Namen, wie Dukat oder Taler. Das sind eben so die kleinen monetären Zaubertricks, mit denen das Publikum immer wieder hinter das Licht geführt wird.

Um wieder auf unser Komplott zurückzukommen: Obwohl nach dem Münzgesetz des Jahres 1792 sowohl Gold- als auch Silbermünzen als Geld benutzt werden konnten, liefen bis 1834 praktisch nur Silbermünzen um. Der Grund war ganz einfach: Es gab natürlich weiterhin einen Markt für Gold und Silber, unabhängig von der US-Münze, für Schmuck, Industrie und Münzen anderer Länder. Als das Gesetz 1792 verabschiedet wurde, lag das Verhältnis von Gold zu Silber im freien Markt exakt bei 15:1. Aber kurz danach stieg das Verhältnis am freien Markt über 15:1 und blieb auch darüber. Damit war Silber von Amts wegen mit 15:1 in USA überbewertet, mit dem immer gleichen Ergebnis, daß Silber als schlechtes (weil überbewertetes) Geld das »gute« Geld, in diesem Fall Gold, verdrängt. Das ist auch schon wieder so ein Twist, bei dem man sich leicht vertut. Jedenfalls hatte aus diesem Grund Amerika von 1792 bis 1834 effektiv einen Silberstandard. Gold lief praktisch kaum um, und wenn, dann nur mit einem Aufschlag zur Parität.

Im Jahre 1834 wurde ein neues Münzgesetz eingebracht, das den Marktgegebenheiten Rechnung tragen sollte, innerhalb derer sich ein Verhältnis von 15,625:1 eingestellt hatte. Man einigte sich schließlich auf ein

Verhältnis von 16:1, um etwas für das Gold zu tun, denn in Virginia, Carolina und Georgia hatte man kurz davor Gold entdeckt. Der neue offizielle Preis von 20,67 Dollar pro Feinunze Gold (statt bisher 19,39 Dollar) bewirkte prompt, daß nun Silber aus dem Umlauf verdrängt wurde und sich faktisch ein Goldstandard einstellte. Man war sich des Verdrängungsmechanismus' sehr wohl bewußt. Von da an bis zum Bürgerkrieg wurde nur noch wenig Silber gemünzt. Von 1834 an liefen Goldmünzen um, und Gold war der eigentliche Standard. Trotz der gestiegenen Nachfrage nach Gold zu monetären Zwecken fiel das Gold-Silber-Preisverhältnis, nachdem im Jahre 1840 in Kalifornien und im Jahre 1850 Australien Gold gefunden wurde, so daß der Status von Gold als billigem (d. h. schlechterem, weil amtlich überbewertetem) Geld gesichert blieb.

Mit Beginn des Bürgerkrieges wurde dieser »Goldstandard« erst einmal beendet. Zur Finanzierung des Krieges bezahlte der Staat mit ungedecktem Papiergeld (Greenbacks), ohne jedes Einlöseversprechen. Papier war jetzt das schlechtere Geld und verdrängte Gold und Silber. Gold zirkulierte zwar auch weiterhin, besonders an der Westküste, aber teilweise zum doppelten Greenback-Preis. Die Banken führten für ihre Kunden getrennte Konten für Greenbacks und für Gold. Gold und Greenbacks zirkulierten nebeneinander, allerdings mit einem flexiblen Wechselkurs, der vom Markt bestimmt wurde.

Nach dem Ende des Bürgerkrieges sollten auch die Greenback-Episode beendet und die Rückkehr zu einer Edelmetalldeckung eingeleitet werden. Das Gesetz von 1873 (coinage act) führte die Münzen auf, die geprägt werden sollten. Diese Liste enthielt Goldmünzen und unterwertige Silbermünzen (Scheidemünzen, die etwas Silber enthielten), führte aber nicht den Standard-Silber-Dollar mit 371,25 Grains Feinsilber auf. In einer überarbeiteten Fassung wurde dann 1874 auch noch bestimmt, daß Silbermünzen nur bis zu fünf Dollar gesetzliches Zahlungsmittel seien und ausländische Silbermünzen gar kein gesetzliches Zahlungsmittel mehr sein könnten. Danach folgten dann der »Resumption Act« von 1875 und die Einlöseverpflichtung der verbliebenen Greenbacks in Gold am 1. Januar 1879. Die Ereignisse, die schließlich zur Einlösung der Greenbacks in Gold 1879 führten, haben eine erstaunliche Parallele in einer gleichartigen Abfolge, 60 Jahre früher in England.

Der Bimetallstandard vor dem Jahre 1797 wurde in England von einer ungedeckten Papiergeldwährung abgelöst zur Finanzierung des Krieges gegen Napoleon, dem die Entmonetisierung von Silber im Jahre 1816 folgte. 1819 wurde dann eine Einlöseverpflichtung in Gold eingeführt. Ohne die Entmonetisierung des Jahres 1816 wäre die Einlösung in Silber erfolgt. Ob diese Parallelität ein Zufall war oder ein kühl berechneter Plan, mag dahingestellt bleiben – jedenfalls lief das Ganze 60 Jahre später in den USA nach dem gleichen Muster ab.

Nach dem Münzgesetz, das vor dem Bürgerkrieg galt, wäre die Rückkehr zur Deckung in den Vereinigten Staaten in Silber erfolgt, weil das Gold-Silber-Verhältnis im Jahre 1875 am freien Markt deutlich über 16:1 stand. Die Silberproduzenten hätten also einerseits aus ihrem Silber Münzen prägen lassen, statt es auf dem Markt zu verkaufen. Für Goldbesitzer wäre es andererseits vorteilhafter gewesen, Goldmünzen einzuschmelzen und Barren auf dem Markt zu verkaufen, statt sie zu ihrem Nominalwert als Geld zu benutzen. – Wir sehen, wie über diesen feinen Mechanismus jeweils das eine oder das andere Metall aus dem Markt katapultiert werden kann – ein enormes Manipulationspotential, wenn man den Mechanismus kennt.

Allerdings funktioniert der Trick nur, wenn das Verhältnis von Amts wegen festgezurrt wird. In diesem Fall verdrängt das schlechte (weil überbewertete) Geld das gute. Ohne diese Festlegung ist es genau umgekehrt, und das gute Geld setzt sich durch. In einem freien Markt pendelt sich das Verhältnis langfristig sehr stabil ein, wie wir auf unserer Silberschicksalslinie unschwer erkennen können. Bis zur Gründung der Bank von England im Jahre 1694 bleibt das Verhältnis über 300 Jahre nahezu unverändert. Erst ab Gründung der Bank von England fängt das Verhältnis an, immer mehr zu zittern, um dann in die wüsten Ausschläge überzugehen, die wir heute haben.

Durch die simple Tatsache, daß der Standard-Silber-Dollar beim coinage act von 1873 nicht auf die Liste gesetzt wurde, war in USA der gesetzliche Status des Bimetallismus beendet. Hätte er 1873 mit auf der Liste gestanden, wäre die Einlösung der Greenbacks im Jahre 1879 in Silber und nicht in Gold erfolgt. Aber 1873 hat das bis auf wenige Eingeweihte kaum jemand gesehen oder kapiert und eben auch die Abgeordneten nicht, die das Gesetz beschlossen haben. Als sich 1896 dann die Folgen zeigten, nämlich die Tatsache, daß praktisch die Hälfte des Geldes aus dem Umlauf verschwunden war, und alle laut aufschrieen, war es allerdings zu spät. Wie Friedman schreibt: »Man versuchte die Stalltür zu schließen, nachdem das Pferd schon gestohlen war.«

Es kamen damals auch zunehmend wilde Verschwörungstheorien auf. Milton Friedman zitiert einen Leitartikel aus der Zeitschrift *The Nation* von 1877 wie folgt: »Herr Ernest Seyd, ein Geheimagent ausländischer Anleihenbesitzer, kam 1873 aus London in unser Land und erreichte durch Bestechung führender Kongreßmitglieder und von Regierungsmitarbeitern eine Entmonetisierung des Silbers. Es wurde berichtet, daß er 500 000 Dollar mitbrachte, um bestimmte Kongreßmitglieder und die Währungsbehörde zu bestechen.« Es kamen immer wieder Gerüchte auf, daß England und insbesondere die Rothschilds hinter dem Komplott stünden, aber natürlich konnte ein solcher Zusammenhang niemals wirklich bewiesen werden.

Das Gesetz wurde lange diskutiert und in offener Abstimmung von einer großen Mehrheit verabschiedet. Die Abgeordneten, die sich später beklagten, behaupteten allerdings, die entscheidende Passage sei kaum erwähnt oder diskutiert worden.

War es nun eine gezielte Intrige, ein Komplott, oder ist der Lauf der Dinge eben zufälligerweise so? Haben die Nornen falsch gehäkelt, oder haben hier interessierte Menschen etwas gedeichselt?

Im Urteil von Milton Friedman »steht es außer Frage, daß der Standard-Silber-Dollar bewußt von der Liste der zugelassenen Münzen gestrichen wurde, in voller Kenntnis der wahrscheinlichen Folgen und in der Überzeugung, daß diese Folgen wünschenswert seien«. Offiziell begründet wurde das damit, daß aufgrund neuer Funde und Technologien ein Überangebot an Silber drohe und deshalb Silber möglicherweise abgewertet würde. – Diese Begründung muß man sich auf der Zunge zergehen lassen: Da hat man Angst vor zu viel Geld und wirft deshalb vorsichtshalber die Hälfte des vorhandenen Geldes weg. Anhand dieser »Argumentation« können Sie erkennen, daß man in Geldfragen dem Publikum offenbar jede Begründung zumuten kann. Dazu zählt auch das Argument, eine Währung müsse auf nur ein Metall, am besten Gold, gegründet werden. Zwei Metalle würden nur Verwirrung und Unordnung stiften. Das ist etwa so, als wenn man argumentiert, zwei Augen, Arme oder Beine würden nur Verwirrung stiften, besser sei nur ein Auge, ein Arm oder ein Bein …

Wie heimlich das Ganze eingefädelt wurde, zeigt ein weiteres Zitat bei Friedman. Franzis Walker, ein bekannter Geldtheoretiker, schrieb später: »Das Gesetz ging so unbemerkt durch, daß erst ein oder zwei Jahre später klar wurde, daß es sich um eine Entmonetisierung des Silbers handelte. Ich war 1873 Wirtschaftsprofessor in Yale und hielt Vorlesungen über Geld. Ich war auch fleißiger Zeitungsleser und in engem Kontakt mit Kaufleuten und Bankern aus dem benachbarten New York. Gleichwohl war es erst lange, nachdem das Gesetz von 1873 beschlossen wurde, daß ich von der Entmonetisierung des Silbers erfuhr.« (Friedman, S. 1167)

Für die folgenden 27 Jahre bewegte die Silberfrage Politik und Wirtschaft, und die amerikanische Nation versuchte verzweifelt, sich zu wehren. Silber konnte jedoch nie wieder den Platz zurückgewinnen, den es in der amerikanischen und auch der Weltwirtschaft gehabt hätte, wenn der Silber-Dollar 1873 mit auf der Liste gestanden hätte. Wäre die unbegrenzte freie Prägung von Silber-Dollars weiterhin möglich gewesen, hätte das beträchtliche wirtschaftliche, finanzielle und politische Konsequenzen für Amerika und die Welt gehabt, wie Milton Friedman in seiner Studie *The Crime of 1873* ausführlich untersucht und darstellt.

Wenden wir uns jetzt den Konsequenzen zu, die das Gesetz von 1873 tatsächlich hatte.

Die Folgen des Gesetzes von 1873

Die wichtigste Folge dieses Gesetzes war natürlich ein fallender realer Silberwert im Verhältnis zu Gold und zu allen anderen Waren. Die Kaufkraft von Silber ging zurück, man bekam also immer weniger Kuh für sein Silber. In unserem Chart sehen wir allerdings, daß die reale Kaufkraft bereits ab etwa 1750, wohl unter dem Einfluß Englands, dramatisch zurückging, bis etwa 1800, um sich dann, wohl unter dem Einfluß Frankreichs, bis etwa 1850 zu stabilisieren. Frankreich hielt das Verhältnis bei 15,5:1 lange Zeit stabil. Bereits ab dem Jahre 1859 begann dann der permanente Abstieg der Kaufkraft des Silbers bzw. ein permanenter Anstieg des Preisverhältnisses von Silber zu Gold. Ab 1870 beschleunigte sich dieser Prozeß, als ein europäisches Land nach dem anderen vom Silber- bzw. Bimetallstandard unter dem Einfluß Englands zum reinen Goldstandard überging. Deutschland wechselte in der Zeit von 1871 bis 1873 ebenfalls zum reinen Goldstandard über, nachdem es durch den Sieg über Frankreich eine große Reparationszahlung in Gold erhielt. Gleichzeitig schaffte Deutschland Silber als gesetzliches Zahlungsmittel ab und gebot den Banken, ihr Silber zu verkaufen. Frankreich, das seit 1803 einen Bimetallstandard aufrechterhalten hatte – dies tat es zusammen mit Italien, Belgien und der Schweiz (die sogenannte Lateinische Münzunion) –, sah sich schließlich gezwungen, Silber ebenfalls zu demonetisieren und zum reinen Goldstandard zu wechseln. Skandinavien, die Niederlande, Rußland und Österreich folgten in den Jahren von 1875 bis 1879 diesem Beispiel nach, so daß schließlich nur noch Indien und China einen Silberstandard hatten.

Die daraus resultierende Nachfrage nach Gold und das zunehmende Angebot von Silber bewirkte einen dramatischen Anstieg im Silber-Gold-Verhältnis, von 15,4 im Jahre 1870 auf 16,4 in 1873, 18,4 in 1879 und schließlich auf 30 im Jahre 1896, als die Silberlobby in USA eine Rückkehr auf 16:1 forderte. Gleichzeitig baute Amerika einen enormen Vorrat an Gold auf für die Einlösung der Greenbacks, der 1889 dann aber gar nicht gebraucht wurde, weil niemand Greenbacks einlösen wollte, jetzt, nachdem sichergestellt war, daß man sie jederzeit einlösen könne. Papier war eben praktischer als Metall in der täglichen Handhabung.

Die Regierung legte noch ein paar Programme für den staatlichen Ankauf von Silber auf, um die Interessen der Silberstaaten in Amerika zu befriedigen, aber dadurch kam auch nicht viel Geld zusätzlich in Umlauf. Die entscheidende Folge dieses Übergangs zum reinen Goldstandard war natürlich ein scharfer Preisrückgang weltweit und insbesondere in den USA, wie nicht anders zu erwarten war, wenn man plötzlich die Hälfte des Geldes aus dem Kreislauf nimmt.

Die Zeit von 1875 bis 1896 war eine Zeit permanenter Deflation mit einem Preisrückgang von etwa 1,7 Prozent p.a. in den USA und etwa 0,8 Prozent in England, was wir auch an dem deutlichen Anstieg des realen Goldpreises in dieser Zeit auf unserem Chart erkennen können. Die kurze Zwischenerholung beim Silberpreis in dieser Zeit ist wahrscheinlich auf die amerikanischen Ankaufprogramme zurückzuführen. Die Kaufkraft von Gold stieg ständig an (man bekam immer mehr Kuh pro Unze Gold), was bedeutete, daß das nominale Preisniveau ständig sank. Der ständige Preisdruck durch Wegfall des Silbergeldes wurde etwas gemildert durch den raschen Ausbau des Bank- und Zahlungssystems, was zum Glück eine deutliche Ausweitung der Geldmenge in Form von fiat money ermöglichte, was schließlich auch der Zweck der Übung war, nämlich Metallgeld durch fiat money zu verdrängen, indem man erst Silber und später Gold als Geld abschafft.

Der starken Deflation unmittelbar nach dem Ende des Bürgerkrieges 1865 folgte in Amerika eine weitere Deflation von 1875 bis 1896. Dies führte zur Bildung der Greenback-Partei, die zusätzliche, ungedeckte Greenbacks forderte, um die Deflation zu beenden. Der politische Druck führte schließlich zum Bland-Allison-Gesetz, mit dem eine begrenzte Menge Silber zu Marktpreisen angekauft werden sollte, um Geld unters Volk zu bringen. Das Silber wurde zu Standardmünzen geprägt, und diese wurden beim Schatzamt als Deckung für Papierzettel gebunkert, die als Silberzertifikate bezeichnet wurden und nach 1890 als Treasury Notes.

Der einzige Unterschied zu den Greenbacks bestand darin, daß die historische Rolle von Silber es leichter machte, die Geldmenge durch Ausgabe von fiat money zu erhöhen, wenn man damit Silber kaufte, als wenn man einfach Staatsaufträge gegen fiat money vergab. Das wachsende Silberlager des Schatzamtes entsprach praktisch dem, was sonst Weizen- oder Kohleberge sind, welche die Regierung ankauft, um den Preis hochzuhalten.

Die Wirkung der langanhaltenden Deflation in den USA war verheerend. Insbesondere die Bauern, die traditionell Schuldner sind, litten stark unter dem Preisverfall, der nicht nur ihre Erlöse schmälerte, sondern auch die reale Last ihrer Schulden ständig erhöhte. Viele Rohstoffe und Agrarprodukte fielen auch deutlich stärker im Preis als der allgemeine Preisindex, der schon mit 1,7 Prozent p. a. sank. Im Jahre 1896 führten zahlreiche Konkurse schließlich zu einer regelrechten Bankpanik und zu einem Abzug von Gold durch das Ausland, weil man befürchtete, daß Amerika durch Druck der Silberlobby vom Goldstandard wieder abgehen könnte. Zum Glück konnte durch J. P. Morgan und August Belmont, dem Vertreter der Rothschilds in den USA, eine sehr großzügige Goldleihe arrangiert werden, mit der verhindert wurde, daß Amerika wieder vom Goldstandard abging. Natürlich tauchten im Wahlkampf 1896 wieder wilde Verschwörungsgerüchte zu diesem Vorgang auf.

M. Der Kampf um ehrliches Geld

Nachdem das »Verbrechen von 1873« entdeckt worden war, entwickelte sich in den USA ein Kampf um »ehrliches Geld« (honest money), der sich innerhalb von 20 Jahren immer mehr aufheizte und schließlich im Wahlkampf 1896 seinen vorläufigen Höhepunkt fand, mit der berühmten »Kreuz aus Gold«-Rede von William Jennings Bryan. Es bildeten sich Parteien (*Populist Party*, *National Silver Party*), deren Hauptziel die Remonetisierung des Silbers war. Man kann sich heute kaum vorstellen, daß ein ganzer Wahlkampf um eine geldtheoretische Frage geführt wurde. Dieser führte seinerseits zu einer immensen Aufklärungskampagne, in deren Mittelpunkt ein kleines Buch von etwa 170 Seiten Umfang stand, das eine enorme Verbreitung fand und im ganzen Land gelesen wurde: William H. Harveys *Coin's Financial School*. Die Auflagenhöhe wird mit etwa einer Million Exemplare angegeben. Allein die *National Silver Party* kaufte 125 000 Exemplare und verteilte sie unters Volk.

Wie konnte ein kleines Buch, von dem heute kaum noch jemand etwas weiß und das im Grunde nur geldtheoretische Fragen allgemeinverständlich darstellt, ein solches Echo erzielen? Der gleiche Vorgang, nämlich die mehr oder weniger heimliche Entmonetisierung des Silbers, fand ja zu dieser Zeit in vielen Ländern statt. Die ganze Welt war Zeuge einer enormen, bewußt herbeigeführten Deflation. Aber in keinem anderen Land fand eine solche Aufklärung statt, und in keinem Land hat sich die Bevölkerung so vehement dagegen gewehrt wie in den USA, und diese Tradition ist auch heute noch lebendig. Die stärksten Impulse für eine Rückkehr zu ehrlichem Geld kommen heute zweifellos wieder aus den Vereinigten Staaten von Amerika.

In dem Buch *Coin's Financial School* wird beschrieben, wie ein junger, fast kindlich aussehender kleiner Mann mit Frack und Zylinder an sechs aufeinander folgenden Tagen einen Vortrag über Geld hält. Ursprünglich nur für die Jugend der Stadt (Chicago) geplant, spricht sich das Ereignis schnell herum, und der Saal füllt sich jeden Tag mehr. Es kommen Kaufleute, Reporter, Professoren und Banker, und am Ende muß man in einen größeren Saal umziehen und es wird Eintritt genommen, um sich des Andrangs zu erwehren. William H. Harvey, der Autor des Buches und Erfinder des kleinen Coin, hatte die Auswirkungen der Entmonetisierung des Silbers am eigenen Leib erfahren. Im Jahre 1883, als junger Mann von 32 Jahren, ging er mit zehn jungen Arbeitern und seiner Familie nach Colorado, um dort eine kleine Silbermine zu betreiben. Während er mit seinen Mitarbeitern schwitzte, um aus seiner Mine *Silber Bell* mehr Silber herauszuholen, fiel der Silberpreis immer mehr, von 1,32 Dollar im Jahre 1872 über 1,11 in 1884 auf 0,91 im Jahre 1886. Viele Minen mußten schließen, und auch Harvey verließ seine Mine und hielt sich fortan als Anwalt und Immobilienmakler über Wasser.

Die deflationäre Entwicklung setzte sich immer weiter fort. Im Jahr 1893 marschierte General Jacob Coxey aus Ohio mit tausenden Arbeitslosen nach Washington. »Coxeys Army«, wie sie genannt wurde, verlangte von der Regierung die Emission von 500 Millionen Dollar in Form von nicht verzinsten, als offizielles Zahlungsmittel anerkannten Papiernoten (Greenbacks), um vier Millionen Arbeitslose im Straßenbau beschäftigen zu können. In Washington angekommen, wurde Coxey allerdings von der Polizei wegen Betreten des Rasens vor dem Capitol festgenommen.

Statt die freie Prägung von Silber als Geld zuzulassen, was zumindest die Geldnot gelindert hätte, wurde Ende Oktober 1898 der »Shermann Act« aufgehoben, was bedeutete, daß der Staat nun auch kein Silber mehr ankaufte. Dieses Gesetz wurde leidenschaftlich und in hochdramatischer Form diskutiert. Senator Teller aus Colorado, einem Silberstaat, beschrieb in einer bewegenden Rede das Elend, das seinen Staat befallen werde, wenn man den Silberankauf einstelle – und brach anschließend weinend zusammen.

In dieser Zeit aufgeheizter Debatten um Silber war William Harvey nach Chicago zurückgekehrt und hatte seine *Coin Publishing Company* gegründet.

Das Buch *Coins Financial School* versuchte, komplexe Geldzusammenhänge in sehr einfachen Bildern zu erklären, mit etwas naiv anmutenden Zeichnungen, die gleichwohl die Zusammenhänge anschaulich und begreifbar machten. So erklärt sein Autor, daß Gott uns zwei Hände, zwei Beine, zwei Augen und zwei Ohren gegeben habe und in gleicher Weise Gold und Silber als Geld, und fügt entsprechende Zeichnungen hinzu, die zeigen, wie schlimm es ist, wenn ein Teil wegfällt.

SINGLE STANDARD.

SINGLE STANDARD.

Das mag naiv anmuten, ist aber sicher zupackender als eine lange theoretische Erklärung über die Vorteile des Bimetallismus. Daß es sich beim Bimetallismus tatsächlich auch theoretisch um das bessere System handelt, ist heute kaum noch bekannt. Gold und Silber gibt er einen menschlichen Charakter und läßt sie zur Zeit des freien Prägerechtes gemeinsam zur Münze ziehen.

THEY WALKED ARM IN ARM INTO THE UNITED STATES MINT.

Um dann in der folgenden Zeichnung zu zeigen, wie Silber, das Geld der Armen, mittels einer Feder, also von Professoren und Schreibern, ermordet wurde, während Gold, das Geld der Reichen, höhnisch aus der Münze grinst.

HOW SILVER WAS ASSASSINATED.

Sehr eindrucksvoll für die damalige Zeit war sicher eine Darstellung, nach der alles bereits gefundene Gold der Welt nur einen Würfel von 22 Feet (ca. 6,7 Meter) Kantenlänge ergeben würde, der etwa 5800 Tonnen wöge und leicht in eine Hotelhalle passe.

ALL THE GOLD OF THE WORLD IN THE CHICAGO WHEAT PIT

Silber dagegen würde einen Würfel mit 66 Feet (ca. 20 Meter) Kantenlänge und einem Gewicht von etwa 84 000 Tonnen ergeben, und diesen Würfel will man nun wegnehmen, um nur noch Gold als Geld zu benutzen. Allerdings hat sich Harvey bei der Goldmenge wahrscheinlich geirrt. Nach Angabe von Jastram und Martin Siegel entwickelte sich der Weltgoldbestand etwa so:

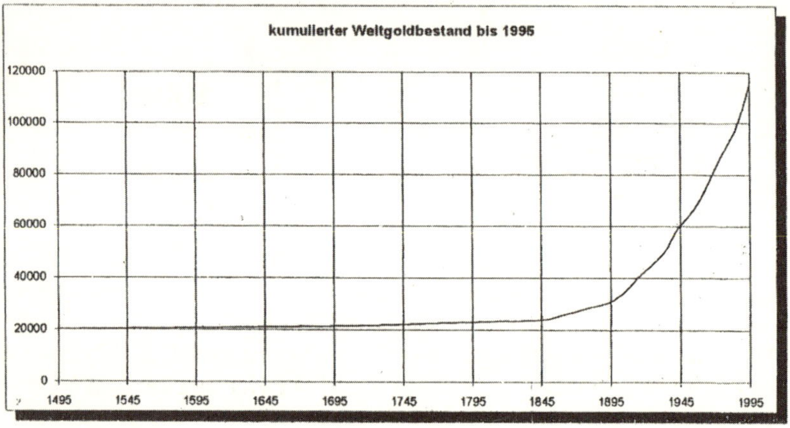

Er lag also sehr lange Zeit bei etwa 20 000 Tonnen und stieg dann in der Neuzeit dramatisch an. Demzufolge dürften die beiden Würfel zu Harveys Zeiten etwa so ausgesehen haben:

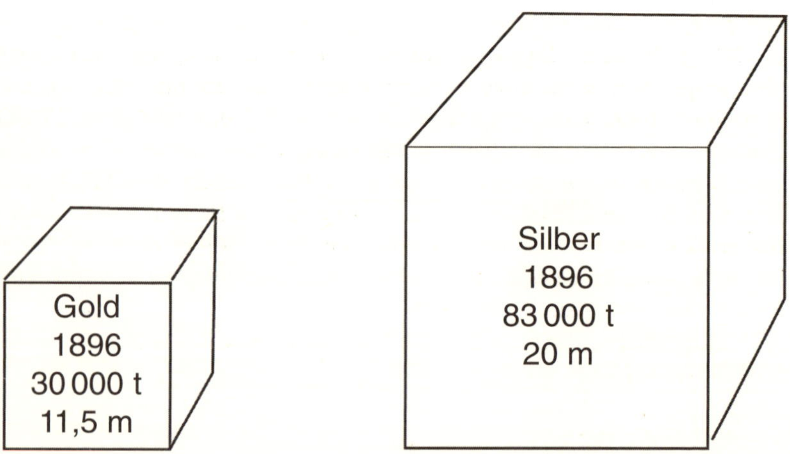

Zum Vergleich einmal die beiden Würfel, wie sie heute etwa aussehen:

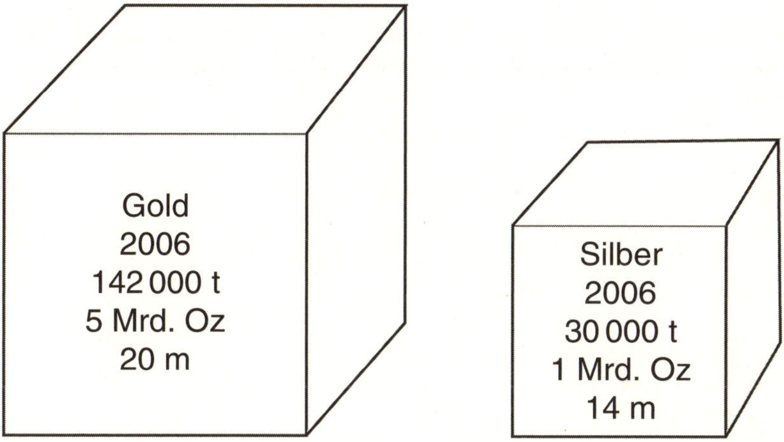

Die beiden Würfel heute dürften wohl für viele genauso überraschend sein wie die Würfel damals. Zeigt sich doch, daß wir viel weniger Silber sofort verfügbar haben als Gold.

Ted Butler geht von etwa fünf Milliarden Unzen Gold aus, die in Form von Barren, Münzen, Schmuck etc. heute auf der Welt verfügbar sind, gegen nur noch eine Milliarde Unzen Silber. Zwar wurden etwa 40 Milliarden Unzen Silber im Laufe der Geschichte gefördert und gefunden, aber diese Menge wurde nahezu komplett verbraucht und ist feinverteilt auf Müllkippen und im Meer verschwunden. Niemand kann genau sagen, wie viel noch verfügbar ist, aber wahrscheinlich ist es tatsächlich weniger als die Menge heute verfügbaren Goldes. Gold wird nicht verbraucht, und alles jemals gefundene Gold ist heute noch da und nimmt jedes Jahr um etwa 2000 Tonnen zu. Zwar werden auch noch jedes Jahr etwa 20 000 Tonnen Silber erzeugt, aber diese werden auch verbraucht, und der vorhandene Bestand nimmt seit vielen Jahren ab. In der Erde, so schätzt man, liegen noch etwa 250 000 Tonnen, die zu heutigen Preisen abbauwürdig wären. Das bedeutet, daß in etwa zehn Jahren kein Silber mehr verfügbar ist, wenn nicht stark gestiegene Preise zu einem anderen Verbrauchs- und Explorationsverhalten führen.

William Harvey läßt seinen Coin noch ein weiteres, sehr eindrucksvolles Bild entwerfen:

AN OBJECT-LESSON.

In Form von Kugeln stellt er Gold, Silber, die Schulden und das Weltvermögen gegenüber. Die Schulden der Welt, erklärt er, beliefen sich im Jahre 1890 auf etwa 200 Milliarden Dollar. Der Wert allen Vermögens betrug etwa 450 Milliarden. Dieses Vermögen schrumpft in der Deflation und wird weiter schrumpfen auf etwa die Hälfte seiner jetzigen Größe. Aber dieser Ball hier, der die Schulden repräsentiert, wird nicht schrumpfen, sondern im Gegenteil schon durch die Zinsen immer weiter wachsen, erklärt Coin.

Die Geschichte der Nationen zeigt nun, so erklärt Coin weiter, daß bei einer Verschuldung in Höhe von zwei Dritteln des Vermögens ein Verfall einsetzt, mit Streiks, Aufständen und Revolutionen, wie derzeit bei unseren Nachbarn in Südamerika. – Ein eindrucksvolles Bild, wie ich finde, für die Tatsache, daß in der Deflation die Vermögen schrumpfen und die Schulden immer drückender werden. Das gleiche Bild für unsere heutige Zeit entworfen, würde wohl noch ernüchternder wirken. Die beiden kleinen Kugeln Gold und Silber würden ganz wegfallen. Die Schulden der Welt liegen irgendwo bei 80 Billionen Dollar, und wie groß das Vermögen ist, kann niemand mehr sagen, weil das Geldvermögen ja überwiegend aus diesen Schulden besteht (Anleihen). Wie groß das Realvermögen (Häuser, Fabriken etc.) ist, können wir ebenfalls nicht sagen, weil wir keinen Maßstab mehr haben. In Dollar bewertet flitzt dieses Vermögen jeden Tag rauf und runter. Erst wenn die beiden Kugeln (Schuld und Geldvermögen) geplatzt sind, könnten wir wieder einen sinnvollen Vergleich aller vier Kugeln vornehmen.

Ich will noch einmal kurz auf die berühmte »Kreuz aus Gold«-Rede von William Jennings Bryan eingehen, weil sie sehr schön die Dramatik zeigt, mit der damals gegen eine Entmonetisierung des Silbers gekämpft wurde.

Die Präsidentschaftswahlen des Jahres 1896 wurden praktisch von der Diskussion über das freie und unbegrenzte Prägen von Silber dominiert. Bryan hielt seine Rede auf der Parteiversammlung der Demokratischen Partei und wurde praktisch über Nacht damit berühmt. Die Rede endete wie folgt: »Wenn sie es wagen, ins offene Feld hinauszutreten, um den Goldstandard als etwas Gutes zu verteidigen, werden wir sie bis aufs Letzte bekämpfen, und wir werden dabei die produzierenden Massen der Nation und der Welt hinter uns haben. Wir werden die Unterstützung des Handels und der gesamten Arbeiterschaft haben. Auf ihre Forderung nach dem Goldstandard werden wir ihnen folgendes antworten: auf die Stirn der Arbeiterschaft werdet ihr diese Dornenkrone nicht drücken. Ihr werdet die Menschheit nicht an ein Kreuz aus Gold schlagen.« Als die Rede endete, stand Bryan vor der Versammlung – mit zur Seite ausgestreckten Armen und geneigtem Kopf. Für einen langen Moment war die Menge wie betäubt, dann brandete nicht enden wollender Beifall auf, und Bryan wurde nominiert – einer der großen Momente in der politischen Geschichte der Vereinigten Staaten. Innerhalb von zwei Wochen besuchte Bryan zwei Drittel aller Bundesstaaten und hielt 400 Reden über Geld und die Vorteile des Bimetallstandards. Niemals zuvor hatte es so etwas gegeben und man kann sich das heute kaum noch vorstellen. Seine Kampagne wurde als »honest money campaign« (»Kampagne für ehrliches Geld«) bekannt.

Die Republikaner, die angeblich von London finanziert wurden, haben damals die Wahl gewonnen, und damit war die Entmonetisierung von Silber besiegelt. Mit der Einführung des Goldstandards wurde dann auch die Abschaffung von Gold als Geld vorbereitet und damit der endgültige Sieg von fiat money.

N. Der Triumph der Bankiers

Mit dem »Currency Act« des Jahres 1900 wurde auch in den USA der Goldstandard offiziell eingeführt – der entscheidende Schritt, um auch Gold als Geld abzuschaffen. Der Dollar wurde als Währungseinheit mit 25,8 Gran Gold definiert. Damit war der Dollar die Währungseinheit und nicht mehr das Gold. Die Definition kann man jederzeit ändern oder ganz wegnehmen. Wenn man die Definition »25,8 Gran Gold« ganz entfernt, wie es ja später geschah, bleibt eben der Dollar als Maßeinheit, so wie es heute der Fall ist.

Durch zunehmende Goldfunde und steigende Erzeugung von fiat money wurde die weltweite Geldknappheit, die durch die Entmonetisierung des Silbers entstanden war, etwas gemildert. Zarlenga schreibt dazu:

»Innerhalb des herrschenden gemischten Systems, das auf Edelmetallen, von Banken geschöpftem Geld und Krediten sowie auf von der Regierung geschöpftem Geld basierte, wurde die weltweit herrschende Geldknappheit gegen Ende des 19. Jahrhundert schließlich durch einige glückliche Umstände gemildert: zum einen durch beträchtliche Goldfunde in Afrika, Alaska und Australien, zum anderen durch ein neues, mit Cyanidlösungen arbeitendes Verfahren bei der Goldgewinnung, wodurch dem zermahlenen Gestein noch mehr Gold entzogen werden konnte. Durch diese Entwicklungen konnte sich die jährliche Goldproduktion innerhalb von nur acht Jahren mehr als verdoppeln:

1890: 5,7 Millionen Unzen (161 Tonnen)
1896: 9,8 Millionen Unzen (277 Tonnen)
1898: 13,9 Millionen Unzen (394 Tonnen)

Genaue Schätzungen über das vorhandene Münzgeld anzustellen ist mit Schwierigkeiten verbunden, denn häufig erfolgte die Prägung und Neuprägung desselben Edelmetalls in mehreren Münzstätten des Landes. Del Mar schätzte die Menge der in jedem Land vorhandenen Gold- und Silbermünzen und kam weltweit auf einen Gesamtwert von $ 3,7 Milliarden im Jahr 1879 und von $ 6,34 Milliarden im Jahr 1899.« (Zarlenga, S. 383)

Nachdem so der Goldstandard erst einmal stabilisiert war, galt es jetzt, den entsprechenden Schritt für die monetäre Herrschaft in den USA zu gehen, nämlich eine Zentralbank nach englischem Vorbild zu gründen, um fiat money zu etablieren. Die Gründung der *Federal Reserve Bank* der USA im Jahre 1913 ist wirklich ein Meisterstück in dem ganzen Komplott. Edward Griffin hat ein spannendes Buch über den Vorgang geschrieben, das den Titel *The Creature from Jekyll Island* trägt. In einem Vortrag, den ich nachfolgend mit freundlicher Genehmigung des Autors in einer deutschen Übersetzung wiedergeben will, faßte er die abenteuerliche Geschichte zusammen. Der Vortrag zeigt in kompakter Weise das ganze Drama unseres aktuellen Geldsystems und die Intrigen, die mit seiner Entstehung verbunden sind.

Das Monster von Jekyll Island

Von G. Edward Griffin

»Um eine Art historische Perspektive zu geben, würde ich gern in das erste Jahrhundert vor Christus zurückgehen, in ein kleines Königreich mit dem Namen Phrygien. In Phrygien lebte ein Philosoph mit dem Namen Epiktetes, der sagte, es gebe vier Arten von Erscheinungen:

Entweder Dinge existieren, wie sie erscheinen, oder sie existieren nicht und erscheinen auch nicht, oder sie existieren, scheinen aber nicht zu existieren, oder sie existieren nicht, scheinen aber trotzdem zu existieren. Haben Sie das verstanden? Als ich das gelesen hatte, war ich mir sicher, wenn Epiktetes heute leben würde, wäre er wahrscheinlich ein Harvard-Professor für Ökonomie und Bankwesen. Denn ist das nicht die Art von Erklärungen, die Sie bekommen, wenn Sie die Berichte der *Federal Reserve* lesen und verstehen wollen, was Geldaggregate und solche Dinge sind?

Nun, was hat Epiktetes gemacht? Er hat ein relativ einfaches Konzept erklärt, und wir haben gleichwohl keine Ahnung, wovon er redet. Und das ist genau das Verfahren, das die Experten häufig benutzen. Nichtsdestoweniger hat er uns ein Gleis geliefert, auf dem wir uns bewegen können, eine Art Thema für diesen Vortrag. Denn wenn es etwas in der Welt gibt, das eine Erscheinung zum Zwecke der Täuschung ist, dann ist es das *Federal Reserve System*. Es ist in der Tat eine der Erscheinungen der vierten Art, die, wie Sie sich erinnern, nicht existieren, aber scheinbar doch existieren.

Ich würde das gerne für meinen Vortrag als Faden benutzen und gelegentlich immer wieder darauf zurückkommen, als Erinnerung an den wichtigsten Aspekt des *Federal Reserve Systems*, den man unbedingt verstehen muß, nämlich daß eine Menge von Täuschungs- und Zaubertricks damit verbunden sind.

Ich beginne die Geschichte am besten mit der Entstehung des *Federal Reserve Systems*, denn das bringt uns unmittelbar zu dem Hintergrund für den Titel des Buches *The Creature from Jekyll Island*. Für alle, die mit dem Hintergrund der Geschichte noch nicht vertraut sind: Die Insel Jekyll Island gibt es wirklich. Sie liegt vor der Küste von Georgia, und es war auf dieser Insel im Jahre 1910, als das *Federal Reserve System* bei einem geheimen Treffen entworfen und geplant wurde. Wenn Dinge heimlich gemacht werden, gilt es meist etwas zu verbergen. Ich möchte Ihnen diese Geschichte kurz erzählen und dokumentieren, und wir werden herausfinden, daß es dieses Treffen gab, daß die *Federal Reserve* in der Tat dort geboren wurde, daß es in der Tat eine Menge Geheimhaltung gab, und dann werden wir uns die Frage stellen: Warum diese Geheimhaltung?

Die Insel Jekyll Island war 1910 komplett im Eigentum einer Gruppe von Millionären in New York. Leuten wie J. P. Morgan, William Rockefeller und ihren Partnern. Hier verbrachten ihre Familien die Wintermonate. Es war eine Urlaubsinsel – der *Jekyll Island Club*. Auf der Insel gab es ein großes Clubhaus als Zentrum der sozialen Aktivitäten. Sie können dieses Clubhaus heute besuchen. Die Insel wurde vom Staat Georgia gekauft, und das Clubhaus wurde komplett restauriert. Es ist wunderschön. Wenn Sie dort einen Besuch machen und die Korridore entlangwandern, werden Sie an eine Tür kommen, an der eine Bronzeplatte befestigt ist, auf der steht:

»Das Federal-Reserve-System wurde in diesem Zimmer geboren.«

Es gibt also kein Geheimnis um diesen Teil – es ist eine öffentlich bekannte Tatsache. Und so hat die Geschichte begonnen: Es war im November des Jahres 1910, als Senator Nelson Aldrich spät abends seinen privaten Eisenbahnwagen zur Bahnstation von New Jersey schickte, der ihn selbst und sechs weitere Männer unter extremer Geheimhaltung dort abholen sollte. Die Männer hatten die Anweisung, jeweils alleine zu kommen und am Abend der Abreise nicht miteinander zu Abend zu essen. Sie sollten nach Möglichkeit nicht zur gleichen Zeit zum Bahnhof kommen, und wenn sie zur gleichen Zeit eintreffen würden, sollten sie sich nicht kennen. Sie sollten Begegnungen mit Zeitungsreportern vermeiden, denn sie waren sehr bekannte Leute, und Zeitungsreporter besuchten oft Bahnstationen. Würden sie gesehen werden, müßten sie mit Fragen rechnen, besonders, wenn sie gemeinsam gesehen würden. Einer der Männer trug ein Gewehr in einem großen schwarzen Gewehrkoffer. Auf die Frage, wohin er fahre, hätte er geantwortet, er ginge zur Entenjagd. Das Interessante daran ist, daß wir aus seiner Biographie wissen, daß dieser Mann in seinem ganzen Leben kein Gewehr abgeschossen hat. Er besaß gar kein Gewehr und hatte sich dieses Gewehr extra geliehen zur Täuschung und Tarnung. Selbst nachdem sie sich an Bord des privaten Eisenbahnwagens befanden, wurde diese Geheimhaltung beibehalten. Sie hatten die Anweisung, nur ihre Vornamen zu benutzen und die Familiennamen zu vermeiden. Zwei von ihnen gaben sich sogar neue Vornamen als Codenamen. Der Grund dafür war, daß die Bediensteten an Bord nicht wissen sollten, wer sie waren. Sie befürchteten, daß, wenn die Bediensteten darüber gesprochen hätten, auf diese Weise Informationen nach außen gedrungen wären und der Zweck des Treffens kompromittiert worden wäre. Also, absolute Geheimhaltung nach allen Seiten sollte gewährleistet sein.

Der Privatzug reiste zwei Nächte und einen Tag die 1000 Kilometer nach Süden, und als die Männer am zweiten Morgen aufwachten, stand der Waggon in Brunswiek, Georgia. Dort nahmen sie eine Fähre über die England-Straße zur Insel Jekyll Island und fuhren zum Clubhaus. Für die folgenden neun Tage saßen sie um einen Tisch und entwarfen alle wichtigen Details für das, was schließlich das *Federal Reserve System* wurde. Nachdem sie fertig waren, fuhren sie zurück nach New York, und für eine ganze Reihe von Jahren leugneten sie, daß ein solches Treffen jemals stattgefunden habe. Erst nachdem das *Federal Reserve System* fest installiert war, erst danach begannen sie über das Treffen offen zu sprechen und darüber, was dort vereinbart wurde.

Einige schrieben Bücher darüber. Einer verfaßte einen Artikel darüber in einer Zeitschrift und sie gaben Zeitungsreportern Interviews über das Ereignis. Heute, viele Jahre später, können wir die veröffentlichten Unterlagen einsehen und bis ins kleinste Detail nachvollziehen, was auf Jekyll Island in 1910 passiert ist.

Wer waren diese sieben Männer? Den ersten, Senator Nelson Aldrich, hatte ich schon erwähnt. Ihm gehörte der Privatzug. Er war ein republikanischer Einpeitscher im Senat. Er war der Vorsitzende der nationalen Währungskommission, eines speziellen Komitees des Kongresses, das eine Empfehlung ausarbeiten sollte, um eine Gesetzgebung für eine Bankenreform auf den Weg zu bringen. Bankenreform nannten sie es – sie wollten das Bankwesen in Amerika reformieren, weil die Amerikaner sehr beunruhigt waren über die Konzentration von Bankmacht in der Hand einer kleinen Gruppe von Bankern und Investmentfirmen in New York und Wall Street. Man nannte es den Geld-Trust. Das war eine gängige Formulierung. In der Tat wurden eine Reihe von Politikern in ihr Amt gewählt, weil sie versprachen, die Macht des Geld-Trust aufzubrechen. Genau das war die Hauptaufgabe für die Währungskommission, deren Vorsitzender Senator Aldrich war. Er war zugleich Geschäftspartner bei J. P. Morgan. Er war der Schwiegervater von John D. Rockefeller junior und damit Urgroßvater von Nelson Rockefeller, unseres früheren Vizepräsidenten. Wie Sie sich entsinnen, war sein voller Name Nelson Aldrich Rockefeller, wobei er den Mittelnamen von seinem berühmten Großvater hat.

Der zweite Mann auf dem Treffen war Abraham P. Andrew, Staatssekretär beim Finanzministerium. Später wurde er Kongreßabgeordneter, und er war ein wichtiger Mann in Bankkreisen.

Der dritte Mann war Frank Vanderlip, Präsident der Nationalen Citybank von New York, der größten und mächtigsten Bank von New York, der größten und mächtigsten Bank von Amerika. Er repräsentierte die Finanzinteressen von William Rockefeller sowie der internationalen Investmentfirma Kuhn, Loeb und Company.

Henry P. Davison war dabei. Er war Hauptpartner der *J. P. Morgan Company*.

Charles Norton war dabei, Präsident der *First National Bank of New York*, auch einer der Giganten.

Weiterhin war da Benjamin Strong, Chef von *J. P. Morgan Bankers Trust Company*. Zufällig wurde Benjamin Strong drei Jahre später, als das *Federal-Reserve*-Gesetz schließlich verabschiedet wurde, der erste Präsident des *Federal Reserve Systems*.

Und schließlich war da noch Paul Warburg. Wahrscheinlich der wichtigste Mann, wegen seiner Bankerfahrungen aus Europa. Warburg wurde in Deutschland geboren, wurde amerikanischer Staatsbürger und war Partner bei Kuhn, Loeb und Co. Er war aber auch zugleich ein Vertreter der Rothschild-Dynastie in England und Frankreich, und während seiner ganzen geschäftlichen Tätigkeiten hielt er immer engen Kontakt mit seinem Bruder Max Warburg, der Chef des Warburg-Bankenkonsortiums in Deutschland und den Niederlanden war. Paul Warburg war einer der reichsten Männer der Welt.

Dies waren die sieben Männer auf Jekyll Island. Und so unwahrscheinlich es auch erscheinen mag, diese sieben Männer repräsentierten etwa ein Viertel des Geldvermögens der gesamten Welt in diesen Tagen. Und dies sind die Männer, die um den Tisch in Jekyll Island saßen und das *Federal Reserve System* erfunden haben. Weckt das Ihre Neugierde? Was geht hier vor? Nun – für die Skeptiker, die sich unter Ihnen befinden, und ich hoffe, es gibt viele davon, denn wenn das nicht der Fall wäre, würde ich mich wie der Prediger fühlen, der zu Bekehrten spricht. Ich weiß, daß es immer Skeptiker gibt in meinen Vorträgen, und das gibt mir ein gutes Gefühl. Die Skeptiker fragen sich – hat das wirklich so stattgefunden? Bestimmt übertreibt Griffin, um einen Punkt zu machen. Ja, es hat sich wirklich so abgespielt.

Ich möchte Ihnen das an einem Zitat demonstrieren. Es ist aus einem Artikel, den Frank Vanderlip selbst geschrieben hat und der am 9. Februar 1935 in der *Saturday Evening Post* erschienen ist. Sie erinnern sich, Vanderlip war einer der Männer bei dem Treffen. Hier ist, was er geschrieben hat: ›Ich denke, es ist keine Übertreibung, wenn ich sage, daß das heimliche Treffen auf Jekyll Island die Grundlage gelegt hat für das *Federal Reserve System*. Wir wurden angewiesen, unseren Familiennamen nicht zu verwenden. Wir wurden angewiesen, am Abend unserer Abreise nicht gemeinsam zu essen und nur einzeln und möglichst unerkannt zum Bahnhof New Yersey am Ufer des Hudson zu kommen, wo der private Waggon von Senator Nelson Aldrich am Ende eines Zuges nach Süden angehängt wurde. Nachdem wir im Waggon waren, wurde das Tabu der Familiennamen weiter aufrechterhalten. Wir redeten uns mit Ben, Paul, Nelson und Abe an. Davison und ich wählten sogar noch eine zusätzliche Stufe, indem wir auch unsere Vornamen ablegten und die der Gebrüder Wright annahmen, er wurde zu Wilbur und ich zu Orwell. Die Diener und die Zugmannschaft mögen die Identität des einen oder anderen erkannt haben, aber nicht von allen. Aber erst die Namen von allen zusammen hätte das Ereignis bedeutsam gemacht, in Washington, an der Wall Street und sogar in London. Wir wußten, die Sache durfte einfach nicht bekannt werden.«

Aber warum? Warum diese Geheimnistuerei? Warum ist das so bedeutsam? Was ist daran so bedeutsam, wenn sich eine Gruppe von Bankern in einer privaten Villa trifft und Bankprobleme bespricht oder auch Bankengesetzgebung? Vanderlip selbst gibt darauf die Antwort in dem nämlichen Artikel. Er schreibt:

›Wenn es öffentlich bekannt geworden wäre, daß unsere spezielle Gruppe zusammengekommen war, um ein Bankengesetz zu formulieren – hätte dieses Gesetz niemals eine Chance gehabt, durch den Kongreß zu kommen. Warum nicht? Weil das eigentliche Ziel der Gesetzesvorlage sein sollte, den Würgegriff des Geld-Trust zu brechen, und ausgerechnet dieses Gesetz wurde formuliert vom Geld-Trust. So einfach ist das.

Wenn die Öffentlichkeit das von Anfang an gemerkt hätte, hätten wir nie ein *Federal Reserve System* bekommen. Das war etwa so, als ob man den Fuchs bittet, den Hühnerstall zu bauen und das Sicherheitssystem zu installieren. Absolute Geheimhaltung war aus diesem Grund extrem wichtig, denn der Kongreß wäre sonst nie gefolgt, ebensowenig wie die Öffentlichkeit.‹

Wir erkennen hier eine sehr wichtige Tatsache im Zusammenhang mit dem *Federal Reserve System*, die auch heute nicht allgemein bekannt ist und damals erst recht nicht bekannt war – nämlich daß Heimlichkeit erforderlich war, weil Täuschung im Spiel war. Aber dahinter steckt noch mehr – sehr viel mehr. Analysieren wir mal für einen Moment die Zusammensetzung der Gruppe. Erscheint es Ihnen nicht seltsam, daß diese Männer hier beisammen waren? Wir haben hier die Morgan-Gruppe, die Rockefellers, Kuhn, Loeb und Co., die Rothschilds, die Warburgs. Alle sitzen um einen Tisch und schließen eine Übereinkunft ab. Ist an dieser Mischung nicht etwas Seltsames? Nun, meine Damen und Herren – das waren Konkurrenten. Was geht hier vor? Konkurrenten kommen zusammen und setzen sich an einen Tisch, um eine Vereinbarung abzuschließen. Hier waren die Giganten der Investmentbranche zusammengekommen, die vor dieser Periode sich bis aufs Messer bekämpft haben, um Herrschaft auf den Finanzmärkten der Welt zu gewinnen – nicht nur in New York, sondern auch in Paris, London und überall. Und die treffen jetzt eine Vereinbarung. Das ist eine extrem wichtige Tatsache, die im allgemeinen übersehen wird. Weil exakt dieser Zeitpunkt in den amerikanischen Geschichtsbüchern als die Periode beschrieben wird, in der sich Kartelle entwickelt haben. Es war dieser Zeitpunkt in der amerikanischen Geschichte, als im amerikanischen Geschäftsleben ein gewisser ideologischer Umschlag stattfand. Unternehmungen waren groß, stark, mächtig und wohlhabend geworden, auf der Grundlage von freiem Wettbewerb, also dem, was diese Nation groß gemacht hat. Diese Ideologie drohte nun umzuschlagen, hin zu Monopolen, also der Vermeidung von Wettbewerb. Es war John D. Rockefeller, der es als erster offen aussprach, als er sagte: Wettbewerb ist eine Sünde. Es wurde jetzt zur Bestimmung dieser Leute, Wettbewerb von nun an zu vermeiden, und zwar um jeden Preis.

Ihre Lebensanstrengung war es nun, Wettbewerber so weit wie möglich auszuschalten oder, wenn das nicht möglich war, sie aufzukaufen, und wenn das nicht möglich war, sich mit dem Wettbewerber zu verbinden in einem gemeinsamen Monopol, was man im allgemeinen als Kartell bezeichnet. Es war diese Periode in der Geschichte, in der sich dieser Übergang in allen Wirtschaftszweigen sehr rasch vollzog.

In den 15 Jahren vor dem Treffen auf Jekyll Island haben diese Finanzgruppen, über die wir hier reden, sich zunehmend in sogenannten Joint Ventures zusammengetan, statt miteinander zu konkurrieren. Sie stellten fest, daß es funktioniert, und sie fanden Gefallen daran. Das Treffen auf Jekyll Island war gewissermaßen der Höhepunkt dieses Prozesses.

Und nun kommen wir zu der zweiten erstaunlichen Feststellung über das *Federal Reserve System*, nämlich daß es sich keineswegs um eine Regierungsangelegenheit handelt, sondern in Wahrheit um ein Kartell. Sie hatten ein Bankenkartell geschaffen und per Gesetz legalisiert. Sie sorgten dafür, das Gesetz durchzubringen, um das Kartell legal zu machen und durchzusetzen. Das ist eine erstaunliche Eigenschaft des *Federal Reserve Systems*, über das die Lehrbücher nichts sagen – nämlich, daß es ein Kartell ist.

Aber es gibt noch ein drittes Element, das sogar noch wichtiger ist als diese beiden, um zu verstehen, was das alles für Folgen für uns hat. Das dritte Element, das wir verstehen müssen, ist, daß dieses Kartell eine Partnerschaft mit der Regierung abgeschlossen hat. Kartelle machen das häufig, um ihre Kartellvereinbarungen durchzusetzen. Wenn eine Partnerschaft vereinbart wird, muß es einen Grund geben, es muß für alle Partner einen Vorteil geben, oder sie kommen nicht zu einer Vereinbarung. Wir können also mit gutem Grund fragen: Wo lag der Vorteil für die Partner, warum haben sie diese Vereinbarung getroffen? Warum ist die Regierung beteiligt? Wo liegt der Vorteil für die Regierung? Und dann fragen wir, warum ist das Kartell beteiligt? Was bekommt das Kartell?

Um diesen Zusammenhang zu verstehen, müssen wir zunächst verstehen, wie das *Federal Reserve System* Geld erzeugt. Wie kommt in unserem

Land Geld in die Welt? Ich nenne es den Mandrake-Mechanismus. Der Name kommt von der Comicfigur Mandrake der Zauberer. Aber bevor ich darauf eingehe, will ich Sie vor etwas warnen. Versuchen Sie nicht, Sinn in die Sache zu bringen. Es ergibt keinen Sinn. Es soll gar keinen Sinn ergeben. Denken Sie daran, daß es sich um einen simplen alten Trick handelt, und Sie werden es verstehen. Außerdem werde ich versuchen, alles sehr einfach zu erklären, alles Bankchinesisch außen vor zu lassen, ebenso wie alles Buchhaltungschinesisch, und mich auf eine einfache Sprache beschränken. Aber ich kann Ihnen versichern, auch wenn es lächerlich simpel klingen mag, daß der Vorgang im Prinzip exakt genau so abläuft, wie ich es beschreibe.

Und so funktioniert es: Es beginnt mit dem Regierungsteil der Partnerschaft. Genau genommen beginnt es im Kongreß. Der Kongreß braucht Geld – eine Menge Geld –, mehr als er einnimmt. Die Steuern machen nur einen Prozentsatz dessen aus, was der Kongreß ausgibt. Aber wie können sie mehr ausgeben, als sie Einnahmen haben? Das funktioniert so:

Nehmen wir an, der Kongreß braucht eine Milliarde für seine heutigen Ausgaben. Er geht also runter zum Finanzministerium und erbittet Geld. Der Mann vom Finanzministerium sagt – Ihr scherzt wohl – wir haben hier kein Geld mehr – Ihr habt alles ausgegeben. Alle Einnahmen aus Februar und März sind bereits ausgegeben. Aber das muß Euch nicht beunruhigen – und sie gehen zusammen die Straße hinunter zur *Federal Reserve Bank*. Sie werden dort bereits erwartet – denn das ist einer der Anlässe, für welche die Bank extra geschaffen wurde. Sie gehen hinein, der Beamte zieht seinen Schreibtisch auf, nimmt ein großes Scheckbuch heraus und schreibt einen Scheck aus für das Finanzministerium der Vereinigten Staaten über eine Milliarde Dollar. Er unterschreibt den Scheck und gibt ihn dem Beamten vom Finanzministerium.

An dieser Stelle müssen wir eine Frage stellen: Wer hat die eine Milliarde Dollar auf das Konto bei der *Federal Reserve* eingezahlt, so daß sie an die Regierung ausgeliehen oder ausgezahlt werden kann? Wo kommt das Geld her? Und die erstaunliche Antwort ist: Da gibt es gar kein Geld, ja es gibt noch nicht einmal ein Konto, es gibt nur ein Scheckbuch. Diese eine Milliarde kommt genau in dem Moment auf die Welt, in dem der Beamte den Scheck unterschreibt. Wenn Sie oder ich das machen würden, kämen wir ins Gefängnis – aber die dürfen es, weil der Kongreß es so wünscht. Genau das ist der Vorteil, der Nutzen der Regierung. Das ist der Grund, warum die Regierung diese Partnerschaft eingegangen ist. Die Regierung hat dadurch einfach jederzeit und unmittelbar Zugriff auf jeden Geldbetrag, ohne erst den Steuerzahler zu befragen und ihn in Form direkter Steuern um Geld bitten zu müssen. Wenn sie erst zum Steuerzahler gehen und erklären müßten, sie wollten Steuern für dieses oder jenes haben und müßten deshalb dieses Jahr die Steuern pro Familie um 3000 Dollar erhöhen, würden sie abgewählt. Das ist keine populäre Angelegenheit. Sie mögen lieber den Mandrake-Mechanismus. Deshalb ist die Regierung dabei.

Aber warum ist das Bankenkartell dabei? Um diese Frage zu beantworten, gehen wir zurück zu dem Scheck über eine Milliarde und folgen dem Geld. Der Beamte des Finanzministeriums zahlt den Scheck auf das Konto der Regierung bei einer der *Federal-Reserve*-Banken ein. In diesem Moment zeigt der Computer, daß die Regierung eine Milliarde Dollar eingezahlt hat, daß auf dem Konto der Regierung nun eine Milliarde Dollar liegt und daß die Regierung nun ihrerseits Schecks über insgesamt eine Milliarde Dollar ausstellen kann, womit sie nun beginnt.

Wir verfolgen nun nur einen Scheck über 100 Dollar, den die Regierung an unseren Briefträger geschickt hat. Er nimmt diesen Scheck und zieht ihn auf seinem Konto ein bei seiner Geschäftsbank. Damit hat das Geld die *Federal Reserve Bank* verlassen und damit gleichsam die Regierungsseite der Partnerschaft und hat auf die Bankenseite gewechselt, auf die Seite der Geschäftsbanken. Es wurden 100 Dollar eingezahlt. Der Banker geht daraufhin zum Darlehensfenster und ruft – Achtung, alle herhören – wir haben Geld zu verleihen. Jemand hat soeben 100 Dollar eingezahlt. Wir haben Geld zu verleihen. Das macht alle glücklich, denn das ist einer der Gründe, warum man auf die Bank geht, nämlich um Geld zu leihen. Es ist also gut zu wissen, daß es Geld zu verleihen gibt – und die Leute stehen an nach Geld. Sie sind ein wenig besorgt, weil nur 100 Dollar da sind, aber der Banker sagt – macht Euch keine Sorgen, wir können darauf bis zu 900 Dollar verleihen. Wie ist das möglich?

Wie können die Banken 900 Dollar verleihen, wenn nur 100 Dollar eingezahlt wurden? Nun, das funktioniert so: Das *Federal Reserve System* sagt, daß die Banken nicht weniger als zehn Prozent der Einlagen als Reserve halten müssen. Der Witz ist, daß die 100 Dollar, die eingezahlt wurden, zehn Prozent von 1000 Dollar sind, und deshalb kann die Bank die Differenz von bis zu 900 Dollar verleihen.

Aber wo kommt dieses Geld her? Die Antwort ist die gleiche. Da ist kein Geld. Das Geld kommt auf die Welt in exakt dem Moment, in dem das Darlehen eingeräumt wird.

Lassen Sie uns das näher analysieren. Es gibt einen wichtigen Unterschied zwischen den zwei Funktionen. Das Geld, das aus dem Nichts erzeugt und der Regierung gegeben wurde, hat die Regierung für ihre Projekte ausgegeben. Das Geld, das auf der anderen Seite von den Banken aus dem Nichts erzeugt wurde, haben die Banken nicht für ihre Projekte ausgegeben. Sie haben es vielmehr an uns verliehen, für unsere Projekte. Aber sie kassieren Zins auf diese Darlehen. Der zentrale Punkt ist, daß sie Zinsen kassieren auf – Nichts, was ja kein schlechtes Geschäft ist. Das ist der Grund, warum das Bankenkartell in der Partnerschaft ist, weil genau das damit legal wird – Zinsen auf Nichts.

Was hat das für Folgen? Dieses Geld, das aus dem Nichts erzeugt wird, strömt in die Wirtschaft, und diese neuen Dollar verwässern den Wert der alten Dollars, die schon im Umlauf sind. Das ist, als ob man Wasser in eine Suppe gießt, die Suppe wird verwässert. Wenn Sie all die neuen Dollars in den Wirtschaftstopf gießen, dann verwässern Sie die Dollars, die schon da sind, die Preise steigen und steigen, und wir haben das Phänomen einer Inflation, also die Erscheinung von steigenden Preisen.

Ich betone dabei das Wort *Erscheinung*, weil die Preise eigentlich gar nicht steigen. Was wirklich passiert, ist, daß der Wert des Dollars fällt. Wenn wir ein Geld hätten, das auf Gold oder Silber aufgebaut wäre oder irgend etwas anderem, das einen faßbaren inneren Wert hat und das man nicht einfach aus dem Nichts zaubern kann, würde sich herausstellen, daß Preise über sehr lange Zeiträume stabil bleiben.

Um diesen Punkt mal zu illustrieren: Es ist interessant zu wissen, daß man im alten Rom mit einer Goldmünze von einer Unze Gewicht eine sehr gute Toga kaufen konnte, zusammen mit einem Gürtel und ein Paar Sandalen. Was können wir heute für eine Goldmünze von einer Unze kaufen? Wir können in irgendein Herrengeschäft gehen, einen guten Anzug, einen Gürtel und ein Paar Schuhe dafür kaufen. Der reale Preis dieser Dinge hat sich über Tausende von Jahren nicht verändert, wenn er in realem Geld ausgedrückt wird.

Aber wenn man es in dem Papiergeld ausdrückt, das wir mit uns herumtragen, also den Banknoten der *Federal Reserve*, die wir Dollar nennen, so kaufen die weniger, weniger und immer weniger, weil mehr und mehr und immer mehr davon in den Wirtschaftstopf gegossen werden.

Damit ist die Analyse nicht zu Ende. Wir haben also Kaufkraft verloren – wohin ist die verschwunden? Hat sie irgend jemand bekommen? Diese Frage stellen die Menschen nicht. Hat irgend jemand meine Kaufkraft bekommen? Hat sie sich irgendwie aufgelöst und ist in den Himmel aufgestiegen? Nein – für jeden Verlierer gibt es einen Gewinner. Irgend jemand hat die Kaufkraft bekommen, die Sie verloren haben – wer ist das? Lassen Sie uns das herausfinden. Diejenigen, welche die verlorene Kaufkraft erhalten, sind Menschen, die genau an der Stelle stehen, an welcher das neue Geld in den Topf geschüttet wird. Denn die bekommen das Geld zuerst in die Hand, und an dieser Stelle hat es noch seinen vollen Wert. Aber in dem Moment, wo sie es ausgeben an die nächste Person und die es wieder weitergibt an die Übernächste und es sich so ausbreitet bis an den Rand des Topfes, wo die meisten von uns sitzen, hat es seinen Wert verloren. Aber diejenigen, die gleichsam am Wasserhahn sitzen, haben unsere verlorene Kaufkraft gewonnen. Wer sind die?

Es ist klar, daß die Regierung dabei die Nummer eins ist, denn der erste Scheck, der Scheck über eine Milliarde Dollar, ging an die Regierung – also Nummer eins. Die haben das Geld zuerst bekommen. Was ist mit dem Geld, das auf der Bankenseite der Partnerschaft erzeugt wurde? Wer hat das zuerst bekommen? Nun, die Darlehensnehmer – nicht wahr? Diejenigen, die sich am Fenster angestellt haben. Das war hier der Wasserhahn. Das ist etwas, das wir alle kennen. In Inflationszeiten macht es Sinn zu borgen. Warum? Weil Sie dann Dollar borgen, aber Dimes zurückzahlen. Die Inflation höhlt das, was Sie vereinbart haben, aus, das Geld, das Sie zurückzahlen, hat immer weniger Wert. Der arme Mensch am Ende der Schlange, der dann Ihre Zahlung bekommt, hat seine Kaufkraft verloren, und Sie haben sie gewonnen. Denn Sie waren schlau genug, in der Inflation Geld zu leihen. So funktioniert das. Das ist einer der Gründe, warum man die Leute in Schulden lockt, denn das ist klug gehandelt. Was sie Ihnen aber nicht sagen, ist, daß Ihr Gewinn, den Sie bei dem Prozeß machen, wieder verlorengeht, weil Sie auf der anderen Seite alles wieder an die Bank zahlen müssen, in der Form von Zinszahlungen auf das Darlehen. Zinsen auf Nichts. Die Bank schnappt sich also in Wahrheit Ihren Gewinn über die Zinszahlungen. Manchmal haben Sie zwar Papiergewinne. Schauen Sie auf den Wert der Immobilie oder auf den Wert der Aktie – die Leute bezahlen immer mehr dafür, aber vergessen Sie nicht, meine Damen und Herren, daß sich die wirtschaftlichen Bedingungen ändern können, und diese Papierwerte auch schrumpfen können statt zu wachsen. Und wenn die Wirtschaft schrumpft, was ja häufig der Fall ist, verlieren die Leute alles.

Sie machen sich nicht klar, daß der Wechsel von Konjunktur und Rezession, den wir seit der Einführung des FED-Systems haben, wie ein Sägezahn funktioniert. Die Wirtschaft wächst für einen längeren Zeitraum über zehn, 20 oder 30 Jahre, und die Leute denken, das geht ewig so weiter, und dann Krachbumm – bricht alles zusammen, und zwar gewöhnlich sehr schnell, und eine Menge Menschen verlieren ihr Vermögen. Dann geht es wieder aufwärts für zehn, 20 oder 30 Jahre, alle sind glücklich und dann – Krachbumm, bricht wieder alles zusammen. Und jedes Mal, wenn es kracht, verlieren die Leute ihr Vermögen.

Was aber verlangt die Bank von Ihnen, wenn Sie Ihnen Geld leiht, das sie selbst aus dem Nichts gezaubert hat? Sie verlangt eine Unterschrift für Ihr Haus, Ihr Auto, Ihre Vermögensgegenstände – und wenn Sie nicht pünktlich zahlen für dieses Zaubergeld, nehmen die Ihnen die Murmeln weg. Die gewinnen immer – in Zeiten des Aufschwunges wie des Abschwunges –, es macht keinen Unterschied. So wurde es geplant, sorgfältig ausgearbeitet, diese Menschen sind Wissende, meine Damen und Herren. Der Kern der Sache nämlich ist, daß diejenigen, welche die Kaufkraft gewinnen, die Sie verlieren, genau die beiden Gruppen in der Partnerschaft sind – nämlich die Regierung und das Bankenkartell. Nun dieser Prozeß ist in Wahrheit eine Steuer. Wie immer Sie es nennen wollen, Inflation oder welchen Namen auch immer Sie ihm geben wollen, es ist eine Steuer. Wenn Sie sich an irgend etwas von diesem Vortrag erinnern, so hoffe ich, ist es dieser Sachverhalt – Inflation ist eine Steuer. Genau deshalb sind diese zwei Gruppen eine Partnerschaft eingegangen. Die Regierungsseite kann ihre Bürger nahezu unbegrenzt und in beliebiger Höhe besteuern, ohne daß die Bürger es überhaupt ahnen, daß sie in Wahrheit eine Steuer bezahlen. Auf der Bankenseite können sie ewigen Zins für Nichts kassieren.

Aber lassen Sie uns nach Jekyll Island zurückgehen. Wir können eine Menge lernen von dieser Insel und von jenen Tagen, denn alles, was heute passiert, wurde in diesen neun Tagen an diesem Tisch geboren. Sie hatten ein spezielles Problem, nämlich die Frage, wie sie dieses Geschäft nennen sollten. Sie müssen wissen, daß diese Partnerschaft zwischen Banken und Regierung nichts Neues war. Das wurde in Europa bereits im 16. Jahrhundert entwickelt. Es wurde damit experimentiert, und es wurde immer weiter verbessert und führte schließlich zur Gründung der *Bank of England* im Jahre 1694. Von diesem Datum an nutzten alle europäischen Regierungen diese Art von Mechanismus. Sie nannten es natürlich nicht Mandrake-Mechanismus, wie ich es nenne, sie hatten einen anderen Namen dafür, nämlich ›Zentralbank‹. Als nun die Zeit gekommen war, diesen Zentralbankmechanismus nach Amerika zu bringen, wußten die Herren auf Jekyll Island zwar ganz genau, was sie wollten, aber sie konnten es nicht Zentralbank nennen, weil sie genau wußten, daß der Kongreß bereits erklärt hatte, daß man so etwas nicht wolle. Man dachte, daß man etwas Eigenständiges brauche, genau auf die amerikanische Wirtschaft zugeschnitten. Die Männer überlegten also, wie sie es nennen sollten, und sagten sich, laßt es uns zunächst *Federal* nennen, damit es so klingt, als wäre es eine Einrichtung der Regierung. Dann laßt uns das Wort *Reserve* hinzufügen, um den Anschein zu erwecken, da liege irgendwo eine Reserve. Und schließlich laßt uns noch das Wort *System* hinzufügen. Dies war noch wichtiger, als es heute erscheint. Denn erinnern wir uns, das Hauptbedenken damals war die Machtkonzentration der Banken in New York. Sie mußten also das amerikanische Volk davon überzeugen, daß sie ein ›System‹ von Banken schaffen wollten, das geographisch über das ganze Land verteilt sei. Sie sagten also, wir brauchen zehn, oder nein, das ist nicht genug, besser zwölf regionale Banken, um die Macht zu entschärfen, d. h. scheinbar zu entschärfen.

Nun, wir wissen heute, was wir bekommen haben, ist in keiner Weise ›Federal‹, es gibt nirgendwo ›Reserven‹, es ist kein ›System‹ im Sinne einer Beschränkung der Macht, und die *Federal-Reserve*-Banken sind nicht einmal Banken. Wir haben also einen kolossalen Namen, eine Art Erscheinung der vierten Art. Es war eine brillante Täuschung, und jetzt kam der nächste Schritt, nämlich es dem Publikum zu verkaufen.

Die erste Lesung des ›Federal Reserve Act‹ lief unter dem Namen Aldrich-Gesetz, weil es von Senator Aldrich eingebracht wurde. Paul Warburg hatte ihn allerdings davor gewarnt. Er sagte: ›Nelson, wenn du dem Gesetz deinen Namen gibst, wird es wahrscheinlich im Kongreß abgelehnt, weil du so klar mit den Interessen des Big Business verbunden wirst‹, und Warburg hatte Recht damit. Der Kongreß lehnte das Gesetz der großen Banker ab. Aber das war nur ein kleiner Rückschlag. Sie nahmen ihren Gesetzentwurf, schrieben die Paragraphen ein wenig um, strichen den Namen Aldrich raus und fanden ein paar Demokraten, die nun das Gesetz einbrachten. Das machte einen Unterschied, denn jeder wußte, daß die Republikaner das Big Business vertraten, und sie wußten auch, daß die Demokraten auf der anderen Seite den kleinen Mann vertraten. Also den Arbeiter, den Mann am Fließband wie Ted Kennedy z. B. Sie fanden also ein paar Millionäre bei den Demokraten, die das Gesetz unterstützten. Carter Glass im Kongreß und Senator Rober Owen, der selbst ein sehr erfolgreicher Banker war, brachten nun das Gesetz ein, unter dem Namen Glass-Owen-Gesetz.

Als nächstes fingen Aldrich und Vanderlipp an, Reden zu halten und Zeitungsinterviews zu geben, in denen sie das Gesetz ablehnten, das sie selbst geschrieben hatten. Sie sagten, dieses Gesetz wird die Banken ruinieren, es ist katastrophal für die Nation. Als das in die Zeitungen kam und der Durchschnittsbürger es las, sagte er sich: ›Oh, oh, die großen Banken mögen dieses Gesetz nicht, es muß recht gut sein.‹ Man muß diese Männer schon respektieren, sie waren nicht dumm. Sie haben ihre Positionen nicht als Tollpatsche erreicht. Sie verstanden etwas von Massenpsychologie und von Politik, und sie spielten ihre Karten sehr überlegt. Gleichzeitig finanzierten die gleichen Leute auf eigene Kosten sogenannte Graswurzel-Studienclubs, die über das ganze Land hinweg entstanden. Da wurden öffentliche Seminare gehalten, Broschüren und Informationsschriften gedruckt, in denen die Vorzüge des ›Federal Reserve Act‹ beschrieben wurden. Sie gaben große Geldsummen an einige der besseren Universitäten in Amerika, gründeten neue Abteilungen für Wirtschaftswissenschaften, wählten persönlich die geeigneten Professoren aus als Direktoren dieser Abteilungen. Und diese Professoren begannen dann Reden zu halten und kluge Artikel zu schreiben, in denen beschrieben wurde, wie segensreich das *Federal Reserve System* sei.

Auf Vorschlag von Paul Warburg fügten sie dann noch ein paar exzellente Paragraphen in den Gesetzentwurf ein. Paragraphen, welche die Möglichkeiten der Zentralbank, Geld aus dem Nichts zu erzeugen, ernsthaft beschneiden sollten. Die Mitstreiter von Warburg sagten, Paul, was machst du da, wir wollen das nicht in unserem Gesetz haben. Aber Warburgs Antwort war klassisch. Er sagte: ›Entspannt euch, seht ihr denn nicht, unser Hauptziel ist es, das Gesetz durchzubringen. Danach können wir es dann verbessern.‹ Es ist diesen Paragraphen zu verdanken, daß schließlich auch die Unterstützung von William Jennings Bryan gewonnen wurde, dem Kopf der sogenannten Populistenbewegung. Er war von Anfang an gegen dieses Gesetz. Aber als er diese tollen Paragraphen sah, sagte er: ›Na gut, jetzt kann ich das Gesetz auch unterstützen.‹ Mit dem Wegfall seiner Oppositionsstimme war der Weg nun geebnet, und alle, bis auf ein paar wenige einsame Stimmen, waren nun für die FED und das Gesetz. In der Tat haben sie es dann später ›verbessert‹.

Nachdem das *Federal-Reserve*-Gesetz angenommen wurde, ist es über 100 Mal ergänzt worden, und jeder dieser ›tollen Paragraphen‹ wurde schon längst wieder herausgenommen, und dafür sind viele zusätzliche Paragraphen hinzugekommen, mit denen die Macht der *Federal Reserve* beträchtlich ausgeweitet wurde.

In Anbetracht dieser professionellen und brillanten Strategie und Täuschung ist es keine Überraschung, daß schließlich die Öffentlichkeit ebenso wie der Kongreß mit einer soliden Mehrheit für das *Federal Reserve System* stimmten, das Gesetz am 22. Dezember 1913 beschlossen wurde und das Geschöpf von Jekyll Island schließlich nach Washington D.C. kam.

Ich möchte mich jetzt einmal kurz auf die Frage konzentrieren, was die Ziele der *Federal Reserve* sind. Wie Sie wissen, wird uns gesagt, das Ziel der *Federal Reserve* sei es, die Wirtschaft zu stabilisieren und dem chaotischen Bankenwesen einen Riegel vorzuschieben. Eines der heute weit verbreiteten Lehrbücher an unseren Schulen, das Lehrbuch über Wirtschaft von Paul Samuelson, sagt dazu: ›Das *Federal Reserve System* entstand aus der Panik von 1907 mit ihrer alarmierenden Verbreitung von Bankzusammenbrüchen. Das Land hatte ein für alle Mal genug von der Anarchie der unstabilen Privatbanken.‹ Das jedenfalls sagt Samuelson, und das ist, was die Studenten lernen. Wir wollen das für den Moment mal gar nicht in Frage stellen, lassen wir es mal so stehen, denn das ist die offizielle

Lehre. Die Aufgabe der Zentralbank ist es, die Wirtschaft zu stabilisieren und die Menschen zu schützen. Deshalb erhöhen sie jetzt ihre Zinsen, wie Greenspan sagt. Warum machen sie das? Um den Menschen zu helfen – oder? Um die Wirtschaft zu stabilisieren, damit wir nicht eine massive Inflation bekommen? Er tut es für Sie, meine Damen und Herren, jedenfalls sagt er das. Und wenn Sie versuchen, das Ganze zu verstehen auf der Basis der offiziellen Verlautbarungen, so wird Ihnen das nie gelingen. Lassen Sie uns diese offizielle Erklärung für einen Moment als richtig erachten und schauen wir mal, wie gut es funktioniert.

Wollen wir mal die Erfolgsbilanz betrachten. Nachdem die *Federal Reserve* gegründet wurde, ist sie verantwortlich für den Crash von 1921 und 1929, die große Depression von 1929 bis 1939, Rezessionen in den Jahren 1953, 1957, 1969, 1975 und 1981, einen schwarzen Montag am Aktienmarkt im Jahre 1987. Wir alle wissen, daß die Unternehmensschulden massiv steigen, die private Verschuldung ungeahnte Ausmaße angenommen hat, Firmen- und Privatpleiten sind auf einem Allzeithoch, Banken und Sparkassen sind in größerer Zahl zusammengebrochen als jemals zuvor, der Zins auf die Staatsschuld verschlingt die Hälfte der Steuereinnahmen, unsere Schwerindustrie wurde fast vollkommen von ausländischen Wettbewerbern abgelöst. Wir haben zum ersten Mal in unserer Geschichte ein internationales Handelsbilanzdefizit, 75 Prozent des Zentrums von Los Angeles und anderer Großstadtregionen sind im Besitz von Ausländern, und die Hälfte der Nation ist offiziell im Zustand der Rezession. Nun, das ist die Erfolgsbilanz der 80jährigen Bemühungen des *Federal Reserve Systems*.

Ich denke, man kann unbestritten behaupten, daß sie versagt hat bei der Erfüllung ihrer erklärten Ziele. Der einzige Streitpunkt ist allenfalls die Frage, warum sie versagt hat. Meine Antwort ist – dieses waren nie ihre wirklichen Ziele. Was aber sind ihre wahren Ziele? Was sind die Ziele eines jeden Kartells? Nun, die Gewinnmargen der Mitglieder des Kartells zu erhöhen und ihre Position im Markt zu stabilisieren. Wenn wir das im Hinterkopf haben, bekommen wir ein anderes Bild vor Augen. Dann hat sie nämlich keineswegs versagt, sondern war erfolgreich. Es gab drei Ziele, welche die Banker von Jekyll Island mit Hilfe der *Federal Reserve Bank* für sich erreichen wollten, und sie waren sehr klar in dieser Hinsicht. Hier sind die Ziele.

Als erstes wollten sie den allmählichen Verlust ihrer Macht in New York stoppen. Ja, das ist das genaue Gegenteil von dem, was von der *Federal Reserve* eigentlich offiziell erwartet wurde, aber das ist, was sie wollten. Das ist wert, erwähnt zu werden, denn, wenn ich von einem Kartell rede, so spreche ich nicht von kleinen Bankern, die unter dem

Federal Reserve System ums Überleben kämpfen. Erinnern Sie sich daran, daß John D. Rockefeller gesagt hat, Wettbewerb ist eine Sünde. Einer der Gründe für dieses Kartell war es, dem Wettbewerb durch neue Banken einen Riegel vorzuschieben, sie in Schranken zu halten oder gar nach Möglichkeit auszuschalten, und zwar durch Regulierungen, also dadurch, daß man Auflagen machte, welche die großen Banken erfüllen konnten, deren Erfüllung die kleinen aber sich nicht leisten konnten. Ich spreche also nicht von Ihrem Banker an der Ecke, ich spreche von dem Kartell in New York. Das war das erste Ziel.

Das zweite Ziel war es, einen Trend umzukehren, den man als Bildung von Privatkapital bezeichnete. Dies ist die Bankensprache für einen Vorgang, bei dem die Privatpersonen oder Geschäftsleute ihre eigenen Ersparnisse benutzten, um etwas aufzubauen, statt zu den Banken zu gehen und dafür Geld zu borgen. Um die Jahrhundertwende gab es einen Trend zu privater Kapitalbildung, speziell im Geschäftsbereich. Die Firmen hielten einen gewissen Anteil ihrer vierteljährlichen Dividenden zurück und steckten dieses Geld in eine Rücklage, und wenn sie so genügend Kapital gebildet hatten, nutzten sie ihre eigenen Ersparnisse, um eine neue Fabrik zu bauen oder um ein Entwicklungsprojekt zu starten oder was auch immer. Die Banken waren sehr besorgt über diesen Trend. Sie wollten die Firmen wieder zurück in die Banken locken, um Geld zu borgen. Sie wußten, daß der einzige Weg darin bestand, die Zinssätze zu senken. Nun werden Sie fragen, warum haben sie die Zinsen nicht einfach gesenkt? Nun, Sie denken in heutigen Kategorien, nicht in denen von damals. Heute ist es einfach für das *Federal Reserve System*, die Zinssätze zu senken, weil sie heute den Hebel haben, um die Zinsen auf oder ab zu bewegen, die haben sie heute vollkommen unter Kontrolle.

Aber im Jahre 1913 gab es den Hebel nicht, weil das Geld mit Gold und Silber gedeckt war. Bei dieser Art Geld können Sie keinen Hebel ansetzen. In einem solchen System sind die Zinsen das Ergebnis der natürlichen Kräfte von Angebot und Nachfrage. Man kann es nicht kontrollieren, d. h. einzelne Menschen oder Komitees können es nicht kontrollieren. Millionen von Menschen in friedlichem Austausch kontrollieren das über Angebot und Nachfrage, aber es gibt keine politische Kontrolle. Sie wußten, der einzige Weg, um die Menschen in die Bank zu bringen, war der, die natürliche Zinsrate irgendwie künstlich zu senken. Wie kann man das machen? Sie sagten, die Antwort sei eine flexible Währung, daß die Nation eine flexible Währung brauche, um die Bedürfnisse der Wirtschaft zu erfüllen.

Aber was ist eine flexible Währung? Man braucht ein Lexikon, um diese Dinge zu verstehen. Eine flexible Währung, meine Damen und

Herren, ist Geld aus dem Nichts. Das ist es, was es bedeutet. Der Trick ist gar nicht so kompliziert. Wenn Sie Geld aus dem Nichts erzeugen können, dann brauchen Sie nicht unbedingt eine große Menge Zinsen zu berechnen, um einen Gewinn zu erwirtschaften. Mit einer flexiblen Währung konnten sie also die Zinsen senken unter den natürlichen Zins, trotzdem noch einen Gewinn damit machen und die Geschäftsleute wieder zurück in die Banken locken. Das Ziel war also eine flexible Währung, das war Ziel Nummer zwei.

Ziel Nummer drei war es dann, die unvermeidlichen Verluste der Banken an die Steuerzahler weiterzureichen, um das Publikum zu schützen. Das waren die wirklichen Ziele der *Federal Reserve*, und nun lassen Sie uns eine andere Erfolgsbilanz aufmachen, um zu sehen, wie gut diese Ziele erreicht wurden.

Haben die großen Banken in New York die Kontrolle behalten? Die Antwort ist – ja. Wir haben große Banken im Westen und im Süden, aber die sind nichts im Vergleich zu den Megabanken in New York, welche die Welt mit Filialen in Peking, Moskau, Afrika und überall überziehen. Die großen Banken beherrschen weiterhin alles, und wir notieren ein ›A‹ an der Erfolgsbilanz, ja die Kontrolle ist in New York verblieben.

Was ist mit der Umkehr des Trendes zu einer privaten Kapitalbildung? Oh boy, das hat funktioniert. Sie haben über bestimmte Zeiträume die Zinssätze so heruntergedrückt, daß sie so attraktiv waren, daß Privatleute und Unternehmen dachten, sie wären verrückt, wenn sie diese niedrigen Zinsen nicht ausnutzen würden.

Warum sollte man sein Geld sparen? Das wäre ja töricht. So wurden alle mit flexiblen Währungen in die Banken gelockt und haben sich bis über die Halskrause verschuldet. Und dann passiert etwas mit der Wirtschaft, sie können ihre Schulden nicht mehr bedienen und gehen bankrott. Heute gibt es viele Unternehmen und Privatleute, die mit Mühe an der Klippe hängen, weil sie versuchen müssen, ihre Schulden zu bedienen. Es ist eine erstaunliche Tatsache, daß viele dieser großen Unternehmen jetzt in jedem Quartal mehr Geld an die Banken in Form von Zinszahlung schicken als Dividenden an die Aktionäre. Denken Sie mal darüber nach. Die Banken, die Geld aus dem Nichts erzeugt haben, verdienen mehr Geld von großen Bereichen unserer Industrie als die Leute, die für ihr Geld gearbeitet haben, die es gespart haben, die ihr Geld investiert und riskiert haben, um Aktienanteile an diesen Gesellschaften zu kaufen. Das *Federal Reserve System* bekommt auch hier ein ›A‹ in der Erfolgsbilanz vermerkt, denn in der Tat ist es gelungen, mit flexibler Währung den Trend zu privater Kapitalbildung wieder umzukehren. Waren sie in der Lage, ihre Verluste auf den Steuerzahler zu übertragen, unter dem Vorwand, so das

Publikum zu schützen? Vielleicht haben Sie diesen Teil übersehen, aber er wird Rettung genannt. Das Spiel ›Rettung‹ wird etwa so gespielt: Wann immer eine dieser großen Banken in Schwierigkeiten gerät, weil ein Kreditnehmer, also eine große Gesellschaft oder ein Drittweltland, seine Schulden nicht mehr bezahlen kann, entsteht für die Bank ein Problem. Sie geht zum Kongreß und erklärt sorgfältig und ausführlich, daß der Kongreß diese Gesellschaft oder dieses Drittweltland retten muß, weil andernfalls das amerikanische Publikum geschädigt würde. Wenn dieses alteingesessene Unternehmen fällt, bedenken Sie die Tausende von Arbeitsplätzen, die damit zerstört würden. Die Menschen würden der Wohlfahrt anheimfallen, sie wären arbeitslos, und das ist schlecht für das Volk.

Wenn dieses Land da unten in Südamerika seine Schulden nicht bezahlen kann, sollte Onkel Sam sie besser bezahlen, weil die alteingesessene Bank in New York sonst die Schulden ausbuchen müßte und damit technisch Konkurs wäre, möglicherweise schließen müßte und zusammenbrechen würde. Sehen Sie nur die Tausende von Leuten, die Geld in dieser Bank haben und die davon betroffen wären, und wer weiß, wenn diese große Bank fällt, könnte es der erste Dominostein sein, der alle anderen Banken zusammenbrechen läßt, und wir könnten eine große Rezession oder gar Depression bekommen, und sehen Sie nur, wie das amerikanische Volk leiden würde. Der Kongreß marschiert daraufhin pflichtbewußt an die Front und erklärt, ja, ja, das wollen wir alles nicht, und er stimmt für die Mittel oder garantiert die Zahlungen, um den Strom der Zinszahlungen an die Banken abzusichern, nicht der kleinen Banken, sondern der großen Banken.

Hier sind einige der Fälle, die Sie vielleicht verpaßt haben. Die *Penn-Central*-Eisenbahn wurde 1970 gerettet, ebenso wie *Lockheed*, die *Commonwealth Bank* von Detroit 1972, die Stadt New York im Jahre 1975, *Chrysler* 1978, die *First Pennsylvania Bank* 1980, *Continental Illinois*, die größte Bank bisher im Jahre 1982, und alle diese Länder in der Dritten Welt, die ihre Zinsen nicht mehr bezahlen können, zahlen diese Zinsen jetzt, weil sie das Geld vom IWF und der Weltbank bekommen haben, die es wiederum vom *Federal Reserve System* bekommen haben, die es wiederum von Ihnen und mir bekommen hat, über den Mandrake-Mechanismus.

Mein letzter Punkt ist schließlich – und ich hoffe, Sie finden das interessant – der Wucher. In alten biblischen Zeiten wurde Zins auf Darlehen als Wucher bezeichnet. Jeder Zins auf Darlehen war Wucher. In neuerer Zeit wurde das dahingehend umdefiniert, daß man nur noch übertriebenen Zins als Wucher bezeichnet, nicht bescheidenen Zins.

Der Hintergrund dafür ist, wenn wir hart für unser Geld arbeiten und wir Geld nicht ausgeben, sondern sparen, wir also auf Annehmlichkeiten verzichten und wir das Geld jemanden leihen, für dessen Projekte, haben wir Anrecht auf eine angemessene Vergütung für dieses Opfer. Ein vernünftiger Zins erscheint nur fair und logisch für die meisten Menschen. Aber was ist dann übertriebener Zins? Thomas Jefferson hat gesagt, daß Leute, die nicht bereit sind, eine Schaufel zu einem Projekt beizutragen oder ein Pfund Material, mehr Geld mit dem Projekt verdienen als die Leute, die das Material liefern und die ganze Arbeit machen. Ich habe mich über diesen Satz gewundert, als ich ihn gelesen habe, und dachte, übertreibt Tom hier nicht?

Ich nahm also meinen Rechner und tippte die Zahlen ein. Ich nahm als Beispiel ein Haus, das für 100 000 Dollar gebaut werden sollte. Ich ging davon aus, daß 30 000 Dollar für das Land, die Architektenrechnung, die Baugenehmigung etc. ausgegeben würden und 70 000 Dollar für den eigentlichen Bau, also die Bauarbeiten und das Material, draufgehen. Ich unterstelle, daß der Bauherr zur Bank geht, 20 Prozent Eigenkapital einbringt und eine Hypothek über 30 Jahre zu zehn Prozent Zins vereinbart. Ich habe die Zahlen eingegeben und fand heraus, daß der Bauherr 172 000 Dollar als Zins an die Bank zahlt, im Vergleich zu den 70 000 Dollar, die er an diejenigen zahlt, die das Material geliefert und die ganze Arbeit gemacht haben. Mit anderen Worten, die Bank hat 2,5mal mehr Geld bekommen als diejenigen, die das Produkt erstellt haben.

Sie mögen nun sagen, ja, gut, aber vergessen Sie nicht den Zeitwert des Geldes. Wenn Sie Geld sparen und 30 Jahre auf seinen Gebrauch verzichten, sind 30 Jahre eine lange Zeit. Nein, meine Damen und Herren, das gilt nicht für dieses Geld. Niemand hat für dieses Geld gearbeitet, niemand hat es gespart – dieses Geld wurde aus dem Nichts erzeugt. Ich behaupte, daß 172 000 Dollar Zinsen auf Nichts übertrieben sind. Ich denke, es wird Zeit, das Wort *Wucher* neu zu definieren. Jeder Zins auf Geld, das aus dem Nichts erzeugt wird, also auf fiat money, ist Wucher.

Dieses Beispiel mit dem 100 000-Dollar-Haus ist aber nur ein Sandkörnchen in der Sahara. Dies ist gar nichts. Man muß diesen Prozeß multiplizieren, mit jedem Haus in Amerika, mit jedem Hotel in Amerika, mit jedem Bürohochhaus in Amerika, jedem Flugzeug, jedem Auto, jeder Fabrik, jedem Lagerhaus voll Material, jedem Bauernhof mitsamt Maschinen. Wir sprechen hier von einem breiten Strom von Zinsen, der ununterbrochen in das Bankenkartell strömt, der so breit ist, daß Sie selbst in Ihrer Phantasie das andere Ufer nicht erreichen können. Die Zahlen sprengen jede Vorstellungskraft. Wo fließt das Geld hin? Sie mögen das geistige Bild vor Augen haben, daß es da einen großen See gibt, mit einem riesigen Damm, und das ganze Geld sammelt sich da, und die Leute werden reicher und immer reicher. Aber das ist falsch – so funktioniert das nicht. Wenn jemand allen Wohlstand hat, den er sich wünschen kann für ein angenehmes Leben, was bleibt dann noch – Macht.

Meine Damen und Herren, dieser Strom von Geld wird benutzt, um Macht zu gewinnen über Sie, über mich und über unsere Kinder. Sie kaufen buchstäblich die Welt damit. Damit meine ich nicht Immobilien oder Fabriken – sie kaufen Kontrolle über die Organisationen, die Institute, auf welche sich die Leute verließen als Führung und Meinungsbildung. Technisch und in der Sprache der Soziologie nennt man das die Machtzentren, die Machtzentren der Gesellschaft – die Gruppen, über welche die Menschen zusammenarbeiten. Dorthin fließt dieses Geld – um Kontrolle über diese Gruppen und Institutionen zu gewinnen, indem man Einfluß auf die Menschen kauft, die dort arbeiten. Dafür geben sie das Geld aus. Das heißt, sie kaufen Politiker, politische Parteien, Fernsehsender, Kabelsender, Zeitungen, Zeitschriften, Verlage, Radiosender, Filmstudios, Universitäten, Gewerkschaften, Kirchenorganisationen, Handelsverbände, Stiftungen, multinationale Unternehmungen, Schulen, Pfadfinder, kurz: Jede Gruppe, jede Institution, die Einfluß ausübt, ist ein Ziel für Kontrolle. Und sie haben eine Menge Geld, das sie ausgeben können, um diese Kontrolle zu erlangen. Besonders die Organisationen und Einzelpersonen, die scheinbar in Opposition zu ihnen selbst stehen.

Ich möchte schließen mit der Bemerkung: Der Name des Spieles lautet nicht Wohlstand, sondern Macht.

Was sollen wir also tun? Nun, das liegt auf der Hand. Wir müssen das Geschöpf schlachten – das ist der Anfang. Wir können nicht zulassen, daß es weitermacht, es muß beseitigt werden. Aber wie kann das geschehen? Wir werden das im Kongreß tun. Der Kongreß hat das *Federal Reserve System* geschaffen, und der Kongreß kann es auch wieder abschaffen. Wir müssen Feuer unter den Stühlen der Kongreßabgeordneten entfachen. Wir müssen neue Gesichter dorthin kriegen. Dabei ist es egal, ob sie Republikaner, Demokraten, Unabhängige oder was immer sind, der Titel ist nicht wichtig, es kommt darauf an, woran sie glauben, an welches Prinzip, das ist wichtig. Aber wir brauchen informierte Wähler. Es geschieht nichts, solange die Menschen diese Dinge nicht wissen, und deshalb ist die Aufklärung so wichtig, und das ist recht mühsam. Es nutzt nichts, einfach in die Politik zu gehen, denn die Leute würden gar nicht verstehen, wovon wir reden, weil sie den Zusammenhang nicht verstehen. Wir brauchen eine Aufklärungsarmee da draußen, und es wird Zeit, sich zu engagieren. Patrick Henry hat gesagt: Unsere Brüder sind bereits auf dem Feld, warum stehen wir hier noch untätig?

Die schlechte Nachricht, die wirklich schlechte Nachricht ist: Die Zeit läuft ab. Ich habe vor nicht allzu langer Zeit über diese Dinge gesprochen, und die Leute schauten mich an und sagten: Du machst Scherze, so etwas kann in Amerika nie passieren. Aber wenn ich jetzt über diese Dinge spreche, richten sie sich auf und fragen: Wieviel Zeit haben wir noch? Man kann es überall sehen, die neue Weltordnung entsteht überall um uns herum, wenn sie einen internationalen Gerichtshof installieren, eine Weltsteuerbehörde, ein Weltgeld, eine Weltarmee. Die Zeit also läuft ab, meine Damen und Herren.

Welche Handlung Sie immer planen für Ihr Land, für Ihre Freiheit, machen Sie es jetzt.

Aber die gute Nachricht, die wirklich gute Nachricht ist: Wir können es immer noch packen, wir haben noch Zeit, wir haben noch Freiheit. Statt uns zu beklagen, wie schlecht die Dinge stehen oder wie weit fortgeschritten die Zeit ist, sollten wir uns freuen, daß wir immer noch zusammenkommen können, so wie heute Abend, wir können immer noch offen miteinander reden, wir können uns immer noch dafür einsetzen, das *Federal Reserve System* abzuschaffen, wir haben immer noch Wahlen. Wir sollten uns über diese Tatsache freuen. Alles, was wir tun müssen, ist, nach draußen zu gehen und zu arbeiten, als ob unsere Freiheit und unser Leben davon abhinge, denn so ist es wirklich.«*

O. Gab es einen Plan?

Wenn wir uns nun in Kenntnis der bisherigen Entwicklung die beiden Schicksalsfäden wieder anschauen, wird der Plan erkennbar. Wir sehen zunächst einen erstaunlich stabilen Gleichlauf beider Kurven bis etwa zur Mitte des 18. Jahrhunderts. Der Goldpreis reagiert nach dem Jahre 1500 zwar deutlich stärker als Silber auf die Edelmetallschwemme aus Amerika, aber beide stabilisieren sich nach 1600 auf einem niedrigeren Niveau, und die realen Preise bleiben etwa 150 Jahre erstaunlich stabil, ohne daß jemand die Geldmenge gesteuert hätte. Eine Preisstabilität, von der wir heute bei aktiver Geldmengensteuerung durch die Zentralbanken nur träumen können.

Etwa ab 1750, ca. 50 Jahre nach der Gründung der *Bank of England* und der »irrtümlichen« Einführung des Goldstandards in England, begann der lange Abstieg des Silbers über 250 Jahre von ca. 150 Dollar (in 98er Dollar) pro Unze bis zum vollständigen Zusammenbruch des Preises auf

* Transscript und Übersetzung eines Vortrages von Edward Griffin, Autor des Buches *The Creature from Jekyll Island*, zu finden unter www.realityzone.com.

schließlich unter vier Dollar im Jahre 2003. Merkwürdigerweise kann man bei Gold eine Durchschnittslinie ab etwa 1600 bei einem Preis von etwa 400 ziehen, um die Gold bis heute pendelt. Es sieht also so aus, als ob Gold sich bis heute allen Versuchen widersetzt hat, ebenfalls vollständig entmonetisiert zu werden. Und das trotz aller groß angekündigten Goldverkäufe der Zentralbanken zu Tiefstpreisen.

Haben Sie sich schon einmal gefragt, wer dieses Gold zu Tiefstpreisen gekauft hat? Es werden immer nur die Verkäufer genannt. Wer hat wohl das Gold gekauft, nachdem sogar die Schweiz mit einem klammheimlichen Gesetzgebungsverfahren dazu gebracht wurde, ebenfalls Gold zu verkaufen, wie Ferdinand Lips in seinem Buch *Die Goldverschwörung* beschreibt? Es fällt schwer, hier an Zufälle zu glauben und nicht an einen Plan.

Wie könnte der Plan aussehen?

J.N. Tlaga* geht davon aus, daß bereits im Jahre 1717 von der *Bank of England* das Silber-Gold-Preisverhältnis bewußt so festgesetzt wurde, daß Silber nach dem Gresham'schen Gesetz vom Markt verdrängt wurde und so, quasi von selbst, ein Goldstandard entstand. Ein Goldstandard ist bereits ein verstecktes fiat-money-System. Die Goldeinheit wird nicht mehr in Silber definiert, sondern in Papier (Pfund Sterling). Weil es keinen Sinn ergibt, Gold in Papier zu definieren (was sollte das sein: Papier?), dreht man es um und definiert das Papier in Gold – ein Dollar oder Pfund ist soundsoviel Gold. Das ist der erste Schritt zum reinen fiat money. Man muß dann nur noch die Golddeckung des Papiers aufheben.

Der langfristige Plan war es also, ein reines fiat-money-System zu installieren, mit möglichst einer unabhängigen Zentralbank, welche die Geldmenge nach Belieben steuern kann. Mit dem Trick, viel Geld – wenig Geld, Inflation – Deflation kann man dann eine immense Macht entfalten und sich nahezu beliebig Vermögen aneignen und Tribut auferlegen, man kann die Welt beherrschen.

Um dieses Ziel zu erreichen, muß erst Silber und dann Gold als Geld abgeschafft werden, um eine uneingeschränkte Geldmacht entfalten zu können. Mit der Abschaffung des Silbers und Einführung des Goldstandards ist es England gelungen, das Pfund zur Weltreservewährung zu machen statt Gold und Silber. Das englische Imperium beruhte auf diesem simplen Geldtrick. Tlaga schreibt dazu: »Nachdem der Goldstandard installiert war, konnte England seine Geldbasis mit Papiergold erhöhen, wodurch richtiges Gold für massive Raubzüge in fremden Märkten zur Verfügung

---

* http://www.goldeagle.com/editorials_02/tlaga011902.html.

stand. Man pumpte Gold rein und zog es wieder ab (viel Geld – wenig Geld), was der eigentliche Grund war für die immer wiederkehrenden Aufschwünge und Zusammenbrüche in der ganzen Welt. Die sogenannten Konjunkturzyklen unter dem Goldstandard wurden zu Unrecht dem Kapitalismus zugeschrieben. Sie waren nur das Ergebnis der Finanzblasen, ausgeheckt und ausgenutzt von den Bankern in London. Wenn es mal schief ging, stand die Bank von England bereit, sie rauszupauken. So konnten sie andere Nationen berauben, ohne Militär einzusetzen. Sie ernteten die Früchte von Kriegen, ohne Krieg zu führen.«

Vor dem Goldstandard bedeutete Barzahlung Gold oder Silber. Während der Zeit des Goldstandards wurde daraus Gold oder Pfund Sterling, und es folgte die permanente Propaganda, daß der Goldstandard von allen zivilisierten Nationen eingeführt würde. In Wahrheit hatten alle zivilisierten Nationen einen Bimetallstandard mit Gold und Silber. Nur England versuchte der ganzen Welt einen Goldstandard überzustülpen. Aber der Silber-Gold-Standard, der über Tausende von Jahren funktioniert hatte, wollte nicht einfach umfallen und sterben, nur weil die Engländer ihn für unzivilisiert erklärten. Silber mußte »gekillt« werden. Tlaga spekuliert dann, daß die Briten keineswegs etwa zu spät bemerkt haben, daß Bismarck Deutschland vereinen und die Machtbalance in Europa stören würde, wie es immer dargestellt wird. Die Briten wollten, daß die Welt das so glaubt. In Wahrheit hofierten und unterstützten sie Bismarck, bis er für sie das Französische Empire besiegte.

Was hatten die Briten gegen Napoleon III.? Sie hatten nichts gegen ihn. Ihre einzige Sorge war die Lateinische Münzunion. Frankreich war der Eckpfeiler des Gold-Silber-Systems. 1865 gründete Frankreich die Lateinische Münzunion auf der Basis einer standardisierten Silbermünze mit Italien, Belgien, der Schweiz und später Griechenland. Die Silber- und Goldmünzen der einzelnen Mitgliedsländer wurden in allen Mitgliedsstaaten als gesetzliches Zahlungsmittel akzeptiert. Andere Länder übernahmen den Standard, ohne formal Mitglied zu werden. Also eine Art Euro auf der Basis von Gold und Silber, mit einem wettbewerblich organisierten Kapitalismus unter selbständigen Staaten, ohne europäische Superbürokratie mit ausgeglichenen Haushalten und verantwortlicher Fiskalpolitik in den einzelnen Ländern, also der Traum eines Europas der Vaterländer. England war nie Mitglied dieser Union und verfolgte ein ganz anderes Ziel, nämlich die Ausdehnung des britischen Imperiums über eine Inflationierung der internationalen Reservewährung Pfund Sterling. Es ist das gleiche Ziel, das heute mit dem Dollar verfolgt wird. Um dieses Ziel zu erreichen, mußte Silber zunächst weltweit als Geld zerstört und die Welt zu einem Goldstandard unter britischer Führung gebracht werden.

Wenn man dies im Sinn hat, schreibt Tlaga, dann ist es nicht mehr schwer, den Plan hinter dem Deutsch-Französischen-Krieg zu erkennen, wie auch dem amerikanischen Bürgerkrieg. Vielleicht liegt hier auch die Erklärung für den kometenhaften Aufstieg der Republikanischen Partei in USA, die dann den Goldstandard einführte. Die Entmonetisierung des Silbers war jedenfalls mit Sicherheit kein Zufall, sondern ein kühl kalkulierter Plan. Damit sind wir wieder in der Gegenwart angelangt. Der Plan hatte Erfolg. Gold und Silber sind als Geld abgeschafft, und wir haben heute weltweit ein reines fiat-money-System, mit der Zentrale jetzt in New York. Befassen wir uns also mit dem aktuellen System.

Die Wunderwirkung des Falschgeldes

Das Wunder ist immer
wieder verblüffend –
zumindest am Anfang

Lassen Sie uns zur Klärung der Frage, welche Wirkungen Falschgeld hat, wieder ein kleines Gedankenexperiment durchführen. Nehmen wir an, Sie und ich verstehen etwas vom Gelddrucken, und wir beschließen, 100 Millionen Dollar zu drucken. Beim Dollar ist das drucktechnisch besonders einfach, und wegen der weltweiten Verbreitung ist er am einfachsten in den Geldkreislauf einzuspeisen, weshalb er bei Fälschern besonders beliebt ist. Nordkorea z. B. hält sich seit Jahren mit hervorragend gedruckten US-Dollar über Wasser. Warum auch nicht, denn Nordkorea steht für diese Dollar ebenso gerade wie Amerika für seine.

Unterstellt einmal, wir beide seien genauso gute Geldfälscher wie Nordkorea oder der CIA, so daß kaum jemand in der Lage ist, unsere Fälschung zu entdecken. Jetzt gehen wir in eine Stadt, sagen wir einmal in Rußland nach St. Petersburg, weil dort Dollars besonders beliebt sind, jedenfalls beliebter als Rubel, und fangen an, unsere 100 Millionen auszugeben. Wir lassen ein Hotel bauen, eine Villa, ein großes Fährschiff, kaufen Einrichtungen, Möbel etc. und leben in Saus und Braus. Ganz offensichtlich bringen wir Wohlstand in die Stadt. Die Baufirmen bekommen Aufträge, auch die Installateure, die Schiffbauer, die Möbelschreiner usw. Diese Firmen wiederum vergeben Unteraufträge, kaufen neue Maschinen, richten vielleicht eine neue Fabrik ein, Handel und Wandel in St. Petersburg blühen auf, die Arbeitslosigkeit geht zurück, alle sind glücklich. Ist hier irgend jemand geschädigt? Hat irgend jemand etwas verloren? Die Baufirma, die das große Hotel errichtet, oder die Werft, die das Fährschiff baut – beide haben offensichtlich nichts verloren, denn sie geben das Falschgeld weiter und bekommen ihrerseits reale Leistungen dafür. Man kann sicher sagen, die Baufirma und die Werft haben durch die Falschgeldzahlung nichts verloren. Die ganze Gesellschaft von St. Petersburg hat aber schon etwas verloren, indem sie Leistung ohne reale Gegenleistung erbracht hat. Jeder verliert mit dem kleinen Anteil, mit dem sich das Falschgeld in St. Petersburg bis zu ihm verbreitet und die Preise in St. Petersburg für jeden etwas steigen, weil die Gegenleistung fehlt. Etwas ganz anderes wäre es gewesen, wenn wir richtiges Kapital statt Falschgeld nach St. Petersburg importiert hätten, also Maschinen oder auch Gold. Dann wäre etwas Reales als Gegenleistung in St. Petersburg vorhanden.

Treiben wir aber unser Gedankenexperiment noch ein wenig weiter und unterstellen, durch unsere ursprüngliche Investition von 100 Millionen Dollar sei die Konjunktur in St. Petersburg so angeregt worden, daß für 200 Millionen zusätzliche reale Produkte entstanden sind, die sonst nicht entstanden wären. Die Bauarbeiter, die beim Hotelbau beschäftigt sind, fangen ihrerseits an, sich kleine Häuschen zu bauen, die Werftarbeiter bauen sich kleine Privatboote und eine Marina, und die Möbelschreiner machen sich mit kleinen Werkstätten selbständig. Es entstehen lauter neue Dinge im Wert von 200 Millionen, die ohne unsere ursprüngliche Investition nicht entstanden wären. Können Sie jemanden entdecken, der Nachteile durch unser Falschgeld hat?

Wenn sich bei Ihnen aber trotzdem noch die Nackenhaare sträuben und eine Stimme sagt, das kann doch so nicht in Ordnung sein, dann setzen wir jetzt noch einen drauf und unterstellen, daß wir uns an die Rechtsordnung halten. Wir drucken das Geld nicht selbst, sondern gehen zu einer Bank und erklären, daß wir 100 Millionen für unsere Entwicklungsprojekte in St. Petersburg brauchen. Eine Bürgschaft der Bundesregierung haben wir über einen guten Freund besorgt. Die Bank sagt den Kredit zu, wegen des hohen Risikos müssen wir allerdings 15 Prozent Zinsen bezahlen. Wir kommen jetzt nicht mit 100 Millionen frisch gedruckten Falschgeldscheinen nach St. Petersburg, sondern mit einer Kreditlinie bei der Bank, die zum Glück eine Filiale in St. Petersburg hat. Die Erträge aus unseren Investitionen (Hotel, Fährschiff, Möbelfabrik etc.) sprudeln so kräftig, daß wir locker die 15 Prozent bezahlen können, und sehr zum Leidwesen der Bank zahlen wir die 100 Millionen nach nur zehn Jahren aus den Erträgen zurück. Vielleicht sträuben sich jetzt Ihre Nackenhaare nicht mehr, weil Sie das Gefühl haben, es ist alles im Rahmen von Recht und Ordnung abgelaufen, aber am realen Sachverhalt hat sich im Prinzip nichts geändert. Die Bank erzeugt die 100 Millionen Falschgeld mit fractional banking, genau wie es im vorigen Kapitel beschrieben wurde. Es macht in der Sache nicht den geringsten Unterschied, ob wir das Falschgeld drucken oder ob die Bank es erzeugt.

Gibt es dafür eine plausible Rechtfertigung, daß die Banken gleichsam legal Falschgeld erzeugen? Ja – die gibt es, und zwar die gleiche, die wir auch bei unserem Gedankenexperiment erkennen konnten. Man verbindet mit der Kreditgewährung, mit der Gelderzeugung aus dem Nichts die Hoffnung, daß durch den Falschgeldkredit so viel Beschäftigung und neue Produkte entstehen, daß der Kredit mit den neu entstehenden Produkten real bedient oder gar zurückgezahlt werden kann. Mit dem Falschgeldkredit der Bank wird vielen Leuten, ohne daß sie es richtig merken, ein kleiner Konsumverzicht auferlegt, Zwangssparen gewissermaßen. Damit wird die Hoffnung verbunden, daß der Produktionsumweg, die Maschine, die mit dem Kredit gebaut wird, am Ende mehr bringt als der Verzicht, der von allen geleistet wurde. Schumpeter hat das sehr positiv sinngemäß so formuliert: »Der Bankkredit an den Unternehmer verdrängt gewissermaßen den Konsum der anderen und ermöglicht so neue Unternehmungen.« Ein gewisses Problem ist heute allerdings, daß die Banken kaum noch an Unternehmer leihen. Sie haben entdeckt, daß es viel lukrativer ist, wenn sie Spielkasinos organisieren.

Wir sehen aber, daß die Erzeugung von Falschgeld zunächst durchaus eine segensreiche Wirkung entfalten kann. Ein großer Teil der Fachleute, man kann wohl sagen der überwiegende Teil, befürwortet aus genau diesem Grund dieses System, freilich ohne dabei klar zu sagen, daß sie Falschgeld befürworten. Manche allerdings sprechen es auch klar und deutlich aus, wie das folgende Zitat zeigt: »Europa verdankt seinen Aufstieg der größten Erfindung aller Zeiten – dem Falschgeld. Die Falschmünzerei hat in der Renaissance Rom und ganz Europa aus dem mittelalterlichen Winterschlaf geweckt.« Dieses Zitat stammt von einem der schärfsten Gegner des Goldes, nämlich von Silvio Gesell, der mit seinem Freigeld im Grunde für ein verbessertes staatliches Falschgeld plädiert. Dabei muß er natürlich gegen Gold sein, weil man Gold nicht fälschen kann.

In der Tat gibt es in der Geschichte viele Beispiele, in denen Falschgeld geradezu Wunder gewirkt hat, wie z. B. in der Renaissance oder das kurze Wunder des Papiergeldexperimentes von John Law oder Hitlers Beschäftigungswunder oder den beispiellosen Boom in Japan vor dem Crash oder eben gerade jetzt das größte Falschgeldwunder aller Zeiten, das wir seit zehn Jahren in Amerika und China erleben und auf das ich später noch einmal eingehen werde.

Aber bevor wir auf die Schattenseite des Falschgeldwunders zu sprechen kommen, wollen wir uns noch einmal klarmachen, was das »Wunder« eigentlich bedeutet. Nehmen wir an, wir hätten in St. Petersburg nur das große Schiff in Auftrag gegeben. Wir lassen es für unser Falschgeld bauen, übernehmen es und fahren von dannen. Offensichtlich haben uns die Menschen in St. Petersburg ein Schiff gebaut, ohne daß wir ihnen eine reale Gegenleistung erbracht haben. Dabei spielt es keine Rolle, ob wir das Falschgeld selbst gedruckt haben oder ob die Bank es mit fractional banking legal erzeugt hat oder ob eine Regierungsbehörde oder der IWF es mit Trick 2 erzeugt hat. Der Unterschied besteht lediglich darin, daß dann das Schiff der Bank gehört und nicht uns, weil sie ja das Falschgeld kreiert hat. Man muß sich das wirklich ganz klar vor Augen halten: Die Bank stiehlt den Petersburgern das Schiff, das sie gebaut haben, mittels Falschgeld. Das Falschgeld verteilt sich dann in St. Petersburg. Jeder muß ein wenig mehr arbeiten für sein Geld, weil die Preise steigen, jeder muß ein wenig auf Güter verzichten, weil die Gegenleistung für das Schiff fehlt.

Dieser Sachverhalt ist übrigens in der Wirtschaftswissenschaft völlig unbestritten. Man kann ihn in jedem einschlägigen Lehrbuch nachlesen. Dabei geht es um die Frage, ob eine Kreditvermehrung eine entsprechende Gütervermehrung bewirkt. Prof. L. Albert Hahn z. B. schreibt dazu: »Jede Kreditvermehrung bewirkt Vermehrung der Güter infolge Veränderung ihrer Verteilung. Der Kredit (oder eben das Falschgeld) zieht die Güter aus dem Nichts heraus, in dem sie ohne Kreditvermehrung unproduziert verblieben wären. Ob freilich aus diesem Grunde eine Kreditexpansion stets von Vorteil für ein Land ist oder nicht, ist dadurch noch nicht entschieden. Darüber, ob eine größere Gesamtproduktion mit einer Expropriierung der Geldbesitzer und Rentner (in unserem Fall der St. Petersburger; Anm. R. D.) erkauft werden soll und darf, kann nur von gewissen außenwirtschaftlichen Gesichtspunkten aus ein Urteil abgegeben werden. Das Problem, scheinbar ein theoretisches, ist in Wahrheit ein politisches.« Hier haben wir sie wieder, die alte Frage, ob es nützlich sei, das Volk zu betrügen.

Damit dieser Punkt völlig klar wird, lassen Sie uns einmal das gegenteilige Gedankenexperiment durchführen.

Nehmen wir an, es gebe noch Warengeld, und Sie haben durch harte Arbeit zehn Kilogramm Gold verdient, und Sie beschließen nun, dieses Gold nicht auszugeben, sondern im Garten zu vergraben. Ihre Freunde weisen Sie nun aber darauf hin, daß Sie mit dieser Geldhortung die Wirtschaft behindern. Wenn Sie dieses Geld ausgeben würden, statt es zu »verschatzen«, würden Sie damit anderen Arbeit und Brot geben. Mit ihrer Geldhortung, so erklärt man Ihnen, würden Sie Arbeitslosigkeit bis hin zu Stagnation und Depression und schließlich gar Kriege verursachen. Dies ist ein gängiges Argument der Falschgeldfreunde: Geldhortung sei eine große Gefahr für die Wirtschaft. Nachfrageausfall muß durch deficit spending und Geldmengenausweitung bekämpft werden, so erklären sie.

Wir wollen kurz überlegen, ob das Argument stimmt. Wird irgend jemand geschädigt, wenn Sie Ihr Gold im Garten vergraben, statt es wieder auszugeben? Was würden Sie antworten? Der einzige, der möglicherweise geschädigt sein könnte, wären Sie selbst, denn Sie haben ja etwas für den Markt produziert und dafür Gold bekommen, das Ihren Anspruch im Markt auf reale Gegenleistung repräsentiert. Sie haben etwas in den Markt gegeben und könnten jetzt Güter und Dienstleistungen aus dem Markt nehmen. Wenn Sie auf diese Güter und Dienstleistungen verzichten, indem Sie Ihr Gold im Garten vergraben, stehen diese Güter anderen zur Verfügung. Sie vermehren also den realen Wohlstand der anderen.

Es handelt sich hierbei nicht um eine akademische Gedankenspielerei, sondern vielmehr um den harten Kern der aktuellen wirtschaftspolitischen Debatte. Es geht um die Entscheidung zwischen Angebotstheorie und Nachfragetheorie. Ein großer Teil der Wirtschaftspolitiker vertritt die Auffassung, der Markt würde nur von der Nachfrage profitieren. Aber das ist ein Irrtum, wie wir sehen. Der Markt kann nur von Ihrer Produktion, von Ihrem Angebot profitieren. Wenn Sie irgend etwas produzieren, erhöhen Sie das verfügbare Angebot an Gütern und Dienstleistungen. Wenn Sie dagegen etwas kaufen, verringern Sie dieses Angebot und nehmen Ihren Anteil als Gegenleistung aus dem Markt. Wenn Sie auf Ihren Anteil verzichten, erhöhen Sie den Anteil aller anderen. Alle anderen bekommen mehr für das verbleibende Geld bzw. ihren Lohn, weil die Preise sinken, und alle können sich mehr kaufen für Ihren Lohn. (Jetzt bitte nicht den Einwand bringen, die Löhne würden auch sinken, denn das wäre an dieser Stelle logisch falsch.)

Kurz und bündig zusammengefaßt sind die Nachfragetheoretiker Freunde des Falschgeldes und Feinde des Goldes. Sie wollen mit Falschgeld den allgemeinen Wohlstand heben nach dem Prinzip: Wenn ich allen etwas wegnehme, müssen alle härter arbeiten, und es kommt insgesamt mehr dabei heraus. Daß dabei das Einkommen immer ungerechter verteilt wird, nehmen sie in Kauf.

Die Angebotstheoretiker dagegen sind Freunde des Goldes und Feinde von Falschgeld. Um an Gold zu kommen, muß jeder zuerst einen produktiven Beitrag leisten. Wenn er seine Gegenleistung nicht abfordert und das Gold vergräbt, hilft er allen anderen, die jetzt Güter billiger bekommen, weil seine Nachfrage ausfällt.

Bis jetzt sieht es vielleicht so aus, als ob sich beide Ansichten die Waage halten, wenn man einmal von moralischen Bedenken absieht. Es scheint, als ob man durchaus die Ansicht vertreten kann, daß es nützlich sei, das Volk mit Falschgeld zu betrügen, wenn dadurch die Konjunktur, das Wachstum, der Wohlstand und der soziale Frieden gesichert werden. Damit es hier kein Mißverständnis gibt: Die Konjunkturpolitik der ganzen Welt basiert zur Zeit auf dieser gedanklichen Grundlage.

Nun gibt es aber eine Schattenseite bei der Nachfragetheorie und dem deficit spending, die auch den meisten Falschgeldfreunden gar nicht so richtig bewußt ist. Das Tückische daran ist, daß dieser Schatten sich nur ganz allmählich vergrößert und deshalb zunächst kaum wahrgenommen wird, bis er schließlich die Falschgeldfreunde immer wieder neu überrascht mit einer totalen Finsternis, so wie weiland der Winter immer wieder die Kommunisten neu überrascht hat. Damit kommen wir zu einem wichtigen Punkt, nämlich der Falschgeldfalle.

Die Falschgeldfalle

Alle reiten auf dem Tiger

Lassen Sie uns ein weiteres Gedankenexperiment durchführen, und zwar anhand einer Analogie. Sicher kennen Sie diese Denksportaufgabe: Da wächst eine Seerose in der Mitte eines Teiches und verdoppelt jeden Tag ihre Blattgröße. Nach 100 Tagen hat sie den ganzen Teich bedeckt. Frage: Nach wie vielen Tagen hat sie die Hälfte des Teiches bedeckt? Die meisten antworten, so nach 60 bis 70 Tagen. Was würden Sie sagen? Nun: Am 99. Tag hat sie erst den halben Teich bedeckt, und schon am nächsten Tag ist der Teich zu.

Vielleicht kennen Sie die ähnliche Geschichte mit den Weizenkörnern, die der Erfinder des Schachspieles vom König gefordert haben soll. Nämlich für das erste Feld ein Korn, für das zweite Feld zwei Körner, für das dritte Feld vier Körner, für das vierte Feld acht Körner und so weiter. Am Ende hätte der König Millionen Tonnen von Weizen liefern müssen. Warum sind diese Ergebnisse für die Menschen immer wieder überraschend? Weil wir kein Gefühl für Exponentialfunktionen haben. Wir können uns so etwas nicht vorstellen, es sprengt geradezu unsere Vorstellungskraft. Es kommt ja auch in der Natur selten vor. Höchstens vielleicht bei Heuschreckenplagen oder Bakterienbefall, aber normalerweise wachsen die Bäume nicht in den Himmel.

Es gibt aber eine Exponentialfunktion im Wirtschaftsbereich, nämlich den Zinseszins. Wenn man bei Christi Geburt einen Pfennig zu fünf Prozent Zins angelegt hätte, wäre die Anlage bis ca. 1750 auf einen Wert gewachsen, der etwa einer Kugel Gold von der Größe der Erde entspräche und bis 1990 etwa auf einen Wert von 134 Milliarden solcher Kugeln – was schwer vorstellbar ist. Aber genau an dieser Stelle zeigt sich die Achillesferse unseres Falschgeldsystems. Alles Geld, das auf dieser Welt existiert, ist verzinslich unterwegs. Das sind zwischen 50 000 und 60 000 Tausend Milliarden Dollar, die Tag und Nacht verzinst werden müssen, wobei auch die Zinsen nur geliehen werden und zur Schuld hinzukommen. Dabei handelt es sich um das, was man im weitesten Sinn unter »M3 plus« versteht, also praktisch alles Geldvermögen. Diesem Geldvermögen steht notwendigerweise eine gleich hohe Schuld gegenüber, die verzinst werden muß, und diese Zinsen fließen dem Geldvermögen zu. Geldvermögen und Geldschulden saldieren sich immer zu null. Erst wenn die Schulden faul werden, erlassen werden oder sonstwie verschwinden, löst sich damit auch das Geldvermögen in Luft auf, und die Verzinsung endet.

Diesen Punkt muß man sich wirklich klarmachen, daß nämlich die riesigen Schuldgeldvermögen, im Gegensatz zu Gold, das ja keine Schuld ist, ständig verzinst werden müssen. Auch jeder 100-Euro-Schein ist immer verzinslich unterwegs. Er muß verzinst werden, auch wenn er unter der Matratze liegt, denn der Geldschein kommt nur in Umlauf, indem sich jemand verschuldet. Heinrich Heine hat diesen beängstigenden Sachverhalt der permanenten Verzinsung des Kreditgeldes schon 1848 sehr eindringlich wie folgt beschrieben: »Es ist still … Nur ein leiser monotoner Tropfenfall. Das sind die Zinsen, die fortlaufend hinabtröpfeln in die Kapitalien, welche beständig anschwellen; man hört ordentlich, wie sie wachsen, die Reichtümer der Reichen. Dazwischen das leise Schluchzen der Armut. Manchmal klirrt auch etwas, wie ein Messer, das gewetzt wird …«

Die Zentralbank gibt Papiergeld nur gegen Verzinsung aus. Auch das Giralgeld, das die Banken erzeugen, wird nur gegen Verzinsung zur Verfügung gestellt. Mit anderen Worten: Die Banken erzeugen das Falschgeld nicht nur für sich, um damit einzukaufen (das tun sie auch), sondern dieses Falschgeld wird nur gegen Zinsen an das Publikum verliehen. Auch der Staat bekommt das Falschgeld der Banken nur gegen Zinsen zur Verfügung gestellt. Es hat Versuche gegeben, das zu ändern. Man hat sich gefragt: Warum soll der Staat eigentlich das Falschgeld bei den Banken leihen und dafür auch noch Zinsen zahlen? Warum sollte er sich nicht sein Papiergeld einfach selbst drucken, da spart er wenigstens die Zinsen? In der Tat wurde das auch schon öfter in der Geschichte gemacht – aber die Banken mögen das nicht.

Dabei steht man immer vor der Frage, wie das staatliche Falschgeld unter die Leute kommen soll. Naheliegend wäre, die Grundausstattung dem Volk zu schenken, etwa nach Köpfen verteilt oder mit dem Hubschrauber abgeworfen. Silvio Gesell hat vorgeschlagen, daß der Staat das Falschgeld als erster bekommt und es dann über seine Staatsausgaben unters Volk verteilt. Das ist das, was auch viele Geldreformer wollen.

Heute ist es so, daß Geschäftsbanken und Zentralbanken das Monopol auf Falschgeldproduktion haben und dieses Falschgeld dem Publikum wie auch dem Staat nur verzinslich zur Verfügung stellen. Und hier schnappt nun die Geldfalle zu. Der Zwang zur Verzinsung erfordert, daß jetzt immer schneller immer mehr Falschgeld produziert wird, weil ja die Verzinsung auch in Form von Falschgeld erzeugt werden muß. Wo sonst sollte das zusätzliche Geld herkommen? Es gibt ja nur noch dieses Schuldgeld, und das können nur die Banken erzeugen.

Man muß sich nur einmal vorstellen, die Banken würden alles Geld nur für ein Jahr verleihen. Am Ende des Jahres muß alles bisher ausgeliehene

Geld an die Banken zurückgezahlt werden samt fünf Prozent Zinsen. Wo soll das Geld für die fünf Prozent Zinsen herkommen? Richtig – man muß es sich bei der Bank leihen. Genau das ist der Sprengsatz des Systems. Ich glaube, diese Erkenntnis ist sehr wichtig, deshalb will ich hier zum Verständnis noch eine kleine Geschichte einfügen, die den Zusammenhang sehr schön klar macht. Diese wird von Bernard Lietaer in seinem Buch *Das Geld der Zukunft* erzählt:

Das elfte Lederstück

Es war einmal ein kleines Dorf im australischen Busch. Dort bezahlten die Menschen alles mit Naturalien. Auf dem Markt spazierten sie mit Hühnern, Eiern, Schinkenkeulen und Broten herum und verhandelten lange miteinander über den Tausch der Güter, die sie brauchten. An einem Markttag tauchte ein Fremder auf. Er trug glänzende schwarze Schuhe und einen eleganten weißen Hut und beobachtete das Treiben mit einem sardonischen Lächeln. Beim Anblick eines Farmers, der verzweifelt versuchte, die sechs Hühner einzufangen, die er gegen einen großen Schinken eintauschen wollte, konnte er sich das Lachen nicht verkneifen. »Die armen Leute«, stieß er hervor, »wie primitiv sie leben.«

Die Frau des Farmers hörte seine Worte und sprach ihn an. »Meinen Sie, Sie kämen mit den Hühnern besser zurecht?«, fragte sie ihn.

»Mit den Hühnern nicht«, erwiderte der Fremde, »aber es gibt einen viel besseren Weg, sich den ganzen Ärger zu ersparen.«

»Ach ja? Und wie soll das gehen?«

»Sehen Sie den Baum dort?«, fragte der Fremde. »Ich gehe jetzt dorthin und warte, bis einer von euch mir eine große Kuhhaut bringt. Dann soll jede Familie zu mir kommen. Ich werde euch den besseren Weg erklären.« Und so geschah es denn auch. Er nahm die Kuhhaut, schnitt gleichmäßige, runde Stücke davon ab und drückte auf jedes Stück einen kunstvoll gearbeiteten hübschen kleinen Stempel. Dann gab er jeder Familie ein rundes Stück und erklärte, daß es den Wert von einem Huhn habe. »Jetzt könnt ihr mit den Lederstücken Handel treiben anstatt mit den widerspenstigen Hühnern.«

Das leuchtete den Farmern ein. Alle waren sehr beeindruckt von dem Mann mit den glänzenden Schuhen und dem interessanten Hut. »Ach, übrigens«, meinte er noch, nachdem jede Familie ihre zehn runden Lederstücke entgegengenommen hatte, »in einem Jahr komme ich zurück und sitze wieder unter diesem Baum. Ich möchte, daß jeder von euch mir elf Stücke zurückgibt. Das elfte Stück ist ein Unterpfand der Wertschätzung fur die technische Neuerung, die ich in eurem Leben eingeführt habe.«

»Aber wo soll das elfte Stück denn herkommen?«, fragte der Farmer mit den sechs Hühnern.

»Das werdet ihr schon sehen«, erwiderte der Mann und lächelte beruhigend.

Der Witz der Geschichte ist natürlich, daß ein elftes Lederstück gar nicht abgeschnitten wurde. Man kann also nur auf Kosten der anderen an ein zusätzliches elftes Lederstück herankommen, z. B. indem ein Farmer pleite geht.

Es könnte sein, daß hier ein wichtiger Schlüssel verborgen liegt für eine Fehlsteuerung unseres Wirtschaftssystems. Es gibt Wissenschaftler, die behaupten, nicht die Gier nach Gewinn und Reichtum treibe den Kapitalismus zu immer mehr Wachstum an, vielmehr sei die Angst vor dem Untergang durch Bankrott, also der Schuldendruck, die eigentliche Peitsche des Kapitalismus. Debitismus nennt z.B. Paul C. Martin diesen Gedanken. Der Debitismus, der Schuldendruck, zwingt die Unternehmer, auf Kosten anderer zu wachsen und sich zu bereichern. Erst der Debitismus, der Schuldendruck, bringt die gnadenlose Konkurrenz aller gegen alle hervor. Der Debitismus handelt nach der Maxime: »Nimm es Deinem Nachbarn weg.« Das hat aber mit Kapitalismus nichts zu tun, denn im Kapitalismus lautet die Maxime: »Bereichere deinen Nachbarn, denn nur, wenn es deinem Nachbarn gut geht, kannst du ihm etwas verkaufen, und dann geht es auch dir besser.« Es kann durchaus sein, daß durch den Schuldendruck, der durch Falschgeld erzeugt wird, die gnadenlose Konkurrenz, Wachstumszwang, Umweltzerstörung bis hin zu Krisen und Kriegen in das System kommen.

Zinseszins ist eine Exponentialfunktion, wie wir gesehen haben, und damit muß ein Schuldgeldystem notwendigerweise explodieren bzw. im Bankrott enden. Die einzige Möglichkeit, den Bankrott eine Zeitlang zu verschleppen, besteht darin, immer mehr Falschgeld zu produzieren und den Zinssatz möglichst gegen Null zu senken. Genau diesen Prozeß können wir in Japan und China beobachten und zunehmend auch bei uns und in Amerika. Wir werden also eine Explosion der Falschgeldmenge und möglicherweise sogar rückläufige Zinsen beobachten können, was natürlich die Aktienmärkte in ungeahnte Höhen treiben kann, bevor der Crash kommt.

Wo liegt der Grundfehler, daß es zu einem solchen in sich instabilen System kommen konnte? Der Grundfehler liegt offenbar darin, daß die Unterscheidung zwischen Warengeld und Kreditgeld immer mehr verwischt und schließlich Warengeld ganz abgeschafft wurde. Warengeld ist keine Schuld und folglich nicht verzinslich unterwegs. Ich kann das Gold 100 Jahre unter der Matratze liegen lassen, es kostet niemanden Zinsen.

Der 100-Euro-Schein unter der Matratze muß von irgend jemandem ständig verzinst werden. Natürlich nicht vom Besitzer, der ihn unter die Matratze gelegt hat, aber von demjenigen, der ihn von der Bank geliehen hat. Kreditgeld ist immer verzinslich unterwegs. Normalerweise entsteht Kreditgeld für kurze Zeit und verschwindet wieder. Deshalb kann es mit normalen Wechseln nicht zu solchen Exponentialeffekten kommen. Wenn es aber »ewiges« Kreditgeld gibt, ich also Kreditgeld unvergänglich mache, und die Schuld nie »zurückzahle«, wie z. B. die Staatsschulden, laufe ich notwendigerweise in diese Geldfalle.

Wir müssen also wieder ein Geldsystem aufbauen, in dem es dauerhaftes, unverzinsliches Warengeld (Gold, Silber) und vergängliches Kreditgeld gibt. Wenn das nicht bald gelingt, kommt es zu einer »natürlichen« Lösung des Problems.

Wie wir gesehen haben, ist eine exponentielle Verzinsung auf Dauer nicht möglich. Das System explodiert. So weit kommt es aber gar nicht, weil es vorher schon eine natürliche Grenze gibt. Schuld ist nämlich eine Beziehung unter Menschen, und Menschen sind sterblich. Mit dem Tod des Schuldners erlischt die Schuld und niemand erbt freiwillig Schulden. Dies ist auch eines der stärksten Argumente gegen ein Zinsverbot. Es gibt eine recht starke Gruppierung, auch in christlichen Kreisen, die ein generelles Zinsverbot fordern und im Zins die Wurzel allen Übels sehen, eben weil Zins und Zinseszins zur Exponentialfunktion führen. Diese ewige Verzinsung gibt es aber im wirklichen Leben nicht, weil sie immer wieder vom Tod unterbrochen wird.

An dieser Stelle könnte man den Einwand vorbringen, daß eine Bank, eine Firma oder der Staat nicht stirbt. Aber das ist ein Trugschluß. Eine Schuld kann letztlich nur von Menschen erfüllt oder beglichen werden. Selbst wenn die Bank oder der Staat zahlt, müssen Menschen dafür eine Leistung erbringen. Für die Staatsschulden müssen wir oder unsere Nachkommen geradestehen, nicht der Staat. Niemand übernimmt freiwillig eine bankrotte Bank oder einen bankrotten Staat. Früher oder später muß der Überschuldung ins Auge gesehen, die Verschuldung unterbrochen und die Verzinsung abgebrochen werden, entweder mit Bankrott oder Schuldenerlaß.

Mit unserem aktuellen Geldsystem wird versucht, genau diesen Zwang zur Unterbrechung aufzuheben und ein »ewiges« Kreditgeld zu installieren. Aber das ist nicht möglich, ein solches System ist nicht haltbar, die nachfolgenden Generationen werden das Erbe nicht antreten, die Geldfalle schnappt vorher zu. Der eigentliche Systemfehler ist also nicht der Zins. Im Gegenteil, der Zins ist ein sehr wichtiges und notwendiges und auch sehr sensibles Steuerungsinstrument für die Wirtschaft. Der eigentliche

Systemfehler ist der Versuch, ewiges Kreditgeld zu installieren, Schulden zu installieren, die nie zurückgezahlt werden müssen. Ein solches Kreditgeld ist notwendigerweise Falschgeld, ein falsches Versprechen, weil es über den Sachverhalt hinwegtäuscht, daß eine Schuld mit dem Tod erlischt. Ewige Schuld kann es genausowenig geben wie ewiges Kreditgeld. Die Amerikaner haben mit ihrer unnachahmlichen, praktisch zupackenden Art daraus die Empfehlung gemacht: »die broke!«, also nicht vererben, alles verleben und die Schuld mit dem Tod bedienen. Nach genau diesem Motto haben sie auch ihr Land entwickelt, nämlich: Entwickle dich und dein Land mit fremden Geld und mach' bankrott. Das entwickelte Land und das schöne Leben kann dir niemand mehr nehmen. – Amerika hat nach diesem Schema bereits drei Mal Konkurs angemeldet, und das vierte Mal ist nicht mehr weit. Während Europäer und Japaner eher dazu neigen, morgen das auszugeben, was sie heute verdienen, geben die Amerikaner heute das aus, was sie (vielleicht) morgen verdienen. Das letztere Prinzip paßt natürlich besser zum Falschgeldkonzept, ja es ist der eigentliche Kern des Falschgeldkonzeptes.

Der letzte Retter

Kann die Erzeugung von Geld unsere Probleme lösen?

Es gab vor einigen Jahren eine wahre Flut von sogenannten »Crash-Propheten«, die den prekären Zustand des Weltwirtschaftssystems mit umfangreichen Statistiken und überzeugenden Zahlen beschrieben und daraus den Schluß zogen, daß ein Crash des Finanzsystems kurz bevorstehe.

In letzter Zeit ist es merkwürdig still um diese Leute geworden. Sie haben so oft »Feuer!« gerufen, daß niemand mehr hinhört. Nachdem es den Zentralbanken und insbesondere Alan Greenspan gelungen war, 1987 den Crash abzuwenden und danach eine Finanzkrise nach der anderen einzudämmen – von Südamerika, Mexiko und Rußland bis nach Asien und zur LTCM-Krise –, sind die Crash-Propheten leise geworden und die Haussiers lachen sich ins Fäustchen. Die haben das im Griff, man hat aus der großen Krise der 1930er Jahre gelernt, wir leben in einer neuen Zeit, in der Regierungen und Zentralbanken nicht mehr zulassen, daß die Welt in eine globale Krise schlittert. Die werden schon etwas finden, ist die weit verbreitete Meinung. *Moral Hazard* nennt man diese neue Unbedenklichkeit. Aber wie werden die Krisen alle eingedämmt, welches neue Werkzeug hat man für dieses Wunder? Woher kommt der große Mut, die Zuversicht, daß diesmal nichts schiefgehen könne?

Man hat einen neuen Gott erfunden, der uns behütet, eine Art finanziellen Übervater, nämlich die Zentralbank, als letzten Retter. Dabei handelt es sich um die geradezu kindliche Vorstellung vom Papa mit der dicken Brieftasche, der uns aus allen Verpflichtungen wieder freikauft, wenn wir etwas angestellt haben. So wie wir den Nuckelstaat erfunden haben, der alle versorgt, so haben wir jetzt auch noch den großen finanziellen Erlöser erfunden, der notfalls den Nuckelstaat und uns alle mit Geld rettet. Wie macht er das? Ganz einfach – indem er noch mehr Falschgeld erzeugt.

Technisch ist das in der Tat möglich und eigentlich kein Problem. Die Zentralbanken können mit einem Knopfdruck heute zehn, 50 oder auch 100 Milliarden erzeugen und ins System bringen, solange noch irgend jemand bereit ist, Geld zu nehmen und sich zu verschulden. Bei der Mexiko-Krise hat Alan Greenspan eindrucksvoll diese neue Potenz demonstriert. Es wurden gleichsam 30 Milliarden Dollar zugunsten von Mexiko in den Computer getippt, und damit waren Mexiko und die amerikanischen Banken gerettet, weil weder Mexiko noch die Banken erklären mußten, daß leider das Geld ausgegangen sei. Anschließend hat die amerikanische Zentralbank allen anderen Banken mitgeteilt, was sie als ihren Anteil in ihren eigenen Computer tippen müssen. Das hat zwar zu Irritationen geführt, weil die anderen sagten, sie wollten gerne selbst entscheiden, wie viel sie in ihren Computer tippen, aber letztlich waren doch alle froh darüber, daß das System so toll funktioniert. Aber kann es wirklich funktionieren, oder haben wir es mit einer kollektiven Selbsttäuschung zu tun? Wenn es möglich wäre, die Probleme dieser Welt mit immer mehr Geld zu lösen, dann fragt man sich natürlich, warum überhaupt noch jemand arbeiten sollte. Warum bekommt dann nicht einfach jeder so viel Geld aufs Konto gebucht, wie er braucht? Aber das ist vielleicht ein bißchen zu extrem gedacht.

Überlegen wir einmal, was wirklich im Falle von Mexiko oder bei der LTCM-Rettung, die ja fast noch abenteuerlicher war, geschah. LTCM steht für *Long Term Credit Management*. Es handelte sich um einen großen Hedge-Fonds, der mit etwa drei Milliarden Eigenkapital über 100 Milliarden Derivate bewegte und bei dem viele große Adressen, inklusive Zentralbanken, mitgezockt haben, weshalb man sich sehr sicher fühlte. Als der Fonds 1998 in eine Schieflage geriet, drohte das gesamte Finanzsystem in einer Kettenreaktion zu kollabieren. Nahezu alle großen Banken, inklusive Zentralbanken, mußten zur Rettung einspringen. Die Deutsche Bank zahlte 350 Millionen, obwohl sie angeblich gar nicht beteiligt war. Man kann daraus erkennen, wie knapp es diesmal war. Oder betrachten wir den Fall Mexiko. Mexiko kann seine Schulden nicht mehr bedienen und müßte den amerikanischen Banken eigentlich mitteilen, daß die mexikanischen Staatsanleihen, die sie in ihren Büchern haben, wertlos sind, und die amerikanischen Banken und Versicherungen, die diese Anleihen halten, müßten daraufhin ihren Kunden mitteilen, daß man leider schließen müsse und die Kundengelder weg seien, zusammen mit dem anderen Geldvermögen wie Rentenansprüche. Nun kommt Alan Greenspan, drückt auf die Taste – und plötzlich kann Mexiko seine Schulden weiter bedienen, die Banken müssen nicht abschreiben, die Kunden bekommen keine blauen Briefe, und wir alle sitzen noch tiefer in der Falle, ohne es aber zu merken.

Erinnern wir uns: Von der Logik her muß Kreditgeld entstehen und wieder verschwinden. Wie verschwindet Kreditgeld? Indem entweder die Gegenleistung erbracht oder die Forderung abgeschrieben wird, weil der Schuldner stirbt oder bankrott geht. Die Zentralbank kann nun immer mehr Geld erzeugen und so alle Schulden am Leben erhalten, indem sie immer mehr neue Versprechungen akzeptiert, aber das ist der leichtere Teil der Übung. Versprechungen sind schnell gemacht. Bei dem etwas härteren Teil dreht es sich um die Frage, wie ich das Geld wieder aus dem System herausbekomme. Alle alten faulen Schulden bleiben ja dank der Zentralbank erhalten. Es wird weder geleistet noch abgeschrieben. Die faulen Schulden bleiben als verzinsliche Forderungen weiter in den Büchern und bilden das Geldvermögen dieser Welt – eine zinstragende Illusion. Den etwas härteren Teil, nämlich die Frage, wie ich Falschgeld wieder aus dem System herausbekomme, könnte man auch technisch lösen. Paul Volcker hat das überraschend demonstriert, indem er die Prime Rate auf 20 Prozent setzte. Der wirklich harte Teil ist aber die Frage: Wie bekomme ich es wieder heraus, ohne daß mir das System zusammenbricht wie ein Kartenhaus? Sehen Sie, das ist die Falle – dafür gibt es nämlich keine Lösung. Es gibt nicht einmal jemanden, der behauptet, eine Lösung zu haben. Was machen wir also? Wir machen noch mehr Falschgeld. Vielleicht fällt uns später noch etwas ein – oder »Die werden schon etwas finden«.

Anleihen weltweit in Mrd. US-Dollar und in Prozent des Welt-GDP

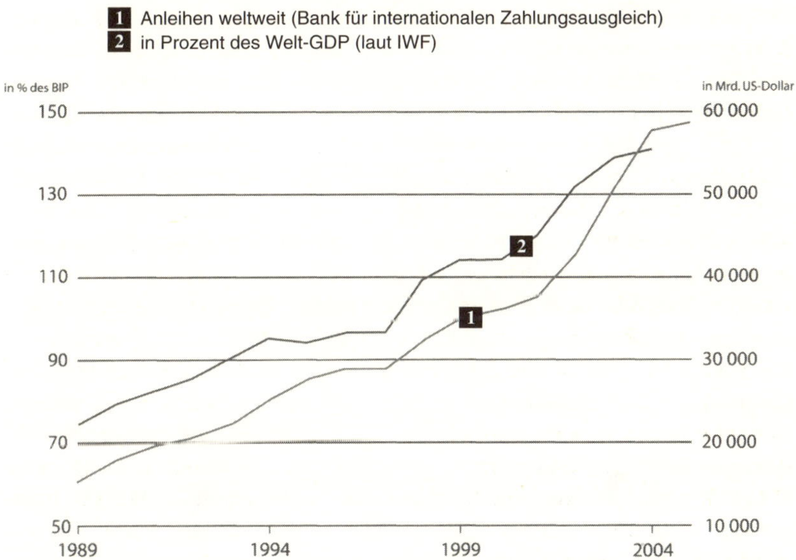

Man schätzt, daß die Geldmenge heute etwa das 80fache dessen beträgt, was zur Abwicklung des Welthandels nötig wäre. Nahezu alle Industriestaaten sind offiziell mit weit über 50 Prozent ihres Bruttoinlandproduktes verschuldet. In Wahrheit aber mit weit über 100 Prozent, weil viele Schulden, insbesondere die Pensionsforderungen, als Schuld nicht ausgewiesen werden. Die USA schulden sich selbst offiziell ca. 8000 Milliarden Dollar und nach außen, also der Welt, ca. 3000 Milliarden. Zu dieser Außenschuld kommen derzeit durch das Leistungsbilanzdefizit jährlich ca. 500 Milliarden. Noch nie hat es in der Welt eine derartige Außenverschuldung eines Landes gegeben. Das hängt natürlich mit der Leitwährungsfunktion des Dollars zusammen. Jahr für Jahr liefert die Welt für 500 Milliarden Dollar Waren nach Amerika, die mit Falschgeld bezahlt werden. Die Amerikaner erzeugen quasi aus dem Nichts Dollars und bezahlen damit diese Waren. Bis vor kurzem hatten die ausländischen Staaten noch geglaubt, sie könnten mit diesen Dollars, die sie als Währungsreserve halten, später in Amerika einmal Waren einkaufen. Aber diese Illusion ist jetzt zerstört worden. Es zeigt sich nämlich, daß man diese Währungsreserven nicht verwenden kann. Wenn Japan z. B. seine 800 Milliarden Dollar Währungsreserven einsetzen wollte, um aus seiner Wirtschaftskrise zu kommen, müßte es entweder die Dollar am Markt verkaufen gegen Yen. Der Dollar würde fallen und am Devisenmarkt der Yen steigen, was den Export erschwert und die Krise in Japan verschärft. Wenn Japan aber für die 800 Milliarden Ware in den USA kaufen würde, was eigentlich der normale Weg wäre, würde das die japanische Wirtschaft erst recht belasten, und es würde die Frage entstehen, was die Japaner kaufen sollen. China steht genau vor dem gleichen Problem, mit etwa den gleichen Zahlen.

Es zeigt sich also, daß man das Falschgeld, das die Amerikaner in Form von Dollars in alle Welt verteilen, nicht einmal mehr für den Kauf von Waren und Dienstleistungen einsetzen kann. Die Amerikaner wären ja auch töricht, wenn sie bereit wären, für ihr eigenes Falschgeld real etwas zu leisten. Sie werden das Schuldversprechen ihrer Außenschulden real nie erfüllen. Dafür ist das Versprechen auch schon viel zu groß.

Zeigt sich hier ein Zipfel des Komplotts? Liegt hier ein Schlüssel, der das Komplott vielleicht erklären kann? Werden hier die Früchte eines sehr langfristigen Komplotts geerntet? Zum ersten Mal in der Geschichte kann ein einzelnes Land die ganze Welt indirekt durch Inflation besteuern, indem es einfach immer mehr eigenes Falschgeld erzeugt und sich dafür Waren liefern läßt. Das Land braucht selbst kein anderes Land zu unterwerfen, um Tributzahlungen abzupressen, wie das früher üblich war. Mit dem Geniestreich in Bretton Woods, den Dollar zur Weltwährung zu machen, hat Amerika ein Imperium ohne Zwang und Gewalt aufgebaut. Alle Länder zahlen freiwillig Tribut an die Vereinigten Staaten und glauben auch noch, dies sei zu ihrem eigenen Vorteil.

Aber auch das ist nur mit einem simplen Trick gelungen: Zunächst erklärten die USA in Bretton Woods, der Dollar sei immer mit Gold gedeckt, man könne also ruhig Dollar statt Gold als Reserve halten (Gold-Devisenstandard). Als dann die Dollar-Schulden der USA immer größer wurden, die anderen Länder mißtrauisch wurden und einige Länder wirklich Gold für ihre Dollars haben wollten, erklärte Nixon 1971 einfach, es gibt kein Gold. Normalerweise nennt man so etwas bankrott, wenn ein Kaufmann oder eine Bank erklärt: Ich zahle nicht. In diesem Fall wird aber erklärt, der Goldstandard sei zusammengebrochen und überholt. Das ist etwa so, als wenn ich mein Darlehen nicht zurückzahle und der Bank erkläre, das Finanzsystem sei zusammengebrochen und Darlehensrückzahlungen seien außerdem überholt. Das Merkwürdige war nur, daß danach alles weiterging, als sei nichts gewesen. Der Dollar ist nach wie vor Weltleitwährung, die USA verschulden sich immer mehr, und die Welt liefert jedes Jahr freiwillig für 500 Milliarden Dollar Waren in die Vereinigten Staaten gegen leere Versprechen (Dollar und Anleihen) und freut sich noch über ihre Exporterfolge und wachsenden Devisenreserven. Dabei müßte doch jedem klar sein, daß diese Schulden der USA nie bedient werden.

Stellen Sie sich vor, Sie produzieren Ihr eigenes Falschgeld, und Ihr Nachbar kommt und sagt: Du schuldest mir noch eine Million – bitte hier ist der Schuldschein. Was machen Sie? Klar, Sie gehen in den Keller und werfen die Maschine an.

Das mit dem Dollar als Weltleitwährung ist schon das genialste Tributsystem, das je erfunden wurde. Es ist eine unheimliche, weltweite und sanfte Macht. Dafür lohnt es sich schon, ein langfristiges Komplott zu schmieden. Und genau deshalb versuchen die USA auch mit allen Mitteln, dieses Weltleitwährungssystem zu erhalten, und bekämpfen alles, was dieses System in Gefahr bringen könnte, nicht nur Gold und Silber, sondern auch andere Staaten.

Der auf eine dreiste Lüge aufgebaute Angriffskrieg gegen Saddam Hussein, der mit dem 11. September 2001 nichts zu tun hatte und auch keine Massenvernichtswaffen besaß, wurde nicht wegen Freiheit und Demokratie geführt, sondern weil Saddam anfing, sein Öl gegen Euro zu verkaufen statt gegen Dollar.

Amerika muß um jeden Preis verhindern, daß Öl gegen Euro verkauft wird, weil damit das Privileg der Weltleitwährung ins Wanken geriete und man die Früchte des Komplotts nicht mehr ernten könnte. Um das Imperium aufrechtzuerhalten und den Rest der Welt weiter zu besteuern, müssen die Vereinigten Staaten die Welt dazu bringen, den ständig wertloser werdenden Dollar im Austausch gegen Waren zu akzeptieren und immer größere Mengen an wertlosen Dollars zu halten. Noch glaubt die Welt, sie bekäme für die Dollars Öl, so wie sie früher glaubte, sie bekäme Gold. Solange dieser Glaube anhält, kann die amerikanische Zentralbank den letzten Retter spielen und Herr Bernanke jeweils seine Gelddruckmaschine anwerfen.

Es ist allerdings das erste Mal, daß eine solche riesige Falschgeldblase nicht direkt von einem Krieg verursacht wird. Nahezu alle Techniken zur Falschgelderzeugung wurden schließlich aus der Notwendigkeit der Kriegsfinanzierung entwickelt. Durch Falschgeld werden zwar immer Ressourcen in riesigem Umfang wirtschaftlich fehlgeleitet, aber immerhin werden diesmal nicht überwiegend Bomben, Flugzeuge, Schiffe und Bunker gebaut, um sie anschließend wieder zu zerstören zusammen mit Fabriken und Häusern. Wir können zum ersten Mal erleben, wie weit man in relativ friedlichen Zeiten eine Falschgeldblase aufblähen kann. Aber aus diesem Umstand erwächst auch ein neues Problem. Nach einem Krieg gibt es immer ein gewisses Verständnis in der Bevölkerung dafür, daß alles Vermögen weg ist. Man sieht ja, daß alles kurz und klein geschlagen wurde und die Häuser und Fabriken kaputt sind. Aber wenn alles noch da und intakt ist und nur die Geldvermögen in Form von Ersparnissen, Aktien, Anleihen und Rentenansprüchen sich plötzlich in Luft auflösen, ist das eine neue Erfahrung, der wir uns nachfolgend zuwenden wollen.

Plädoyer für einen friedlichen Staatsbankrott

Vielleicht sollten wir uns nicht aufregen und die Welt statt dessen so nehmen, wie sie ist

Staatsbankrotte führen leicht zu Revolution, blutigem politischem Umsturz bis hin zum Bürgerkrieg. Das Volk fühlt sich betrogen und sucht Schuldige. Das bekannteste Beispiel ist wohl die französische Revolution, die zwar auch mit Freiheit, Gleichheit und Brüderlichkeit zu tun hatte, aber in erster Linie die Folge eines Staatsbankrottes war. Die Ursache ist immer die gleiche. Der Staat nimmt Kredite auf und finanziert damit Dinge, die von vornherein eine Rückzahlung der Investition nicht erwarten lassen. Meist sind das Kriege, bei denen die zu erwartende Beute in keinem Verhältnis mehr zum Aufwand steht, oder neuerdings der Wohlfahrtsstaat. Wie bei jedem schlecht geführten Unternehmen entstehen so Dauerschulden, die aus den Erträgen nicht mehr bedient werden können. Die Zinsen müssen auch geliehen werden.

Aber hat denn Staatskredit nicht auch eine positive Seite, weil damit im großen Stil neue Dinge angepackt werden können? Bringt nicht gerade der Kredit diese enorme Dynamik in die Wirtschaft und läßt neue Arbeitsplätze entstehen? Es ist schon richtig, Kredit gehört zur freien Wirtschaft. Aber weil es sich dabei immer um die Einschätzung von Zukunft handelt, gehört auch die Möglichkeit des Irrtums dazu. Es kommt immer wieder vor, daß sich die Menschen bei der Einschätzung der Zukunft irren. Chance und Risiko gehören zusammen, zum Kredit gehört auch die Möglichkeit des Scheiterns, also des Konkurses. Der Bankrott gehört ebenso zu einer freien Marktwirtschaft wie der Kredit. Allein die Möglichkeit des Konkurses zwingt die Gläubiger, mitzudenken und sich nicht nur auf die Versprechungen der Schuldner zu verlassen.

Daß es nun ausgerechnet dem größten Schuldner, nämlich dem Staat, gelungen ist, dieses heilsame Prinzip außer Kraft zu setzen, ist schon erstaunlich. Viele Menschen glauben überraschenderweise, der Staat könne nicht bankrott gehen, obwohl praktisch alle Staaten in der Geschichte bankrott gegangen sind. Wie ist es möglich, daß es in einer offenen, aufgeklärten Gesellschaft mit freier Presse wieder so weit kommen konnte, daß weltweit Staatsbankrotte jetzt erneut vor der Tür stehen? Der Hauptgrund liegt wohl in einer Art kollektiver Selbsttäuschung. Der Staat sind wir selbst. Wir verschulden uns bei uns selbst und wollen anschließend unseren eigenen beruhigenden Sprüchen glauben. Wir sind nachsichtig mit uns selbst bei der Beurteilung der Verschuldungskriterien. »Die« werden schon irgend etwas finden, wir glauben fest daran. Solange das Publikum glaubt, der Staat sei ein »mündelsicherer« Schuldner, und Staatsanleihen seien die sicherste Form der Geldanlage, solange können wir von Politikern kein Augenmaß und erst recht keine Lösung der Krise erwarten. Sie werden den Staat, also uns, immer weiter verschulden, solange wir ihnen die Möglichkeit dazu geben. Die Behauptung, wir würden mit den Schulden unsere Enkel belasten, ist übrigens irreführend. Die Enkel werden die Schulden schlicht nicht bezahlen, und die Erben der Staatsanleihen können die Papiere verbrennen. Die eigentliche Belastung, der eigentliche Raub findet nicht in der Zukunft bei unseren Enkeln statt, sondern heute bei uns selbst. Der Staat raubt heute etwa 50 Prozent des Arbeitsproduktes der Produktiven, nimmt sich seinen Teil für die Beamten und schüttet den Rest an die Unproduktiven aus. Das ist aber nur der offizielle Teil. Dazu kommen nochmal ca. 30 Prozent über die Inflation (Falschgeldproduktion). Das merken die Leute aber erst, wenn im Alter die Renten und Pensionen ausfallen, weil im Spartopf nichts ist und die Enkel nicht zahlen.

Ein rascher Staatsbankrott wäre zweifellos die klarste und beste Lösung zur Überwindung der Krise. Das Brisante am Staatsbankrott ist aber das naive Vertrauen der Bevölkerung in den Staat. Die Bürger fühlen sich dann betrogen, weil ihr Vertrauen mißbraucht wurde; dabei haben sie dem Staat ihr Vertrauen geradezu aufgenötigt, um es etwas überspitzt zu formulieren. Es wäre sicher lohnend, einmal eine Theorie des friedlichen Staatsbankrottes zu entwickeln. So wie die Demokratie im Grunde nur ein praktisches Verfahren ist, die jeweilige Herrschaft unblutig und friedlich abzuwählen, sollte man für den Staatsbankrott ein ähnlich praktisches Verfahren entwickeln. Man könnte z. B. am Ende jeder Dekade Staatsanleihen für kraftlos erklären. Der Staatsbankrott sollte als selbstverständliche Möglichkeit wieder in das System eingebaut werden. Dies hätte eine enorm heilsame Wirkung in bezug auf das Finanzgebaren des Staates und den Absatz von Staatsanleihen. Zahlreiche Staatspapiere wären wohl schon seit längerer Zeit unverkäuflich oder wenigstens mit extrem hohen Zinsen ausgestattet, die das wahre Risiko widerspiegeln würden.

Den Staatsbankrott zur »Normalität« zu erheben könnte sich als bester Schutz vor dem Staatsbankrott erweisen, weil es gar nicht erst so weit kommt. Wenn wir uns schon nicht der Disziplin eines Goldstandards unterwerfen, sondern die Vorteile eines reinen Kreditgeldsystems genießen wollen, gehört der normale Staatsbankrott eigentlich zur Logik des Systems. Wir hätten die Sache auch schon längst hinter uns, wenn Alan Greenspan und andere sie 1987 und danach nicht immer wieder verschleppt hätten.

Modellfall Japan – Falschgeld funktioniert nicht mehr

Wenn der Trick jetzt nicht mehr funktioniert, was machen wir dann?

Die Ursache eines jeden Bankrotts ist die Tatsache, daß die Schulden nicht bezahlt werden können. Schulden können nur aus Einkommen bezahlt werden. Wenn das Einkommen dazu nicht ausreicht, folgt der Bankrott. Wenn alte Schulden mit neuen Schulden bezahlt werden, erhöht das nur die Schulden und den künftigen Verlust.

Als in Japan 1990 die Kreditblase platzte, wurden die kurzfristigen Zinsen auf 0,5 Prozent gesenkt, und die Regierung legte die größten Staatsausgabenprogramme auf, welche die Welt je gesehen hat. Gleichzeitig wurden wir Zeugen eines starken Wirtschaftswachstums in den USA und eines geradezu explosiven Wachstums in Südostasien und China. Haben Sie sich einmal gefragt, warum die Wirtschaft der zweitgrößten Wirtschaftsnation der Welt seit zehn Jahren ständig zurückgeht und teilweise mit Jahresraten von elf Prozent geschrumpft ist, obwohl ihre wichtigsten Handelspartner massives Wachstum verzeichneten? Und das, obwohl die Zinssätze in Japan die niedrigsten sind, die die Welt je gesehen hat, und obwohl Jahr für Jahr weitere staatliche Ausgabeprogramme aufgelegt werden?

Um diese Fragen zu beantworten, müssen wir zurückgehen zum Höhepunkt der Japan-Blase, als der Nikkei bei 40 000 stand. Zu jener Zeit übertraf der Grundstückswert einzelner Stadtgebiete in Tokio den Wert von ganz Kanada oder Kalifornien, und Tokio war mehr wert als alles Land in den USA. Auf der Grundlage dieser Bewertung wurden Billionen Dollar bzw. Yen von den japanischen Banken verliehen, was die japanischen Banken zu den größten Banken der Welt machte.

Diese Darlehen waren aber nicht auf das Einkommen der Schuldner gegründet, sondern auf die verpfändeten Werte. Heute dümpelt der Nikkei zwischen 16 000 und 18 000, und die Grundstückpreise sind um über 70 Prozent gefallen. Die Darlehen stehen aber noch in voller Höhe in den Büchern, ohne daß die Schuldner in der Lage wären, sie zu bedienen; die Werte der Sicherheiten liegen weit unter den gewährten Darlehen. Die wirkliche Höhe der dadurch entstandenen Verluste ist nicht bekannt. Man schätzt, daß bei manchen Banken nur noch zehn Prozent der gesamten

Ausleihungen bedient werden. Die Verluste durch den Einbruch der Aktien- und Immobilienpreise betragen viele Billionen Dollar. Auf dem Höhepunkt der Blase wurden die Grundstückswerte auf etwa 16 bis 20 Billionen Dollar geschätzt. Ein Preisrückgang von 70 Prozent bedeutet etwa elf bis 14 Billionen Dollar Verluste allein bei den Grundstückswerten. Als die Blase in Japan platzte und diese Verluste offenbar wurden, mußten die Banken eine neue Einkommensquelle finden. Dies führte zu einer starken Ausweitung der Ausleihungen nach Südostasien und erzeugte dort eine weitere Blase. Das Platzen dieser Blase mit der Asien-Krise erzeugte weitere Verluste, welche die Banken nicht ausweisen können, weil ihr Eigenkapital sonst unter die vorgeschriebenen acht Prozent sinkt.

Als die japanische Blase platzte, versuchte die Regierung mit einer Reihe von Konjunkturprogrammen und massiver Geldvermehrung die Wirtschaft wiederzubeleben. Die Staatsverschuldung stieg von 80 Prozent auf über 150 Prozent des Bruttosozialproduktes und die Neuverschuldung auf über sieben Prozent des Nationalproduktes. Trotz der niedrigen Zinssätze beträgt mittlerweile die Zinszahlung 60 Prozent der gesamten Steuereinnahmen. Hinzu kommt das spezielle staatliche Darlehens- und Investitionsprogramm, mit dem Geld aus dem Postsparsystem und den Pensionskassen in 57 staatliche Agenturen gelenkt wird, die damit zusätzliche Staatsausgaben finanzieren.

Die japanischen Lebensversicherungen halten etwa 25 Prozent der zwölf Billionen Dollar Haushaltsersparnisse. Als die Lebensversicherung *Nissan Mutual* zusammenbrach, konnten nur zwei Drittel des Verlustes vom Hilfsfonds der Versicherungen aufgefangen werden. *Standard & Poor*s hat ausgerechnet, daß sich für den größten Teil der japanischen Lebensversicherer bei einem Nikkei von etwa 18 000 die stillen Reserven in Form von Aktienkursgewinnen in Luft aufgelöst haben. Was kann der japanische Staat tun, um Banken und Versicherungen zu retten? Er kann seine eigenen Schulden nicht bedienen, und zusätzliche Staatsverschuldung, um Banken und Versicherungen zu retten, beschleunigt nur noch den Verschuldungsprozeß.

Die Banken halten bereits einen großen Teil der Staatsschulden. Natürlich könnte sich der Staat noch mehr bei den Banken leihen und dieses Geld den Banken dann als Einlage wieder zurückgeben, damit sie so ihre Eigenkapitalpositionen aufbessern, aber das verschleiert nur das Problem, daß eigentlich beide bereits überschuldet sind. Die bankrotte Regierung borgt von den bankrotten Banken, die sich wiederum auf die bankrotte Regierung stützen. Bei beiden übersteigen die Schulden längst die Fähigkeit zur Rückzahlung. Der Zinseszinseffekt in Verbindung mit einer schrumpfenden Wirtschaft wird letztlich das Schicksal besiegeln.

Was hat das alles mit uns und den westlichen Industriestaaten zu tun? Nun, Japan ist der größte Gläubiger dieser Welt und Amerika der größte Schuldner. Für 2000 Milliarden wurden amerikanische Aktien und Anleihen von Japanern gekauft. Diese Anlagen haben, trotz des riesigen Handelsbilanzdefizits, den Dollar hochgetrieben, die Zinsen in Amerika niedrig gehalten, die Konjunktur in Amerika belebt und dort eine Aktien- und Immobilienblase erzeugt. Wenn die Kreditpyramide in Japan weiter bröckelt, werden die japanischen Banken und Versicherungen versuchen, ihre amerikanischen Anlagen zu verkaufen. Die Amerikaner müßten ihre Defizite plötzlich selbst finanzieren, die bisher andere, vorwiegend Japan und China, finanziert haben. Da Amerikaner selbst kaum sparen, sondern in erster Linie leihen, dürfte das schwerfallen, wenn die Bank, bei der sie bisher geliehen haben, nämlich Japan, zusammenbricht.

Die Ersparnisse der japanischen Haushalte in Höhe von etwa 12 000 Milliarden Dollar wurden von Banken und Versicherungen mit Aktien, Immobilien und Überkapazitäten weitgehend verspielt. Die realen Werte, welche die Forderungen der Sparer decken sollten, sind nur noch ein Bruchteil der ursprünglichen Forderungen wert. Warum kann man die Lücke nicht einfach mit Falschgeld schließen? Weil für die Ersparnisse bereits eine Leistung von den Sparern erbracht wurde. Diese Leistung müßte nun noch einmal erbracht werden, von den Empfängern des Falschgeldes, aber das funktioniert nicht.

Man kann sich das etwa so vorstellen: Eine Gruppe von Menschen spart durch Konsumverzicht, um dann im Alter Güter (Wohnung, Kleidung, Nahrung) zur Verfügung zu haben. Diese Ersparnisse geben sie einer Bank oder Versicherung, die sie so lange bewahren soll. Jahre später merkt die Gruppe dann, daß die Bank oder Versicherung gleichsam die Ersparnisse aus dem Sparschwein genommen und verbraucht und dafür leere Versprechungen in Form von Anleihen hineingelegt hat. Für diese Versprechungen bekommen sie dann viel weniger Güter wegen der »Inflation«. Diese Inflation war aber nichts anderes als eben die zusätzliche Falschgelderzeugung durch Banken und Zentralbank. Die meisten Ersparnisse werden vom Staat ausgegeben, den die Banken und Versicherungen über den Falschgeldtrick ans Sparschwein lassen. Weder Staat noch Banken erbringen Leistung für die Versprechen, die sie ins Sparschwein gelegt haben. Es wird nur versprochen, künftige Generationen würden die Versprechen erfüllen.

Die Frage ist nun: In welcher Form wird der Bevölkerung mitgeteilt, daß die Versprechen nicht erfüllt werden, weil die Ersparnisse weg sind?

Wie könnte es diesmal ablaufen?

Als »Kondratieff-Winter« bezeichnet man das Tal bei den etwa 60jährigen Kreditzyklen, die Kondratieff als erster beschrieben hat. Der russische Forscher hatte Anfang des 20. Jahrhunderts die merkwürdigen langen Konjunkturwellen der Industriestaaten entdeckt und statistisch beschrieben. Diese Wellen beruhen wahrscheinlich darauf, daß der Kredit im Laufe von zwei Generationen, also etwa alle 60 Jahre, bis an seine Grenze getrieben wird und dann das Kreditsystem im Kondratieff-Winter zusammenbricht. Dieser Winter beginnt meist mit einem Aktiencrash, gefolgt von einer Auflösung des Kreditsystems und einer wirtschaftlichen Depression. Der letzte Winter begann mit dem Aktiencrash 1929. Die Parallelen zur heutigen Zeit sind verblüffend. Der Verlauf des Dow Jones ist fast deckungsgleich mit 1929, und die amerikanischen Zeitungskommentare aus der damaligen Zeit könnten mit den gleichen Worten auch heute wieder erscheinen.

Da heißt es, daß die finanzielle Stärke der Nation ein prosperierendes Amerika zeige, daß mehr Leute in Arbeit und Brot seien als jemals zuvor, daß die Aktienkurse unter Schwankungen immer neue Höhen erreichen würden, daß mehr Güter und Dienstleistungen als jemals zuvor für alle zur Verfügung stünden. Es bestehe ein allgemeines Vertrauen in die wirtschaftliche Prosperität des Landes. Der Präsident bezeichnet die Wirtschaft als absolut gesund, und es sei abzusehen, daß die amerikanische Nation die Armut endgültig besiege. Viele Experten gehen davon aus, daß eine Depression heute nicht mehr möglich ist, daß der Zentralbank jetzt die Mittel zur Verfügung stehen, um für eine kontrollierte Ausdehnung der Geldmenge zu sorgen und so ein gleichmäßiges, stetiges Wachstum zu erzielen. Hinzu komme eine Fülle neuer Instrumente für die Regierung, um für Wachstum und Vollbeschäftigung zu sorgen, wie öffentliche Aufträge, Subventionen, Monopolkontrollen, Marktregulierungen und Steuerpolitik. Wir leben in einer neuen Zeit stetigen Wachstums, und die Menschen vertrauen darauf, daß Regierung und Zentralbank Mittel und Wege finden werden, diesen Zustand nunmehr dauerhaft aufrechtzuerhalten.

Dies alles entstammt Zeitungskommentaren, die 1928/29 geschrieben wurden, kurz bevor der amerikanische Aktienmarkt im Oktober 1929 zusammenbrach und danach das weltweite Kreditsystem. Tausende von Banken schlossen die Schalter, und die Sparer verloren ihre Einlagen. Zehn Jahre später gab es immer noch neun Millionen Arbeitslose in Amerika, die Aktienmärkte lagen noch immer darnieder.

Aber auf diesen Erfahrungen können wir ja heute aufbauen. Wir wissen, was damals falsch gemacht wurde und mit welchen Folgen. Gibt es Möglichkeiten, es diesmal besser zu machen? Haben wir heute Instrumente und Techniken, die es damals nicht gab und die uns heute eine Wiederholung der weltweiten Depression ersparen können? Leider sieht es so aus, daß das nicht der Fall ist und daß es auch hier trotz allen Fortschritts nicht viel Neues gibt unter der Sonne. Gewiß, es ist der FED und anderen Zentralbanken gelungen, den Prozeß zu verlängern, so daß wir jetzt vielleicht einen Zyklus von 80 Jahren statt von 60 Jahren haben. Aber womit ist das gelungen? Mit dem gleichen Trick, den schon die anderen vor uns benutzt haben, nämlich immer schneller immer mehr legales Falschgeld zu erzeugen. Bei seinem Amtsantritt als Chef der Zentralbank 1987 hat Greenspan tatsächlich den drohenden Kollaps verhindert, indem er die Zinsen drastisch senkte und dem Bankensystem praktisch unbegrenzte Liquidität zur Verfügung stellte mit der Auflage, massiv an den Märkten Aktien und Anleihen zu kaufen. Den gleichen Trick wenden die Japaner und andere Industrienationen an, und es steht wohl außer Frage, daß auch sein Nachfolger Bernanke diesen Trick wieder anwenden wird, wenn ein Crash an den Märkten drohen sollte.

Aber was bewirkt das? Das Falschgeld, das Alan Greenspan 1987 erzeugte, ist immer noch im System, und auch die Milliarden, welche die Japaner und alle anderen erzeugen, dürfen nicht wieder aus dem System herausgenommen werden. Warum nicht? Nun, wenn ich 100 ins System stecke, werden daraus 1000 bis 2000 und mehr, wie wir gesehen haben. Das ist schön für alle. Aber wenn ich 100 wieder herausnehme, sind auf einmal 1000 bis 2000 weg, und das will niemand. Wenn man der Welt mitteilten wollte, daß zwei Drittel aller Geldvermögen leider aus Falschgeld bestehen und ungültig sind, hat man ein Problem. Es bleibt also nichts anderes übrig, als den gleichen alten Trick immer kühner anzuwenden, und so wurde es in der Geschichte schon immer gehandhabt. An Kühnheit mangelt es den heute zuständigen Instanzen gewiß nicht. Die Verschuldung bzw. die Falschgelderzeugung mittels Schuldgeld hat ein bisher nicht vorstellbares Ausmaß erreicht, aber das haben die früheren Schuldgeldpioniere wahrscheinlich auch geglaubt. Jedenfalls ist die Verschuldungsgrenze weiter getrieben worden, als es bisher vorstellbar war.

Aber wo liegt eine endgültige Grenze? Gibt es so etwas wie eine Grenze der Staatsverschuldung, oder ist es vielleicht so, daß die Grenze immer weiter hinausgeschoben wird, je mehr Mut wir haben, sie zu verschieben, frei nach dem Motto des Protogoras: Der Mensch ist das Maß aller Dinge?

Bevor ich auf die Frage nach der Grenze eingehe, legen Sie doch bitte einmal das Buch wieder beiseite und überlegen Sie, wie hoch Sie selbst

Ihre Verschuldungsgrenze ansetzen würden. Nehmen wir an, Sie würden bis zum Ende Ihres Arbeitslebens 50 000 Euro im Jahr verdienen. Wie viel Schulden glauben Sie persönlich in dieser Situation aufnehmen zu können, ohne daß Sie mit einer Erbschaft rechnen oder sonstige Vermögen haben?

Ein einzelner, besonders begabter Mensch kann sich vielleicht mit einem Vielfachen seines Jahreseinkommens verschulden, weil er kühne Projekte verfolgt, die später eine Vervielfachung seines Jahreseinkommens erwarten lassen. Aber ein normaler Mensch, dessen Jahreseinkommen bis zum Lebensende absehbar ist, kann sich vielleicht mit gerade mal einem Jahreseinkommen verschulden, das er später, mit sparsamer Lebensweise, wieder abspart. Bei einer Verschuldung von zwei Jahreseinkommen wird er schon unglaubwürdig, weil er das kaum abarbeiten kann, wenn nicht ein Wunder in Form einer Erbschaft hinzukommt. Je größer eine Gesellschaft ist, umso weniger Wunder dieser Art gibt es aber. Das Volkseinkommen einer modernen Industriegesellschaft von der Größe Amerikas oder Europas wächst real zwischen zwei und drei Prozent pro Jahr, wenn alles gut geht. Wenn eine lebende Generation sich mit dem Volkseinkommen eines Jahres verschuldet und dafür sechs Prozent Zinsen bezahlt, ist das von dieser Generation nicht mehr rückzahlbar. Die Schuld müßte vererbt werden, und dieses Erbe nehmen Menschen freiwillig nicht an. Der Staat müßte immer mehr Menschen versklaven, um die Bedienung der Schuld aufrechtzuerhalten. Das führte in der Geschichte immer wieder zu blutigen Staatsbankrotten.

Nun kann man davon ausgehen, daß Ben Bernanke und die anderen Zentralbanker schlau genug sind, diese Zusammenhänge zu sehen. Versuchen wir also einmal, uns wie ein Schachspieler in den Kopf von Bernanke zu versetzen und zu überlegen, welche Züge er wohl in dieser Situation planen könnte. Er weiß, daß es einen geordneten Rückzug nicht gibt. Das Falschgeld, das in Umlauf gesetzt wurde, kann nicht wieder zurückgezogen werden. Es wird immer wieder erneut und vertrauensvoll weitergereicht. Schon allein weil dieses Falschgeld nicht vom Hubschrauber abgeworfen, sondern verliehen wurde, muß das Falschgeld jährlich um mindestens sechs Prozent vermehrt werden, um die Schuld zu bedienen. Es gibt also keinen Weg zurück, Bernanke muß immer mehr Falschgeld erzeugen. Das einzige, was er machen kann, ist, die Falschgeldmenge so zu dosieren, daß möglichst kein Mißtrauen entsteht, und er kann versuchen, die Zinsen immer weiter zu senken, wie es Japan macht, um den Prozeß zeitlich zu verlängern. Die Zinsen erhöhen darf er auf alle Fälle nicht. Das war der Fehler 1929, der zum Zusammenbruch des Systems führte.

Aber warum läßt sich das nicht unendlich fortführen? Weil es zu einem Zustand kommt, den Keynes als Liquiditätsfalle beschrieben hat und den man prosaischer auch als Falschgeldfalle bezeichnen kann. Die Menschen fangen an zu spüren, daß mit dem Geld etwas nicht stimmt. Sie schränken ihren Konsum ein und bereiten sich auf schlechte Zeiten vor. Es ist zwar reichlich Wasser in der Tränke, aber die Pferde saufen nicht mehr, wie Keynes schrieb. Obwohl man in Japan schon angefangen hat, Geld in Form von Warengutscheinen zu verschenken, und obwohl der offizielle Zinssatz in der Nähe von null Prozent liegt, springt die Binnennachfrage nicht an.

Die Japaner schränken sich eher ein und sparen immer mehr, während der Staat diese Ersparnisse in marode Banken steckt, um faule Kredite zu sanieren. Das heißt aber nichts anderes, als daß die Japaner sich jetzt noch einmal vom Munde absparen, was sie früher glaubten, schon längst gespart zu haben, was aber verbraucht wurde. Das Zwangssparen, das die Banken mit ihrer Giralgeldschöpfung den Japanern auferlegt hatten, vollziehen diese jetzt.

Dies alles führt dazu, daß das Mißtrauen in das Geld allmählich wächst. Dann geschieht etwas, was die Zentralbanken nicht mehr im Griff haben, nämlich die Zinsen steigen bei den Anleihen, wegen des Mißtrauens. Die Banken können zwar die kurzfristigen Zinsen senken und Geld in den Markt pumpen, so daß an Liquidität kein Mangel ist, aber die langfristigen Zinsen fangen an zu steigen, weil die Menschen dem Geld mißtrauen und immer höhere Risikoprämien verlangen. Und wenn dieser Prozeß einmal begonnen hat, beschleunigt er sich immer mehr. Zusätzliches Geld erzeugt dann noch mehr Mißtrauen. Wie kann man das Entstehen dieses Mißtrauens verhindern oder den Prozeß wenigstens hinauszögern?

Hier gibt es nun in der Tat einen Trick, der neu ist. Früher wurde mit dem Begriff *Inflation* üblicherweise ein Aufblähen der Geldmenge bezeichnet, abgeleitet von dem lateinischen Wort *inflare*, was so viel heißt wie Aufblähen. Es ist nun gelungen, den Leuten einzureden, Inflation sei ein Steigen der Güterpreise, was zum Umkehrschluß verleitet, daß es keine Inflation gibt, solange die Güterpreise nicht steigen. Weil die Leute aber normalerweise erst dann anfangen, dem Geld zu mißtrauen, wenn die Güterpreise steigen, kann man mit diesem Trick den Mißtrauensprozeß etwas hinauszögern, besonders wenn man zusätzlich noch die Preisstatistiken manipuliert.

Natürlich haben wir heute Inflation, also eine massive Aufblähung der Geldmenge, und natürlich haben wir als Folge davon auch massive Preissteigerungen, aber eben nicht bei den Güterpreisen, sondern bei den Aktien- und Immobilienpreisen. Das wird aber nicht als eine nachteilige Preissteigerung empfunden, die alle ärmer macht, sondern als eine wohltätige Preissteigerung, die alle reicher macht. Für das zusätzliche Falschgeld wird also diesmal nicht Brot nachgefragt, das man ja ohnehin nur begrenzt konsumieren kann, sondern Aktien und Immobilien. Ähnlich wie 1923 werden auch diesmal die Leute Millionäre, nur, daß diesmal nicht das Brot eine Million kostet, sondern die Aktie. Diesmal bekommen die Leute das Geld nicht in Form gedruckter Geldscheine zugeteilt, sondern in Form gestiegener Aktienkurse.

Damit hat aber die FED das gleiche Problem, wie man es auch 1929 hatte. Bei dieser Art von Aktien- und Immobilieninflation besteht die Gefahr, daß das Mißtrauen plötzlich ausbricht und die Märkte schlagartig zusammenbrechen. Also wird man versuchen, das zusätzliche Geld in eine allmähliche Güterpreisinflation zu lenken, weil dann der Mißtrauensprozeß bedächtiger und kontrollierbarer abläuft. Und genau das ist es auch, was Paul Krugmann, Milton Friedmann und andere Experten jetzt empfehlen: Deutlich mehr Falschgeld erzeugen, um eine bewußte Reflationierung der Güterpreise herbeizuführen. Wenn die Leute zunehmende Inflationsraten in Form steigender Güterpreise erwarten, kaufen sie heute mehr, was die Konjunktur wieder belebt und die Pferde wieder zum Saufen bringt. Freilich wird auch damit das Problem nicht gelöst, sondern der Konkurs nur noch etwas weiter verschleppt.

Um hier einmal ein plastisches Bild zu gebrauchen, mit dem diese spannungsreiche Situation recht gut beschrieben wird, können Sie sich einen großen Staudamm vorstellen, hinter dessen Mauer immer mehr Falschgeld in das Staubecken gepumpt wird. Solange der Damm hält, bleibt alles ruhig, und jeder freut sich, daß mehr Liquidität im Becken ist und daß der Wohlstandsspiegel stetig steigt. Aber je mehr der Pegel steigt, desto größer wird die Gefahr, daß der Damm bricht.

Was könnten Männer wie Alan Greenspan oder Ben Bernanke als Lösung planen, wenn man einmal unterstellt, daß sie all dies wissen und nicht einfach den Crash hinnehmen und die Lösung ihren Nachfolgern überlassen wollen? Es gibt in der Tat Hinweise von Greenspan selbst, wie man sich eine Lösung vorstellen könnte. Im Prinzip läuft es darauf hinaus, parallel zum alten Geldsystem ein neues Geldsystem aufzubauen und zu versuchen, einen möglichst friedlichen Übergang vom alten zum neuen System zu organisieren. Es wird Sie jetzt vielleicht überraschen, aber das neue Geldsystem wäre wieder auf irgendeiner Deckung aufgebaut. Nach Greenspans Vorstellung nur auf Gold, aber wahrscheinlich doch wieder auf Gold und Silber. Alles fiat money würde dabei dramatisch gegen Gold und Silber abgewertet, oder umgekehrt die Preise von Gold und Silber in fiat money, also Euro oder Dollar würden dramatisch steigen. Eine Unze Gold könnte dann eine Milliarde wertlose Dollar kosten, und die USA könnten ihre riesigen Dollar-Schulden mit ein paar Gramm Gold zurückzahlen.

Dabei sollten Sie sich an die Tatsache erinnern, daß 1923 die gesamten

Kriegsschulden des Deutschen Reiches von ca. 154 Milliarden Mark mit 15,4 Pfennigen »bezahlt« wurden. Der wahrscheinlichste Ablauf nach meiner Überzeugung ist also eine Hyperinflation mit anschließender Währungsreform, bei der neun Nullen gestrichen werden wie 1923. Mit einer Rückkehr zu gedecktem Geld wird dann versucht, wieder Vertrauen aufzubauen. In einem solchen Szenario ist es sinnvoll, sich zu verschulden und fiat money in Gold und Silber zu verwandeln.

Vorschläge, wie man es besser machen könnte

Es gibt einen klaren Grund dafür, daß die Menschen immer wieder ihrer Ersparnisse beraubt werden und daß es immer wieder zu Geldentwertungen bis hin zu einem Zusammenbruch des Banken- und Finanzsystems kommt. Der Grund ist der stets erneute Versuch von Staat und Banken, sich mit legalem Falschgeld Vorteile zu verschaffen oder auf scheinbar bequeme Weise damit Probleme zu lösen. Bequem deshalb, weil mit der Erzeugung von Falschgeld keinerlei Leistung oder Anstrengung verbunden ist. Staat und Banken lösen aber damit nicht die Probleme, sondern schaffen sie erst bzw. verschleppen deren Lösung, wie wir gesehen haben. Natürlich haben die Menschen das schon immer gespürt, und es gibt zahlreiche Versuche, das System zu durchschauen und bessere Alternativen vorzuschlagen. Aber man muß ganz klar sehen, daß Staat und Banken ihr System verteidigen und sie dabei die stärkeren Bataillone auf ihrer Seite haben. Das Betrugssystem mit legalem Falschgeld ist über viele Jahrhunderte gewachsen und von höchsten wissenschaftlichen Autoritäten intellektuell gerechtfertigt worden. Man denke nur an die *Staatliche Theorie des Geldes*, die F. W. Knapp im Jahre 1905 veröffentlichte. In dieser Theorie wird wissenschaftlich untermauert die abstruse Behauptung vorgetragen, daß nur das, was der Staat als Geld bestimme, auch Geld sei. Noch im Jahrhundert davor hätte man so etwas für dummes Zeug gehalten. Aber diese Theorie ist heute in den Köpfen derart verankert, daß sich kaum noch jemand privates Geld auch nur vorstellen kann. Post und Eisenbahn kann man ja möglicherweise privatisieren, aber eine Reprivatisierung des Geldes ist praktisch unvorstellbar.

Die Tatsache, daß die »Geldfälscher« die unbestrittene Meinungsführerschaft haben, führt dazu, daß die Geldreformer immer wie ein Häuflein mitleidig belächelter Querulanten dastehen. Hinzu kommt, daß die Geldreformer sich untereinander immer die heftigsten intellektuellen Schlachten über den richtigen Reformansatz liefern.

Ich will versuchen, für jede Gruppe einen solchen Ansatz allgemeinverständlich darzustellen und kritisch zu beleuchten. Es gibt wesentlich mehr solcher Ansätze. Besonders in Amerika sind diese Reformgruppen sehr stark verbreitet, und das Thema wird dort bereits viel umfassender diskutiert, in zahlreichen Büchern und Artikeln. Dieser Prozeß muß bei uns erst wieder in Gang kommen, wobei wir allerdings an eine umfangreiche Literatur anknüpfen können, aus einer Zeit, in der sich die Bildungsbürger noch mit Geldtheorie befaßt haben. Besonders die sogenannte österreichische Schule um Mises und Hayek dürfte in diesem Zusammenhang neu entdeckt werden.

A. Silvio Gesell und Freigeld

Als bedeutende Reformgruppe müssen hier für Deutschland Silvio Gesell und seine Freigeldbewegung genannt werden. Unter dem Eindruck der weltweiten Depression schrieb Gesell 1932 sein berühmtes Buch *Die natürliche Wirtschaftsordnung*. Der zentrale Gedanke ist dabei, daß Geld gleichsam das Blut der Wirtschaft sei, das immer zirkulieren müsse. Wirtschaftskrisen schreibt er in erster Linie Stockungen im Geldkreislauf zu. Um solche Stockungen zu verhindern, erfindet er ein neues Geld, das sogenannte Schwundgeld, das automatisch ständig an Wert verliert. Damit soll verhindert werden, daß Menschen Geld horten. Jeder soll gezwungen werden, sein Geld möglichst rasch wieder in den Kreislauf zurückzugeben. Damit soll eine sehr hohe konstante Umlaufgeschwindigkeit des Geldes sichergestellt werden. Der Staat könne dann über die gedruckten Geldscheine sehr genau das Preisniveau oder auch die Konjunktur steuern.

Die Gesell-Anhänger sind über die ganze Welt verstreut und sehr aktiv. Es gibt eine enorme Fülle von Büchern, Zeitschriften und Seminaren sowie eine ganze Reihe von Experimenten, in denen versucht wurde, das System praktisch zu erproben. Besonders die Zeit der Brakteaten, also der permanenten Geldverrufung im Mittelalter, wird als Beispiel für die segensreiche Wirkung dieser Art von Geldsystem hervorgehoben.

Nun muß man aber sehen, daß es sich bei Gesell-Geld ebenfalls um ein institutionalisiertes Falschgeldsystem handelt. Silvio Gesell hat das auch klar so gesehen, wenn er schreibt: »Europa verdankt seinen Aufstieg der größten Erfindung aller Zeiten – dem Falschgeld. Die Falschmünzerei hat in der Renaissance Rom und ganz Europa aus dem mittelalterlichen Winterschlaf geweckt.« (S. Gesell, *Die natürliche Wirtschaftsordnung*, S. 222) Das Falschgeld soll bei Gesell allerdings ausschließlich der Staat oder eine zentrale Behörde in Umlauf bringen, jedenfalls nicht die Banken.

Dies ist ein sehr wichtiger Unterschied zum heutigen System. Heute dürfen nur Banken Falschgeld aus dem Nichts erzeugen. Dieses Falschgeld wird aber nicht verteilt oder vom Hubschrauber abgeworfen, sondern nur gegen Zins verliehen. Auch der Staat muß sich Falschgeld von den Banken gegen Zins leihen. Damit kommt das leidige Zinseszinsproblem in die Geldversorgung, was wegen der Exponentialfunktion notwendig immer wieder zu einer Explosion des Geldsystems führen muß. Dagegen wendet sich Gesell ganz klar. Der Staat, nicht die Banken, erzeugen das Falschgeld, und damit kommt es gleichsam unverzinslich in die Welt.

Bei Gesell druckt nur der Staat das Falschgeld und bringt es unverzinst in Umlauf, indem er es als Staatsausgaben ausgibt. Falschgeld ist es deshalb, weil der Staat ja nur druckt und keine Gegenleistung damit verbindet. Der Staat hat den Vorteil, den jeder Falschgelddrucker hat, nämlich daß er etwas bekommt ohne Gegenleistung. Aber das stört Gesell nicht, denn der Staat sind wir alle, und so kommt der Vorteil allen zugute, nicht nur den Banken. Natürlich ist Gesell Etatist in höchstem Maße. Er will sein Geld notfalls auch gegen den Willen der Bevölkerung dem Publikum aufzwingen, und auf seinen Geldscheinen soll der Satz stehen: »Wer diesen Zettel zur Einlösung bei der Reichsbank vorzeigt, erhält dort ohne Legitimation 100 Knutenhiebe (negatives Zahlungsversprechen)!« Damit soll ganz klar gemacht werden, daß es sich hier um Falschgeld handelt und der Staat nichts, aber auch gar nichts für sein Geld verspricht.

Abgesehen davon, daß Gesell-Geld ein tiefes Vertrauen ausgerechnet in diejenige Instanz voraussetzt, die immer wieder dieses Vertrauen durch Geldbetrug mißbraucht hat, nämlich den Staat, muß man ganz klar sehen, daß es sich hier um ein Geldsystem handelt, das außerhalb aller historischen Geldentwicklung steht. Die Gesell-Anhänger lehnen sowohl Warengeld (Gold) als auch Kreditgeld (Buchgeld) leidenschaftlich ab. Gesell war einer der schärfsten Goldgegner, und Buchgeld gibt es für Gesell-Anhänger praktisch nicht. Ihre theoretische Hauptstütze ist die sogenannte Quantitätsgleichung, die besagt, daß Geldmenge mal Umlaufgeschwindigkeit exakt der Gütermenge multipliziert mit den Güterpreisen entspricht (in einer Formel: $G \times U = M \times P$). Diese Gleichung fasziniert natürlich Ingenieure, was vielleicht erklärt, warum unter den Gesell-Anhängern viele Techniker, Ingenieure und Naturwissenschaftler zu finden sind, die auch das Wirtschaftssystem gern exakt geregelt hätten. Von Ökonomen werden sie deshalb zuweilen gern als »Hydraulikökonomen« belächelt, und das trifft wohl auch den Kern der Sache. Aber Wirtschaft ist eben keine exakte Naturwissenschaft, sondern wohl eher das genaue Gegenteil, nämlich Freiheit, Willkür bis hin zum Chaos, weshalb wohl Chaostheorien in der Wirtschaft angemessener sind als exakte Kausaltheorien. So handelt es sich bei der Gleichung $G \times U = M \times P$ auch keineswegs um einen kausalen Zusammenhang, sondern um eine schlichte Tautologie, etwa von der Art »wenn es regnet, regnet es«. Die Gleichung besagt nämlich nicht mehr und nicht weniger, als daß alles, was mit Geld gekauft wurde, auch mit Geld bezahlt wurde. Wenn mehr gekauft wurde, mußte auch mehr bezahlt werden, oder wenn mehr bezahlt wurde, ist auch mehr gekauft worden. Es besteht nicht der geringste kausale Zusammenhang etwa dergestalt, daß, wenn sich eine Größe ändert, sich eine andere Größe entsprechend ändern müßte. Es besteht zwar eine gewisse Plausibilität für das Argument, wenn ich die Geldmenge erhöhe, sollten sich die Preise erhöhen, aber es besteht eben kein kausaler Zusammenhang. Man kann weder sagen, welche Preise sich erhöhen, noch ob sie sich überhaupt erhöhen, noch wann sie sich erhöhen. Es könnten sich schlicht auch die Gütermenge oder die Umlaufgeschwindigkeit oder alle drei ändern, und zwar nach der einen wie nach der anderen Seite.

Die Gesell-Anhänger glauben nun, man bräuchte nur die Umlaufgeschwindigkeit fixieren und hätte damit die Sache im Griff, die Kausalität sei hergestellt. In Wahrheit handelt es sich aber um eine Gleichung mit vier Unbekannten. Nicht eine der Größen in dieser Gleichung läßt sich im praktischen Leben auch nur annähernd exakt bestimmen. Weder kann man sagen, was die Geldmenge ist, geschweige denn ihre Größe bestimmen, noch kann man sagen, was die Umlaufgeschwindigkeit ist oder die Gütermenge, und auch die Bestimmung des Preisniveaus ist völlig willkürlich. Das hindert aber unsere oberste Geldbehörde, die Bundesbank, nicht daran, diese ominöse Gleichung ebenfalls als eigentliche Grundlage ihrer sogenannten Geldpolitik, ja ihrer Existenzberechtigung überhaupt zu nehmen. Umso wichtiger ist es, diese Gleichung als eine Schwindeltheorie zur Rechtfertigung von legalem Falschgeld zu entlarven.

Die Bundesbank hat in Frankfurt ein wunderschönes Geldmuseum eingerichtet, dessen Besuch ich jedem nur empfehlen kann. In diesem Museum steht eine Maschine, mit der die unendlich schwierige Aufgabe der Bundesbank demonstriert werden soll, die Geldmenge richtig zu steuern, so daß weder Inflation noch Deflation entsteht. Die Begriffe *Inflation* und *Deflation* werden hier natürlich als Steigen und Sinken der Güterpreise oder des Preisniveaus definiert. Sie kennen diesen Fälschertrick bereits. Statt das Auf- und Abblähen der Geldmenge, also deren Veränderung, als Inflation und Deflation zu bezeichnen, wird die Aufmerksamkeit auf eine ganz andere Stelle gerichtet, nämlich auf die Güterpreise. Damit schaut man nicht mehr auf die Quelle, nämlich die Falschgelderzeuger in der Zentralbank, sondern auf die bösen Kaufleute, Kapitalisten oder Gewerkschaften, welche leichtfertig die Preise und Löhne erhöhen. Die brave Bundesbank muß dann mit der Geldmenge gegensteuern. Die Maschine hat zwei Säulen, welche die Gütermenge und die Geldmenge enthalten. Die schwierige Aufgabe der Bundesbank ist es nun, die Geldmenge in der rechten Säule so zu steuern, daß sie der ständig veränderten Gütermenge in der linken Säule angepaßt wird, so daß der große Zeiger in der Mitte weder Inflation noch Deflation anzeigt, sondern schön neutral in der Mitte bleibt.

Am Anfang scheitert man natürlich kläglich an dieser Aufgabe, indem man ständig von extremer Inflation zur Deflation wechselt und so kaum Punkte macht, bis man nach einer Weile dahinterkommt, daß die Gütermenge in der linken Säule plötzlich sprunghaft steigt, dann wieder zurückfällt, um dann wieder unerwartet rasch zu steigen. Irgendwie führt man das natürlich zunächst darauf zurück, daß man zu viel oder zu wenig Geld in den Kreislauf gepumpt hat. Aber irgendwann merkt man, daß sich die Gütermenge völlig unabhängig von der Geldmenge ändert. Ob man den Hebel ganz in Ruhe läßt, ständig Vollgas gibt oder ständig auf der Geldbremse steht, egal, die Gütermenge springt aus völlig unerfindlichen Gründen in der gleichen Weise mal rauf und mal runter. Man muß diese Bewegung nur auswendig lernen, und schon ist man ein toller Bundesbanker und gewinnt immer.

Ich nehme an, daß die Bundesbank ihre sinnlose Tätigkeit der Geldmengensteuerung nicht auf diese Weise entlarven wollte, aber es ist ihr unbeabsichtigt sicher hervorragend gelungen. Geldmengensteuerung ist in der Tat etwa so, als ob ich behauptete, ich könne die Regenmenge beeinflussen, indem ich einmal mehr und einmal weniger Eimer Wasser vor die Tür stelle. Wenn ich dann noch einen Riesenstab von Meteorologen, Statistikern und sonstigen Experten beschäftige, habe ich vielleicht mehr Glück mit der richtigen Eimermenge, aber ich kann es auch ganz lassen, am Wetter wird sich nichts ändern.

Zentralbanken stützen ihre Existenzberechtigung vorwiegend auf das Argument, sie müßten die Geldmenge flexibel steuern und dafür sorgen, daß Geld knapp bleibt. Bei der letzten Aufgabe aber haben sie kläglich versagt. Sie haben im Gegenteil nachgewiesen, daß Zentralbanken denkbar ungeeignet sind, die Geldmenge knapp zu halten. Erst seit es Zentralbanken gibt, gibt es auch immer größere Krisen durch immer größere Geldmengenschwankungen. (Schauen Sie einmal auf die beiden Schicksalsfäden von Gold und Silber.) Und erst seit es Zentralbanken gibt, ist die Geldmenge auf etwa das 80fache dessen explodiert, was zur Abwicklung des Welthandels notwendig wäre. Ohne Zentralbanken wäre es nicht möglich gewesen, die Welt derart mit Falschgeld zu überschwemmen. Es ist eigentlich erstaunlich, daß trotz Zentralbanken das System immer noch einigermaßen funktioniert. Wie gut würde es erst ohne Zentralbanken funktionieren!

Um es nochmals ganz klar zu sagen: Die Behauptung, die Geldmenge müsse gesteuert werden, damit weder Inflation noch Deflation entsteht, ist schlicht falsch. Sie dient nur dazu, die Existenz von legalem Falschgeld zu rechtfertigen. Inflation und Deflation entstehen einzig und allein durch die Erzeugung von Falschgeld. Die Geldmenge muß sich gar nicht verändern, ebensowenig wie das Metermaß ständig angepaßt werden muß. Die Wirtschaft kann ohne weiteres mit einer einmal vorhandenen Geldmenge die nächsten 100 Jahre und länger arbeiten.

Prinzipiell kann jede Gütermenge mit jeder beliebigen Geldmenge umgesetzt werden. Eine größere Geldmenge setzt die gleiche Gütermenge lediglich zu höheren Preisen um, also auf einem höheren Preisniveau. Daraus folgt u. a., daß es nie zu wenig Gold geben kann und auch dieses Argument prinzipiell falsch ist.

Ich werde darauf später noch einmal zurückkommen. Hier kam es mir nur darauf an zu zeigen, daß auch die Gesell-Anhänger trotz aller guten reformerischen Absichten dem Fälschertrick der Quantitätsgleichung aufgesessen sind und damit den Fälschern in die Hände spielen. Es wäre gut, wenn es gelänge, die reformerische Kraft der Gesell-Anhänger in die richtige Richtung zu lenken, weg von Umlaufgeschwindigkeit, Quantitätsgleichung, Schwund- und Falschgeld und hin zu privatem entstaatlichten Geld, mit dem Leistung und Gegenleistung fair ausgetauscht werden. Ich glaube, daß dies vielmehr das zentrale Anliegen der meisten Gesell-Anhänger ist als die Verwirklichung der Quantitätsgleichung und die Einführung von Schwundgeld. Erste Anzeichen einer Entwicklung in diese Richtung lassen sich bereits erkennen. Gesell-Anhänger fangen an, die Vorzüge einer Warendeckung zu erkennen, und sind neuerdings bereit, Durchhaltekosten als Lagerkosten zu akzeptieren. Daß man Falschgeld nicht auch noch gegen Zins verleihen darf, haben sie schon immer gesagt. Wenn man sie jetzt noch überzeugen kann, daß es auch ohne Falschgeld geht, und man ihnen die völlig unbegründete Angst vor der »Verschatzung«, also der Geldhortung, nimmt, könnte die Geldreform auch bei uns mächtig an Schubkraft gewinnen.

B. Keynes und die Weltbank

Als 1944 in Bretton Woods das Geldsystem der Nachkriegszeit geboren wurde, der sogenannte »Gold-Devisenstandard« mit dem goldgedeckten Dollar als Weltleitwährung, hatte Keynes zunächst ein ganz anderes System im Sinn. Er hatte den »Bancor« als Weltgeld vorgeschlagen, eine Art Goldstandard ohne Gold, konnte sich aber nicht durchsetzen. Den Amerikanern ist es gelungen, mit dem IWF und dem Dollar als Leitwährung das genialste und umfangreichste Tributsystem zu installieren, das es je gegeben hat. Wie genial zum Vorteil der Amerikaner dieses Falschgeldsystem funktioniert, kann man daran ablesen, daß Amerika seit vielen Jahren jedes Jahr Waren und Dienstleistungen mittlerweile im Wert von über 600 Milliarden Dollar erhält, die es mit Falschgeld bezahlt. Inzwischen ist eine Außenschuld von über 3000 Milliarden Dollar aufgelaufen. In dieser Größenordnung müßte Amerika eigentlich seinerseits reale Güter und Dienstleistungen an die Welt geliefert haben, wenn es nicht mit Falschgeld bezahlt hätte. Es ist haargenau das gleiche, was wir in einem früheren Kapitel in St. Petersburg mit unserem Falschgeld gemacht haben, nämlich Waren beziehen ohne Gegenleistung.

Natürlich kann man argumentieren, es stehe der Welt ja jederzeit frei, ihre 3000 Milliarden Dollar Falschgeld zu nehmen und in Amerika einzukaufen. Aber das geht nur theoretisch. Die Amerikaner müßten fast ein halbes Jahr auf jeden Konsum verzichten und nur für das Ausland arbeiten. In der Praxis ist das Falschgeld beim Emittenten nicht in reale Leistung umzuwandeln, wie immer bei Falschgeld. Die Amerikaner werden einen Teufel tun, für ihr Falschgeld reale Gegenleistung zu erbringen. Sie werden ihre Schulden bezahlen mit neuen Dollars. Zu mehr sind sie nicht verpflichtet, genauso wie die Bundesbank oder jede andere Bank. Die sind auch nicht verpflichtet, für das Geld, das sie emittiert haben, irgend etwas zu leisten. Man hat allenfalls Anspruch auf neue Noten, und das gilt auch für den Bankier Amerika. Wie wir am Beispiel Japan gesehen haben, besteht die Einlösemöglichkeit nur theoretisch.

Das war freilich nicht immer so. Am Anfang des Bretton-Woods-Systems mußten die Amerikaner noch leisten und etwa 0,7 Gramm Gold für jeden Dollar herausrücken. Als die Leute aber dem Dollar nicht mehr trauten und wirklich Gold haben wollten, zeigte sich, daß es sich beim Dollar eben in Wahrheit um legales Falschgeld handelt. Als in den 1970er Jahren die Stunde der Wahrheit schlug, schuldeten die Amerikaner der Welt etwa 70 Milliarden Dollar, hatten aber nur noch für etwa elf Milliarden Dollar Gold in Fort Knox. Präsident Nixon machte 1971 deshalb das Goldfenster einfach zu, und fortan gibt es für den Dollar nur noch Dollar.

Keynes wollte das nicht. Er wollte ein ganz anderes System. Er wollte eine Weltzentralbank installieren, die als einzige in der Lage sein sollte, das Weltgeld Bancor zu erzeugen. Dieser Bancor sollte zwar teilweise durch Goldeinlagen gedeckt sein, allerdings ohne eine Umtauschverpflichtung von Seiten der Weltzentralbank. Es sieht zwar zunächst so aus, als ob mit diesem Plan die segensreichen Mechanismen des Goldstandards wieder eingeführt würden – wenn auch ohne eine feste Bindung ans Gold –, ein Goldstandard ohne Gold gewissermaßen, aber es sieht eben nur so aus.

Im Grunde handelt es sich dabei um eine Imitation des zweistufigen Bankensystems, das wir heute in den nationalen Geldsystemen haben. Es wird gewissermaßen über die nationalen Zentralbanken noch eine dritte Ebene in Form einer übernationalen Zentralbank geschaltet, die wiederum die nationalen Zentralbanken kontrolliert und die Geldmenge weltweit steuert. Ein solches System hätte zwar eine ganze Reihe von Vorteilen gegenüber dem heutigen System, insbesondere indem es den höchst unfairen Vorteil der Amerikaner beseitigen würde (weshalb sich Amerika gegen ein solches System so lange wie möglich wehren wird), aber im Grunde handelt es sich um genau das gleiche Falschgeldsystem, das wir heute haben. Auch in diesem System würde die Weltzentralbank das Falschgeld erzeugen und gegen Zins verleihen, und die untergeordneten Banken würden das Falschgeld mit fractional banking vervielfachen und ebenfalls gegen Zins verleihen. Gesteuert würde das Ganze nach der Quantitätsgleichung.

Ich bin deshalb auf das Keynssche Konzept einer Weltbank mit Bancor hier besonders eingegangen, weil es durchaus denkbar ist, daß im Anschluß an eine Krise des Finanzsystems genau dieses Konzept als neue Lösung einer Geldreform von oben auftaucht. Es gibt zahlreiche Wirtschaftswissenschaftler, die genau dieses Konzept befürworten.

Wenn der Dollar als Leitwährung nicht mehr akzeptiert wird und z. B. die Araber ihr Öl in Euro fakturieren, könnte es durchaus passieren, daß die Amerikaner dieses System befürworten und die Europäer diesmal nein sagen, weil sie hoffen, daß der Euro die vorteilhafte Position des Dollars erbt. Aber dann wäre der Teufel nur mit dem Beelzebub ausgetrieben. Es gibt wahrlich bessere Systeme als eine Weltbank oder nationale Weltleitwährungen. Es ist eigentlich nicht einzusehen, warum man nochmals eine neue Variante ausgerechnet desjenigen Systems ausprobieren sollte, das immer wieder gescheitert ist. Betrachten wir deshalb noch einen Reformvorschlag, an dessen Realisierung eigentlich alle Beteiligten interessiert sein sollten.

C. Hayek und privates Geld

Unser aktuelles Geldsystem ist nicht marktwirtschaftlich organisiert. Das, was wir immer für das eigentliche Herz des Kapitalismus halten, das Geldsystem, schlägt in der Tat links. Es entspricht eher dem Modell einer sozialistischen Verwaltungswirtschaft als dem Modell einer freien Marktwirtschaft. Das heutige Geldsystem ist, wie wir gesehen haben, aus den Notwendigkeiten der Kriegsfinanzierung entstanden und heute in Wahrheit die stärkste heimliche Bastion des sozialistischen Umverteilungsstaates. Zu allen Zeiten hat der Staat neben den offiziellen Steuern den Bürgern zusätzlich etwa den gleichen Betrag noch einmal über das Geldsystem abgenommen. Neben dem offiziellen Zehnten gleichsam einen versteckten Zehnten. Heute nimmt der Staat neben den offiziellen 50 Prozent weitere 30 Prozent über das Geldsystem weg, und zwar mit dem Trick der Staatsverschuldung. Staatsverschuldung ist nichts anderes als eine vorweggenommene künftige Besteuerung. Die Erkenntnis dieses Sachverhaltes, nämlich daß der Staat seinen Bürgern heute mehr als 80 Prozent ihres Einkommens wegnimmt, legt eigentlich den Gedanken an ein »Recht auf Steuerhinterziehung« nahe. Aber dieser Sachverhalt wird nicht erkannt. Statt dessen setzt man sich vor dem Bundesverfassungsgericht über den sogenannten Halbteilungsgrundsatz auseinander. Das Bundesverfassungsgericht ist der Auffassung, der Staat dürfe nach dem Grundgesetz seinen Bürgern nicht mehr als die Hälfte ihres Einkommens wegnehmen. Der Staat ist der Auffassung, daß ihm offiziell mehr als 50 Prozent zustünde. Daß er mittels Falschgeld längst mehr nimmt und schon immer mehr genommen hat, wird nicht gesehen. Die einzige Möglichkeit, eine noch weitergehende Besteuerung zu verhindern, besteht darin, dem Staat die Geldhoheit, die er immer mißbraucht hat, wieder wegzunehmen, d. h. das Geld zu privatisieren. Genau diesen Vorschlag hat der Nobelpreisträger Friedrich August von Hayek 1977 in seinem Buch *Die Entnationalisierung des Geldes* unterbreitet.

Daß die Geldhoheit beim Staat liegen müsse, daß es nur staatliches Geld geben dürfe, diese Vorstellung ist heute so stark in den Köpfen der Menschen verankert, daß Hayeks Vorschlag oft nur mildes Lächeln oder allenfalls ungläubiges Staunen hervorruft. Dabei ist es noch gar nicht so lange her, daß es praktisch nur privates Geld gab. Münzen und insbesondere Banknoten waren ursprünglich private Erfindungen und Entwicklungen, deren sich der Staat später bemächtigte. Weder für Münzen noch für Banknoten braucht man den Staat.

Eine Gold- oder Silbermünze kann praktisch jeder prägen. Die Leute müssen nur darauf vertrauen können, daß das, was draufsteht, auch drin ist, also das aufgeprägte Gewicht stimmt. Ein Privatmann kann es sich kaum leisten, mit dem Gewicht zu schummeln, weil er sehr schnell seinen Ruf verliert und niemand mehr seine Münzen nimmt. Immer wenn der Staat die Münzen prägte, wurde nach kurzer Zeit betrogen, d. h. Falschmünzerei betrieben, aber die Menschen konnten nicht ausweichen, weil der Staat die Konkurrenz verbot und Annahmezwang verfügte. Die simple Überlegung von Hayek ist nun, daß wir auch beim Geld wieder Wettbewerb herstellen müssen. Zwar wird es auch beim Wettbewerb immer wieder Betrüger geben, aber das merken die Leute sehr schnell und weichen auf besseres Geld aus. Jedenfalls ist der Dauerbetrug, der sich immer beim staatlichen Geldmonopol einstellt, nicht mehr möglich.

Noch in der Mitte des 19. Jahrhunderts gab es in Deutschland über

40 sogenannte Zettelbanken. Das waren Privatbanken, die privates Geld ausgaben – private Banknoten, die durch Gold gedeckt waren. Die Bank verpflichtete sich, ihre Banknoten jederzeit gegen Gold oder Silber einzutauschen. Die Banken gewährten auch Kredite, und es kam durchaus vor, daß die Banken mehr Noten ausgaben, als sie Gold im Tresor hatten. Das bedeutete immer die Gefahr eines Bankruns für den Fall, daß Mißtrauen im Publikum gegenüber dem Finanzgebaren einer Bank aufkam.

Es hat in der Tat Bankruns gegeben und Bankzusammenbrüche, so wie es immer Firmenpleiten geben wird, aber es gab nie die katastrophalen Riesenpleiten, die immer mit dem staatlichen Geldmonopol verbunden waren und die ganze Völker verarmen ließen. Privates Geld war in der Geldgeschichte das mit Abstand erfolgreichste Geld. Die private Hamburger Girobank war beispielsweise mit ihrem Privatgeld »Mark Banco« über 250 Jahre lang der Inbegriff für solide Hamburger Kaufmannschaft, bis sie nach 1870 von Staats wegen geschlossen wurde, um das staatliche Geldmonopol sicherzustellen. Die Zeit des Goldgeldes und des Goldstandards war praktisch immer auch eine Zeit privaten Geldes. Das staatliche Geld mußte immer mit einer Form des privaten Geldes konkurrieren, die Leute konnten immer auf Gold und Silber direkt ausweichen. Die Tatsache, daß es sich auch um eine Zeit immenser Kapitalbildung und Wohlstandsmehrung handelte, zeigt, daß Privatgeld funktioniert. Auch beim Geld sorgt der Wettbewerb dafür, daß die Qualität der Produkte, hier des Geldes, besser wird.

Daß diese genial simple Idee von Hayek sich noch nicht durchsetzen konnte, hängt sicher mit dem zusammen, was wir im ersten Kapitel als Aufklärung beschrieben haben: mit einer selbstverschuldeten Unmündigkeit. Die Menschen können und wollen sich ein privates Geld nicht vorstellen. Sie haben Angst davor und vertrauen lieber auf den Nuckelstaat, auch wenn der sie noch so oft betrogen hat. Wie also sieht der Vorschlag von Hayek und der österreichischen Schule in der Praxis aus?

Der zentrale Punkt ist, daß Geld wieder gedeckt sein muß, daß Geld wieder mit einem konkreten Schuldinhalt ausgestattet werden muß. Wer Geld erzeugt, muß wieder konkret sagen, wozu er sich verpflichtet, wenn er sein Geld zurückbekommt, und das heißt ganz schlicht: Abschaffung des Falschgeldes. Wer heute Geld erzeugt, geht keinerlei Verpflichtung ein. Allenfalls verpflichtet er sich, alte Scheine in neue Scheine umzutauschen. Bei Hayek muß jeder Emittent sein Geld auf Verlangen in ein konkretes Gut umtauschen. Was das im einzelnen ist, soll der Markt entscheiden. Nach Hayek ist der Markt am besten geeignet, die Dinge herauszufinden, die sich als Deckung eignen. Die Anbieter, die das beste Geld vorweisen, werden sich im Wettbewerb durchsetzen. Als Deckung kann man sich Öl,

Aktien, Immobilien, Fondsanteile, Gold, Silber oder auch einen Warenkorb aus verschiedenen Rohstoffen vorstellen.

Im Grunde haben die Menschen diesen Auswahlprozeß über Jahrhunderte schon vorgenommen. Als bestes Material für eine Deckung haben sich im Wettbewerb am Ende Gold und Silber ergeben. Aber Hayek ist da ganz offen. Vielleicht ergeben sich heute mit unseren technischen Möglichkeiten andere, bessere Alternativen. Hayek sagt, wir können uns nicht anmaßen zu wissen, was das beste Material ist oder die beste Deckung. Wir können nur den Wettbewerb ermöglichen und offenhalten und dann sehen, was sich ergibt. Dieser Wettbewerb ist aber bereits in vollem Gange. Es gibt bereits eine Fülle von Experimenten und Bewegungen, in denen versucht wird, alternative Geldsysteme zu entwickeln, von denen ich einige hier kurz beleuchten will.

Konkrete Experimente mit privaten alternativen Geldsystemen

Sie werden sich wundern,
was es schon alles gibt

Es wird Sie vielleicht überraschen, wenn Sie hören, daß zur Zeit weltweit etwa 2000 Initiativen und Versuche laufen, private alternative Geldsysteme aufzubauen. Vor einiger Zeit feierte das älteste derartige System, die Schweizer WIR-Wirtschaftsgenossenschaft, ihr 60jähriges Jubiläum. Immerhin werden über die WIR mehr als 80 000 Konten geführt mit einem jährlichen Umsatz von über 2,5 Milliarden Schweizer Franken. Die Schweizer WIR zeigt also klar, daß solche Systeme funktionieren und auch zukunftsfähig sind. Ursprünglich ist auch die WIR aus der Not und Arbeitslosigkeit der 1930er Jahre entstanden. Aber sie ist dann all die Jahre hindurch immer weiter gewachsen und erfreut sich heute eher zunehmender Beliebtheit. Die eigentliche Kraft dieser Idee wird sich aber erst zeigen, wenn es wirklich wieder zu einer internationalen Finanzkrise kommen sollte, ähnlich wie in den 1930er Jahren. Wie kommt es, daß eine so fruchtbare Idee weitgehend unbekannt ist und ein solches Außenseiterdasein fristet? Der Hauptgrund liegt meiner Meinung nach darin, daß der Schöpfer dieser Idee, Silvio Gesell, den genialen Grundgedanken mit einer völlig falschen Theorie befrachtete und sich seine Anhänger zu sehr in diese Theorie verbissen haben.

Die Diskussion um alternative Geldsysteme wird zumindest in Deutschland immer von der Zins- und Schwundgelddiskussion der Gesell-Anhänger überlagert. Die ganze Problematik, die sich mit den Fragen um Quantitätsgleichung, Buchgeld, Umlaufgeschwindigkeit und Schwundgeld verbindet, ist, wie ich meine, eine veritable Leerlaufdiskussion, die unendlich viel reformerische Kraft gekostet und auch unendliche Verwirrung gestiftet hat und noch stiftet. Ich will hier nicht auf die einzelnen Punkte eingehen. Die Gesell-Argumente sind vielfach widerlegt worden, freilich ohne daß dies Wirkung bei den Gesell-Anhängern gezeigt hätte. Ich denke, daß die Gesell-Anhänger, sehr zur Freude der Geldfälscher, einfach an der falschen Front kämpfen. Der zentrale Punkt ist nämlich nicht der Zins, sondern das Falschgeld.

Der ebenso geniale wie simple Grundgedanke bei einigen Komplementärwährungen, wie z. B. der WIR und auch bei Gesell, war ja gerade die Erzeugung von privatem Falschgeld. Um Falschgeld zu erzeugen, braucht man weder den Staat noch die Banken. Es ist geradezu ein Witz, sich vorzustellen, daß die Menschen zur Bank gehen, diese bitten, Falschgeld zu produzieren, und sich dann das Falschgeld gegen Zinsen leihen. Wenn schon Falschgeld, dann kann man das auch ohne Zinsen selbst herstellen. Und genau das ist der eigentlich geniale Grundgedanke bei Gesell und nicht etwa das Schwundgeld.

Der Schwundgeldgedanke beruht auf einer Art optischer Täuschung, der Gesell erlegen ist. Es stimmt ja, daß Schwundgeld eine gewisse belebende Wirkung hat, aber die haben jede Inflation und jedes schlechte Geld. Die Menschen versuchen natürlich, schlechtes Geld, das sich entwertet, möglichst rasch wieder loszuwerden, und in diesem Sinne war Geld eigentlich immer schlecht. Die D-Mark hat seit ihrer Einführung etwa 80 Prozent ihres Wertes verloren. Dazu braucht man nicht auch noch Schwundgeld. Die eigentlich belebende Wirkung beruht aber auch beim Gesell-Geld nicht auf den kostenpflichtigen Klebemärkchen, die zur Werterhaltung immer wieder auf die Geldscheine geklebt werden müssen, sondern auf dem Falschgeldeffekt. Die Gesell-Anhänger übersehen immer, wie ihr Geld unter die Leute kommt. Es wird nämlich in der Regel von einer Behörde erzeugt und ausgegeben, und damit entsteht der belebende Falschgeldeffekt. Statt mit Märkchenkleben die Umlaufgeschwindigkeit zu erhöhen, kann ich auch gleich die doppelte Menge Falschgeld ausgeben. Das hat fast den gleichen Effekt. Genau das war der Witz von Hitlers Beschäftigungswunder. Er hat sich gar nicht erst mit Märkchenkleben aufgehalten, sondern hat gleich massiv über die Mefo-Wechsel Falschgeld erzeugt, und damit waren die Arbeitslosen weg.

Es mag sogar so etwas wie einen Schwundgeldeffekt geben, daß also die Leute ihr Geld etwas schneller ausgeben, als sie es sonst getan hätten. Aber sehr groß kann dieser Effekt schon von der Logik her nicht sein. Es ist kaum vorstellbar, daß die Menschen ihr Leben wesentlich beschleunigen, nur weil das Geld verschimmelt. Man wird vielleicht etwas leichtfertiger Geld ausgeben, aber man kann nicht schneller konsumieren, schneller wohnen und schneller verdauen. Eher wird man sich nach einem besseren Geld umsehen. Der Falschgeldeffekt ist da schon von einem ganz anderen Kaliber.

Die Gesell-Experimente haben in der Wirtschaftskrise deshalb so gut funktioniert, weil da der Falschgeldeffekt besonders groß ist und nicht weil das Falschgeld zusätzlich auch noch Schwundgeld war. Die Menschen, die vorher nichts gemacht haben, fangen an, etwas zu produzieren und Leistungen auszutauschen – wie in dem St. Petersburger Beispiel. Es scheint mir deshalb sinnvoll, bei der Diskussion alternativer Währungssysteme von der leidigen Schwundgelddiskussion wegzukommen. Es hat schon seine Gründe, daß man bei der ältesten Gemeinschaftswährung, der Schweizer WIR, bereits vor langer Zeit vom Schwundgeld abgekommen ist. Schon 1952 wurde dort ein niedriger Sollzins für Überziehungen eingeführt. Guthaben wurden zwar nicht verzinst, aber auch keinem Schwund unterworfen. Orthodoxe Freigeldanhänger verließen daraufhin das WIR und gründeten eine eigene Genossenschaft, die aber bald scheiterte. Die Gemeinschaftswährungen bzw. das Notgeld, wie es in Deutschland hieß, wurde gewiß nicht verboten, weil es Schwundgeld war, sondern wegen des Falschgeldeffektes. Ein Schwundgeldexperiment ohne Falschgeldeffekt würde kläglich scheitern. Die Leute merkten aber damals plötzlich, daß man Falschgeld auch selber machen kann, daß man dazu nicht Staat und Banken braucht. Diesen in der Depression segensreichen Effekt aber wollten Staat und Banken für sich selbst reklamieren. Deshalb wurden die Experimente verboten und nicht, weil es Schwundgeld war.

Bevor ich nun darauf eingehe, wie solche Gemeinschaftswährungen praktisch funktionieren, müssen wir noch ein paar Unterscheidungen treffen. Meist werden solche Gemeinschaftswährungen in Verbindung mit Tauschringen organisiert. Beim Tauschring oder Barter-Club wird schlicht Warentausch organisiert, also Coca-Cola wird gegen russischen Wodka geliefert, oder Mannesmann liefert Röhren gegen Erdgas. Ein großer Teil des Welthandels wird als Barter abgewickelt, der natürlich auch im kleinen Kreis funktioniert. Durch die moderne Informationstechnologie wird der Barterhandel sicher einen starken Aufschwung erleben. Der Vorteil ist, daß man kein Geld, keine Liquidität etwa in Form von Devisen braucht. Dies erleichtert viele Geschäfte und macht manches Geschäft überhaupt erst möglich, das sonst, etwa wegen Devisenmangels, unterblieben wäre. Dabei werden die Geschäfte über irgendeine künstliche Recheneinheit, die sich meist an irgendeine Landeswährung anlehnt, verrechnet. Man schätzt, daß bereits 20 bis 30 Prozent des Welthandels über solche Barter- oder Kompensationsgeschäfte abgewickelt werden. Von daher würde eigentlich immer weniger Geld gebraucht. Gleichwohl wächst die Geldmenge weltweit immer weiter, immer schneller, obwohl sie bereits das etwa 80fache dessen beträgt, was zur Abwicklung des Welthandels eigentlich nötig wäre. Woher kommt das wohl, und wie läßt sich das erklären?

Aber zurück zu unserem Barter-Club. Wie gesagt, es handelt sich hierbei zunächst um schlichten Naturaltausch, wie es ihn schon immer gegeben hat. Alles arbeitsteilige Wirtschaften ist letztlich »Naturaltausch« oder besser, Austausch von Leistung und Gegenleistung. Das Problem dabei ist, zwei Leute zusammenzubringen, die zufällig gerade die Ware anbieten, die der andere jeweils haben will, und noch dazu in der richtigen Menge. Selbst durch den Einsatz von Computern und mittels moderner weltweiter Kommunikation wird das nicht viel leichter. Hier hilft, wie schon immer, Geld, und bei Geld gibt es, wie schon immer, prinzipiell drei Arten: 1. Warengeld, 2. Kreditgeld und 3. Falschgeld.

Was wir mit der Entwicklung von Komplementärwährungen jetzt beobachten können, ist nichts anderes als die Neuentdeckung dieser drei Geldarten auf privater Basis. Überraschenderweise aber in genau umgekehrter Reihenfolge, wie sie ursprünglich entstanden sind. Als erstes kam man dahinter, daß man ungedecktes Geld oder fiat money in kleinen Gruppen auch selber machen kann, daß man es sich nicht von Banken gegen Zins leihen muß. Die Gesell-Experimente z. B. in der österreichischen Gemeinde Wörgl, das Notgeld der 1930er Jahre und auch die Schweizer WIR beruhen teilweise auf diesem Grundgedanken. Der Barter-Club erzeugt sein eigenes Spielgeld, mit dem innerhalb des Barter-Clubs bezahlt wird, etwa wie bei den Ferienclubs, z. B. im *Club Mediteranee* mit Plastik-Kugeln. Weil für dieses Spielgeld kein Zins an die Banken abgeführt werden muß, kann man es den Mitgliedern sehr viel günstiger zur Verfügung stellen, etwa für 1,5 Prozent als Zins oder Nutzungsgebühr. Damit kann z. B. die WIR ihren Mitgliedern günstig Liquidität zur Verfügung stellen, und es kommen Geschäfte zustande, die sonst aus Geldmangel unterblieben wären. Hier haben wir den belebenden Falschgeldeffekt, den wir früher schon beobachten konnten. Vielleicht sollte man es besser Monopolygeld und Monopolyeffekt nennen.

Daneben gibt es aber noch das Kreditgeld, das zunehmend von den Anhängern privater Komplementärwährungen neu entdeckt wird. Kreditgeld kann nämlich auch jeder selbst produzieren und macht auch jeder ständig selbst, nur daß dieser Vorgang bisher nicht als Geldschöpfung erkannt wurde. Wenn ich beim Kaufmann anschreiben lasse, entsteht Kreditgeld. Man muß sich nur vorstellen, daß ich einen Zettel unterschreibe, auf dem steht: »Ich schulde Ihnen, Herr Kaufmann, 100,– Euro.« Dann ist dieser Zettel Geld, mit dem der Kaufmann z. B. beim Metzger Wurst einkaufen kann. Natürlich setzt das voraus, daß die Leute sich untereinander kennen und vertrauen, aber weil das in einem Club der Fall ist, eignet sich privates Kreditgeld hervorragend für private Währungsgemeinschaften. Das ist genau das gleiche Prinzip, wie wir es mit unseren zehn Freunden in der Kneipe mit den Bierdeckeln kennengelernt haben. Aber wie kommt es, daß man den wechselseitigen Kredit als privates Geld erst jetzt allmählich wieder neu entdeckt? Das hängt wohl damit zusammen, daß es den Geldfälschern gelungen ist, dem Publikum einzureden, Geld könne nur vom Staat erzeugt werden. Dabei gibt es den Wechsel, den Schuldschein und privates Kreditgeld schon seit 1000 Jahren. Bereits seit ewigen Zeiten haben Kaufleute einen Schuldschein unterschrieben, der dann als Geld weitergereicht wurde. Allerdings waren diese Zettel an strenge Formvorschriften gebunden, und man hat später die Vorstellung verankert, solche Standardschuldzettel dürfe eigentlich nur der Staat erzeugen. Aber jetzt im Zeitalter der Computer muß man ja gar keine Zettel mehr drucken, sondern kann die wechselseitigen Schulden und Guthaben in denselben verrechnen. Man muß das staatliche Gelddruckmonopol gar nicht mehr erschüttern. Allenfalls die Salden werden am Jahresende mit staatlichem Geld ausgeglichen. So kann sich jemand mit Babysitten, Garten umgraben oder Autofahren ein Guthaben im Computer verdienen, das er dann für Brot oder Kino wieder ausgibt. Die belebende und arbeitsschaffende Wirkung eines wechselseitigen Kredites dieser Art von Kreditgeld beruht aber auf einem ganz anderen Effekt als beim Falschgeld.

Beim Falschgeld wird eine künstliche Nachfrage erzeugt. Der Falschgeldemittent leistet ja selbst nichts, er erzeugt das Falschgeld (fiat money) aus dem Nichts praktisch am Computer. Er verschafft damit dem Falschgeldempfänger, den er damit bezahlt, zwar Arbeit, aber ohne selbst für diese Arbeit irgendeine Gegenleistung zu erbringen. Diese Gegenleistung muß sich der Falschgeldempfänger anschließend bei den anderen holen, an die er das Falschgeld weitergibt.

Ganz anders ist es bei wechselseitigem Kredit. Normalerweise leistet man zunächst etwas, damit das Kreditgeld überhaupt entsteht. Ich bringe eine Leistung wie Babysitten, Altenpflege oder Nachhilfeunterricht ein, und so entsteht für mich ein Guthaben, über das ich verfügen kann. Aber auch wer zunächst nichts leistet, sondern nur nachfragt und sein Konto überzieht, verpflichtet sich, in absehbarer Zeit eine Leistung zu erbringen. Auch wenn ich einen Schuldschein unterschreibe und so Kreditgeld entsteht, verpflichte ich mich, in absehbarer Zeit etwas zu leisten. Ich bezahle mit einer versprochenen Leistung, die ich selbst erbringen werde. Bei Falschgeld (fiat money) dagegen geht derjenige, der das Falschgeld erzeugt, keinerlei Verpflichtung ein, eine Leistung zu erbringen. Das ist ein wesentlicher Unterschied und der eigentliche Kern aller Währungskrisen. Unsere Welt ertrinkt derzeit in Falschgeld, in Geld ohne Leistungsversprechen. Es gibt offiziell nur noch dieses Geld. Beim WIR-System werden sowohl privates Falschgeld (fiat money) als auch privates Kreditgeld verwendet.

Ein schönes Beispiel für privates Kreditgeld ist die japanische Pflegewährung »Hureai Kippu«. Bei diesem System werden die Stunden, die ein Freiwilliger bei der Pflege oder Unterstützung alter oder behinderter Menschen verbringt, auf einem Zeitkonto verbucht. Für schwierige Aufgaben wie z. B. Körperpflege wird mehr Zeit gutgeschrieben als beispielsweise für Einkaufen. Die Zeitguthaben sind übertragbar. So kann z. B. ein Student sein Pflegeguthaben, das er an seinem Studienort erwirbt, auf seinen alten Vater übertragen, der an einem anderen Ort lebt, oder er kann die Stunden für seine eigene Altenpflege ansparen. Mit diesen Zeitguthaben kann man seine normale Krankenversicherung ergänzen. Die Zeitguthaben werden wie Schecks über ein Clearingsystem verrechnet und gutgeschrieben. Ähnliche Projekte gibt es auch in Deutschland.

Was jetzt noch fehlt, ist nur die Wiederentdeckung privaten Warengeldes, dann ist das gesamte Geldsystem neu erfunden, diesmal auf privater Basis. In der Tat zeichnet sich bei den alternativen Währungssystemen jetzt eine Entwicklung ab, die eine Rückkehr zu gedecktem Geld auf privater Basis erwarten läßt. Das Projekt »Terra« von Bernard A. Lietaer ist eine solche Währung, die wieder durch eine Ware oder einen Warenkorb gedeckt ist. Die Bonusmeilen der Vielflieger sind eine Art private Unternehmenswährung, die mit einer bestimmten Leistung, nämlich Flugmeilen, gedeckt ist. Große Konzerne werden zunehmend solche privaten gedeckten Währungen ausgeben, die z. B. mit dem Warenlager oder mit Rohstoffvorräten gedeckt sind und die mit Kreditkarten oder über das Internet übertragen werden. Die Wiederentdeckung privaten Geldes in Form von privaten Komplementärwährungen wird sich vorwiegend auf wechselseitigen Kredit und auf gedeckte Währungen stützen, also auf Kreditgeld und Warengeld. Aber es könnte durchaus sein, daß auch das private Falschgeld eine gewisse Bedeutung erlangt. Wenn in einem privaten Währungssystem wie der WIR sich über so lange Zeit auch privates fiat money erhalten und bewährt hat, könnte das ein Indiz dafür sein, daß auch privates ungedecktes Zettelgeld (Monopolygeld) in solchen alternativen Währungssystemen eine sinnvolle Funktion erfüllt.

Bevor wir diese Frage beurteilen, rufen wir uns kurz nochmals das Wesentliche in Erinnerung. Bei Falschgeld, Zettelgeld, Monopolygeld, fiat money, ungedecktem Papiergeld etc., wie immer man es nennt, ist es immer so, daß derjenige, der es als erster erhält und ausgibt, einen Vorteil gegenüber allen anderen hat. Wenn eine Bank heute einem Unternehmer eine Million leiht, schöpft sie diese Million aus dem Nichts. Der Unternehmer kauft Maschinen, Rohstoffe, Autos und bezahlt Arbeiter. All diese Leistungen werden der Gesellschaft zusätzlich auferlegt ohne Gegenleistung. Der Falschgeldkredit verdrängt den Konsum der anderen, zwingt alle, den Gürtel etwas enger zu schnallen. Wenn das in großem Stil geschieht wie heute, führt das zu einem unfreiwilligen Verzicht der Menschen. Sie wissen nicht von diesem Mechanismus, durch den sie immer mehr ausgebeutet werden.

Wenn jetzt aber eine geschlossene Gemeinschaft sich bewußt dieses gemeinsame Opfer auferlegt als eine Art Zwangssparen, etwa um eine

Fabrik oder ein Haus zu bauen, das der Gemeinschaft nützt, oder um karitative Zwecke zu verfolgen oder andere Gemeindemitglieder zu unterstützen, sieht die Sache ganz anders aus. Es wäre durchaus denkbar, daß größere Investitionsprojekte, die sich durchaus rechnen und einen Gewinn erbringen, zum Vorteil aller auf diese Weise gemeinschaftlich verfolgt werden. Entscheidend ist allerdings, daß man aus der Gemeinschaft austreten kann, wenn man sich dieses Zwangssparen nicht auferlegen will.

Wenn es also denkbar ist, daß wir alle drei Geldarten in privaten, alternativen Währungssystemen wiederfinden, so wird die größte Überraschung und die größte Bewußtseinsveränderung darin bestehen, daß man Warengeld oder gedecktes Geld neu entdeckt. Es kann sein, daß man im Zuge dieses Prozesses ganz neue Deckungsformen entwickelt. Wahrscheinlicher ist aber, daß man nach Experimenten mit Indizes und Warenkörben wieder diejenige Deckungsform neu entdeckt, die sich nach Jahrhunderten des Experimentierens im Markt als die beste Deckung bereits herausgestellt hat, nämlich Gold und Silber. Wenn das aktuelle Falschgeldsystem erschüttert wird, ist die Wahrscheinlichkeit groß, daß man sich erst einmal darauf besinnt, daß Gold und Silber über Jahrhunderte als Geld hervorragend funktioniert haben. Gewiß werden dann auch viele private alternative Währungssysteme entstehen, um vorwiegend mit wechselseitigem Kredit Arbeit zu schaffen, aber diese Systeme werden sich vermutlich wieder auf Gold und Silber als Währungseinheit stützen und nicht auf Dollar, Euro oder Yen, also auf fiat money, das sich gerade als untauglich erwiesen hat.

Und warum werden sich die neuen Währungssysteme wieder auf Gold und Silber als Wertmaßstab stützen? Weil man aufs neue entdecken wird, daß man Geschäfte genausowenig ohne einen geeigneten Wertmaßstab abwickeln kann wie ohne vereinbarte Maßeinheiten für Länge und Gewicht. Gold und Silber sind nun einmal die einzigen international anerkannten Wertmaßstäbe, mit denen wir geschichtliche Erfahrungen haben. Es ist das einzige erprobte Auffangsystem, das uns im Falle einer Krise sofort zur Verfügung stünde, wenn alle anderen bekannten Systeme versagen. Auch wenn zunächst lauter lokale private Währungssysteme entstehen sollten, über Gold und Silber wären sie sofort wieder alle miteinander verbunden, Gold und Silber wäre sofort wieder privates Weltgeld innerhalb zahlreicher unterschiedlicher Wirtschaftsgemeinschaften, so wie es in der Geschichte immer war. Wir hätten wieder Weltgeld, ohne daß es einer politischen Einheit, einer Weltregierung oder einer Weltbank bedarf. Auch die Falschgeldfreunde müßten eigentlich ein Interesse daran haben, daß ein solches Auffangsystem möglichst bald entsteht, parallel zum bestehenden System, um so gegebenenfalls einen weitgehend friedlichen Übergang zu ermöglichen. Es kommt jetzt eigentlich gar nicht darauf an, wer nun das einzig richtige System hat. Viel wichtiger ist es, offen zu sein für Experimente und Alternativen. Alan Greenspan hat sich erst kürzlich dafür ausgesprochen, das Entstehen solcher privaten alternativen Geldsysteme von Seiten der Behörden zumindest nicht zu behindern, weil wir nicht wissen können, wozu es vielleicht gut ist. Wenden wir uns daher nun der Frage zu, warum und auf welche Weise es wieder zu einer Remonetisierung von Gold und Silber kommen könnte und warum Gold und Silber auch für Sie die beste Möglichkeit bieten, Geldvermögen über die kommenden Währungsturbulenzen zu retten.

Werden Gold und Silber wieder Geld?

Achtung: Sie verlassen jetzt den sozialistischen Geldsektor und begeben sich auf den Weg zu Ihrer persönlichen finanziellen Freiheit!

Wenn heute jemand behauptet, daß Gold wieder zunehmend eine monetäre Bedeutung erhalten wird, so stößt er in der Regel auf ungläubiges Staunen. Gold ist für die meisten Menschen ein »barbarisches Relikt«, dem allenfalls für Zahnfüllungen oder Schmuck noch eine gewisse Bedeutung zukommt, aber als Währungsreserve oder gar als Geld hat es definitiv ausgedient. Geld wird doch immer »immaterieller« und löst sich demnächst vollends in digitale Information auf, so wird uns gesagt. Das aus früheren Zeiten bei den Zentralbanken verbliebene Gold stellt allenfalls noch eine Art Entsorgungsproblem für die Zentralbanken dar, weil sie es nicht einfach auf dem Markt verkaufen können, ohne daß der Goldpreis ins Bodenlose fällt. Bevor wir uns mit diesen Argumenten auseinandersetzen und auf die wirklich spannenden Hintergründe des aktuellen Goldmarktes eingehen, will ich Ihnen aber noch einen Beitrag vorlegen, den der ehemalige oberste Währungshüter dieser Welt, nämlich der Chef der amerikanischen Zentralbank, Alan Greenspan, geschrieben hat. Dieser Beitrag ist deshalb recht wichtig, weil er zeigt, wie selbst ein Mann wie Alan Greenspan Gefangener des Systems ist. Obwohl Greenspan sich ganz klar gegen fiat money und für den Goldstandard ausspricht, kann er jetzt nicht anders handeln, als immer mehr Falschgeld zu erzeugen. Nun muß man allerdings dazu sagen, daß er diesen Aufsatz noch vor seiner Zeit als Chef der Zentralbank geschrieben hat, aber immerhin bereits als erfahrener Banker im Alter von etwa 45 Jahren. Später, als er bereits Notenbankchef war, wurde er einmal gefragt, ob er noch zu diesem Aufsatz und den darin vorgetragenen Thesen stehe. Seine Antwort lautete, daß er unbedingt noch dazu stehe, er habe ihn vor kurzem wieder einmal gelesen und stimme noch mit allem, was da steht, überein, aber er könne sich mit seiner Ansicht bei seinen Kollegen eben nicht durchsetzen. Der Aufsatz ist 1966 in der Zeitschrift *Objectivist* erschienen und in dem kleinen Signet-Taschenbuch von Ayn Rand mit dem Titel *Capitalism – The Unknown Ideal* nochmals abgedruckt. Dieses Taschenbuch ist über den Internetbuchhandel nach wie vor erhältlich. Klarer als in diesem Aufsatz kann man den Zusammenhang kaum beschreiben.

In diesem Aufsatz aus der Feder des obersten Währungshüters der Welt erfahren Sie, daß Gold entmonetisiert werden mußte, damit Falschgeld siegen konnte. Gold verhindert die Enteignung der Bürger mittels Falschgeld, schreibt Greenspan, und deshalb ist Gold der natürliche Feind der Falschgeldfreunde. Wir haben gesehen, wie es in einem langen und mühsamen Prozeß gelungen ist, in den Köpfen der Menschen den Eindruck zu erzeugen, daß Gold und Silber kein Geld mehr sei. Heute geht es darum, mit allen Mitteln zu verhindern, daß im Bewußtsein der Menschen Gold und Silber wieder zu Geld werden. Wir werden später in einem Zitat von Greenspan hören, daß es das erklärte Ziel der Zentralbanken ist, mit allen Mitteln zu verhindern, daß der Goldpreis steigt und damit eine Rückkehr des Goldes als Geld eingeleitet wird. Die Zentralbanken sind bereit, zu diesem Zweck zunehmend Gold zu verleihen, sagt Greenspan. Natürlich ist das eigentlich eine verbotene Marktmanipulation, wenn man einen Preis gezielt nach unten dirigiert, aber die Zentralbanken setzen sich über die Regeln hinweg. Wie wir später noch im Falle der Gebrüder Hunt sehen werden, ist man sogar bereit, die Regeln rückwirkend zum eigenen Vorteil zu ändern. Eine Gruppe in Amerika versucht jetzt, gerichtlich gegen diese Marktmanipulationen von Banken und Zentralbanken vorzugehen. Im Anhang finden Sie die Internetadresse dieser GATA genannten Gruppe. GATA steht für *Gold-Anti-Trust-Association.*

Gold und wirtschaftliche Freiheit

Von Alan Greenspan

*Greenspan persönlich
zeigt Ihnen den Weg
zu finanzieller Freiheit!*

»Eine geradezu hysterische Feindschaft gegen den Goldstandard verbindet Staatsinterventionisten aller Art. Sie spüren offenbar klarer und sensibler als viele Befürworter der freien Marktwirtschaft, daß Gold und wirtschaftliche Freiheit untrennbar sind, daß der Goldstandard ein Instrument freier Marktwirtschaft ist und sich beide wechselseitig bedingen. Um den Grund ihrer Feindschaft zu verstehen, muß man zunächst die Rolle des Goldes in einer freien Gesellschaft verstehen.

Geld ist der gemeinsame Maßstab aller wirtschaftlichen Transaktionen. Es ist der Rohstoff, der als Tauschmittel dient, der von allen Teilnehmern einer Tauschgesellschaft als Bezahlung ihrer Güter und Dienstleistungen akzeptiert wird und der von daher als Bewertungsmaßstab und zur Wertaufbewahrung für das Sparen dient. Die Existenz eines solchen Rohstoffes ist Voraussetzung für eine arbeitsteilige Wirtschaft. Wenn die Menschen keinen bewertbaren Rohstoff hätten, der allgemein als Geld akzeptiert werden kann, so wären sie auf primitiven Naturaltausch angewiesen oder gezwungen, autark auf Bauernhöfen zu leben und auf die unschätzbaren Vorteile der Arbeitsteilung zu verzichten. Wenn die Menschen kein Mittel zur Wertaufbewahrung, d. h. zum Sparen, hätten, wäre weder eine langfristige Planung noch ein Austausch möglich.

Welches Tauschmittel von allen Wirtschaftsteilnehmern akzeptiert wird, kann nicht willkürlich bestimmt werden. Zunächst sollte das Tauschmittel dauerhaft sein. In einer primitiven Gesellschaft mit geringem Wohlstand könnte Weizen ausreichend ›dauerhaft‹ sein, um als Tauschmittel zu dienen, da alle Tauschvorgänge nur während der Ernte oder unmittelbar danach stattfinden würden, ohne daß große Werte gelagert werden müßten. Aber sobald Wertaufbewahrung bedeutsam wird, wie in zivilisierten und reicheren Gesellschaften, muß das Tauschmittel ein dauerhafter Rohstoff sein, üblicherweise ein Metall.

Ein Metall wird üblicherweise deshalb gewählt, weil es gleichartig und teilbar ist. Jede Einheit ist die gleiche wie jede andere und kann in beliebiger Menge verformt und vermischt werden. Wertvolle Edelsteine z. B. sind weder gleichartig noch teilbar. Noch wichtiger ist: Der als Tauschmittel gewählte Rohstoff muß ein Luxusgegenstand sein. Das menschliche Bedürfnis nach Luxus ist unbegrenzt, und deswegen werden Luxusgüter immer nachgefragt und auch immer akzeptiert. Weizen ist ein Luxusgut in einer unterernährten Gesellschaft, aber nicht in einer Wohlstandsgesellschaft. Zigaretten würden normalerweise nicht als Geld dienen, aber nach dem Zweiten Weltkrieg wurden sie in Europa als Luxusgut betrachtet. Der Begriff *Luxusgut* beinhaltet Knappheit und hohen Wert pro Einheit. Da es einen hohen Wert pro Einheit besitzt, läßt sich solch ein Gut leicht transportieren. Eine Unze Gold z. B. hat den Wert von einer halben Tonne Eisenerz.

Auf den ersten Stufen einer sich entwickelnden Geldgesellschaft mögen mehrere Tauschmittel benutzt werden, da zahlreiche Rohstoffe die jeweiligen Anforderungen erfüllen können. Mit der Zeit wird jedoch ein Rohstoff alle anderen verdrängen, weil er größere Akzeptanz findet. Die Vorliebe für das, was der Wertaufbewahrung dienen soll, wird sich auf den am meisten verbreiteten Rohstoff konzentrieren, was diesen wiederum noch mehr Akzeptanz finden läßt. Diese Entwicklung wird sich verstärken, bis dieser Rohstoff zum einzigen Tauschmittel wird. Der Gebrauch eines einzigen Tauschmittels hat große Vorteile, und zwar aus den gleichen Gründen, aus denen eine Geldwirtschaft einer Naturaltauschwirtschaft überlegen ist. Es ermöglicht einen Austausch in ungleich größerem Umfang. Ob dieses eine Medium nun Gold ist, Silber, Muscheln, Vieh oder Tabak, ist beliebig und abhängig vom Umfeld und der Entwicklung der jeweiligen Gesellschaft. In der Tat wurde dies alles zu verschiedenen Zeiten als Tauschmittel verwendet. Sogar in unserem Jahrhundert wurden zwei bedeutende Rohstoffe, nämlich Gold und Silber, als internationales Tauschmittel benutzt, wobei Gold das beherrschende wurde. Gold, das sowohl künstlerischen als auch funktionalen Gebrauch findet und relativ knapp ist, wurde immer als Luxusgut betrachtet. Es ist dauerhaft, leicht zu transportieren, gleichartig, teilbar und hat deshalb bedeutende Vorteile gegenüber allen anderen Tauschmitteln. Seit Beginn des Ersten Weltkrieges ist es praktisch der einzige internationale Tauschstandard.

Wenn alle Güter und Dienste in Gold bezahlt werden müßten, wären große Zahlungen schwierig zu bewerkstelligen, und dies wiederum würde bis zu einem gewissen Grad den Umfang der Arbeitsteilung und Spezialisierung einer Gesellschaft begrenzen. Die logische Fortsetzung der Entwicklung eines Tauschmediums ist es daher, ein Banksystem und Kreditinstrumente (Banknoten und Einlagen) zu entwickeln, die als Stellvertreter funktionieren, aber in Gold umtauschbar sind. Ein freies, auf Gold gegründetes Banksystem ist in der Lage, Kredit zu gewähren und so Banknoten (Währung) und Guthaben zu schöpfen, entsprechend der Produktionserfordernisse der Wirtschaft. Individuelle Goldbesitzer werden durch Zinszahlungen dazu gebracht, ihr Gold in einer Bank einzulegen, worauf sie Schecks ziehen können. Und da in den seltensten Fällen alle Einleger ihr Gold zur gleichen Zeit abziehen wollen, muß der Bankier nur einen Teil der gesamten Einlage in Gold als Reserve vorhalten. Dies ermöglicht es dem Banker, mehr auszuleihen, als er Goldreserven hat (d. h. er hält Forderungen auf Gold statt wirkliches Gold als Sicherheit für seine Einlagen). Aber der Umfang der Ausleihungen, die er vornehmen kann, ist nicht willkürlich. Er muß ihn in ein Gleichgewicht zu seinen Reserven und dem aktuellen Stand seiner Ausleihungen bringen.

Wenn Banken Geld ausleihen, um produktive und profitable Unternehmen zu finanzieren, werden die Ausleihungen rasch zurückgezahlt, und Bankkredit ist weiterhin allgemein verfügbar. Aber wenn die mit Bankkredit finanzierten Geschäfte weniger profitabel sind und nur langsam zurückgezahlt werden, spüren die Banker schnell, daß ihre ausstehenden Darlehen zu hoch sind im Verhältnis zu ihren Goldreserven: Sie fangen an, mit neuen Ausleihungen zurückhaltender zu sein, üblicherweise, indem sie höhere Zinsen berechnen. Dies begrenzt die Finanzierung neuer Unternehmungen und erfordert von den bestehenden Schuldnern, daß sie ihre Gewinnsituation verbessern, bevor sie Kredite für weitere Expansionen bekommen können. Daher wirkt unter dem Goldstandard ein freies Banksystem als Hüter von ökonomischer Stabilität und ausgeglichenem Wachstum.

Wenn Gold von den meisten oder gar allen Nationen als Tauschmittel akzeptiert wird, begünstigt und fördert ein ungehinderter freier Goldstandard weltweit die Arbeitsteilung und einen umfangreichen internationalen Handel. Obwohl die Tauscheinheiten (Dollar, Pfund, Franc etc.) von Land zu Land uneinheitlich sind, funktionieren die Wirtschaften der einzelnen Länder doch wie eine einheitliche Wirtschaft, wenn die Tauscheinheiten alle in Gold definiert sind und sofern es keine Behinderungen für Handel und freie Kapitalbewegungen gibt. Kredite, Zinsen und Preise reagieren dann nach gleichartigen Mustern in allen Ländern. Wenn zum Beispiel die Banken in einem Land zu großzügig Kredit gewähren, gibt es in diesem Land eine Tendenz zu fallenden Zinsen, was die Goldbesitzer veranlaßt, ihr Gold zu Banken in anderen Ländern zu verlagern, wo es höhere Zinsen bringt. Dies wird unmittelbar zu einer Knappheit an Bankreserven in dem Land mit den lockeren Kreditbedingungen führen, was wieder zu strengeren Kreditbedingungen und zu einer Rückkehr zu wettbewerbsgerechten höheren Zinsen führt.

Ein vollkommen freies Banksystem und ein damit übereinstimmender Goldstandard wurde bisher noch nie verwirklicht. Aber vor dem Ersten Weltkrieg war das Banksystem in den Vereinigen Staaten (und dem größten Teil der Welt) auf Gold gegründet, und obwohl die Regierungen zuweilen intervenierten, war das Bankgeschäft doch überwiegend frei und unkontrolliert. Gelegentlich hatten sich die Banken, aufgrund zu schneller Kreditexpansion, bis an die Beleihungsgrenzen ihrer Goldreserven exponiert, worauf die Zinssätze scharf anzogen, neue Kredite nicht gewährt wurden und die Wirtschaft in eine scharfe, aber kurze Rezession fiel (im Vergleich zu den Depressionen von 1920 und 1932 waren die Konjunkturabschwünge vor dem Ersten Weltkrieg in der Tat milde). Es waren die begrenzten Goldreserven, die eine ungleichgewichtige Expansion der Geschäftstätigkeit stoppten, bevor sie sich zum Desaster entwickeln konnte, wie es nach dem Ersten Weltkrieg geschah. Die Korrekturphasen waren kurz, und die Wirtschaft fand schnell wieder eine gesunde Basis für weitere Expansion.

Aber der Heilungsprozeß wurde als Krankheit fehlinterpretiert. Wenn der Mangel an Bankreserven einen Konjunkturabschwung bewirkte – so argumentierten die Wirtschaftsinterventionisten –, warum finden wir dann nicht einen Weg, um den Banken zusätzliche Reserven zur Verfügung zu stellen, so daß sie nie knapp werden müssen? Wenn die Banken unbegrenzt fortfahren können, Geld zu verleihen – so wurde behauptet –, muß es keine Konjunkturrückschläge mehr geben. Und so wurde im Jahre 1913 das *Federal Reserve System* organisiert. Es bestand aus zwölf regionalen *Federal-Reserve*-Banken, die nominal zwar privaten Bankern gehörten, die aber in Wirklichkeit vom Staat gefördert, kontrolliert und unterstützt wurden. Von diesen Banken geschöpfter Kredit wird praktisch (nicht gesetzlich) mit dem Steueraufkommen der Bundesregierung unterlegt. Technisch blieben wir beim Goldstandard; Privatpersonen war es noch erlaubt, Gold zu besitzen, und Gold wurde auch noch als Bankreserve benutzt. Aber jetzt konnte zusätzlich zum Gold auch noch von den *Federal-Reserve*-Banken geschöpfter Kredit (Papiergeldreserven) als legales Zahlungsmittel dienen, um die Einleger zu befriedigen.

Als die Konjunktur in den Vereinigten Staaten 1927 einen leichten Rückschlag erlitt, schöpften die *Federal-Reserve*-Banken zusätzliche Papiergeldreserven in der Hoffnung, damit jeder Knappheit von Bankreserven zuvorzukommen. Katastrophaler jedoch war der Versuch der *Federal Reserve*, Großbritannien zu helfen, das Gold an uns verloren hatte, weil die Bank von England sich weigerte, die Zinsen steigen zu lassen, wie es der Markt erfordert hätte (dies war politisch unerwünscht). Die Argumentationslinie der beteiligten Instanzen war wie folgt: Wenn die *Federal Reserve* massiv Papiergeldreserven in die amerikanischen Banken pumpt, würden die Zinsen in den Vereinigten Staaten auf ein Niveau fallen, das mit dem in Großbritannien vergleichbar ist. Dies würde dazu führen, daß die englischen Goldabflüsse gestoppt würden, und politische Unannehmlichkeiten, die mit einer Zinsanhebung verbunden sind, würden so vermieden. Die *›Fed‹* hatte Erfolg: Sie stoppte die Goldverluste, aber gleichzeitig zerstörte sie fast die Weltwirtschaft. Der übertriebene Kredit, den die *Fed* in die Wirtschaft pumpte, floß in den Aktienmarkt – und löste einen phantastischen spekulativen Aktienboom aus. Verspätet versuchten die *Federal-Reserve*-Beamten die Überschußreserven abzusaugen. Es gelang ihnen schließlich, den Boom zu brechen, aber es war zu spät: 1929 war das spekulative Ungleichgewicht so überwältigend, daß dieser Versuch einen scharfen Rückgang noch beschleunigte, mit einem daraus folgenden Zusammenbruch des Geschäftsvertrauens. Im Ergebnis brach die amerikanische Wirtschaft ein.

Großbritannien ging es noch schlechter. Statt die vollen Konsequenzen der vorherigen Fehlentscheidungen zu akzeptieren, verließ es 1931 den Goldstandard komplett und zerriß so völlig das Netz von Vertrauen, das noch geblieben war, was zu einer weltweiten Serie von Bankzusammenbrüchen führte. Die Weltwirtschaft verfiel in die große Depression der 30er Jahre.

Mit der gleichen Logik, der sich auch die vorangehende Generation bediente, argumentierten die Interventionisten, daß in erster Linie der Goldstandard verantwortlich war für das Debakel, das zur großen Depression führte. Wenn der Goldstandard nicht existiert hätte, so argumentierten sie, hätte Englands Abgehen von Goldzahlungen 1931 nicht die Bankzusammenbrüche in der ganzen Welt verursacht. Die Ironie dabei war, daß wir seit 1913 keinen Goldstandard mehr hatten, sondern so etwas wie einen ›gemischten Goldstandard‹. Gleichwohl wurde die Schuld aufs Gold geschoben.

Aber die Gegnerschaft gegen den Goldstandard in jeder Form – durch eine wachsende Zahl von Wohlfahrtsstaat-Befürwortern – wurde von einer viel subtileren Erkenntnis gespeist – nämlich der Erkenntnis, daß der Goldstandard unvereinbar ist mit chronischen Haushaltsdefiziten (dem Wahrzeichen der Wohlfahrtsstaaten). Wenn man den akademischen Sprachschleier einmal wegzieht, erkennt man, daß der Wohlfahrtsstaat lediglich ein Mechanismus ist, mit dem die Regierungen Vermögen der produktiven Mitglieder einer Gesellschaft konfiszieren, um zahlreiche Wohlfahrtsprojekte zu unterhalten.

Ein großer Teil der Vermögenskonfiskation erfolgt durch Steuereinziehung. Aber die Wohlfahrtsbürokraten haben schnell erkannt, daß die Steuerlast begrenzt werden mußte, wenn sie an der Macht bleiben wollten, und daß sie auf massives deficit spending ausweichen müssen, d. h. sie müssen Geld borgen, indem sie Staatsanleihen auflegen, um im großen Stil Wohlfahrtsausgaben zu finanzieren.

Unter einem Goldstandard wird der Kreditumfang, den eine Wirtschaft verkraften kann, von den realen Sachwerten der Wirtschaft begrenzt, weil jedes Kreditverhältnis letztlich ein Anspruch auf einen realen Sachwert ist. Aber Staatsanleihen sind nicht durch reale Sachwerte unterlegt, sondern nur durch das Regierungsversprechen, aus künftigen Steuereinnahmen zu bezahlen. Sie können daher nicht ohne weiteres von den Finanzmärkten aufgenommen werden. Eine große Menge neuer Staatsanleihen kann der Öffentlichkeit nur zu ständig steigenden Zinssätzen verkauft werden. Deshalb ist staatliche Schuldenfinanzierung unter einem Goldstandard eng begrenzt. Die Abschaffung des Goldstandards ermöglichte es den Verfechtern des Wohlfahrtsstaates, das Banksystem für eine unbegrenzte Kreditexpansion zu mißbrauchen. In Form von Staatsanleihen haben sie Papiervermögen erzeugt, das die Banken, nach einer komplexen Folge von Schritten, wie Realvermögen als Sicherheit akzeptieren, gleichsam als Ersatz für das, was früher eine Einlage in Gold war. Der Inhaber einer Staatsanleihe oder eines auf Papiergeld gegründeten Bankguthabens glaubt, er habe einen gültigen Anspruch auf Realwerte. In Wirklichkeit sind aber mehr Ansprüche auf Realwerte im Umlauf, als Realwerte vorhanden sind.

Das Gesetz von Angebot und Nachfrage läßt sich nicht aufheben. Wenn das Angebot an Geld (Ansprüchen) im Verhältnis zum Angebot von realen Gütern in der Wirtschaft steigt, müssen die Preise unweigerlich steigen. Das heißt, Erträge, die von den produktiven Teilen der Gesellschaft erspart wurden, verlieren in Gütern ausgedrückt an Wert. Unter dem Strich der Bilanz ergibt sich dann, daß dieser Verlust genau den Gütern entspricht, die von der Regierung zu Wohlfahrts- und anderen Zwecken erworben wurden mit dem Geld aus Staatsanleihen, die über Kreditexpansion der Banken finanziert wurden.

Ohne Goldstandard gibt es keine Möglichkeit, Ersparnisse vor der Enteignung durch Inflation zu schützen. Es gibt dann kein sicheres Wertaufbewahrungsmittel mehr. Wenn es das gäbe, müßte die Regierung seinen Besitz für illegal erklären, wie es ja im Falle von Gold auch der Fall war (Goldbesitz war in Amerika von 1933 bis 1976 für Privatleute verboten). Wenn nämlich plötzlich alle Leute ihre Bankguthaben in Gold, Silber oder ein anderes reales Gut tauschen und kein Buchgeld mehr als Bezahlung für Güter annähmen, dann würde Kreditgeld seine Kaufkraft verlieren. Staatliches Kreditgeld wäre dann wertlos, weil es kein Tauschmittel mehr für Güter ist. Die Geldpolitik des Wohlfahrtsstaates muß also sicherstellen, daß es für Geldvermögensbesitzer keine Möglichkeit gibt, sich der Enteignung zu entziehen. Dies ist das schäbige Geheimnis, das hinter der Verteufelung des Goldes durch die Vertreter des Wohlfahrtsstaates steht. Staatsverschuldung ist einfach ein Mechanismus für die ›versteckte‹ Enteignung von Vermögen. Gold verhindert diesen heimtückischen Prozeß. Es beschützt Eigentumsrechte. Wenn man das einmal verstanden hat, ist es nicht mehr schwer zu verstehen, warum die Befürworter des Wohlfahrtsstaates gegen den Goldstandard sind.«

War Greenspan ein Gefangener des Systems?

Wenn ein Geldfachmann mit viel praktischer Erfahrung im Alter von 45 Jahren diese Sicht der Welt und des Finanzsystems hat, so ändert sich das wohl nicht mehr wesentlich, wenn er 20 Jahre später Chef der Zentralbank wird. Gleichwohl hat Alan Greenspan 1987, als er an die Spitze der *Federal Reserve* berufen wurde, als erstes die Falschgeldproduktion immens erhöht. Als im Oktober 1987 die Börsen krachten und ein Kollaps des Weltfinanzsystems drohte, riß Alan Greenspan die Geldschleusen weit auf und überschwemmte die Banken geradezu mit fiat money mit der Auflage, daß sie dafür Aktien und Anleihen kaufen müßten. Es ist ihm tatsächlich gelungen, den Zusammenbruch zu verhindern, aber um welchen Preis! Das Falschgeld, das er damals erzeugte, ist nach wie vor im System. Seither folgten mehrere Krisen, die ebenfalls mit immer mehr Falschgeld »überwunden« wurden. Vom Zusammenbruch der Sparkassen über die Mexiko-Krise bis zur Asien-Krise, Argentinien-Krise, Rußland-Krise, LTCM, *Enron* etc. wurde nicht nur in Amerika, sondern weltweit immer mehr Falschgeld (fiat money) zur Überwindung der jeweiligen Krise erzeugt. Dieses Falschgeld ist jetzt zusätzlich im System – gegen Zinsen, versteht sich –, und dieses Falschgeld erzeugt jetzt immer größere Blasen am Aktien- und Immobilienmarkt. Dies zeigt ganz deutlich, daß selbst ein Mann mit der Grundeinstellung eines Alan Greenspan ein Gefangener des Systems ist und gar nicht anders kann, als weiter systemgerecht zu funktionieren. Auch den nächsten Aktiencrash und die nächste Finanzkrise wird sein Nachfolger Bernanke mit noch mehr Falschgeld zu »überwinden« versuchen, das hat er jedenfalls schon angekündigt.

Es gibt kein anderes Mittel. Staat und Banken müssen jetzt immer schneller immer mehr Falschgeld erzeugen; sie sitzen in der Falschgeldfalle. 1929, auf dem Höhepunkt der Aktienblase, betrug der Wert aller Aktien in Amerika etwa 70 bis 80 Prozent des Bruttosozialproduktes. Heute liegt dieser Wert etwa doppelt so hoch bei 150 Prozent, und die Immobilienblase ist noch größer. Kein Mensch wird sehenden Auges die Verantwortung auf sich nehmen, diese Blase zum Platzen zu bringen, und damit Millionen von Menschen plötzlich in Armut stürzen – auch Ben Bernanke nicht. Er hat auch ganz klar zum Ausdruck gebracht, daß er alles in seiner Macht Stehende tun wird, um eine solche Entwicklung zu verhindern. Hierzu noch einmal ein Zitat von Greenspan: »Central banks can issue currency, a non-interest-bearing claim on the government, effectively without limit. They can discount loans and other assets of banks or other private depository institutions, thereby converting potentially illiquid private assets into riskless claims on the government in the form of deposits at the central bank. That all of these claims on government are readily accepted reflects the fact that a government cannot become insolvent with respect to obligations in its own currency.« Das heißt also: Es kann nie der Zustand eintreten, daß für eine Regierung das Geld knapp wird. Sie kann immer ihre Schulden bedienen, indem sie einfach durch Neuverschuldung so viel Geld erzeugt, wie sie braucht. Die Regierung muß sich auch nie Gedanken machen über den Wert von Vermögensgegenständen, die als Sicherheit gegen Schulden verpfändet wurden, denn solche Sicherheiten gibt es nicht. Und weil das so ist, weil Staatsschulden immer bedient werden können, kann die Zentralbank auch beliebig von Banken oder Privatleuten faule Schulden aufkaufen und in Staatsschulden umwandeln und so jeden Crash vermeiden. Man kann jedenfalls nicht behaupten, Alan Greenspan habe getäuscht und nicht klar gesagt, wie es funktioniert.

Sein Nachfolger Bernanke sagt es noch schlichter und klarer: Wir haben die Gelddruckmaschine und werden so viel drucken, wie wir wollen.

Neben dem Ankauf fauler Schulden mit legalem Falschgeld gehört aber noch etwas anderes dazu, um einen Zusammenbruch des Finanzsystems zu verhindern. Und auch das hat Alan Greenspan in einer seiner Reden ganz klar gesagt mit dem mittlerweile berühmten und vielzitierten Satz: »Nor can private counterparts restrict supplies of gold, another commodity whose derivatives are often traded over-the-counter, where central banks stand ready to lease gold in increasing supplies should the price rise.« Die Zentralbanken sind also bereit, einen Anstieg des Goldpreises auf jeden Fall zu verhindern. Warum ist das so wichtig? Um das zu verstehen, werfen wir einen Blick auf den spannenden Kampf ums Gold.

Der Kampf ums Gold

Wenn man über Wert und Preis des Goldes spricht, muß man sich immer vor Augen halten, daß Gold ein politisches Metall ist. Sein Preis wird im wahrsten Sinne des Wortes »regiert«, und zwar aus genau dem Grund, den Alan Greenspan in seinem Aufsatz *Gold und wirtschaftliche Freiheit* beschreibt. Gold ist nicht mehr vereinbar mit unserem derzeitigen Falschgeldsystem. Der Aufbau dieses Systems war, wie wir gesehen haben, nur möglich durch einen zunehmenden Abbau der Rolle von Gold und Silber als Geld.

Bis zum 15. August 1971 hat es in der Geschichte nie eine Zeit gegeben, in der überhaupt keine Währung an Gold gebunden war. In der Geschichte hat es zwar ständig alle möglichen Formen von Geldentwertung gegeben, aber die Menschen konnten immer auf andere Währungen ausweichen, die noch an Gold gebunden waren. Aber seit dem Jahre 1971 gibt es keinen Fluchtweg mehr, weil es keine Währung mehr gibt, die an Gold gebunden ist. Dieses neue, weltweite und ungedeckte Papiergeldsystem ist also noch sehr jung. Es basiert auf dem Vertrauen, daß die Schulden, auf die es gegründet ist, eines Tages eingelöst werden. Ein starker Anstieg des Goldpreises in Dollar wäre ein Ereignis, das dieses Vertrauen erschüttern könnte. Er wäre das entscheidende Signal für ein schwindendes Vertrauen in den Dollar als Leitwährung und für eine erneute Abwertung des Dollars gegen Gold. Alles Papiergeld in der Geschichte wurde bisher immer so lange gegen Gold abgewertet, bis es schließlich ganz wertlos war. Deshalb ist es so wichtig, dieses Signal zu unterdrücken, damit das Falschgeldsystem weiter funktioniert.

Ich will Ihnen ein aktuelles Beispiel geben, wie das in der Praxis funktioniert. Die *Frankfurter Allgemeine Zeitung* (FAZ) ist ein Sprachrohr der Banken. Sie schreibt von daher seit vielen Jahren unterschwellig gegen Gold und Silber als Investment. Bis etwa zum Jahre 2000 war das ja auch nicht verkehrt. Gold und Silber als Geld wird natürlich als ein eher abwegiger Gedanke und als überholtes Modell dargestellt und der zarte Preisanstieg bei beiden Metallen als spekulative Übertreibung. Um zu zeigen, daß man mit Silber z. B. keinen Blumentopf gewinnen kann, bringt die FAZ auf ihrer Website die beiden, auf den Seiten 230 und 231 dargestellten Grafiken zum langfristigen Silberpreis.

Auf dem Chart auf der Seite 230 mit den nominalen Preisen in Dollar sehen wir sehr schön den permanenten Verfall des Silberpreises infolge der Entmonetisierung des Silbers von $ 3,62 im Jahre 1864 auf nur noch $ 0,24 im Jahre 1932. Danach sehen wir ab 1941 den starken Preisanstieg von

$ 0,35 auf $ 11,53 heute, der aber nur Ausdruck der massiven Inflation ist, also nur die Entwertung des Dollars zeigt. Von unserem Schicksalsfaden wissen wir, daß der reale Preis von Silber auch in dieser Zeit weiter gefallen ist.

Nun bringt die *Frankfurter Allgemeine Zeitung* zur Erklärung den zweiten Chart (Seite 231), auf dem der inflationsbereinigte Silberpreis zu sehen ist. Auf den ersten Blick fällt auf, daß acht Dollar im Jahre 1913 ja sicher real gesehen viel mehr Wert waren als acht Dollar im Jahre 2003. Gleichwohl steht Silber inflationsbereinigt in beiden Fällen auf etwa acht Dollar, was irgendwie nicht stimmen kann. Auf den zweiten Blick fällt auf, daß die Zeit von 1861 bis 1913 auf dem inflationsbereinigten Chart einfach abgeschnitten ist. Warum wohl? Weil sich dann zeigen würde, daß der Preis von $ 3,63 im Jahre 1864 inflationsbereinigt einen Wert von über 100 Dollar bedeutet, wenn man von einer durchschnittlichen Inflationsrate von zwei bis drei Prozent p. a. ausgeht. Der dramatische Fall des realen Silberpreises wird also einfach ausgeblendet. Man stellt den Chart statistisch so dar, daß er zeigt, was man beweisen will, indem man einen obskuren Produzentenpreisindex verwendet, der genau das Bild hervorbringt, das man wünscht. Und was soll der Chart beweisen?

Unter dem Chart schreibt die FAZ: »Inflationsbereinigt zeigt sich, daß von einem allgemeinen Aufwärtstrend beim Silberpreis nicht gesprochen werden kann. Der Preis pendelt ein Jahrhundert lang lustlos zwischen drei und zehn Dollar, nur Spekulanten sorgen für kurze Ausreißer.« Mit anderen Worten: Von Silber läßt man besser die Finger.

Daß Silber von real 800 Dollar kommt und sich nach 500 Jahren Preisverfall gerade erst von seinem absoluten Tiefpunkt löst, wird in dem Langfristchart der FAZ nicht zum Ausdruck gebracht. Das Signal, daß Silber jetzt explodieren könnte, ist in dem Chart der FAZ jedenfalls geschickt unterdrückt.

Bevor wir uns ansehen, mit welch genialen Strategien und raffinierten Waffen dieser Kampf heute vor unser aller Augen geführt wird, schauen wir uns einmal an, wie die vorangehenden Goldkriege geführt wurden und wie sie ausgegangen sind. Auf der einen Seite stehen dabei immer die Menschen mit ihrem Wunsch nach wirtschaftlicher Freiheit, die versuchen, ihre Ersparnisse zu retten, auf der anderen Seite stehen Staat und Banken. Es ist wohl keine Frage, wo die Macht ist und wo die stärkeren Bataillone stehen. Die Theorien zur Rechtfertigung von Falschgeld sind immer recht einleuchtend, und sie werden gerne angenommen, weil sie »sozial« sind.

Der erste Goldkrieg lief von 1962 bis 1968. Um den Goldpreis auf der nach der Dollar-Abwertung von 1933 festgelegten neuen Parität von 35 Dol-

Silber

In Dollar je Feinunze

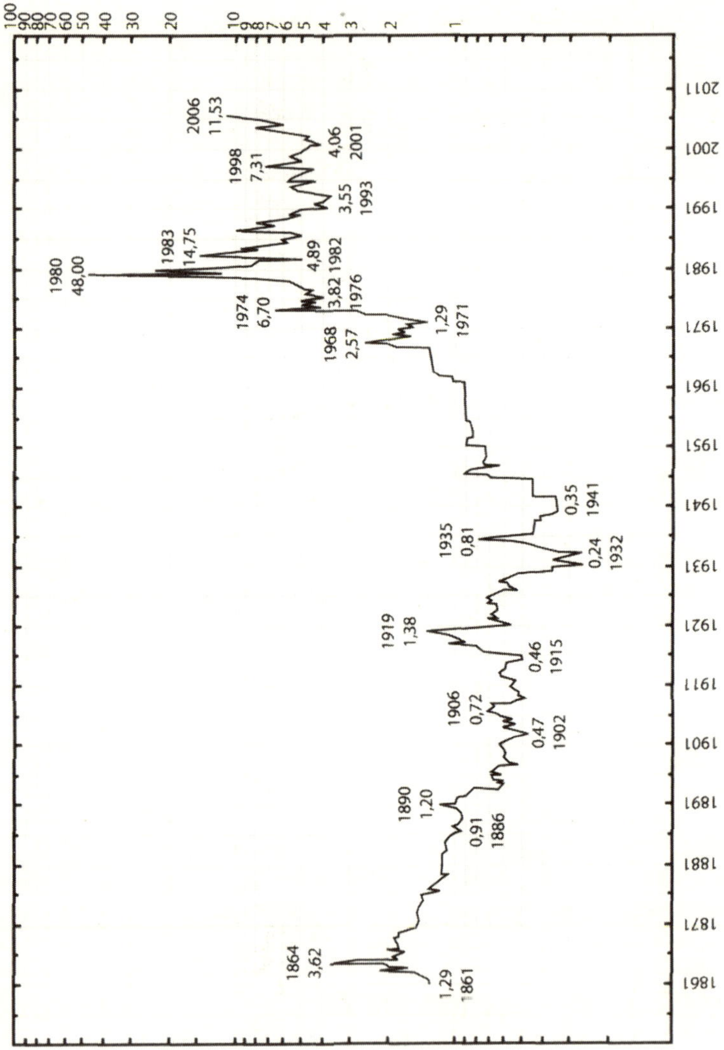

Silber

In Dollar je Feinunze - inflationsbereinigt (Produzentenpreisindex)

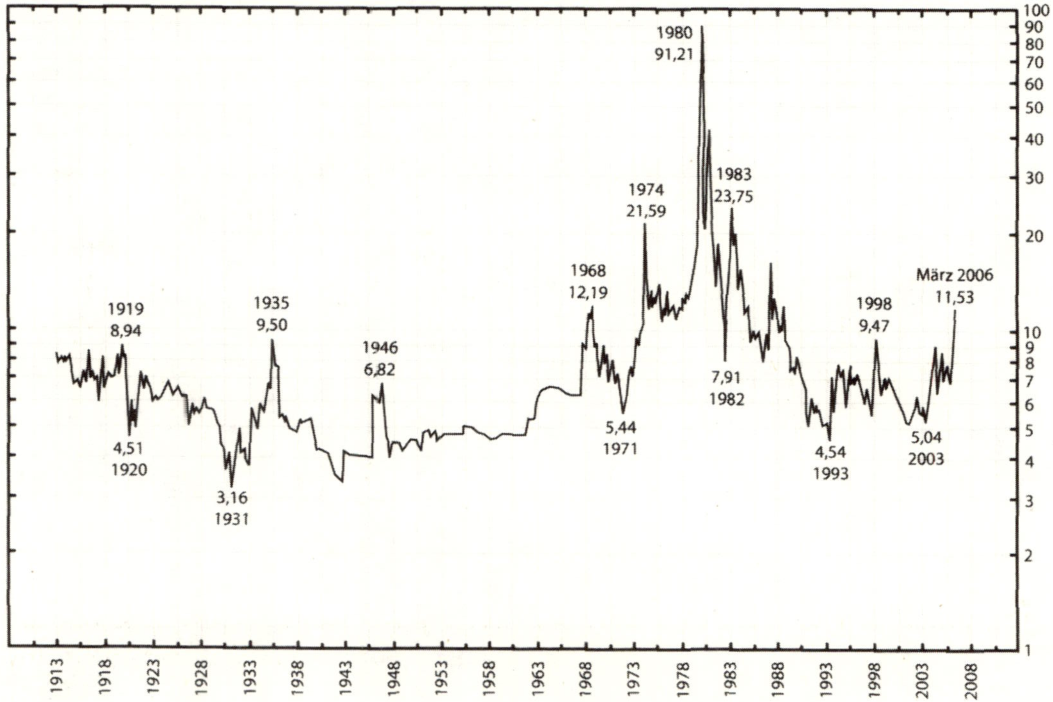

lar pro Unze zu halten, wurde 1962 der Londoner Goldpool gegründet, in den Amerika und England einen Teil ihrer Goldreserven einbrachten. Durch Goldverkäufe sollte der Pool den Goldpreis drücken und auf 35 Dollar halten. Durch die ständig steigenden Handelsdefizite der USA und die gestiegene Dollar-Produktion, auch in Folge des Vietnam-Krieges, wurden dem US-Schatzamt immer mehr Dollar zur Einlösung in Gold vorgelegt. Es existiert das Gerücht, daß Präsident Johnson damals das gesamte Gold in Fort Knox zur Verteidigung der Goldparität des Dollar eingesetzt habe und daß seit dieser Zeit kaum noch amerikanisches Gold in Fort Knox liegt. Den Journalisten und Besuchern wird immer nur die erste Lage per Video gezeigt. Offiziell hat Amerika dort noch ca. 8500 Tonnen Gold, aber der Bestand wurde seit 1968 keiner wirklichen Prüfung mehr unterzogen. Die Forderung nach einer Überprüfung der gesamten Goldbestände wurde immer wieder mit dem Argument abgelehnt, daß eine solche Prüfung unnütz und zu teuer sei. Unnütz deshalb, weil der Dollar ja ohnehin nicht mehr mit Gold gedeckt ist. Auch wenn kein Gold mehr im Keller wäre, würde sich also am Sachverhalt und am Dollar nichts ändern.

Wie dem auch sei, 1968 hatten die Falschgeldfreunde den ersten Goldkrieg verloren und mußten ihre Goldverkäufe einstellen. Der Goldmarkt wurde zunächst gespalten. Nur ausländische Zentralbanken durften weiterhin Dollar zu einem Preis von 35 Dollar pro Unze in Gold umtauschen. Im übrigen wurde der Goldpreis freigegeben, und er verdoppelte sich rasch am freien Markt. Der Dollar wurde mit anderen Worten gegen Gold erneut abgewertet. Für amerikanische Staatsbürger war der Besitz von Gold übrigens nach wie vor verboten. Die endgültige Kapitulation und Bankrotterklärung der Vereinigten Staaten erfolgte aber erst im August 1971, als die USA ihr Versprechen, Dollar in Gold umzutauschen, auch gegenüber ausländischen Zentralbanken nicht mehr einhielten. Präsident Nixon machte das Goldfenster einfach zu und zerschnitt damit das letzte Band zwischen Gold und Geld. Ende 1974 war dann Gold bereits auf 195 Dollar pro Unze gestiegen bzw. der Dollar gegen Gold entsprechend abgewertet. Der erste Goldkrieg war endgültig verloren.

Der zweite Goldkrieg von 1975 bis 1979 wurde bereits raffinierter geführt. Zunächst ließ man die Goldfreunde in eine Falle laufen. Im Laufe des Jahres 1974 gab es zunehmend Gerüchte, daß für Amerikaner der private Goldbesitz wieder freigegeben würde, was zu stark anziehenden Goldpreisen führte. Die Zentralbanken nahmen diese Nachfrage vorweg und verkauften große Mengen Gold. Als dann im Januar 1975 nach 42 Jahren den Amerikanern tatsächlich wieder erlaubt wurde, Gold zu kaufen und zu besitzen, war die erwartete Nachfragesteigerung schon weitgehend vorweggenommen, und die übertriebenen Erwartungen erfüllten sich nicht.

Der Preis fiel innerhalb von 18 Monaten auf 103 Dollar pro Unze zurück. Viele kleine Goldinvestoren verbrannten sich dabei die Finger. Als dann der Goldpreis langsam anfing, sich wieder zu erholen, startete der IWF zusammen mit dem Schatzamt eine Reihe von Goldversteigerungen, um den Preis zu drücken. Aber 1979 wurde die Nachfrage immer drängender, und damit wurden die Goldabflüsse immer stärker, und die Auktionen mußten eingestellt werden.

Bereits im Juli 1978 hatte Gold den Stand von 195 Dollar pro Unze wieder erreicht. Der Preis stieg immer weiter auf 250 im Februar 1979, auf 300 im Juli, 400 im Oktober, um schließlich von November 1979 bis Januar 1980 auf 850 Dollar zu explodieren. Nachdem das Publikum sich 1975 so die Finger verbrannt hatte, war man zunächst sehr zögerlich, aber jetzt sprangen plötzlich alle auf den fahrenden Zug auf und verbrannten sich wieder die Finger.

Paul Volcker, der damalige Präsident der amerikanischen Notenbank, setzte im April 1980 die Prime Rate auf unglaubliche 20 Prozent. Nachdem alle aus dem Dollar und aus Anleihen ins Gold geflüchtet waren, rannten sie nun plötzlich in die umgekehrte Richtung aus dem Gold in den Dollar und in Anleihen. Gold fiel auf 300 Dollar pro Unze. Als im Laufe von 1982 die Zinsen wieder herunterkamen, standen die Investoren erneut vor der Frage, wohin sie sich wenden sollten. Der Aktienmarkt begann zu steigen, und auch Gold stieg wieder bis auf 510 Dollar pro Unze im Januar 1983. Aber dann begann der lange Aufstieg des Aktienmarktes und der lange Abstieg des Goldpreises. Es wurde zwar immer mehr Falschgeld produziert, aber das flüchtete nicht ins Gold, sondern floß in den Aktienmarkt. Den Anstieg der Falschgeldproduktion kann man sehr schön an der Schuldengrenze der Amerikaner ablesen. Noch im März 1971 war die permanente Schuldengrenze der Staatsverschuldung bei 400 Milliarden Dollar festgeschrieben. Ende 1982 lag die Staatsverschuldung zwar bei 1250 Milliarden, aber die permanente Schuldengrenze war immer noch bei 400 Milliarden festgeschrieben. Alle zwischenzeitlichen Erhöhungen der Grenze waren als vorübergehend deklariert worden. Nachdem das allmählich unglaubwürdig wurde, hob man den Unterschied zwischen vorübergehend und permanent auf. Die »vorübergehend permanente« Grenze liegt heute bei über 8000 Milliarden. Die Vereinigten Staaten stehen dabei nur als Beispiel für praktisch alle Nationen. Dieser weltweiten Schuldenexplosion entspricht natürlich eine Falschgeldexplosion in gleicher Höhe, denn Falschgeld entsteht ja nur durch Verschuldung. Dieses Falschgeld bewirkte den größten Aktien- und Immobilienboom aller Zeiten von 1982 bis heute. Natürlich wird man versuchen, diesen Prozeß so lange wie möglich in Gang zu halten. Aber irgendwie sagt einem der gesunde Menschenverstand, daß die Menschheit auf Dauer nicht von Aktien- und Immobilenkurssteigerungen leben kann.

Wenn zunehmend Menschen ihren Job aufgeben, weil sie an der Börse oder am Immobilienmarkt mehr verdienen, fragt man sich doch, wo das, was da »verdient« wird, wohl real herkommt. Das Fatale am Falschgeld ist ja, daß es nicht durch eine Leistung entsteht, sondern allenfalls durch ein Versprechen auf Leistung, indem jemand sagt: Ich schulde Dir etwas in der Zukunft. Nun kann man aber ein Versprechen nicht essen, trinken oder darin wohnen. Irgend jemand muß also das, was da »verdient« wird, erst noch real erzeugen. Aber wie soll das gehen? Wer soll die immer rascher steigenden Riesenversprechungen erfüllen?

Es besteht also immer mehr die Gefahr, daß sich plötzlich, ähnlich wie bei der Tulpenzwiebelmanie, der Südseeblase, dem Mississippischwindel, wie 1929 oder 1990 in Japan oder wie bei allen vorangegangenen Blasen, schlagartig bei vielen Menschen gleichzeitig diese Einsicht durchsetzt. Doch wohin soll man sich dann wenden? In was soll man sich mit seinem Reichtum flüchten, solange auf dem Papier noch etwas davon da ist?

In der Geschichte waren das immer Gold und Silber. Nur Gold und Silber haben immer wieder diese Stürme überstanden. Gold und Silber kann man zwar auch nicht essen, trinken oder darin wohnen, aber die Menschen werden immer für Gold und Silber Brot und Wein tauschen, auch wenn sie für Papiergeld nichts mehr hergeben. Gold und Silber waren auf dieser Welt immer ein Tauschmittel und werden immer ein Tauschmittel bleiben. Wenn also plötzlich der Goldpreis stark steigt, so ist das ein untrügliches Zeichen dafür, daß die Menschen anfangen, dem Falschgeld zu mißtrauen. Damit Falschgeld weiter angenommen wird, muß der Goldpreis niedrig bleiben. Aber je mehr Falschgeld in Umlauf ist, umso schwieriger wird es natürlich, das Vertrauen aufrechtzuhalten und den Goldpreis zu drücken.

Der versteckte dritte Goldkrieg, der seit etwa 1987 stattfindet, wurde nun bisher ausgerechnet von dem Mann geführt, der einmal ein vehementer Verfechter des Goldstandards war. Das Ganze hat schon etwas von einer griechischen Tragödie. Die Strategie des Kampfes ist von einer so raffinierten Eleganz, daß es einem die Sprache verschlägt. Das generelle Motto könnte etwa lauten: »Der Listige läßt denjenigen, den er betrügen will, den Irrtum selbst begehen.« Voraussetzung dafür war zunächst, eine neue Art von Gold zu schaffen, nämlich Papiergold. Man hatte gelernt, daß es dumm und töricht war, einfach physisches Gold zu verkaufen, um den Preis zu drücken. Über kurz oder lang ist dabei der Vorrat erschöpft. Zumal seit 1988 allein die jährliche Nachfrage nach Goldschmuck größer ist als die jährliche Goldproduktion von etwa 2500 Tonnen. Man mußte also einen Goldmarkt erfinden, auf dem sich der Vorrat nicht erschöpft. Hier kam eine Entwicklung zu Hilfe, die vorher schon auf anderen Märkten stattgefunden hatte. »Forwards« und »Futures«, also Terminmärkte, waren schon früher erfunden worden. Man war schon lange auf den Gedanken gekommen, etwas Künftiges, das noch gar nicht vorhanden ist, schon heute zu verkaufen, eben auf Termin. Neu war aber die Entwicklung von immer neuen und raffinierteren Handelsinstrumenten, sogenannten Derivaten, mit denen man irgend etwas auf Papier handeln konnte. Zuerst wurden diese Derivate für die Schulden- und Währungsmärkte entwickelt, um sie dann auch auf den Aktienmarkt und schließlich den Goldmarkt auszuweiten. Mit den Derivaten sind zwei wichtige Vorteile verbunden. Zum einen kann man einen viel größeren Hebel erzielen, einen höheren Leverage. Die in die Schlagzeilen geratene Firma *Long Term Credit Management* (LTCM) hatte z. B. mit etwa drei Milliarden Eigenkapital über 100 Milliarden Derivate bewegt. Zum anderen kann man die Umlaufgeschwindigkeit erhöhen, ohne daß die Geldmenge M1, M2, M3 usw. steigt. Man kann den Gegenstand, der dem Derivat zugrunde liegt, viel schneller und in viel größerem Umfang handeln. Die »Liquidität« des Handelsgegenstandes wird erhöht. Das geschah auch mit Gold. Im Jahre 1997 wurde der Goldmarkt von der Mitteilung überrascht, daß an der LBMA, der *London Bullion Marketing Association*, täglich etwa 1000 Tonnen Gold im Wert von etwa zehn Milliarden Dollar gehandelt werden. Das ist deshalb überraschend, weil insgesamt nur 2500 Tonnen Gold jährlich neu produziert werden. Der Goldmarkt ist also viel größer, als man bisher angenommen hatte. Wobei in London aber überwiegend Papiergold gehandelt wird, während der sehr viel kleinere physische Goldmarkt weitgehend über Zürich läuft. Der Vorteil eines großen Papiergoldmarktes liegt darin, daß man hier den Goldpreis mit Papiergeld kontrollieren kann und nicht unbedingt physisches Gold braucht. Es werden ja immer nur die Differenzen von Wetten in Geld abgerechnet, es wird kein physisches Gold bewegt. Viel Geld macht auf diesem Markt gleichsam mehr Eindruck als viel Gold.

Hinzu kam aber ein weiterer, recht raffinierter Mechanismus, um den Goldpreis seit 1987 unter einer unsichtbaren Glasdecke von etwa 400 Dollar pro Unze zu halten bzw. weiter zu drücken. In Anbetracht der stagnierenden oder sinkenden Goldpreise sind viele Goldminen dazu übergegangen, ihre Produktion »vorwärts« zu verkaufen. Der Mechanismus ist sehr einfach. Eine Goldmine mit nachgewiesenen Reserven im Boden will einen Teil dieser Reserven vorwärts verkaufen und geht zu einer Goldhandelsbank, die sich bereiterklärt, heute schon das Gold zu kaufen zur Lieferung in zwei Jahren zum Preis von, sagen wir, 450 Dollar pro Unze. Die Goldmine hat damit einen Gewinn fixiert, und sie bekommt jetzt schon Geld für

Gold, das noch im Boden liegt. Im allgemeinen besorgen sich Goldminen auf diese Weise Geld, um neue Bohrungen und neue Produktionen zu finanzieren. Letztlich handelt es sich dabei aber um den alten Trick, den wir schon bei Goethe kennengelernt haben, nämlich etwas Künftiges, das noch gar nicht da ist, schon heute zu verkaufen oder zu beleihen.

Ein weiterer Trick, mehr Gold zu verkaufen, als man eigentlich hat, läuft über die sogenannte Goldleihe. Die Zentralbanken der Welt haben etwa 35 000 Tonnen Gold im Keller. Die restlichen 115 000 Tonnen gehören Privatpersonen. In den letzten Jahren sind die Zentralbanken immer mehr dazu übergegangen, einen Teil dieses Goldes gegen geringe Zinsen von etwa zwei Prozent zu verleihen. Das Argument dafür lautet, daß das Gold, das sonst nutzlos im Keller liegt, wenigstens ein paar Zinsen einbringe. Große Banken leihen sich nun das Gold für zwei Prozent, verkaufen es am Markt und legen den Erlös zu sieben Prozent in »sicheren« Staatsanleihen an. »Gold carry trade« nennt man dieses Geschäft. Diese Verkäufe drücken natürlich den Goldpreis, und wenn man Glück hat, kann man später, wenn das geliehene Gold zurückgegeben werden muß, sogar zu einem niedrigeren Preis zurückkaufen und hat so einen zusätzlichen Gewinn. Dieses Geschäft hat in den letzten zehn Jahren hervorragend funktioniert und immer mehr zugenommen, weil dadurch auch der Goldpreis immer mehr gefallen ist.

Ein weiteres kommt noch hinzu: Die Zentralbanken verleihen meist nicht physisches Gold, indem sie Barren auf LKW laden. Das Gold bleibt im Keller und wird gar nicht bewegt. Vielmehr verleiht die Zentralbank nur einen Zettel, auf dem steht, der Inhaber dieses Zettels kann soundsoviel Gold bei der Zentralbank abholen, wenn er will. Die Bank, die sich Gold bei der Zentralbank leiht, bekommt nur diesen Zettel, das ist viel praktischer. Sie verkauft dann auch nicht physische Barren, sondern eben diesen Zettel, den Anspruch auf Barren.

Nun kann die Zentralbank dieselben Barren in Form von Zetteln natürlich mehrfach verleihen, wenn ohnehin niemand die Barren abholt. Sie kann zehn oder auch 20 Zettel für dieselben Barren hergeben. Erkennen Sie ihn wieder? Das ist der uralte Trick, den die Goldschmiede schon vor Hunderten von Jahren entwickelt haben – fractional banking. Sie sehen, es ändert sich kaum etwas, es wiederholt sich nur alles. Vor einiger Zeit hatte die Firma *Flow Tex* diesen Trick neu entdeckt und über 1000 fiktive Bohrgeräte für über drei Milliarden Mark an Banken verkauft, bis dann eine ihr Bohrgerät wirklich haben wollte und *Flow Tex* Konkurs anmelden mußte. Das Typenschild an der Bohrmaschine wurde einfach ausgewechselt, so daß man dieselbe Bohrmaschine zehn oder 20 Mal verkaufen bzw. beleihen konnte. So ähnlich funktioniert das auch mit Goldbarren.

Das Goldangebot wurde in den letzten zehn Jahren mit diesen zwei uralten Tricks beträchtlich ausgeweitet. Man verkauft künftiges Gold, das es noch gar nicht gibt, schon heute, und man verkauft bzw. verleiht das Gold, das man im Keller hat, mehrfach. Damit konnte man das Wunder vollbringen, daß der Goldpreis ständig fiel, obwohl die Nachfrage ständig stieg und seit zehn Jahren auch die jährliche Neuproduktion um etwa 1000 Tonnen pro Jahr übersteigt. Diese Lücke ist praktisch mit fiktivem (versprochenem) Gold aufgefüllt worden. Man schätzt, daß im Goldmarkt eine Short-Position von etwa 10000 bis 15000 Tonnen besteht, also Gold, das irgend jemand liefern muß, weil er es verkauft hat, über das er aber gar nicht verfügt. Und nun raten Sie, wem das Gold abgenommen wird und wer es billig bekommt? Richtig, Sie ahnen es, das Volk, das Publikum und die Goldminen-Aktionäre, die alle glauben, sie hätten Gold, bekommen es abgenommen, und die Zentralbanken und Goldhandelsbanken bekommen das Gold zu extrem günstigen Preisen. Diesmal läuft es allerdings nicht so simpel brutal wie 1933 unter Roosevelt, der einfach den Leuten per Gesetz das Gold wegnahm, um es anschließend höher zu bewerten und den Gewinn von Staats wegen einzustecken. Diesmal läßt man, wie gesagt, das Publikum die Irrtümer freiwillig selbst begehen.

Da ist zunächst einmal der alte Kaufmannstrick, daß man eine Sache schlechtredet, die man kaufen will. Seit Jahren wird dem Publikum erzählt, daß Gold nicht mehr gebraucht wird, daß es bei den Zentralbanken mittlerweile zu einer Art Entsorgungsproblem wird, weil sie nicht wissen, wie sie das Zeug rasch los werden können, bevor es ganz wertlos wird. Immer wieder kann man lesen, daß irgendeine Zentralbank ihr Gold verkauft. Holland, Belgien, Kanada, England, der IWF und sogar die Schweiz. Ist Ihnen schon einmal aufgefallen, daß immer nur die Verkäufer in der Zeitung stehen und nie der Käufer, der ja dazugehört? Da steht beispielsweise: Holland verkauft 400 Tonnen Gold; aber es steht nie dabei, wer diese Menge eigentlich gekauft hat. Wenn Sie also Gold hin und her verkaufen und immer nur über den Verkauf berichten, können Sie ganz einfach den Eindruck erzeugen, alle Welt würde nur Gold verkaufen. Den umgekehrten Eindruck würde man erzeugen, wenn man nur die Käufer nennen würde.

Tatsächlich ist es so, daß sich an den Zentralbankbeständen von insgesamt etwa 35 000 Tonnen in den letzten 35 Jahren nicht viel geändert hat. Das bedeutet, wenn eine Zentralbank Gold verkauft, kauft es eine andere, meist über die Bank für Internationalen Zahlungsausgleich in Basel, die so etwas wie die Zentralbank der Zentralbanken ist. Der ständige Strom von immer wiederkehrenden schlechten Nachrichten in den Medien über das Gold hat nun tatsächlich dazu geführt, daß zumindest in den westlichen

Industrieländern Gold als Anlagemedium kaum noch eine Rolle spielt. Kaum noch jemand hält, wie früher, wenigstens zehn Prozent seiner Anlagen in Gold. Die privaten Horte wurden tatsächlich zu billigen Preisen abgegeben.

Anders sieht das in den Entwicklungsländern aus. Besonders Indien und China, aber auch andere asiatische und arabische Länder importieren massiv Gold und Silber. Die Edelmetalle, die lange Zeit in den Westen geflossen sind, fließen wieder zurück in Richtung Osten.

Bevor ich in diesem Zusammenhang noch einmal auf die Frage eingehe, warum Gold immer Geld sein wird, will ich Ihnen aber noch beschreiben, auf welch raffinierte Weise die Besitzer von Goldminen-Aktien jetzt ihr Gold abgenommen bekommen und wie diesmal die Zentralbanken Gold konfiszieren.

Gegen Ende des Jahres 1999 trat plötzlich der merkwürdige Fall ein, daß die Kurse bestimmter Gold-Aktien stark zu fallen begannen, sobald der Goldpreis stieg. Eigentlich merkwürdig, daß eine Aktie ausgerechnet dann fällt, wenn das Produkt der Gesellschaft im Preis stark steigt. Betrachten wir einmal eine Goldmine, die durch einen steigenden Goldpreis praktisch in den Ruin getrieben wurde. *Ashanti* ist die größte Goldmine in Ghana. Ihre Aktien werden weltweit an den Börsen gehandelt und liegen bzw. lagen in vielen Goldfonds oder Depots der noch verbliebenen Goldfreunde. *Ashanti* hatte zwölf Millionen Unzen vorausverkauft und damit seine künftige Goldproduktion für die nächsten acht Jahre bereits verkauft, zu einem Preis zwischen 330 und 380 Dollar pro Unze. Zusätzlich hat *Ashanti* massiv Wetten abgeschlossen, daß der Goldpreis fällt, indem es ca. 10 000 Puts auf Gold gekauft hat. Den Kaufpreis für diese Puts hat *Ashanti* finanziert, indem es etwa die doppelte Menge Calls geschrieben hat. Der Prämienerlös aus zwei Calls bringt etwa den Kaufpreis eines Put. Die Wette hat *Ashanti* also zunächst scheinbar kein Geld gekostet. Nun haben aber plötzlich und unerwartet am 26. September 1999 fünfzehn europäische Zentralbanken erklärt, daß sie für die nächsten fünf Jahre kein zusätzliches Gold mehr verleihen wollen, daß nur noch die ohnehin geplanten und bereits angekündigten 2000 Tonnen Gold verkauft werden sollen und daß Gold weiterhin eine zentrale Rolle im Geldsystem spielen werde.

Was der eigentliche Hintergrund für diese überraschende Erklärung war, wird die Welt vielleicht zu einem späteren Zeitpunkt erfahren. Möglich, daß damit die Ablösung des Dollars als Leitwährung eingeläutet wurde. Auf alle Fälle schoß der Goldpreis unmittelbar nach der Veröffentlichung dieser Erklärung von etwa 250 auf 330 Dollar hoch, und *Ashanti* (wie auch einige andere Minen) waren über Nacht zahlungsunfähig, weil *Ashanti* von seinen Banken einen »margin call« über etwa 580 Millionen

Dollar bekam, die *Ashanti* nicht bezahlen konnte. *Ashanti* hatte mit einem hohen Leverage auf fallende Goldpreise gesetzt und mußte jetzt für seine Positionen zusätzliche Sicherheiten leisten. Die Aktien fielen ins Bodenlose. *Ashanti* hat dann ein Stillhalteabkommen mit den Banken geschlossen zu sehr ungünstigen Bedingungen. Die Mine gehörte jetzt praktisch den Banken und nicht mehr den Aktionären und wurde später an *Anglogold* verkauft. Nun dürfen Sie einmal raten, wer die Gegenpositionen zu den Baisse-Engagements von *Ashanti* hielt, wer also von dem Goldpreisanstieg profitierte. Richtig: die Hausbank *Goldmann Sachs*, die diese komplexen Finanzierungs- und Hedge-Instrumente mit entwickelt und wohl auch *Ashanti* den Rat gegeben hat, sich gegen fallende Goldpreise ordentlich abzusichern. *Goldman Sachs* hielt den größten Teil der Gegenpositionen und bekam wohl auch die Mine. Nun kann man *Goldmann Sachs* wohl kaum einen Vorwurf machen, denn das Management von *Ashanti* hat diese Geschäfte ja freiwillig und aus eigener Überzeugung abgeschlossen. Wenn jemand in die Spielbank geht und Haus und Hof verspielt, wird man nicht die Spielbank verklagen wollen.

Normalerweise kauft ein Aktionär ja Goldminen-Aktien, weil er auf einen steigenden Goldpreis spekuliert. Jetzt müssen viele Aktionäre plötzlich überrascht feststellen, daß sie in Wahrheit statt einer Goldmine einen Hedge-Fonds gekauft haben, der auf Drängen und Anraten seiner Bank mit hohem Leverage auf fallende Goldpreise spekuliert hat. Möglicherweise gibt es noch Klagen, weil diese völlig andere Zielsetzung den Aktionären nicht ausreichend mitgeteilt wurde.

Wenn Sie also Goldminenaktien kaufen, weil Sie glauben, daß der Goldpreis steigt, müssen Sie sich immer sehr genau das Hedgebuch Ihrer Gesellschaft ansehen und sich über Vorausverkäufe und Short-Positionen informieren. *Barrick Gold* war z. B. so eine Zeitbombe, die auch massiv auf fallende Goldpreise spekuliert hat. Viele Goldminen-Aktionäre verkaufen jetzt auch empört ihre Aktien, was den Banken natürlich die Möglichkeit gibt, diese zu günstigen Kursen einzusammeln. Sie sehen, es ist gar nicht so einfach, den eigenen Verstand zu gebrauchen und die richtige Entscheidung zu treffen, die anderen denken sich auch etwas.

Auch Anlageberater empfehlen daher in der Tat, sich ausschließlich physische Barren zu kaufen, sie im Garten zu vergraben oder wenigstens in ein separates Bankfach zu legen und die Finger von jeder Form von »Papiergold« zu lassen.

Damit kommen wir zu dem zweiten genialen Trick, nämlich wie die Zentralbanken vom Publikum und auch von den Goldhandelsbanken das Gold einsammeln. Diesmal wird das Gold freiwillig bei den Zentralbanken abgeliefert. Das geht so: Wenn die Zentralbank dieselbe Tonne Gold, sagen wir, zehnmal verleiht, indem sie dafür zehnmal einen Zettel herausgibt, auf dem steht: »Gegen Vorlage dieses Zettels erhält der Überbringer von der Zentralbank eine Tonne Gold«, betreibt sie damit ganz normales, legales fractional banking. Das ist genau das, was jede Bank mit Papiergeld macht. Nun leiht sich eine Goldhandelsbank, sagen wir *Goldmann Sachs*, eine Tonne Gold in Form eines solchen Zettels und verkauft den Zettel im Markt. Damit drückt das zusätzliche Angebot von einer Tonne Gold ein wenig auf den Goldpreis. Nach einem Jahr, wenn der Leihvertrag ausläuft, muß *Goldmann Sachs* entweder den Zettel zurückgeben oder eine Tonne Gold. Den Zettel hatte sie aber verkauft für zehn Millionen Dollar, und der Käufer gibt ihn nicht wieder heraus. Also muß *Goldman Sachs* Gold liefern. Wenn das den anderen neun Banken auch so geht, bekommt die Zentralbank zehn Tonnen Gold geliefert, ohne zunächst dafür einen Cent zu bezahlen, und die Goldhandelsbanken müssen das Gold irgendwie im Markt besorgen, wahrscheinlich zu einem massiv gestiegenen Preis. Ob die Zentralbank später ihre Zettel wirklich mit Goldlieferungen honoriert oder die Inhaber einfach mit Zentralbankgeld abgefunden werden wie 1933 oder 1971, wird sich zeigen.

Es ist jedenfalls in der Tat so, daß Banken und Zentralbanken weitgehend unbemerkt ein zusätzliches System des fractional banking auf Goldbasis aufgebaut haben. Das riesige Volumen des Londoner Goldmarktes von etwa 1000 Tonnen täglich, die umfangreichen Goldleihen, Vorwärtsverkäufe und Derivate sprechen für diese These. Die Zentralbanken haben auch nie einen Hehl daraus gemacht, daß sie umfangreiche Goldleihegeschäfte betreiben. Aber es gibt einen wesentlichen Unterschied zwischen einem fractional-reserve-System, das auf Papiergeld aufbaut, und einem, das auf Gold aufgebaut ist. Papiergeld kann man beliebig erzeugen und nachschieben – Gold nicht. Auch ein fractional-reserve-System, das auf Gold aufbaut, kann lange gut funktionieren. Das hat die Geschichte gezeigt. Aber bei Gold kann man, anders als bei Papier, einen Bankrun nicht mehr abwenden. Die Natur steht als lender of last resort nicht zur Verfügung. Wahrscheinlich ist das der tiefere Grund, warum die europäischen Zentralbanken jetzt kalte Füße bekommen und diese ominöse Erklärung vom 26. September 1999 abgegeben haben, daß sie kein Gold mehr verleihen.

Nachdem also in London ein liquider großer Goldmarkt aufgebaut wurde und mit den beiden alten Tricks (nämlich Verkauf von Gold, das noch gar nicht vorhanden ist, und Mehrfachverkauf desselben Goldes) eine große Menge fiktiven Goldes erzeugt wurde, das man zusätzlich verkaufen konnte, scheint dieser Prozeß an eine Grenze zu stoßen. Auch die Vermehrung dieses fiktiven Goldes über Derivate ist möglicherweise ausgereizt.

Das könnte dafür sprechen, daß der Goldpreis seinen Tiefpunk hinter sich hat und er möglicherweise über längere Zeit und vielleicht sogar explosionsartig wieder ansteigt auf einen wesentlich höheren Gleichgewichtspreis. In Dollar würde das natürlich nichts anderes heißen, als daß der Dollar wieder entsprechend gegen Gold abgewertet würde.

Nur um Ihnen einmal eine Vorstellung von der Größenordnung zu geben: Wenn die etwa 500 Milliarden gedruckten Dollar-Scheine mit den angeblich noch vorhandenen amerikanischen Goldreserven von ca. 8500 Tonnen zu 100 Prozent gedeckt werden sollen, ergäbe das einen Preis von etwa 2000 Dollar pro Unze. Manche sehen den Preis auch bei 3000 Dollar und wesentlich höher. Aber das sind alles Gedankenspielereien. Wie das System dann aussieht und welchen Preis eine Unze Gold darin hat, kann heute niemand sagen.

Wert, Preis und Bewertung von Gold, Aktien und anderen Dingen

Ein paar Happen Theorie, die Sie für den Kampf stärken

Hier ist vielleicht die geeignete Stelle, um sich in einem knappen Exkurs einmal über den grundsätzlichen Zusammenhang zwischen Wert, Preis und Bewertung Klarheit zu verschaffen. Gegen einen Goldstandard wird nämlich immer wieder das Argument vorgebracht, der Goldpreis würde doch stark schwanken, je nach Angebot und Nachfrage, und deshalb könne man ein Währungssystem nicht auf einen schwankenden Goldpreis aufbauen. Hierbei handelt es sich um ein recht weitverbreitetes Mißverständnis darüber, wie der Goldstandard funktioniert.

A. Wert

Beim Goldstandard wird Gold in Gramm als Wertmaßstab verwendet, also ein bestimmtes Gewicht. Dieser im Grunde simple Zusammenhang bereitet immer wieder große Verständnisschwierigkeiten, weil nicht verstanden wird, wieso ein Gewicht als Wertmaßstab dienen kann. Die meisten Menschen glauben, als Wertmaßstab könne doch nur ein bestimmter Wert dienen, so wie dem Längenmaßstab eine bestimmte Standardlänge zugrundeliegt. Aber das geht beim Wert leider nicht, weil es so etwas wie einen objektiven, für alle verbindlichen Wert nicht gibt. Früher hat man einmal geglaubt, die Arbeit, die für einen bestimmten Gegenstand erforderlich ist, bestimme seinen Wert. Heute weiß man, daß Wert eine ausschließlich subjektive Kategorie ist. Nur Menschen können einer Sache einen Wert beimessen. Ohne Menschen gibt es keine Werte. Das Argument, auf einer einsamen Insel sei Gold wertlos, und schon daran könne man erkennen, daß Gold keinen inneren Wert habe, dieses Argument ist natürlich Unsinn. Ein Auto hat dort auch keinen Wert. Auf der einsamen Insel hat ein Goldstück in der Tat nicht viel Wert, aber in New York, Ägypten oder Indien kann ich damit gut überleben, und ein Eingeborener wird mich wahrscheinlich eher für ein Goldstück von der Insel bringen als für einen 100-Euro-Schein oder ein Auto, weil seine Stammesgenossen auch lieber Gold nehmen.

Der Wert hängt also von jedem einzelnen Menschen und seinen besonderen Umständen ab. Daraus folgt, daß ein und derselbe Gegenstand oder auch dieselbe Aktie oder dasselbe Goldstück für jeden Menschen einen anderen Wert hat, denn in den subjektiven Wert fließen alle persönlichen Eigenschaften des jeweiligen Bewerters ein: Optimismus und Pessimismus, Angst und Hoffnung, Erziehung, geschichtliche Erfahrung, Vermögen, Religion, Ehrgeiz und so weiter. Wenn ich gerne Coca-Cola trinke, werde ich diese Aktie subjektiv anders bewerten und vielleicht eher kaufen, als wenn ich dieses Getränk verabscheue. Panik und Euphorie kommen durch diese subjektive Bewertung in die Märkte. Um aber den Wert verschiedener Gegenstände miteinander vergleichen zu können, etwa um sie dann in einem bestimmten Verhältnis tauschen zu können, brauche ich einen Wertmaßstab, damit ich sagen kann: Das ist mir mehr wert, und das ist mir weniger wert. Dieses Problem wurde seit altersher auf eine sehr pragmatische Weise gelöst, indem irgendein Gegenstand, z. B. eine Kuh oder ein Pfund Salz oder eine Muschel, zum Maßstab wurde und alle anderen Werte in dieser Einheit ausgedrückt wurden. Das war dann der Preis, der damit etwa eine halbe Kuh oder eine viertel Kuh betrug. Wichtig dabei ist, daß man versteht, daß damit über den subjektiven Wert der Kuh gar nichts ausgesagt wird. Es bleibt nach wie vor jedem selbst überlassen, für wie wertvoll er eine Kuh hält. Es wird gleichsam nur vereinbart: Wir beziehen alles auf eine Kuh.

Dieses geradezu geniale Prinzip liegt auch dem Goldstandard zugrunde. Es wird einfach alles auf ein Gramm Gold bezogen, und es bleibt weiterhin jedem einzelnen überlassen, für wie wertvoll er ein Gramm Gold hält, welchen »inneren Wert« er Gold beimißt. Damit ist das unlösbare Problem, einen für alle Menschen gleichen Wert als Maßstab zu finden, auf einfache Weise gelöst, oder vielleicht sollte man besser sagen, »umgangen«.

Nun wird auch im Goldstandard mit Papier bezahlt, weil das praktischer ist. Aber jeder Geldschein steht gleichsam nur stellvertretend für eine bestimmte Menge Gold. Ich übertrage mit dem Schein also Gold und muß deshalb einmal festlegen, wie viel Gold jeder Schein übertragen soll. So kann ich festlegen, ein Euro überträgt ein Gramm Gold oder auch: 100 Euro übertragen ein Gramm Gold, das ist zunächst völlig beliebig. Aber genau hier liegt die Wurzel des großen Mißverständnisses. Wir sind so daran gewöhnt, den Preis einer Sache in Papiergeld auszudrücken, daß diese Beziehung in unserem Kopf sofort umschlägt in die Aussage: »Der Preis für ein Gramm Gold ist ein Euro.« Aber das ist genauso unsinnig, wie wenn man sagt, der Preis für ein Liter Milch ist ein Liter Milch. Gold hat im Goldstandard keinen Preis, sondern ist der Maßstab, und deshalb kann der »Goldpreis« auch nicht schwanken. Richtig müßte es also heißen, der Preis für ein Euro ist ein Gramm Gold, und damit ist der Maßstab unverrückbar definiert. Ein Maßstab muß einmal festgelegt werden und darf sich dann nicht mehr ändern. Kein Mensch würde auf die Idee kommen, das Metermaß aus Gummiband herzustellen und seine Länge von Angebot und Nachfrage abhängig zu machen. Und genauso ist es mit dem Goldpreis im Goldstandard. Alle Preise dürfen und sollen sich in Gold verändern, nur das Goldgewicht nicht, das wird einmal unveränderlich festgeschrieben und ist dann der Maßstab, an dem alle anderen Werte gemessen werden. Es besteht dann auch kein Problem mehr, Dollar, Pfund oder Franc umzurechnen, weil sich alle auf ein Gewicht in Gold beziehen. Die Wechselkurse sind deshalb fest, weil es sich nur um unterschiedliche Gewichte desselben Materials handelt, nämlich Gold. Auf der ganzen Welt wird alles auf Gewicht in Gold bezogen. Genauso hat das auch immer funktioniert.

Unser heutiges System der flexiblen Wechselkurse ist ziemlich unsinnig, darüber sind sich wohl die meisten Sachverständigen mittlerweile einig. Für einen langfristigen Wertvergleich gibt es heute eigentlich keinen Maßstab mehr. Statt den Maßstab gleich stabil zu gestalten, versucht man mit teuren Hedge-Geschäften den schwankenden Maßstab wenigstens für kurze Zeit stabil zu halten. Im Goldstandard schwankt also der Goldpreis nicht mit Angebot und Nachfrage nach Gold, sondern er ist unveränderlich festgeschrieben, wie z. B. lange Zeit in den Vereinigten Staaten bei 35 Dollar pro Unze bzw. vor 1933 lange Zeit bei 20 Dollar pro Unze. Gold ist der unveränderliche Wertmaßstab.

Der Preis für einen Dollar lag vor 1933 bei 1/20 Unze Gold und ab 1933 bei 1/35 Unze. Heute liegt der Preis für einen Dollar bei etwa 1/500 Unze Gold, also ca. 0,005 oz Gold pro Dollar. Nicht der Goldpreis schwankt, sondern der Preis des Dollars.

B. Preis

Der Preis irgendeines Gegenstandes ist dann die Menge an Gold, die ich dafür hergeben muß. Alle Güter werden mit dem Maßstab verglichen, und es wird gesagt, wie viel von dem Maßstab dafür bezahlt werden muß. Wenn Papier stellvertretend für Gold steht, heißt es eben, ich muß soundsoviel Euro dafür hergeben. Diese Preisfindung z. B. auf einem Markt oder an einer Börse setzt nun geradezu voraus, daß es unzählige subjektive Werte gibt. Der eine will die Aktie für 40 Euro loswerden, weil der Friseur gesagt hat, es kommt ein Crash, der andere will dieselbe Aktie kaufen, weil sie schon einmal bei 80 Euro gestanden hat, und ein Dritter will kaufen, weil irgendeine Linie durchbrochen wurde. Aus dieser Fülle von subjektiven Bewertungen und Preisgeboten sucht der Makler den Preis aus, bei dem sich die meisten treffen, und das ist der mehr oder weniger zufällige Tagespreis, der Kurs der Aktie. Dieser Kurs würde je nach Stimmungslage ziemlich wild schwanken, wenn es nicht noch so etwas wie eine Bewertung gäbe, nämlich eine Art Verknüpfungsprozeß mit allen anderen Werten, mit dem eine Verbindung zu allen anderen Finanzwerten hergestellt wird.

C. Bewertung

Bei der Bewertung geht es darum, einen bestimmten Gegenstand oder eine Aktie mit Alternativen zu vergleichen. Um verschiedene Dinge oder Aktien miteinander vergleichen zu können, brauche ich, wie wir gesehen haben, einen Maßstab, um dann sagen zu können: Dies ist mehr wert und dies weniger. Bei Aktien oder Finanzwerten ist dieser Vergleichsmaßstab der künftige Zahlungsstrom inklusive Rückzahlung oder Verkaufserlös, der aus dieser Anlage fließt. Diese Zahlungsströme aus verschiedenen Anlagen wie Aktien, Anleihen, Immobilien etc. müssen natürlich erst einmal vergleichbar gemacht werden unter allen möglichen Gesichtspunkten wie Risiko, Anlagedauer, Chancen und Entwicklungen etc. Da sich das alles auch noch auf eine ungewisse Zukunft bezieht, handelt es sich um einen mühsamen Prozeß.

Die meisten Menschen versuchen, sich z. B. beim Aktienkauf um diesen Prozeß zu drücken mit Tips, Charts und Wellentheorien etc. Das heißt, sie schauen, was die anderen tun, um es möglichst schnell nachzumachen oder auch das genaue Gegenteil zu tun. Dadurch können sich Aktienpreise recht weit von dem Preis entfernen, der ihnen im Bezug auf mögliche Alternativen eigentlich zukommt. So können sich Buchwert, Kurs-Gewinn-Verhältnis oder Dividendenrendite bestimmter Aktien sehr weit von den Werten entfernen, die ihnen eigentlich zukommen im Vergleich mit anderen Alternativen, so wie wir das vor einiger Zeit zum Beispiel bei Internet-Aktien erlebten.

Allerdings kann man daraus nicht etwa schließen, daß Gold keinen Wert habe, weil kein Zahlungsstrom damit verbunden ist. Ein Haus, das nicht vermietet wird, erzeugt keinen Zahlungsstrom. Wenn ich Gold verleihe, fügt es sich in das Beziehungsgeflecht aller anderen Alternativen ein. Die Tatsache, daß Goldleihe mit ein bis zwei Prozent p. a. extrem günstig ist, reflektiert die Tatsache, daß Gold ein extrem sicheres und wertbeständiges Anlageobjekt ist. Die vorangehenden Überlegungen zeigen aber auch, daß man den Zins nicht abschaffen oder verbieten kann, wie das manche Gruppen fordern, weil damit das sehr sensible Steuerungssystem für Kapitalanlagen zerstört würde, das eigentliche Herz des Kapitalismus.

Wie sensibel dieses Herz, oder besser dieser Thermostat, funktioniert, will ich einmal anhand eines einfachen Beispiel beschreiben. Sie haben Ihr Mietshaus für eine Million Euro gekauft, weil es mit 50 000 Euro Mieteinnahmen im Jahr eine Rendite von fünf Prozent erbringt. Sie hätten auch eine bequemere Staatsanleihe kaufen können, die ebenfalls fünf Prozent abwirft, haben sich aber aus anderen Gründen für das Haus entschieden. Nun steigt aus irgendwelchen Gründen die Rendite von Staatsanleihen auf zehn Prozent mit der Folge, daß Ihr Mietshaus nur noch eine halbe Million wert ist, wenn Sie es verkaufen wollen. Obwohl das simple Finanzmathematik ist, machen sich viele diesen Zusammenhang nicht klar. Wenn der Zinssatz steigt, fallen alle Werte – Anleihen, Häuser, Aktien –, einfach alles.

Im Kapitalismus werden Konsumption und Produktion über das äußerst empfindliche Instrument der Kapitalrendite gesteuert, die sich über Märkte ergibt, daher der Name Kapitalismus. Ohne Zins, ohne Kapitalrendite kann der Kapitalismus nicht funktionieren, weil dann das Steuerungsinstrument fehlt. Wenn das Publikum rote Schuhe wünscht, signalisiert der Markt sehr schnell, daß mit grünen Schuhen keine Rendite mehr zu erzielen ist und der Produzent sich umstellen muß. Im Sozialismus dagegen werden Produktion und Konsumption von Funktionären geplant, meist mit dem Ergebnis, daß grüne Schuhe produziert werden, wenn das Publikum rote Schuhe wünscht.

D. Exkurs: *Souk al Manakh* oder: Wie jeder Millionär werden kann

Es ist vielleicht ganz nützlich, hier ein paar Überlegungen zu Aktienblasen anzustellen. Diese haben nichts mit Kapitalismus oder Bewertung im oben beschriebenen Sinn zu tun, sondern sind Ausdruck der Tatsache, daß es eben einen objektiven Wert nicht gibt und subjektiv ein jeder bewerten kann, wie er gerade will. Wenn es gelingt, eine kollektive Hysterie zu entfachen wie bei Beatles-Konzerten, können sich bestimmte Werte völlig aus dem Beziehungsgeflecht lösen und nahezu beliebige Preise erzielen. Man kann eben einen Van Gogh mit einem Euro, mit 100 Euro oder auch mit einer Million oder 100 Millionen bewerten. Solche Bewertungsblasen hat es immer wieder in der Geschichte gegeben. Voraussetzung war in der Regel, daß reichlich Geld vorhanden war, das Anlage suchte. Die Tulpenzwiebel-Manie, der Mississippi-Schwindel, die Ostindische Compagnie, die Wallstreet von 1929 oder die Internetblase sind bekannte Beispiele dafür.

Weniger bekannt ist die bisher größte Blase aller Zeiten, der *Souk al Manakh*. Auf dem Höhepunkt der Ölkrise, Anfang der 1980er Jahre, hatte sich in Kuweit in einer größeren Garage eine Börse gebildet, die den Namen *Souk al Manakh* bekam – Kamelmarkt. Rund um den persischen Golf gab es damals sehr viel Geld. Nur Scheichs konnten die Genehmigung zur Gründung von Gesellschaften erteilen, und nur derart genehmigte Gesellschaften durften öffentlich gehandelt werden. Die königliche Familie von Kuweit erteilte nicht viele Genehmigungen, so daß dem vielen Geld nur wenige Aktien gegenüberstanden – eine heiße Mischung. Deshalb nahm man noch Gesellschaften von anderen Scheichtümern dazu, in denen ärmere Scheichs, die kein Öl hatten, gegen Entgelt Genehmigungen zur Gründung von Aktiengesellschaften erteilt hatten. Unter all diesen Aktiengesellschaften gab es zwar einige Banken oder Firmen, die Baumaterial importierten oder in denen Schafe geschlachtet wurden, die also in der Tat eine auf Gewinn gerichtete Tätigkeit betrieben. Ein großer Teil waren aber reine Phantasiegebilde, praktisch Briefkastenfirmen, aber das war egal. Es interessierte niemanden wirklich, was die Firma machte, ob sie über Aktiva verfügte oder ob sie Gewinne machte, ähnlich wie jüngst bei den meisten Internetfirmen. Hauptsache, man konnte die Aktie kaufen, und sie stieg im Kurs.

Hinzu kam ein interessantes Finanzierungssystem. Die Aktienkäufe wurden mit vordatierten Schecks bezahlt, d. h. die Aktien, die ich im Januar kaufe, werden mit einem Scheck bezahlt, der erst im Dezember eingelöst werden darf. Diese Schecks wiederum stellten reiche, glaubwürdige Araber gegen Entgelt zur Verfügung, die dafür bis zu 100 Prozent p. a. Zinsen verlangten. Damit waren alle Zutaten beisammen für eine explosive Aktienblase oder eben eines dieser Bewertungswunder, wie wir es vor kurzem wieder erlebten.

Die Marktkapitalisierung des *Souk al Manakh* erreichte nach kurzer Zeit den dritten Platz in der Welt, gleich nach New York und Tokio. Es wurde ein kleiner Zollbeamter bekannt, der für 14 Milliarden Dollar vordatierte Schecks unterschrieben hatte und für 14 Milliarden Aktien besaß. Haben Sie etwas davon gehört, daß diese Blase platzte? Nein? Nun, sie platzte auch nicht. Die Börse wurde einfach geschlossen. Irgendwann gab es keine Bieter und keine Käufer mehr, die Aktien konnten nicht mehr verkauft werden wie damals bei den Tulpenzwiebeln. Ein gewisser Vorteil lag darin, daß die meisten Firmen keine Verluste gemacht hatten. Sie machten einfach gar nichts, anders als bei den Internet-Aktien.

In Amerika wurden die Geschäftsberichte von 130 Internet-Aktien untersucht, die für das dritte Quartal 1999 berichtet hatten. Davon hatten acht einen kleinen Gewinn ausgewiesen, darunter AOL und *Yahoo*. In diesen Gewinnen steckten allerdings beträchtliche Werbe- und Aufbaukosten, die nicht abgeschrieben wurden, und die Löhne waren extrem niedrig kalkuliert, weil ein großer Teil der Löhne mit Zukunftsversprechen, sogenannten stock options, bezahlt wurden. Die meisten Gewinne der anderen wurden übrigens durch die Zinsen auf die Aktienkurserlöse erzielt und nicht mit dem eigentlichen Geschäft. Bei den Aktien, die Verluste auswiesen, wuchsen meist die Verluste deutlich schneller als die Umsätze. *Amazon.com* war so ein Beispiel, bei dem die Verluste etwa viermal so schnell wuchsen wie die Umsätze. Man hatte gerade 1,5 Milliarden Dollar aus Aktienverkäufen erlöst, und davon wurden etwa 300 Millionen pro Quartal verbraucht. *Burn Rat*e nennt man das in den USA, schön plastisch. Andere Beispiele waren etwa *Street.com*, bei denen der Umsatz von 1,1 Millionen auf 3,9 Millionen stieg und der Verlust von 3,2 auf 7,2 Millionen. Oder *I Village* mit einem Umsatzanstieg im Quartal von vier auf 10,7 Millionen, während der Verlust von zwölf auf 28,4 Millionen stieg. Oder *The Globe.com*, eine der erfolgreichsten Neuemissionen, mit der höchsten Kurssteigerung bei der Markteinführung, deren Umsatz von 1,6 auf 4,7 Millionen gestiegen war und der Quartalsverlust von vier auf 14 Millionen. Kurs-Gewinn-Verhältnisse spielten hier keine Rolle mehr. Vielmehr wurden diese Aktien umso höher bewertet, je höher der Verlust, die sogenannte Burn Rate, war, weil man sagt, darin sei die Zukunft enthalten.

Dieses Phänomen war diesmal nicht auf einen einzelnen Markt beschränkt, sondern eine weltweite Hysterie schien ausgebrochen zu sein, in der Zukunftshoffnungen einfach immer höher bewertet wurden, völlig unabhängig von der Realität. An der *Nasdaq* stieg ein Wert, nämlich *China Prosperity*, an einem Tag um 1000 Prozent, von einem Dollar auf zehn Dollar, als das Gerücht aufkam, daß China in die Welthandelsorganisation aufgenommen würde. *China Prosperity* produziert Toilettenpapier in Hongkong. Anschließend stieg die Aktie auf 81 Dollar und die Zahl der täglich gehandelten Aktien von 300 auf 2,9 Millionen Stück. Ähnlich wie am *Souk al Manakh* spielte es gar keine Rolle mehr, was die Firma macht, bis dann irgendwann der Handel eingestellt wird, weil keine Käufer mehr da sind. Soweit zu Wert, Preis und Bewertung.

Rückkehr zum Goldstandard?

Wäre das nicht der einfachste Weg und die beste Lösung?

Nein, bitte nicht – bitte keinen neuen Goldstandard. Ein neuer Goldstandard wäre eine Reform von oben, ein Geschöpf des Staates, der Macht und der Gesetzgebung, des gleichen Mechanismus, der uns Zentralbanken beschert hat. Was der Staat gibt, kann er auch wieder nehmen, und genau das ist auch jedes Mal mit dem Goldstandard geschehen. Immer, wenn ein Krieg geführt werden sollte, für den eigentlich kein Geld da war, wurde der Goldstandard abgeschafft und fiat money eingeführt. Ein solcher Goldstandard wäre nicht nur nutzlos, sondern auch gefährlich, weil er eine Illusion von Sicherheit erzeugt, die mit einem Federstrich über Nacht wieder zerstört werden kann. Das ist etwa so, als wenn jemand sagt, ich halte mich an den Vertrag, und zwar so lange, bis ich mich nicht mehr daran gebunden fühle, aus höheren Erwägungen. Eine Goldwährung braucht weder den Staat noch Zentralbanken. Der Goldstandard ist nur ein Instrument in der Hand von Staat und Zentralbank, um Gold und Silber als Geld zu verdrängen, wie wir gesehen haben.

Natürlich sähe eine Rückkehr zum Goldstandard wie ein Riesenfortschritt aus, mit dem man neues Vertrauen aufbauen kann, wenn das betrügerische fiat-money-System kollabiert. Aber darin wäre eben schon wieder die nächste große Täuschung angelegt. Vielleicht gräbt man auch den Keynes'schen Plan einer Weltzentralbank mit einer Art Goldstandard ohne Gold wieder aus, was aber auch nur ein Täuschungstrick zur Erhaltung von fiat money wäre. In seinem Buch *Das Geld der Zukunft* zitiert Bernard Lietaer die Aussage eines hochrangingen Zentralbankers sinngemäß etwa so: »Eine wirkliche Reform des Geldwesens kann nicht von oben erwartet werden, sie müßte von unten kommen.« Das trifft genau den Punkt.

Aber ist es denn nicht so, daß nur der Staat bestimmen kann, was gesetzliches Zahlungsmittel ist? Ja, das ist schon richtig – aber Gold und Silber müssen nicht zum gesetzlichen Zahlungsmittel erklärt werden, sie wurden über viele Jahrhunderte immer freiwillig als Geld akzeptiert. Wenn etwas zum gesetzlichen Zahlungsmittel erklärt wird, ist immer Betrug damit verbunden, wie wir gesehen haben. Gold und Silber brauchen keinen Annahmezwang. Es genügt, wenn sie als Geld nicht verboten werden.

Das Modell, das sich mit Abstand am besten bewährt hat, ist der Bimetallismus mit freiem Prägerecht (free coinage), bei dem jeder sein Edelmetall in standardisierten Einheiten (Münzen) zu Geld prägen lassen kann. Der Aufbau privater Edelmetallwährungen parallel zum bestehenden fiat-money-System wäre mit Sicherheit besser als eine Rückkehr zum Goldstandard. Solche parallelen Edelmetallwährungen entstehen jetzt weltweit, und ich werde weiter unten darauf eingehen.

Realistischerweise muß man aber wohl davon ausgehen, daß die »Bande« versuchen wird, sich in den Goldstandard zu flüchten, um wenigstens einen Teil des Manipulationspotentials (Festsetzung der Parität) zu retten. Es gibt einen Aufsatz von Alan Greenspan, den er 1981 im *Wall Street Journal* veröffentlicht hat und in dem er Überlegungen anstellt, wie es technisch machbar wäre, Amerika zu einem Goldstandard zurückzuführen. Im wesentlichen schlägt er vor, zunehmend goldgedeckte Staatsanleihen auszugeben, die es ja in der Tat mittlerweile auch gibt. Der Aufsatz zeigt aber auch, daß eine von Staat und Banken organisierte Rückkehr zu einer Goldbindung etwas ganz anderes ist als Privatgeld auf Goldbasis. Staat und Banken werden auch in der kommenden Geldkrise versuchen, einen möglichst großen Teil des vorteilhaften Falschgeldsystems zu retten und eben auch die Kontrolle über das Gold nicht zu verlieren. Möglicherweise werden sie auch nicht davor zurückschrecken, den privaten Besitz von Gold wieder zu verbieten. Man muß sich immer vor Augen halten, daß es in Amerika, dem angeblich freiesten Land dieser Erde, möglich war, den Bürgern über 40 Jahre lang den Besitz von Gold zu untersagen.

Betrachten wir deshalb einmal die Alternative zum Gold, mit der man sich auch auf eine Abwertung des Papiergeldes einstellen kann, nämlich Silber. Nach meiner Überzeugung besteht hier weniger die Gefahr von Manipulation und Konfiskation, und die Kurschancen sind sogar deutlich größer als bei Gold. Aber man sollte sich keinen Illusionen hingeben. Die »Bande« wird mit allen Mitteln versuchen, auch eine Remonetisierung des Silbers zu verhindern, solange es möglich ist. Auch wenn ein direktes Verbot bei Silber sehr viel schwieriger durchzusetzen ist, gibt es doch noch genug Möglichkeiten einer Manipulation. Wie gefährlich es sein kann, die Macht der »Bande« zu unterschätzen und im falschen Moment anzugreifen, zeigt sich an dem gescheiterten Versuch der Gebrüder Hunt.

Das Komplott der Gebrüder Hunt

Nachdem es gegen Ende des 19. Jahrhunderts gelungen war, Silber endgültig zu demonetisieren, war es zunächst ein ziemlich überflüssiger Rohstoff, ähnlich wie Gold als Rohstoff. Etwa 60 Jahre später hatte sich das fundamentale Bild für Silber allerdings völlig verändert. Im Laufe der industriellen Entwicklung und besonders im Zweiten Weltkrieg wurde Silber immer wichtiger für die technologische Entwicklung. Die Fotografie hatte einen stürmischen Aufschwung genommen, und es entstanden zahlreiche Anwendungen, die aufgrund der besonderen physikalisch-chemischen Eigenschaften speziell Silber benötigten. Von Kontakten, Batterien, Katalysatoren und Silberloten bis zu Spiegeln und zur Wasseraufbereitung wurde jetzt Silber gebraucht. Hinzu kam die Verwendung als Schmuck sowie für Haushaltsgegenstände, besonders Bestecke, wegen der keimtötenden Wirkung. Dadurch wurde der jährliche Verbrauch von Silber für Schmuck und industrielle Zwecke allmählich größer als die jährliche Neuproduktion. Silber hatte eine neue Rolle gefunden und wurde nun als industrieller Rohstoff immer mehr benötigt.

In den 1960er Jahren entstand dadurch allmählich eine Silberlücke, d. h. der jährliche Verbrauch war größer als die Neuproduktion, und der Bedarf mußte zunehmend aus den noch vorhandenen Beständen gedeckt werden. Und hier beginnt nun die spannende Geschichte, die auch für die jetzt lebende Generation wieder bedeutsam werden könnte. Zu dieser industriellen Nachfrage, die bereits größer war als die jährliche Neuproduktion, kam jetzt wieder eine allmählich zunehmende monetäre Nachfrage hinzu. Die Menschen fingen an, dem Papiergeld zu mißtrauen und wieder Silber zu entdecken und als monetäre Anlage zu betrachten.

Von 1962 bis 1965 hatte das amerikanische Schatzamt etwa eine Milliarde Unzen Silber aus seinen Beständen abgegeben, um den Preis auf dem offiziellen Stand von 1,29 Dollar pro Unze zu halten. Das war der Preis, zu dem sich das Schatzamt verpflichtet hatte, seine Silberzertifikate, die als Zahlungsmittel umliefen, umzutauschen. Als das Schatzamt dann ankündigte, seine Silberzertifikate demnächst nicht mehr in Silber umzutauschen, wurde das Publikum mißtrauisch, und der Silberpreis stieg zunächst auf 1,75 Dollar im Mai 1967 und schließlich auf 2,56 Dollar im Juni 1968, als die Einlösung von Papierdollar in Silber (wie auch in Gold) für das Publikum ganz eingestellt wurde. Die steigenden Preise brachten allerdings auch zusätzliches Silber auf den Markt, so daß die Silberlücke zunächst wieder verschwand. Aber schon ab 1971 überstieg die Nachfrage wieder das Angebot, und bis 1978 gab es eine jährliche Lücke von etwa

50 Millionen Unzen pro Jahr. Die Investoren hatten jetzt Silber als Anlage entdeckt, und 1972/73 begann Bunker Hunt, Silber zu kaufen. Die Geschichte, die sich mit diesem Namen verbindet, ist nicht nur äußerst spannend, es ist zugleich auch die Geschichte des ersten größeren Ansturms gegen das etablierte Falschgeldsystem, der erste Versuch einer Revolution.

Die Hunts proben den Aufstand

Die Zeit, in der sich diese Geschichte entwickelte, war politisch sehr unruhig. Es war die Zeit des Vietnam-Krieges, des Watergate-Skandals und der Ölkrise. Der Schah von Persien wurde gestürzt und von Ayatollah Khomeni abgelöst, Amerikaner wurden als Geiseln in der Botschaft in Teheran festgehalten. Außerdem marschierte Rußland in Afghanistan ein, die Inflationsrate erreichte in Amerika zwölf Prozent, und der Dollar fiel rapide an den Devisenmärkten. Es sah so aus, als ob Amerika seine Vormachtstellung in der Welt unter Jimmy Carter verlieren würde. Vor dieser Kulisse traten nun Figuren auf, die auch heute noch wie Giganten aus einer Novelle von Victor Hugo wirken, mit einem Reichtum ausgestattet, der herkömmliche Vorstellungen sprengt. Nelson Bunker Hunt galt damals als der reichste Mann der Welt, zusammen mit seinen Brüdern Herbert und Lamar Hunt. Sein Vermögen wurde 1960 bereits auf etwa 16 Milliarden Dollar geschätzt. Je nach ideologischer Einstellung kann man diesen Mann nun als bösen »Silberfinger« betrachten, der versuchte, den Silbermarkt zu »cornern«, und dabei das Weltfinanzsystem an den Rand des Ruins brachte, oder aber als einen Märtyrer des freien Unternehmertums, der versuchte, aus Sorge vor einer finanziellen Apokalypse die Welt von der Herrschaft des Falschgeldes zu befreien durch Rückkehr zu Silbergeld, oder aber schließlich einfach als einen arroganten Spekulanten, der glaubte, er sei mächtiger als der Markt.

Auf der Seite der Hunts, also auf der »long side«, standen wohlhabende Mitglieder der saudischen Königsfamilie sowie Hunderttausende von kleineren konservativen Investoren, die als Schutz vor der Inflation in Silber investiert hatten. Auf der anderen Seite, der »short side«, standen die etablierten Finanzinteressen in Form von Rohstoffhändlern, Brokern und Banken, die wohl die Hunts und ihre Verbündeten als großmäulige neureiche Texaner und Öl-Scheichs betrachteten, die mit Dingen spielten, von denen sie nichts verstanden. Das gewagte Spiel der Hunts ging tatsächlich so weit, daß schließlich selbst der Hohepriester des Finanz-Establishments, der Chef der *Federal Reserve*, Paul Volcker, eingriff. Je nach ideologischer Einstellung kann man diese Seite ebenfalls entweder als edle

Stabilitätswächter sehen, die gerade noch rechtzeitig eingegriffen haben, um das Weltfinanzsystem vor dem Zusammenbruch zu bewahren, oder als zynische Manipulatoren, die einfach Spielregeln und Gesetze ändern, nur um ihre persönlichen korrupten Interessen zu wahren, oder schließlich einfach als stupide, regelungswütige Beamtenseelen, die in Wirtschaftsabläufe eingreifen und ständig den Markt verfälschen.

Wir betrachten natürlich als neutrale Beobachter nur die Tatsachen. Zu diesen Tatsachen gehört auch Jerome Smith, dessen Buch *Silver Profits in the Seventies* wesentlich dazu beitrug, daß in Amerika eine immer größer werdende Gruppe von Anhängern ehrlichen Geldes entstand, aus der heraus sich später eine regelrechte Verlags- und Investmentindustrie entwikkelte. Bis zum Zusammenbruch des Silbermarktes 1980 waren die Voraussagen von Jerome Smith auch in erstaunlicher Weise zutreffend. Diese Geschichten über Silber – die Silberlücke, die zunehmende industrielle Nachfrage, der Zusammenbruch der staatlichen Preiskontrollen und die ständig steigende Inflation bis hin zu einem möglichen Zusammenbruch des globalen Finanzsystems – erreichten schließlich auch die Gebrüder Hunt. Die Hunts waren, wie ihr Vater, tiefreligiöse, politisch konservative Menschen, die die Gefahren sahen, die durch hemmungslose Staatsausgaben und Inflation auf ihr Vermögen zukamen. Haben die Hunts geplant, den Silbermarkt zu »cornern«, also alles Silber aufzukaufen, um dann den Preis zu diktieren? Wenn das ihr Plan gewesen sein sollte, so waren es jedenfalls die langsamsten und geschwätzigsten Marktmanipulatoren, die es je gegeben hat. Sie fingen 1972/73 an, Silber zu kaufen, und erzählten jedem, der es hören wollte, daß sie stark steigende Silberpreise erwarten. Bunker Hunt erklärte ganz offen, daß er Silber langfristig kaufe, und zwar so lange, bis Silber ein Verhältnis von 5:1 zu Gold erreicht hätte.

Im Dezember 1973 hatten die Hunts bereits Terminkontrakte für über 35 Millionen Unzen Silber zusammengekauft und erklärten, daß sie für alle Kontrakte Lieferung verlangen. Der Preis schoß daraufhin von 2,90 Dollar auf über vier Dollar im Januar 1974 und bis auf 6,70 Dollar am 26. Februar 1974 in die Höhe.

Der erste »Squeeze«

Falls die Hunts wirklich einen »short squeeze« geplant hatten, so scheiterten sie erst einmal an Henry Jarecki von *Mocatta Metals*, der in diesem Fall der Leidtragende gewesen wäre. Henry Jarecki lehrte in den späten 1960ern Psychiatrie an der Universität von Yale, als er ebenfalls das Silber entdeckte. Im Jahr 1967 ging dem US-Schatzamt allmählich das Silber aus, und es überzeugte den Kongreß, daß man die Einlösung von silbergedeckten

Dollars, der sogenannten Silber-Zertifikate, in Silber einstellen müsse. Den Besitzern wurde eine Frist von einem Jahr für einen eventuellen Umtausch eingeräumt, dann sollte die Einlösung ganz eingestellt werden. Denjenigen, die tatsächlich einlösen wollten, gab man Silber in schäbiger Form, nämlich rohe Münzschmelze oder verkratzte Barren, auf die mit Filzschreiber der jeweilige Silbergehalt aufgeschrieben war, die Differenz händigte man in kleinen Plastiksäckchen mit Kristallsilber aus, das aussieht wie Sand. Auf diese Weise sollte dem Publikum der Appetit auf richtiges Geld in Form von Silber verdorben werden. Gleichwohl stieg der Silberpreis, die Zertifikate wurden immer mehr gesucht, und auch Jarecki kaufte solche Zertifikate auf. Mit jedem Preis über $ 1,29, also dem Preis, zu dem die Regierung umtauschen mußte, stiegen die Zertifikate Cent für Cent mit dem Silberpreis. Jarecki stieg ganz in das Geschäft ein und überredete die traditionsreiche Londoner Metallhandelsfirma *Mocatta and Goldsmid* dazu, daß er sie mit seiner eigenen Firma *Mocatta Metals* in New York vertreten dürfe. Für diese Metallhändler sind Terminmärkte wichtig. Sie kaufen als Zwischenhändler Silber und sichern ihr Lager über Termingeschäfte gegen Preisschwankungen. Üblicherweise sind sie dabei mit physischer Ware long und in Termingeschäften short. Oft sind sie aber auch nur short (naked short), entweder in Vorwegnahme künftiger Käufe oder aus spekulativen Gründen.

1974 war Henry Jarecki sehr »short« in Silber und suchte nach einem Rettungsring. Diesen fand er in der Bank von Mexiko und deren 50 Millionen Unzen Silber. Jarecki überzeugte die Bank davon, daß der Silberpreis viel zu hoch sei, und wedelte mit einem Riesenprofit vor ihrer Nase. Die Bank nahm den Köder an, und der Silberpreis brach ein auf wieder vier Dollar pro Unze. Aber die Hunts leckten ihre Wunden und bauten ihre Position langfristig weiter auf. 1976 ließen sie sich weitere 21 Millionen Unzen ausliefern. Im November 1976 hielten sie 74 Millionen Unzen, was etwa einem Drittel der Minenproduktion dieses Jahres entsprach.

Zur Jahreswende 1978/79 fingen auch die Verbündeten der Hunts aus dem Nahen Osten an, ernsthaft Silber zu kaufen. Vom Herbst 1978 bis zum Sommer 1979 stieg der Silberpreis ständig nur an. Er begann 1979 bei $ 6,06, stieg im Frühling und Sommer weiter auf $ 7 und $ 8 und begann den August bei $ 8,85. Ende August hatte er bereits $ 10,57 erreicht.

Im September beschleunigte sich die Entwicklung. Der Preis stieg in den ersten fünf Handelstagen von $ 11,26 auf $ 12,59, als die *Comex* den Mindesteinschuß pro Silberkontrakt von 2000 auf 3000 Dollar erhöhte, und zwar rückwirkend. Damit wurde das Muster sichtbar, mit dem die Marketmaker dem steigenden Silberpreisen begegnen wollten. Als sie anfingen zu verlieren, änderten sie einfach die Spielregeln. Der Einschuß wurde dann im September auf 5000 Dollar weiter erhöht und am 18. Oktober schließlich auf saftige 20 000 Dollar. Aber alles war vergeblich, der Preis stieg auf 18 Dollar pro Unze. Die hohen Einschüsse sollten die Spekulanten abschrecken, aber sie vertrieben nur die kleinen Fische. Zu diesem Zeitpunkt hatten die großen Spieler schon deftige Gewinne auf ihren vorhandenen Positionen, auf die sie weitere Positionen aufbauen konnten, zusätzlich zu ihren Kreditlinien. Ende September saß Henry Jarecki wieder in der Short-Falle, aber diesmal rettete ihn nicht die Bank von Mexiko, sondern Herbert und Bunker Hunt. Die Firma *Mocatta Metals* besaß 30 Millionen Unzen Silber, die sie an Industrieverbraucher verliehen hatte. Dieses Metall war durch Terminverkäufe abgesichert. Jedes Mal, wenn der Silberpreis um einen Dollar stieg, mußte Jarecki weitere 30 Millionen Dollar margin auf diese Position nachschießen. Mocatta hing so mit über 400 Millionen Dollar in den Seilen, obwohl die ganze Firma nur mit 40 Millionen Dollar bewertet wurde. Nicht einmal Jareckis Mutterfirma in London hatte so tiefe Taschen.

Die Hunts hatten sich 50 Millionen Dollar von *Mocatta Metals* geliehen, um Silber zu kaufen, und dafür eine Sicherheit von 10,7 Millionen Unzen Silber bei *Mocatta* verpfändet. Jarecki hatte dieses Silber wiederum als Sicherheit verpfändet, um sich selbst Geld zu leihen. Das ist nichts Illegales. Große Banken verpfänden regelmäßig Edelmetalle oder Aktien, die sie für Kunden im Depot haben, um sich selbst Geld zu leihen. Aber in dem explodierenden Silbermarkt war das keine gute Strategie.

Im Oktober flogen die Hunts nach New York und nahmen Jarecki vom Haken mit einem EFP, einem »exchange of futures for physical«, also einem Tausch von Versprechungen auf Silber gegen wirkliche physische Ware. Das EFP ermöglichte es den Hunts, physisches Silber von Jarecki zu kaufen, das sie mit ihren Terminkontrakten auf Silber bezahlten. Jarecki verkaufte den Hunts 23 Millionen Unzen Silber zu $ 16,80 pro Unze, dann wurden die calls der Hunts mit den puts von Jarecki verrechnet, wodurch die margin-Verpflichtungen von Jarecki verringert wurden. Dadurch wurde genügend Geld für *Mocatta* frei, so daß er den Kredit zurückzahlen konnte, für den er das Silber der Hunts verpfändet hatte. Die Hunts erhielten zum Teil Silber, zum Teil die Leasingkontrakte, die *Mocatta* mit den Industriefirmen geschlossen hatte. Ich berichte das deshalb alles etwas ausführlicher, damit Sie sehen, wie so etwas im richtigen Leben funktioniert, und weil auf die gleiche Weise wahrscheinlich die riesigen Shortpositionen wieder rückabgewickelt werden, die heute erneut am Silbermarkt bestehen.

Im Oktober entschied das *Chicago Board of Trade* (CBOT), daß niemand mehr als 600 Kontrakte halten dürfe, egal ob long oder short, und gab den Spielern den 1. April 1980 als Termin vor, bis zu dem die Kontrakte so weit abgebaut sein müßten. Die Zahl der Kontrakte der Hunts und ihrer Mitstreiter belief sich an CBOT und *Comex* zu dieser Zeit auf etwa 23 000.

Minpeco bekommt Probleme

Im Dezember 1979 geriet *Minpeco*, die Vermarktungsagentur für Silber des peruanischen Staates, in Probleme. Ein unerfahrener *Minpeco*-Trader war trotz steigender Silberpreise immer weiter short gegangen. Von September bis Dezember hatte er 13 Millionen Unzen Silber leer verkauft gegen einen verfügbaren physischen Bestand von nur drei Millionen Unzen. Bis Dezember waren dadurch Verluste von 30 Millionen Dollar aufgelaufen, die weiter stiegen. Als gegen Ende 1979 diese Kontrakte eingedeckt wurden, stand Silber bei 29,05 Dollar pro Unze. Während die staatliche Aufsichtsbehörde für die Terminmärkte sowie das *Comex*-Board zitterten, stöhnten die Shorties unter den Nachschußverpflichtungen. Eine Art Kaufpanik ergriff den Silbermarkt. Am 7. Januar 1980 entschied die *Comex*, es dürften nur noch 500 Kontrakte pro Liefermonat abgeschlossen werden. Zu diesem Zeitpunkt hielten die Hunts zusammen mit anderen etwa 280 Millionen Unzen Silber, etwas mehr als die gesamte Silberproduktion des Jahres 1979. Am 9. Januar reduzierte die *Comex* die Gesamtzahl der Kontrakte, die jemand kaufen durfte, auf 50 und erhöhte den Einschuß auf 75 000 Dollar pro Kontrakt für den laufenden Monat und auf 40 000 Dollar für weiter entfernte Monate. Aber nichts schien zu wirken. Der Silberpreis stieg immer weiter und stand am 18. Januar schließlich bei 52,50 Dollar. Damit war das Ende für die *Comex* erreicht. Man hob den Terminmarkt praktisch auf. Am 21. Januar 1980 bestimmte das Board der *Comex*, daß nur noch Verträge liquidiert werden dürften und niemand mehr neue Positionen eröffnen könne. Handel dürfe nur noch unter den Parteien stattfinden, die vor dem 21. Januar 1980 noch offene Positionen hatten, und nur zu dem Zweck, die offenen Positionen abzuwickeln. Das Board erhöhte auch die Einschußforderung für alle Monate auf 75 000 Dollar wiederum rückwirkend.

Damit war der Markt praktisch ausgetrocknet. Es durfte nur noch verkauft werden, aber neue Käufer waren nicht zugelassen. Der Preis fiel daraufhin von 44 Dollar am 21. auf 34 Dollar am 22. Januar. Bunker Hunt war mit einigem Recht der Überzeugung, daß er Opfer der größten Finanzmanipulation der Geschichte geworden war, als er öffentlich erklärte: »All diese Börsen werden von den Shorties betrieben, unter Berücksichtigung der Interessen der Shorties. Das *Comex*-Board besteht aus 23 Leuten. Wie ich höre, haben wenigstens die Hälfte von ihnen jetzt sehr viel Geld verdient, indem sie einen Tag vor der großen Liquidationsentscheidung am 21. Januar Short-Positionen eingegangen sind. Sie wußten, daß der Markt einbrechen würde, denn sie selbst trafen ja die Entscheidung.« Allerdings irrte Bunker Hunt hier. Es waren nur neun Direktoren short gegangen.

Der Silberpreis hielt sich dann noch zwei Monate lang über 30 Dollar, während die Hunts versuchten, sich aus der Falle zu befreien. Der Leverage, den sie beim Aufbau ihrer Positionen eingesetzt hatten, begann jetzt gegen sie zu arbeiten. Paul Volcker, der Chef der *Fed*, hatte inzwischen die Prime Rate auf 20 Prozent heraufgesetzt und die Banken gewarnt, kein weiteres Geld an die Hunts oder andere Spekulanten zu verleihen. In einem Brief wies er die Banken an, »Spekulationskredite für die Terminmärkte zu vermeiden«, eine Anweisung, die nur der Chef der Zentralbank geben kann. Bunker Hunt behauptete gar, daß Volcker auch Agenten zu ausländischen Banken gesandt habe, um Finanzquellen dort für ihn zu verschließen.

Im Laufe des März wurde es für die Hunts immer schwieriger, ihre Silberpositionen zu finanzieren. Die Einschußverpflichtungen drohten jetzt ihren Broker *Bache, Halsey, Stuart* und mit ihm eine Reihe anderer Finanzinstitute in den Strudel zu reißen. Am 26. März 1980 verkündete Bunker Hunt, zusammen mit zwei arabischen Partnern, daß man eine internationale Anleihe ausgeben wolle, die durch Silber gedeckt sei. Aber es war zu spät. Obwohl Bunker und Herbert Hunt im Februar und März bereits 1,1 Milliarden Dollar an zusätzlichen Darlehen eingesammelt hatten, interpretierten die Märkte diese Ankündigung der Hunts als ein Zeichen der Schwäche und dafür, daß die Hunts am Ende seien. Der Silbermarkt geriet in Panik, und am 27. März fiel Silber auf 10,80 Dollar pro Unze.

Die Hunts standen vor einem margin call bei *Bache* in Höhe von 300 Millionen Dollar und einer Kaufverpflichtung bei *Engelhard Metals* in Höhe von 665 Millionen. Den Bankrott vor Augen bat *Bache* den CFTC und Volcker, den Silbermarkt zu schließen. Am folgenden Tag stieg Silber wieder auf 12,80 Dollar pro Unze, und die *Comex* senkte die Einschußverpflichtung. *Bache* war gerettet, aber ein Ruin der Hunts hätte die Finanzmärkte rund um den Globus erschüttert. An diesem Sonntag flogen die Hunts zu einem Bankentreffen nach Florida, bei dem unter Vermittlung von Paul Volcker ein Bankenkonsortium einen Beistandskredit von einer Milliarde Dollar gewährte, zu einem Zinssatz von etwas über der Prime Rate von 20 Prozent. Dafür verlangte man Sicherheiten in Höhe von acht bis neun Milliarden Dollar, praktisch das gesamte produktive Vermögen der Hunts. Wenn man das Ganze als Beistand bezeichnen will, so war es zumindest eine recht raue Barmherzigkeit.

Die Hunts hielten danach immer noch 63 Millionen Unzen Silber. Bunker Hunt hatte nicht nur theoretische Gewinne in Höhe von vier

Milliarden verloren, sondern zusätzlich 1,5 Milliarden reale Verluste erlitten. Die Shorties kamen alle davon und erzielten 1980 Rekordgewinne. Der Zinssatz erlebte den tiefsten und schnellsten Fall in der amerikanischen Geschichte, indem er von 20 Prozent auf zwölf Prozent innerhalb von nur drei Monaten fiel. Der Fall der Zinsen begann an dem Tag, an dem der Silberpreis einbrach. Aber die Hunts waren nicht die einzigen, die verloren hatten. Mit ihnen verloren alle, die in Silber investiert hatten, Milliarden von Dollars. Man muß immer im Auge behalten, daß es sich an den Terminmärkten um ein Nullsummenspiel handelt. Alles, was die einen verlieren, gewinnen die anderen.

Einen Tag nach dem Silbercrash rief Armand Hammer, der Chef von *Occidental Petroleum*, eine Pressekonferenz ein und erklärte stolz, daß er 119 Millionen Profit gemacht habe, indem er Silber kurzfristig short gegangen sei. Hatte auch er eine Insiderinformation über die bevorstehende Entscheidung? Wie dem auch sei, für die Finanzwelt waren die Hunts die eigentlich Schuldigen an dem Debakel. Kein Mensch regte sich in den Medien über den erstaunlichen Gewinn von Hammer auf, geschweige denn über die Terminbörsen, die einfach die Marktregeln rückwirkend geändert hatten und damit mehr Investoren zum Vorteil der Marktmacher geschröpft hatten als jemals zuvor. Für die Presse und auch in der Erinnerung der meisten Menschen waren ausschließlich die Hunts die Bösewichte.

Die Sieger schreiben die Geschichte

1985 wurden die Hunts wegen Marktmanipulation von der CFTC verklagt; die Steuerbehörde forderte 300 Millionen Dollar Steuern für lediglich auf dem Papier angefallene Gewinne. Von 1985 bis 1987 mußte eine Reihe von Hunt-Firmen Bankrott erklären. 1986 verkauften die Hunts ihre Silberbestände, die immer noch 59 Millionen Unzen betrugen. 1988 wurden sie schließlich noch von *Minpeco* auf Schadenersatz verklagt wegen »Verschwörung und Bildung einer kriminellen Vereinigung«. Weil in dem Prozeß eine der üblichen Manipulationen, wie etwa ein Corner oder das Streuen von Gerüchten, nicht nachgewiesen werden konnte, wurde eigens ein neuer Manipulationstatbestand entwickelt, nämlich die »Preiseffekt-Manipulation«. Dabei kauft oder verkauft ein Investor, der eine langfristige Wertvorstellung von einem Rohstoff hat, diesen Rohstoff in genügend großer Menge, um den aktuellen Preis zu beeinflussen, und zwar im Bewußtsein und in der Absicht, daß dieser Preiseffekt eintritt. Für die meisten ist es vielleicht unverständlich, daß man aufgrund so schwammiger Verfehlungen verurteilt werden kann. Gleichwohl verloren die Hunts auch diesen Prozeß und mußten Schadensersatz an *Minpeco* in Höhe von 130 Millionen bezahlen. Es gibt böse Zungen, die behaupten, die Sieger würden nicht nur die Geschichtsbücher schreiben, sondern auch die Gesetze machen und die Richter bestimmen. Auf alle Fälle war es wohl ein Fehler der Hunts, sich mit den Mächtigen dieser Welt anzulegen. Heute wissen alle Menschen ganz genau, daß die Hunts die Bösen waren. Dabei standen die Ganoven genau auf der anderen Seite.

Aber damit ist das Silberkomplott noch nicht zu Ende. Es sieht so aus, als ob derzeit die Bühne aufgebaut würde für den zweiten Akt des Dramas. Bevor wir uns dem zuwenden, wollen wir aber noch kurz analysieren, was eigentlich schiefgelaufen ist bei der Strategie der Hunts und was diesmal anders sein könnte.

Was war schiefgelaufen?

Die Hunts hatten zwei entscheidende Fehler gemacht, einen taktischen und einen strategischen. Der taktische Fehler war, daß die Hunts zuviel Silber auf Kredit gekauft und sich damit in die Hände der Banken und Terminhändler begeben hatten. Das machte sie verwundbar. Als die Terminhändler mit ihren Short-Positionen durch die steigenden Silberpreise immer mehr in die Enge getrieben wurden, konnten sie einfach die Spielregeln ändern und so die Hunts taktisch ausmanövrieren. Viel schwerwiegender war aber der strategische Fehler. Die Hunts hatten unterschätzt, daß durch den enorm gestiegenen Silberpreis plötzlich Silber auf den Markt kam, das vorher nicht verfügbar war. Altes Familiensilber wurde eingeschmolzen, und aus Indien und China kam Silber zurück. Gleichzeitig ging der Verbrauch deutlich zurück, weil man bei diesen Preisen viele Einsparmöglichkeiten entdeckte. Es genügte z.B., wenn man Röntgenbilder nur halb so groß machte wie vorher. Die Silberlücke war plötzlich verschwunden und hatte sich in ein Überangebot verwandelt. Und sie hatten wohl nicht damit gerechnet, daß bei über 20 Prozent Zinsen auch Papiergeldanlagen wieder interessant sind, während Kredite unbezahlbar werden.

Was ist heute anders?

Wenn man sich die genauen Zahlen ansieht, erkennt man sehr schnell, daß es sich eigentlich um sehr kleine Mengen und Beträge handelte, die damals bewegt wurden, und daß eine ähnliche Spekulation heute wahrscheinlich aufgehen würde. In den 1970er Jahren bestand etwa acht Jahre lang eine Silberlücke von durchschnittlich etwa 50 Millionen Unzen pro Jahr, kumuliert also ca. 400 Millionen Unzen, die aus vorhandenen Beständen gedeckt wurde. Die Hunts hatten ca. 200 Millionen Unzen aufgekauft zu durchschnittlich zehn Dollar pro Unze, was einem Einsatz von ca. zwei Milliarden Dollar entsprach – nicht viel nach heutigen Maßstäben. In den 1980er Jahren bildete sich dann ein Überschuß von kumuliert ca. 800 Millionen Unzen, die zu durchschnittlich elf Dollar pro Unze von Investoren gekauft wurden. Seit 1990 sind davon ca. 400 Millionen Unzen wieder abgegeben worden, mit entsprechenden Verlusten von ca. fünf bis sechs Dollar pro Unze. Die Silberinvestoren haben in den letzten 15 Jahren etwa zwei Milliarden Dollar verloren. Heute gibt es nicht mehr viele Silberinvestoren. Diejenigen, die noch verblieben sind, dürften recht hartgesotten sein. Deshalb wird es jetzt spannend! 1994 stand einem Angebot von ca. 550 Millionen Unzen eine Nachfrage von ca. 700 Millionen Unzen gegenüber. Die Silberlücke beträgt in den letzten zehn Jahren ca. 100 Millionen Unzen pro Jahr. Das heißt, die Bestände der Investoren aus den 1980er Jahren sind jetzt mehr oder weniger aufgebraucht. Das Angebot aus der Silberproduktion stagniert bei etwa 550 Millionen Unzen pro Jahr, weil die Silberproduktion sich nicht mehr lohnt. Eine Unze Silber zu fördern kostet etwa acht Dollar. Das stagnierende Angebot ist zum Teil auch geologisch bedingt: Silber stellt, wie alles auf diesem Globus, eine begrenzte Ressource dar. Eine weithin unbekannte Besonderheit bei Silber ist die Tatsache, daß es gediegen vorwiegend an der Erdoberfläche vorkommt. Im Gegensatz zu Gold nimmt mit zunehmender Tiefe die Silberkonzentration ab, wodurch die Silberförderung immer teurer wird. Diese Tatsachen sprechen dafür, daß die alte Gold-Silber-Preisrelation von etwa 15:1 wieder erreicht und sogar zugunsten von Silber noch übertroffen werden könnte. Da seit mehreren tausend Jahren Silber an der Erdoberfläche von Menschen abgeräumt wird, ist die Wahrscheinlichkeit neuer großer Funde sehr gering, selbst wenn man aufgrund gestiegener Preise einmal wieder anfangen sollte zu suchen. Das meiste Silber wird mittlerweile als Beiprodukt beim Abbau von Kupfer, Zink, Blei und Gold gewonnen – ein Angebot, das auch bei deutlich steigenden Silberpreisen nicht zunehmen wird. Die Nachfrage steigt aber um ca. vier Prozent pro Jahr. Das hängt einfach mit der wachsenden Erdbevölkerung und dem zunehmenden Wohlstand der neuen Industrieländer zusammen (Indien, China, Südamerika, Ostblock).

Der entscheidende Unterschied zur Hunt-Spekulation ist also, daß die jährliche Silberlücke heute viel größer ist und daß der Substitutions- und Einschmelzeffekt, der sich bei einem Silberpreis von 50 Dollar zeigte, bereits verbraucht ist. Das Tafelsilber und die Vasen, die damals eingeschmolzen wurden, sind nicht mehr da und auch nicht ersetzt worden. Ob dieser Effekt bei einem Preis von 100 oder 200 Dollar pro Unze erneut auftritt, kann heute niemand sagen. Genug Silber wäre dafür in Indien und China wahrscheinlich noch vorhanden.

Ein entscheidender Unterschied ist aber auch, daß die Geldmenge und die Verschuldung heute sehr viel größer sind. 2005 lagen noch ca. 100 Millionen Unzen Silber im Lagerhaus der *Comex*. Bei acht bis neun Dollar pro Unze sind das nur etwa 800 Millionen Dollar, ein Betrag, den jeder größere Spekulant heute leicht aufbringt, sobald die Welt anfängt, sich ernsthaft wieder für Silber zu interessieren.

Es gibt Hinweise darauf, daß dieser Zeitpunkt jetzt gekommen ist. Es gibt von Zeit zu Zeit Momente, in denen sich die grundsätzliche Einschätzung von Märkten plötzlich vollkommen ändert. Die Entscheidung Paul Volckers, 1980 die Zinssätze bis auf unglaubliche 20 Prozent zu erhöhen, war ein solcher Moment, in dem sich die Markteinschätzung plötzlich vollkommen änderte. Dieser Wende sind schließlich auch die Hunts zum Opfer gefallen.

Konnte man bis dahin davon ausgehen, daß die Inflation immer weiter steigen würde und es keine Möglichkeit mehr gäbe, den Fall des Dollars zu bremsen und diesen Trend zu brechen, änderte sich mit der entschlossenen Haltung Volckers die Markteinschätzung abrupt um 180 Grad. Plötzlich schien es wieder möglich, daß man die Sache doch noch in den Griff bekommen könnte. Der »Silberdonnerstag« war der eigentliche Tag einer epochalen Wende. Die Zinsen begannen zu sinken, es kamen Reagan und Thatcher, und es geschah ein kleines Wunder. Die Welt stand am Beginn der höchsten Staatsverschuldung aller Zeiten, aber auch der längsten Aufschwungperiode der Neuzeit, an deren Ende jetzt die größte Geldmengenexplosion aller Zeiten steht.

Die Hunts erkannten das Signal freilich nicht, daß das fiat-money-System noch einmal gerettet würde. Obwohl der Silberpreis noch weitere zwei Monate bei 30 Dollar pro Unze stand, verkauften die Hunts nicht, sondern hielten an ihrem Silber fest. Die Preise für Gold und Silber fielen danach 20 Jahre lang, während die Aktien immer weiter stiegen, mit der steigenden Geldmenge.

Am 26. September 1999 gab es wieder ein Signal, mit dem eine solche grundlegende Wende verbunden sein dürfte, nämlich die bereits erwähnte gemeinsame Erklärung der 15 europäischen Notenbanken, daß sie kein weiteres Gold mehr verkaufen oder verleihen werden. Damit könnte jetzt eine längere Hausse der Edelmetalle beginnen, ein Verfall der Aktien- und Anleihenkurse, verbunden mit Preisinflation und Zinsanstieg und einer Ablösung des Dollars als Weltleitwährung durch den Euro. Der Übergang wird sich allmählich vollziehen, ähnlich wie 1980/82, und der Prozeß wird sich dann immer mehr verstärken. Strategische Investoren, wie etwa Warren Buffett, fangen jetzt an, sich auf diese Wende einzustellen. Sie haben aus den Fehlern der Hunts gelernt. Warren Buffett hat bereits 1997 etwa 140 Millionen Unzen Silber zu einem Preis zwischen 4,50 und fünf Dollar pro Unze gekauft. So billig wird man nie wieder so viel Silber kaufen können. Die Grundüberlegung ist dabei genial einfach. Wenn Silber in absehbarer Zeit für den industriellen Verbrauch wirklich knapp wird und heute der Preis unter den Förderkosten von Silber liegt, dann macht es Sinn, gleichsam eine umgekehrte Silbermine anzulegen, also Silber am Markt zu kaufen und in der Erde bzw. dem Tresor zu vergraben. Ergibt das auch Sinn für den normalen Investor? Ist es eine sinnvolle Strategie, jetzt einfach Silber zu kaufen und langfristig liegen zu lassen, zur Wertaufbewahrung?

Silber – die ideale Altersvorsorge

A. Wie funktioniert Altersvorsorge?

Über viele Jahrhunderte wurde Altersvorsorge mit Kindern betrieben. Die Menschen mußten zehn bis zwölf Kinder zeugen, von denen, wenn sie Glück hatten, drei bis vier überlebten, welche die Eltern dann im Alter versorgen konnten. Das Wort *Kinderreichtum* hatte früher eine ganz konkrete Bedeutung. In den Armenhäusern früherer Jahrhunderte lebten überwiegend Leute, die keine Kinder hatten. Eine kleine Geschichte zeigt die ökonomische Logik, die dahinter stand, recht deutlich.

Ein Handwerker wurde gefragt, was er denn mit seinem guten Einkommen anfange. Ein Drittel, sagte er, verwende ich, um alte Schulden abzuzahlen, mit einem weiteren Drittel sammle ich Schätze an und von dem restlichen Drittel lebe ich mit meiner Frau. Der Fragesteller wollte wissen, woher denn die Schulden kämen und wo die Schätze seien. Die Schulden, sagte der Mann, habe er bei seinen alten Eltern, die ihn aufgezogen und ausgebildet haben, und die Schätze seien seine Kinder, die ihn, wenn er alt sei und nicht mehr arbeiten könne, ernähren würden.

Bis etwa zum Ende des 18. Jahrhunderts funktionierte so die Altersvorsorge. Das erwirtschaftete Einkommen wurde verbraucht. Erst im 19. Jahrhundert begann der eigentliche Kapitalismus. Erst die Ansammlung von Produktivkapital zu Beginn des 19. Jahrhunderts hat den Wohlstand hervorgebracht, in dem wir heute leben. Der Schwede Gunnar Myrdal hat es mit dem nachfolgenden Satz auf den Punkt gebracht: Der liebe Gott hat zu jedem Mund, der Essen will, auch ein paar Hände geschaffen, aber eben nicht den Traktor, der die Arbeit dieser Hände produktiv macht. Mit dieser Bildung von Produktivkapital trat damals ein Effekt ein, mit dem die Ökonomen nicht gerechnet hatten, weder Adam Smith noch Malthus noch Ricardo oder Marx. Die Reallöhne stiegen, und die Kinderzahl ging zurück. Die Altersvorsorge begann sich zu wandeln von einer Generationenvorsorge über Kinder zu einer kapitalistischen Vorsorge über Ersparnisse in Produktionskapital. Platt formuliert könnte man vielleicht sagen: Waren früher Kinder das Produktivkapital, so waren es jetzt Maschinen. Im 19. Jahrhundert sehen wir einen enormen Wohlstands- und Wachstumsschub, wobei auf privater Basis riesige Kapitalien für produktive Investitionen, auch in Entwicklungsländern, zur Verfügung gestellt wurden. Man denke nur an den Eisenbahnbau in Rußland und USA oder den Panama- und Suezkanal, die alle privat finanziert wurden. Das funktioniert heute nicht mehr. Heute wird von Staats wegen Entwicklungshilfe geleistet.

Die generative Marktwirtschaft begann sich in eine kapitalistische Marktwirtschaft zu wandeln, man lebte nicht mehr von den Kindern, sondern bildete so viel Vermögen, daß man sich von den Kapitaleinkünften oder aus dem Vermögen ernähren konnte. Dieser Prozeß wurde zuerst in Frankreich sichtbar, wo sich im wohlhabenden französischen Bürgertum die Familie mit zwei Kindern durchsetzte und die Geburtenraten schon gegen Ende des Jahrhunderts die niedrigsten in Europa waren. Die Arbeiter waren freilich noch auf Kinder angewiesen. Von der Vermögensbildung in Arbeitnehmerhand etwa durch Volksaktien waren wir noch weit entfernt. Aber es war eine Entwicklung eingeleitet worden von der generativen zur kapitalistischen Altersvorsorge, die im 19. Jahrhundert bereits eine enorme Wohlstandsvermehrung bewirkte und auch weiter bewirkt hätte, wenn sie nicht unterbrochen worden wäre durch die Erfindung des Umlageverfahrens im Wohlfahrtsstaat.

Voll zum Durchbruch kam der Wohlfahrtsstaat bei der Altersvorsorge allerdings erst 1957, und zwar mit der Rentenreform in Deutschland, als man die Täuschung mit dem Generationenvertrag erfand. Bei Bismarck war die Rente mit durchschnittlich zehn Reichsmark bei einem durchschnittlichen Monatslohn von 60 Mark lediglich ein Zubrot. Hinzu kam noch, daß die meisten, wenn sie mit 70 Jahren ihre Rente kassieren wollten, schon tot waren. 1957 erzählte man dann den Leuten, daß sie durch das Wunder des Generationenvertrages sich mit 65 zur Ruhe setzen könnten und dann 70 Prozent ihres letzten Arbeitseinkommens bis an ihr Lebensende bekommen würden.

Dafür bräuchten sie weder selbst Kinder zu zeugen noch zu sparen mit dem Effekt, daß nun in der Tat weder Kinder gezeugt wurden noch Kapital angespart wurde. Dieses Modell wurde von anderen Ländern übernommen, und das führte dann dazu, daß in allen Ländern das Geld, von dem die Menschen glaubten, es würde für ihr Alter zurückgelegt, vom Staat als Einnahme verbucht und gleich wieder ausgegeben wurde, ohne dafür Produktivkapital zu bilden. Wenn die Menschen dann im Alter das Sparschwein aufmachen, finden sie ein leeres Versprechen darin, Altpapier, denn wie sollte der Staat sein Versprechen erfüllen, wenn nicht durch Steuern oder neue Schulden? Die Generation, die den Vertrag erfüllen könnte, wurde nicht gezeugt, und Produktivkapital, welches die Anleihe bedienen könnte, wurde nicht gebildet. Man lebt von der Hand in den Mund.

Die Ablösung der kapitalistischen Altersvorsorge durch das Umlageverfahren des Generationenvertrages stellt sich als Täuschung, als weiterer böser Trick des sozialistischen Wohlfahrtsstaates heraus. Die Verbindung zur materiell-physischen Realität, zu Kindern oder Maschinen, wurde gelöst und durch eine abstrakte Schuldbeziehung ersetzt.

Aber die Rückkehr zur kapitalistischen Altersvorsorge, zum Kapitaldeckungsverfahren, ist uns auch verstellt, und zwar durch den anderen bösen Trick, durch fiat money. Es stimmt zwar, daß die jeweils Aktiven immer die Versorgungsempfänger mit realen Gütern versorgen müssen, da führt kein Weg dran vorbei. Die Frage ist aber, wie diese Versorgung begründet wird, worauf der Versorgungsanspruch gestützt wird. Ich kann ihn entweder auf eine Schuld stützen, auf einen Schuldanspruch gegen den Staat oder künftige Generationen, oder aber ich kann ihn auf Eigentum stützen, das ich stückweise im Tausch gegen Versorgungsleistung hergebe. Das Letztere setzt aber voraus, daß es Wege gibt, Wert in der Zeit zu transportieren und stückweise zu liquidieren. Genau dieses Problem hat Geld im 19. Jahrhundert hervorragend gelöst, während dieses Problem sich mit unserem heutigen Geld nicht mehr lösen läßt.

Unser Geld ist so unzuverlässig geworden, daß kein Mensch, der seine fünf Sinne beisammen hat, seine Altersversorgung noch auf Geldvermögen bauen würde, ganz im Gegensatz zum 19. Jahrhundert, in dem das in wohlhabenden Kreisen durchaus die Regel war. Nachdem wir also festgestellt haben, daß Altersvorsorge nicht mehr funktioniert, weil sowohl beim Geld als auch bei der Altersvorsorge das Band zur realen Güterwelt zerschnitten wurde, kommen wir nun zu der zweiten Frage:

B. Kann man mit Silber Altersvorsorge betreiben?

Bis zum Ersten Weltkrieg gab es auf der ganzen Welt nur zwei Währungen, nämlich Gold und Silber. Die Namen der Währungen in den einzelnen Ländern wie Pfund, Dollar, Franc oder Mark waren nur Bezeichnungen für eine unterschiedliche Menge an Gold oder Silber. Mit Gold und Silber konnte man also auf der ganzen Welt bezahlen. Heute gibt es etwa 180 verschiedene nationalstaatliche Währungen, die aber meist nur innerhalb der Staatsgrenzen nationales Monopolygeld sind. Außerhalb der Staatsgrenzen ist es wertloses Altpapier. Unser heutiges Geld ist also ganz zweifellos ein gewaltiger Rückschritt gegenüber dem Geld des 19. Jahrhunderts, das bereits einheitliches Weltgeld war.

Zu Beginn des Ersten Weltkrieges lag das Preisniveau in diesem Geld nicht höher als 100 Jahre zuvor, und das in Reichsmark ebenso wie in Pfund, Dollar, Franc oder Rubel. Das Wort *Inflation* gab es noch gar nicht. Man sprach allenfalls von Teuerung, wenn einmal eine Mißernte vorkam.

Mit dem Ersten Weltkrieg wurde das Edelmetallgeld durch ungedecktes Papiergeld, fiat money, abgelöst, um den Krieg zu finanzieren. Danach folgten dann Währungskatastrophen – wie die großen Inflationen in Deutschland, Polen und Ungarn, und in allen Ländern entwertete sich das Geld immer wieder mit atemraubender Geschwindigkeit. Die Deutsche Mark, auf die wir wegen ihrer Wertbeständigkeit so stolz sind, verlor innerhalb von nur einer Generation 90 Prozent ihres Wertes.

»Es ist die Ungewißheit über das Schicksal des Geldes, das es für Dispositionen, die eine entfernte Zukunft betreffen, völlig unbrauchbar macht«, schreibt Wolfram Engels in seinem Buch *Der Kapitalismus und seine Krisen*, auf das ich mich hier auch weitgehend stütze. Unser Geld von heute eignet sich für Vergleiche in der Zeit ebensowenig wie für langfristige Verträge.

Die Menschen versuchen, sich bei langfristigen Dispositionen, wie etwa Scheidungs- oder Altenteilverträgen, mit Geldwertsicherungsklauseln zu helfen. Solche Klauseln sind aber nach dem Währungsgesetz in Deutschland genehmigungspflichtig, und die Bundesbank versagt ausgerechnet bei kaufkraftindexierten Rentenwerten die Genehmigung – warum wohl? Verträge über Pensionen, Mieten, Versicherungen etc. werden durch Währungskrisen plötzlich einfach wertlos. Deshalb werden auch alle Menschen immer wieder neu »rasiert«, die ihre Altersvorsorge über Geldvermögen, wie etwa Versicherungen, betreiben wollen. Hierzu ein Beispiel aus dem richtigen Leben: Der Großvater von Herrn W. hatte im Jahre 1911 einen Betrag von 10 000 Goldmark als Rentenversicherung eingezahlt, die der Vater von Herrn W. nach 45 Jahren als Rente ausbezahlt bekommen sollte. Man sparte noch in Geld. Jetzt raten Sie, was der Vater von Herrn W. im Jahre 1957 von der Versicherung ausbezahlt bekam – es waren 67 DM. Hätte der Großvater den Betrag in Gold unter der Matratze aufbewahrt oder im Garten vergraben, wäre es eine bessere Altersvorsorge gewesen. Was lernen wir daraus? Langfristig Gold und Silber nie in Papier umtauschen, denn Papier hat immer nur vorübergehenden Wert. Langfristig wird es immer wieder zu Altpapier. Gold und Silber sind keine Schuldversprechen, sondern höchste und letzte Liquidität, also Tauschbereitschaft, weil sie immer von Menschen im Tausch gegen andere Güter akzeptiert werden. Eine nicht ganz unwichtige Frage ist allerdings, in welchem Verhältnis oder zu welchem Preis das geschieht. Hätte der Großvater Silber unter die Matratze gelegt, wäre die Wertaufbewahrung zwar auch besser gelungen als mit Staatsgeld bei einer Versicherung, aber halt nicht so gut wie mit Gold. Es könnte aber sein, daß diesmal Silber die bessere Alternative ist.

In Japan gehen Versicherungen jetzt reihenweise pleite, in England ist die größte und älteste Lebensversicherung *Equitable Life* jetzt vom Konkurs bedroht, und bei den deutschen Versicherungen schmelzen die Reserven dahin, und sie haben jetzt das Aufsichtsamt gebeten, das Niederstwertprinzip aufzuheben, mit anderen Worten, sie bitten die Behörde, bei der Konkursverschleppung zu helfen. Wir stehen vor einem Scherbenhaufen. Eigene Kinder sind nicht da, Produktivvermögen wurde nicht angesammelt, weil angeblich der Generationenvertrag das überflüssig machte, und die Versprechungen der staatlichen wie privaten Rente sind nicht erfüllbar, weil beide auf ungedeckten Versprechungen, eben fiat money, aufgebaut wurden. Wie konnte sich so etwas entwickeln?

Ich möchte hier einmal die Behauptung aufstellen, daß die segensreiche Entwicklung des Kapitalismus, die im 19. Jahrhundert begonnen hat, mit Beginn des Ersten Weltkrieges abgebrochen und von einem weltweiten gigantischen sozialistischen Experiment abgelöst wurde, in dessen Mittelpunkt eine falsche Geldtheorie steht. Die Gold- und Silberwährungen hatten über Jahrhunderte hervorragend funktioniert und in Europa im 19. Jahrhundert schließlich zur Entstehung dieser atemraubenden kapitalistischen Wohlstandsmaschine beigetragen. Die Edelmetallwährungen wurden abgelöst von einem Geldsystem, das der Kriegsfinanzierung dienen sollte und von daher notwendigerweise auf Betrug und Täuschung aufgebaut war. Kriege wurden praktisch immer mit Falschgeld finanziert. Dieses Falschgeldsystem wurde dann immer raffinierter ausgebaut und von den Wirtschaftswissenschaftlern begründet und gerechtfertigt. Das Falschgeldsystem wurde nach den großen Kriegen beibehalten, um statt eines Krieges nun das sozialistische Experiment des Wohlfahrtsstaates zu finanzieren.

Insbesondere durch Keynes wurde dieses Falschgeldsystem dann entscheidend gerechtfertigt. Der Keynesianismus behauptet ja, jedes Land brauche eine nationale Geldpolitik, um Rezessionen zu verhindern, die Arbeitslosigkeit zu bekämpfen, die Zahlungsbilanz auszugleichen. Gegen Ende der 1960er Jahre forderte die Wissenschaft dann zusätzlich noch den Übergang zu flexiblen Wechselkursen, weil nur so eine nationale Geldpolitik möglich sei.

Alle diese Theorien haben sich mittlerweile als falsch herausgestellt. Die Rezessionen verschwanden nicht, sie wurden massiver. Die Arbeitslosigkeit ging nicht zurück, sie stieg. Die Inflation wurde nicht gebrochen, sie beschleunigte sich. Zahlungsbilanzkrisen sollte es nicht mehr geben. Statt dessen erreichten sie in der Weltschuldenkrise ein nie erlebtes Ausmaß. Die Wechselkurse sind auch nicht, wie es die Wissenschaftler prognostiziert hatten, stabil, sondern sie taumeln funktionslos und ohne ersichtlichen Grund mit beachtlichen Prozentsätzen umeinander, auf und ab. Ein so schlechtes Geld, wie wir es jetzt haben, hat es noch nie gegeben. Auf dem Gebiet des Geldwesens haben wir 100 Jahre Rückschritt zu verzeichnen, wie Wolfram Engels einmal eine seiner Glossen überschrieben hat. Der Goldstandard hatte vielleicht auch Fehler, aber er war um vieles besser als unser aktuelles Chaossystem. Man hört oft, der Goldstandard sei überholt und eine Rückkehr zu diesem vorsintflutlichen System sei völlig ausgeschlossen, aber das ist schlicht dummes Zeug, das darf man nicht glauben, und diese Einsicht dämmert jetzt auch immer mehr Menschen. Vielleicht gelingt es in ferner Zukunft einmal, ein Währungssystem zu schaffen, das noch leistungsfähiger ist, als es der Goldstandard einmal war, aber für uns wäre erst einmal eine Rückkehr zum Goldstandard ein ganz gewaltiger Fortschritt.

Auf der Basis von Gold und Silber wurde damals ein äußerst leistungsfähiges internationales Kreditsystem aufgebaut, das viel effektiver und vor allem ehrlicher und gerechter war als das nationalstaatliche Geld, das wir heute haben, und es war ein viel zuverlässigeres Geld, auf das man auch seine Altersvorsorge aufbauen konnte. Es könnte sein, daß man sich daran jetzt wieder neu erinnert. Es ist sicher reizvoll, sich vorzustellen, wie die Entwicklung wohl verlaufen wäre, wenn der Kapitalismus unter einem Gold-Silber-Standard sich voll entfaltet hätte und nicht mit Beginn des Ersten Weltkrieges von diesem weltweiten sozialistischen Geldexperiment abgelöst worden wäre. In Rußland und im ganzen Ostblock wäre den Menschen, die mit diesem Experiment praktisch um ihr Leben betrogen wurden, jedenfalls unendliches Leid erspart geblieben. Mit Gold kann man weder große Kriege führen noch große sozialistische Experimente machen, einfach weil man es nicht finanzieren kann. Deshalb mußte vor Kriegen und sozialistischen Experimenten immer erst der Goldstandard bzw. die Golddeckung abgeschafft werden.

Eine Reihe von Ländern, wie Indien, China, Indonesien etc. befindet sich derzeit in der Transformation von der generativen zur kapitalistischen Wirtschaft. In diesen Ländern ist die Kapitalbildung höher als in den westlichen Industriestaaten. Die Geburtenzahlen gehen zurück, das Wirtschaftswachstum ist rasant, und diese Staaten fangen jetzt an, Gold und Silber als Geld neu zu entdecken. Diese Länder haben jetzt die Chance, den Kapitalismus zu vollenden, mit einem zuverlässigen Geld, wenn sie nicht wieder dem Sozialismus auf den Leim gehen. Eine spezielle Besonderheit dieser Länder wie Indien und China ist es, daß bei ihnen immer in erster Linie Silber Geld war, beide Länder hatten nie einen Goldstandard, sondern vielmehr einen Silberstandard. Dahinter verbirgt sich ein uraltes Geheimnis und auch ein Schlüssel dafür, warum Silber jetzt nicht nur wieder zuverlässiges Geld, sondern auch die bessere Alternative zu Gold werden könnte.

Gold hat immer noch eine gewisse Bedeutung als monetäres Metall. Immerhin halten die meisten Zentralbanken nach wie vor Gold als monetäre Reserve, und selbst der Euro ist zu 15 Prozent mit Gold als Reserve unterlegt – aber Silber? Für die meisten Menschen ist heute Silber kein Geld mehr, und kaum jemand rechnet damit, daß es je wieder Geld wird. Umso größer wird die Überraschung an den Märkten sein, wenn Silber als Geld neu entdeckt wird, mit einer entsprechenden Wirkung auf den Preis. Wie weit könnte Silber in einem solchen Szenario steigen?

Nehmen wir einmal an, Gold würde sich wieder auf seinen langfristigen realen Durchschnittspreis von etwa 600 Dollar pro Unze einpendeln, sich also etwa verdoppeln, und Silber würde auf seine natürliche Silber-Gold-Relation von 1:10 zurückkehren, so kämen wir auf einen realen Silberpreis von etwa 60 Dollar pro Unze.

Es kann aber durchaus sein, daß sich eine Relation von 1:5 oder 1:3 einstellt, weil Silber jetzt sehr viel knapper ist, was uns auf einen Silberpreis von 120 bis 200 Dollar pro Unze bringt. Natürlich kann es sein, daß in einer Kaufpanik die Preise auch deutlich stärker steigen.

Nachdem die Welt 100 Jahre mit Sozialismus und sozialistischem Geld experimentiert hat, reift jetzt so langsam die Erkenntnis, daß dieser Ansatz nicht funktioniert und es wohl besser ist, an die Erfolge der kapitalistischen Entwicklung im 19. Jahrhundert auch beim Geld wieder anzuknüpfen, also zu einem gedeckten Geld zurückzukehren, das nicht vom Staat oder von einer Zentralbank manipuliert wird. Das ist der zentrale Streitpunkt, um den es in der Geldtheorie immer wieder geht, nämlich um die Fragen: Muß das Geld selbst einen Wert repräsentieren, oder genügt Monopolygeld, also ein Zettel mit einer Zahl? Muß Geld gedeckt sein, oder muß es nicht gedeckt sein? Das Faszinierende ist, daß wir jetzt in einem real-life-Experiment am Markt ablesen können, welche Theorie richtig ist. Wenn Gold und Silber nur noch Rohstoffe sind, die zur Deckung von Geld nicht mehr gebraucht werden, wie ja viele behaupten, dann könnte der Preis für Gold und Silber in einer Deflation, also einem Schuldenkollaps, zusammen mit allen anderen Rohstoffen fallen – für Gold vielleicht sogar wieder auf 42 Dollar, wie manche behaupten. Wenn Gold und Silber aber wieder Geld werden und auch wieder als Deckung für Papiergeld dienen, müßten ihre Preise jetzt dramatisch steigen, weil der Wert von Geld in der Deflation bekanntlich steigt. Im Fall der Hyperinflation steigen Gold und Silber mit allen anderen Rohstoffen im Preis, aber das bedeutet nur, daß Papiergeld wertloser wird. Das einzige Risiko besteht also darin, daß Papiergeld durch extreme Zinserhöhung wertvoller wird, so wie es kurzfristig den Hunts passiert ist. Ich halte das für unwahrscheinlich, aber man sollte es gedanklich zumindest mit berücksichtigen. Ein hübsches Geld- und wirtschaftstheoretisches Denkspiel mit praktischen Folgen.

Es geht letztlich, auch für jeden einzelnen, um die einfache Frage: Gelingt es den Menschen zu erkennen, daß sie mit staatlichem Papiergeld betrogen werden und sie sich mit Gold und Silber vor diesem Betrug schützen können, ganz so, wie es Alan Greenspan gesagt hat, oder gelingt es den Mächtigen weiterhin, den Menschen einzureden, Gold und Silber seien kein Geld, und damit den Preis weiterhin niedrig zu halten? Es geht dabei um sehr viel Macht, und eigentlich um den alten Gegensatz: das Volk gegen die Mächtigsten dieser Welt, und um die Frage: Wer hat die Macht über das Geld?

Dieser Kampf um die Geldmacht zwischen Staat, Banken und Volk ging durch die Jahrhunderte immer wieder hin und her, aber allmählich, insbesondere wegen der Kriegsfinanzierung im Ersten und Zweiten Weltkrieg, haben Staat und Banken gesiegt, und es gibt heute in der ganzen Welt ausschließlich staatliches Zwangsgeld ohne reale Deckung. Aber jetzt hat das Volk, durch den Schwächeanfall des fiat money und insbesondere dank des Internet, wieder einmal eine gute Chance, sich von der Herrschaft des Falschgeldes zu befreien. Es muß nur wieder seinem eigenen Verstand vertrauen und ganz unblutig Staatsgeld in Gold und Silber transformieren. Einfacher war eine Revolution noch nie. Welche konkreten Möglichkeiten es dafür gibt, wollen wir uns jetzt zum Schluß noch anschauen.

Digitale Edelmetallwährungen – das Geld der Zukunft?

Eine sehr elegante Möglichkeit, fiat money in Gold und Silber als Geld umzuwandeln, sind die so genannten *Digital Gold Currencies*, abgekürzt DGC. Hier ist in aller Stille ein neues internationales Girobanksystem entstanden, mit dem man auf der Basis von Gold und Silber weltweit über Internet und Telefon internationale Zahlungsvorgänge abwickeln kann. Praktisch nach dem gleichen Modell, nach dem auch die Bank von Amsterdam oder die Hamburger Girobank über Jahrhunderte hervorragend funktioniert haben. Die Entwicklung des Internet legte eigentlich so einen Gedanken nahe, aber es mußte eben auch erst wieder jemand die Sache praktisch anpacken und realisieren.

Douglas Jackson, ein Arzt aus Melbourne, Florida, war vor etwa zehn Jahren von der Idee fasziniert, ein Internet-Zahlungssystem auf der Basis von Gold und Silber aufzubauen. Er verkaufte seine Arztpraxis und seine Lebensversicherung, um den Erlös von etwa 900 000 Dollar in seine Firma *e-gold* zu investieren, ein Internet-Zahlungssystem auf der Basis von Gold und Silber. Etwa zur gleichen Zeit hat die Firma *Pay Pal* ein internationales Zahlungssystem auf der Basis von fiat money aufgebaut. *Pay Pal* hat etwa 275 Millionen Dollar Investorengeld in Werbung und Organisation gepumpt, mit einer »burn rate« von bis zu zehn Millionen Dollar pro Monat, um eine kritische Masse aufzubauen, und dann an die Börse zu gehen, wo sie schließlich zu ihrem Glück von *eBay* aufgekauft wurden. *Pay Pal* wickelt heute ein Zahlungsvolumen von ca. 60 Millionen Dollar pro Tag ab. Douglas Jackson dagegen hat in zehn Jahren harter Arbeit *e-gold* aufgebaut – praktisch ohne Werbung und nur durch Qualität und Mundpropaganda zufriedener Kunden. Die Firma *e-gold* hat heute über 2,8 Millionen Konten und im letzten Jahr etwa zwei Millionen Dollar verdient. Es werden etwa zehn Millionen Dollar pro Tag umgesetzt, auf einer Basis von knapp vier Tonnen Gold, die in London, Zürich und Dubai lagern. Dies zeigt, daß es möglich ist, internationales Privatgeld auf der Basis von Gold und Silber aufzubauen, wenn auch die Freunde des fiat money versuchen, Widerstand zu leisten. So ist kurz vor Weihnachten 2005 bei *e-gold* in Florida das FBI aufmarschiert, hat alles durchsucht, inklusive der Privatwohnung von Douglas Jackson, hat alle Unterlagen und Kundendateien kopiert und das ganze System für drei Tage lahmgelegt. Das alles unter dem fadenscheinigen Vorwand, Kriminelle würden das System zur Geldwasche nutzen. Mit diesem Vorwand kann man jede Bank und jeden

Kaufmann durchsuchen. Die Vereinigten Staaten entwickeln sich immer mehr zu einem mafiösen Willkürstaat. Ich denke, die Schweiz würde so etwas nie tun. Allerdings fehlen bei uns und in der Schweiz aber offenbar immer noch unternehmerische Pioniere wie Douglas Jackson, die Amerika einmal aufgebaut haben und die es dort offenbar immer noch gibt. Natürlich konnte man Jackson nichts vorwerfen, und *e-gold* funktioniert wieder so hervorragend wie zuvor. Selbst wenn *e-gold* in den USA komplett verboten würde, es würde an anderer Stelle sofort wieder aufblühen. Das Konzept ist einfach zu gut, und der Markt will es. Zum Glück ist die Staatskrake noch nicht weltweit einheitlich organisiert, um so etwas auch weltweit zu verbieten, und wahrscheinlich ist es praktisch auch gar nicht möglich. Das System funktioniert ja ähnlich wie das bekannte Hawala-System, das man auch schon lange gerne verboten hätte. Beim Hawala-System zahlt ein Gastarbeiter z. B. 5000 Euro, die er an seine Familie in Pakistan übertragen will, bei einem obskuren Büro am Frankfurter Bahnhof ein, bekommt eine Nummer, die er per Telefon an seinen Vater in Pakistan weitergibt, und der bekommt das Geld in einem obskuren Büro in Pakistan nur auf die Nummer hin ausgezahlt. So etwas läßt sich nur schwer verbieten, weshalb auch weltweit bereits eine ganze Reihe von Firmen entstanden sind, die Digital Gold Currencies anbieten.

Bevor ich auf einige Modelle und Experimente näher eingehe, hier einmal eine hübsche Beschreibung von *e-gold*, die mir vor kurzem auf den Schreibtisch flatterte, vom »Graf Wolffen« in einem Newsletter der Firma *Rowland & Gabriel* aus London, die sehr schön die Vorteile und Besonderheiten von *e-gold* darstellt und die Ihnen ein wenig den Mund wäßrig machen soll. Von Hinweisen auf irgendwelche illegalen Handlungen distanziere ich mich natürlich ausdrücklich (Ratgeber-Reihe *»Graf Wolffen« vertraulich*; zu beziehen bei www. Insider-Verlag.de)

»Was ist *e-gold*?

An erster Stelle: *e-gold* ist ein in sich geschlossenes System. In diesem System gibt es nur eine Währung, das Gold. Das stimmt zwar nicht ganz, aber wir wollen es einmal dabei belassen. Angenommen, Sie haben 500 Euro auf Ihr *e-gold*-Konto eingezahlt und wollen jetzt den Kontostand abrufen. Dann steht da in etwa: ›Sie haben ein Guthaben von einer Unze Gold‹ bzw. eine Angabe in Goldgramm. Sie sind jetzt in ein neues Währungssystem eingebunden, das keinen Yen, Dollar, Euro, Franken, Rubel usw. kennt.

Hier zählt nur Gold, die sicherste Währung der Welt. Die Unze, über die Sie jetzt verfügen, ist tatsächlich physisch hinterlegt. Also kein schnöder Papierwert. Auf Wunsch können Sie sich Ihr Gold auch in Metallform zusenden lassen. Entweder Sie lassen es sich von *e-gold* direkt oder von einem angeschlossenen Vertriebspartner schicken.

Der Trick ist, daß Gold überall auf der Welt gleich viel wert ist. In Bangladesch wie im Yemen, Kongo, in den USA, Mexiko, Tschechien oder in Ihrer Republik. Es ist jederzeit unbestechlich in Landeswährung umrechenbar, zum aktuellen Goldkurs. Wenn Sie 50 Euro per *e-gold* überweisen wollen, wird dieser Betrag in Windeseile in Gold umgerechnet und dem Empfänger gutgeschrieben. Der hat auf seinem *e-gold*-Konto jetzt einige Gramm mehr. Er kann (muß aber nicht) das jetzt ebenfalls per Knopfdruck in seine Landeswährung umrechnen lassen. Entscheidend ist für *e-gold* jedoch nur, daß einige Gramm Gold den Besitzer gewechselt haben. Solange die Währung im System bleibt, also von einem *e-gold*-Konto zum anderen *e-gold*-Konto wechselt, ist das irrelevant. Gold ist Gold. Hier einige Gramm mehr, dort einige weniger. Daß Gold auch einen Geldwert hat, wird nur interessant, wenn es frisch in das System kommt – oder es verläßt und wieder in Papiergeld rückgewandelt wird.

Klar, den Anwender interessiert schon, wie viel sein Konto im Augenblick in Geld wert ist. Für das System ist das jedoch nicht von Bedeutung. Hier gibt es nur Gold. Eine Folge ist, daß Preise fortlaufend gewissen Schwankungen unterworfen sind. Eben weil Gold schwankt. Würde der Goldkurs von heute auf morgen um 50 US-Dollar fallen, wäre eben alles in derselben Zeit um den entsprechenden Prozentsatz teurer. Genauso anders herum. Dann wäre alles schlagartig billiger.

Hätten Sie vor einiger Zeit, als Gold auf 270 US-Dollar pro Unze stand, ein *e-gold*-Konto eröffnet und seither keine Geldbewegung vorgenommen, so würden Sie sich die Hände reiben, da Gold inzwischen auf deutlich über 500 US-Dollar geklettert ist. Ihre Kaufkraft hätte sich entsprechend erhöht. Aber Goldschwankungen vollziehen sich nicht so schnell, sondern nur ganz allmählich. So bekommt derjenige, der viel mit seinem Konto handelt, das so gut wie gar nicht mit.

Ihr Konto ist in Ihrem PC

Das *e-gold*-System ist weltumspannend, und Ihr Konto finden Sie auf jedem PC, der einen Internetanschluß hat. Oder auf jedem WAP-fähigen Handy.

Zentrale Verwaltungsstelle ist zwar die ›Bank‹, ein Server irgendwo in den Weiten des Pazifiks. Aber *e-gold* ist überall, genauso wie Ihr Konto. Denn Sie können von jedem PC aus, mit dem man online gehen kann, 128-Bit-SSL-verschlüsselt darauf zugreifen. Egal, wo Sie sich gerade befinden. Ihr Konto ist sieben Tage die Woche und 24 Stunden täglich verfügbar. Ein solches internetbasiertes Konto kennt keine Blockaden.

Konkret: Wenn Sie einem Geschäftspartner oder Freund 100 Euro überweisen, dann hat der das Geld im selben Augenblick und kann sofort darüber verfügen. Wie genau man darüber verfügen kann, abgesehen davon, daß das Gold auf dem jeweiligen Cyber-Konto landet, wird noch zu klären sein.

Die Praxis

Bleiben wir noch einen Moment im Cyberspace. Wie kann man *e-gold* nutzen? Ursprünglich war *e-gold* hauptsächlich für Business to Business gedacht. Eine Firma in Honkong bietet übers Netz Plüschtiere an, ein Händler in London nimmt – ebenfalls via Net – eine Palette voll ab und vermittelt diese gleich online an einen Endverkäufer in Wanne-Eickel. Alle Beteiligten sind an *e-gold* angeschlossen. Der Händler überweist x Gramm Gold nach Honkong, der Endverkäufer x Gramm Gold an den Händler. Die Plüschtiere werden geliefert. Niemand geht zur Bank, die Bezahlung erfolgt innerhalb von Sekundenbruchteilen – fertig. Alle haben im Kopf mit ihrer Landeswährung gerechnet, *e-gold* hat die Überweisung komplett per Gold erledigt.

Genauso funktioniert es auch im privaten Geldverkehr. Herr Müller kauft im Online-Shop eine Angel, Überweisung per *e-gold*. Wieder keine Bank, keine Wartezeit, kein Lastschriftverfahren. Die Angel ist sofort bezahlt, wird geliefert oder vor Ort mitgenommen.

Theoretisch lassen sich mit *e-gold* alle nur denkbaren Vorgänge und Überweisungen abwickeln. Miete, Strom, Versicherung, Rechnungen, was Sie sich nur vorstellen können. Sie können auch in ein Geschäft gehen und vor Ort mit *e-gold* bezahlen. Einzige Voraussetzung: Ihr Gegenüber muß ebenfalls ein *e-gold*-Konto haben.

e-gold ist also ein Geldverkehr-System auf Goldbasis, das vieles leichter macht und obendrein superschnell ist. So weit, so gut. Zu recht werden Sie jetzt fragen, ob das schon alles ist. Problemloser Geldverkehr ist schön und gut, aber gibt es da noch Vorteile oder Schmankerl, die *e-gold* auch für innovative, vorausschauende und auf den eigenen Vorteil bedachte Menschen interessant macht? Oh ja, die gibt es! Nämlich dann, wenn wir uns aus der *e-gold*-Systemebene herausbegeben und die Sache in größerem Zusammenhang betrachten.

Alle Vorteile auf einen Blick

Um Ihnen den Mund wäßrig zu machen, seien die Vorteile von *e-gold* kurz stichwortartig aufgezählt: Sie können das Konto absolut anonym eröffnen, führen und bei Ihren Geldgeschäften dadurch völlig im Hintergrund bleiben. Sie können beliebige Summen weltweit verschieben, ohne daß ein

Schnüffler jemals hinter Ihre Identität kommt. Die Gebühren für e-*gold*-Überweisungen sind minimal. Sie betragen gerade mal ein Prozent, jedoch im Moment höchstens 0,50 US-Dollar pro Transaktion, zahlbar vom Empfänger! Dazu eine marginale allgemeine Kontogebühr. Sie können unbehelligt mit Edelmetallen spekulieren oder einen Goldschatz horten, von dem niemand weiß. Und: Sie haben weltweit per anonymer Geldkarte Zugang zu Ihrem *e-gold*. Selbige Geldkarte wird Ihnen ohne Bonitätsprüfung ausgestellt. Per *e-gold* haben Sie demnach die Möglichkeit, wirklich angriffssicher zu werden und sich alle Nachstellungen, gleichgültig von welcher Seite, vom Halse zu halten.

Das alles erreichen Sie durch einige Klicks im Internet. Wie bereits erwähnt: Sie können ganz klein anfangen und nur mal hineinschmecken. Da gibt es kein »Leg erstmal 500 Euro auf den Tisch, bevor wir uns überhaupt mit dir abgeben«. Sogar Schüler können ihr Taschengeld über *e-gold* verwalten – absolut problemlos.

Totale Anonymität

Die Kontoeröffnung erfolgt durch einige Klicks. Für *e-gold* sind Sie nur eine Nummer im Cyberspace. Woher, wohin, wann geboren usw. – niemanden kümmert's. Es wird zwar eine Postadresse verlangt, aber nur für den Fall, daß Sie Ihr Passwort vergessen. Dann, und nur dann, setzt sich *e-gold* schriftlich mit Ihnen in Verbindung. Theoretisch können Sie das Konto also auch unter Angabe eines Phantasienamens eröffnen. Dann sollten Sie sich Ihr Passwort aber unbedingt merken. Idealerweise nennen Sie als Ihre Adresse ein Maildrop, dann gibt es überhaupt keine Probleme.

Falls Sie online bestellen, sind Sie allerdings häufig gezwungen, Ihre Lieferanschrift anzugeben. Daher empfiehlt sich erst recht, wenn Sie kein Maildrop nutzen, die Einrichtung mehrerer *e-gold*-Konten, es kostet ja nichts. So können Sie klar trennen, wo Sie öffentlich auftreten und wo Sie ganz unbekannt bleiben wollen. Aber trotz Preisgabe Ihrer Lieferanschrift bleibt der Geldweg selbst völlig im Dunkel. Der Lieferant weiß nur, daß X bestellt und bezahlt hat. Mehr kann er über Ihre Kontodaten nie herausbekommen. Woher die Kohle genau kam, wie hoch der Kontostand ist usw., erfährt er nicht.

Edelmetall-Spekulationen

Bisher war immer nur von Gold die Rede. Tatsächlich steht es ganz im Vordergrund. Es hindert Sie niemand, per *e-gold* private Gold-Spekulationen zu machen. Niedrig einsteigen, teuer verkaufen. Vielleicht wollen Sie auch einfach nur Bargeld in Form von Gold zur Sicherheit hinterlegen.

Wenn der Euro durch politische Weichspulung, grassierenden Stabilitätsverlust und den allgemeinen Vertrauensschwund doch einmal crashen sollte – was gar nicht sooo unwahrscheinlich ist –, sind Sie mit Ihrer Goldrücklage fein heraus. Die läßt sich dann einfach in Dollar, Yen oder sonst was zurückrubeln. Überall auf der Welt!

Allerdings gilt es doch einiges zu bedenken. Sie besitzen das Gold ja nicht physisch. Hier zeigt sich der einzige mögliche Nachteil von *e-gold*. Sollte es zu einer globalen Katastrophe kommen mit Zusammenbruch aller elektronischen Systeme, sind Sie angeschmiert. Genauso, wenn es im Domizil des *e-gold*-Trusts zu einem totalen Zusammenbruch mit Bürgerkrieg etc. kommen sollte. Eine Einlagensicherung oder ähnliches gibt es nicht.

Doch ist diese Gefahr denkbar gering. St. Kitts und Nevis, zwei Inselchen mit einigen tausend Bewohnern, stehen im Vergleich zu anderen Steueroasen bombensicher da, und eine Revolution oder ähnliches ist fast unwahrscheinlicher als in Ihrer Republik. Außerdem müßte das gleichsam über Nacht geschehen, so überraschend, daß *e-gold* seine Aktivitäten nicht sofort verlagern könnte. Da crasht fast eher Ihre Hausbank, bevor *e-gold* auch nur die kleinsten Schwierigkeiten bekommen könnte.

Nehmen wir mal ein realistisches Fallbeispiel: Ein Argentinier mit einem gut gefüllten *e-gold*-Konto würde die dortige Staatskrise mit Leichtigkeit überstehen. Sogar besser als der, der tatsächlich Goldstücke unter der Matratze hat. Denn erstens könnte er online alles bestellen, was sein Herz begehrt. Engpässe gäbe es nicht, da sein Gold überall eine Menge wert ist.

Und zweitens: Im Gegensatz zu den vielen Landsleuten, die das Land verlassen wollen, würde er das gesamte Gold über die Grenze mitnehmen, ohne daß irgend jemand davon erfährt. Grenzkontrollen mit Beschlagnahme – unwichtig. Das Passwort im Kopf reicht. Im Ausland angekommen, verfügt unser bettelarm Ausgewanderter noch immer über seinen gesamten Schatz. Schon im erstbesten Internet-Café könnte er darüber verfügen, in jedem Geschäft, das an *e-gold* angeschlossen ist, einkaufen oder am nächsten Bankautomaten Cash ziehen. Lokale, ja sogar erdteilübergreifende Krisen kratzen nicht am Glanz von *e-gold*.

Aber die Spekulation geht noch weiter. Gold ist nicht alles. Vielleicht wollen Sie lieber in Palladium oder Platin handeln, möglicherweise hat es Ihnen Silber angetan. Auch alles möglich. Sie können jederzeit zwischen diesen Edelmetallen wechseln, wie Sie wollen. Standard ist zwar Gold, aber einem Wechsel zu anderen Edelmetallen steht nichts entgegen.

Falls Sie sich für Schwankungen interessieren, können Sie hier nebenher noch ein Schnäppchen machen. Mal eben aus dem Gold rausgehen und kurzerhand in Platin investieren. Das eine fällt, das andere steigt – keiner hindert Sie, hier und da mal einige Gewinne mitzunehmen. Sollten schlechte Nachrichten betreffs Abbau von Goldreserven bei den Notenbanken o. ä. eintrudeln, na ja, ruckzuck gehen Sie eben mal in Palladium oder Platin und warten, bis Gold wieder anzieht. Und umgekehrt.

Konto für Einsteiger zum Nulltarif

Die Einrichtung von *e-gold* ist kostenlos. Egal, wie viele Konten Sie eröffnen. Eine entscheidende Frage ist, wie Sie Geld – möglichst anonym – auf das *e-gold*-Konto bringen. Das ist tatsächlich nicht ganz unkompliziert, zumindest auf den ersten Blick.

Am billigsten, einfachsten und zum Reinschnuppern ideal ist es, wenn Sie jemanden kennen, der bereits *e-gold* hat. Dann können Sie zum Nulltarif ohne Aufwand einsteigen und *e-gold* nur mal so testen. Sie lassen sich einfach eine kleine Summe auf Ihr neues Konto überweisen, schon geht es los. Dafür geben Sie Ihrem Freund/Bekannten den entsprechenden Betrag in bar. Ebenso einfach wäre es, wenn Sie Dienstleistungen anböten und sich per *e-gold* bezahlen ließen. Schon haben Sie ein funktionierendes Konto mit Guthaben. Dies wäre Guthabenbeschaffung, ohne daß Sie selbst Geld anweisen.

Wie Sie Geld auf Ihr* e-gold*-Konto einzahlen

Jetzt wird es leider etwas kompliziert. Deutschland ist noch eine ziemliche *e-gold*-Wüste. In GB etwa werden *e-gold*-Kunden erheblich zuvorkommender behandelt. Sie können jedenfalls in D nicht einfach zur nächsten Bank gehen und dort Geld auf Ihr *e-gold*-Konto einzahlen. Wahrscheinlich wissen die nicht einmal, wovon Sie reden.

Zwar gab es immer wieder einige Banken bzw. Filialen, die vorgaben, Überweisungen an *e-gold* durchzuführen, in der Praxis funktionierte dies jedoch in der Regel nicht oder dauerte Unzeiten. In einigen Jahren dürfte dieses Problem zwar ausgestanden sein, aber das hilft uns im Moment herzlich wenig. Heute müssen Sie noch über Umwege agieren.

Da *e-gold* ein rein internetbasiertes Zahlungs- und Geldsystem ist, quasi ein in sich geschlossenes System, das so gut wie keine Beziehung zum weltumspannenden Bankenkreis hat, brauchen Sie gewissermaßen Vermittlungsstellen, die sowohl irdischer als auch cybermäßiger Natur sind. An erster Stelle ist hier *Omnipay* zu nennen, eine selbständige Tochter von *e-gold*. Leider gibt es im deutschsprachigen Raum noch keine sogenannten Marketmaker.

Es handelt sich dabei um eigenständige Modelle, die mit *e-gold* selbst nichts zu tun haben. Wenn Sie *e-gold* durch diese Hilfssysteme veredeln, kann es vollständig erblühen. Wobei sich auch hier, insbesondere was die

Gebühren betrifft, in den kommenden Jahren sicher noch einiges positiv ändern dürfte. In den USA, auch GB, sieht es in dieser Beziehung ganz anders aus. Dort gibt es eine große Menge dieser Vermittlerfirmen, die *e-gold* in Cash oder Cash in *e-gold* umrechnen. Zu finden auf den Internetseiten von *e-gold* oder *Omnipay*. Wer häufig im Ausland ist, kann da einiges einfädeln.

Nochmal: Diese Zwischenstellen haben mit Ihrem Geldverkehr in *e-gold* nichts zu tun. Der ist völlig losgelöst von allen irdischen Einflüssen.

Alle Transfers von einem *e-gold*-Konto zum anderen laufen ohne diese Module ab. Nur wenn Sie Geld direkt einzahlen oder abheben wollen, brauchen Sie die Module, die dann einerseits das gehandelte Gold in die von Ihnen gewünschte Währung umwandeln, andererseits die Überweisung an oder von *e-gold* regeln. Hier wird Ihnen auch die Eröffnung eines *e-gold*-Kontos gleich mit angeboten. Allerdings sollten Sie darauf verzichten, denn die paar Formalitäten können Sie auch selbst erledigen. Je weniger der eine mit dem anderen zu tun hat, desto besser.

Wie Sie von Ihrem* e-gold*-Konto abheben und einzahlen

Wieder können Sie sich dabei der Marketmaker bedienen. Sie erhalten die gewünschte Summe angewiesen oder per Scheck zugeschickt.

Achtung! Jetzt kommt ein Knüller! Besorgen Sie sich einfach eine Bank-/Geldkarte, die von einem *e-gold*-Konto gefüttert werden kann. Möglichst eine anonyme Karte ohne Schufa-Auskunft und gültig an praktisch allen Bankautomaten. Gibt's nicht? Doch! Mit einer derartigen Debit-Card können Sie natürlich nur dann Geld vom Automaten ziehen, wenn sich Gold auf Ihrem *e-gold*-Konto befindet. Aber das weltweit. Also höchste Freiheit an finanzieller Beweglichkeit.

Fazit

e-gold mit angehängter anonymer Debit-Card kennt keine Vorurteile gegenüber Menschen, die Probleme mit Gerichtsvollziehern, Finanzbeamten, der Schufa usw. haben, und eröffnet Möglichkeiten, die vorher nur mit erheblichem logistischen Aufwand erreichbar waren. Die Benutzer sind nicht im deutschen Bankensystem integriert. Transaktionen gehen blitzschnell vonstatten. Allerdings sollte man sich nicht damit begnügen, ein reines Internetkonto zu unterhalten, sondern diverse Dienstleister und Zuarbeiter nutzen, die zur Veredelung des Systems zur Verfügung stehen. Dann findet man praktisch alles, was das Herz begehrt, und die Sache macht bald richtig Spaß.«

So weit »Graf Wolffen«. Nachfolgend noch ein paar weitere Firmen und Experimente.

GoldMoney

GoldMoney wurde im Jahre 2000 in London von James Turk gegründet, mit Sitz auf den Kanalinseln. James Turk schreibt Artikel, kämpft für ehrliches Geld und hat kürzlich das Buch *The Coming Collaps of the Dollar* veröffentlicht. Er hat sogar einige Patente auf digitales Gold angemeldet. *GoldMoney* hat derzeit (Anfang 2006) ca. 17 000 Konten und etwa vier Tonnen Gold bei *Via-Mat* in London liegen. Die geringe Kontenzahl im Vergleich mit *e-gold* erklärt sich wohl daher, daß früher ein Mindestbetrag von ca. 5000 Euro eingezahlt werden mußte. Heute gibt es keine Mindesteinzahlungen mehr, und neuerdings kann man auch Silber über *GoldMoney* kaufen. Die südafrikanische Goldmine *Durban Deep* hat sich für 1,8 Millionen Dollar zu 14 Prozent an *GoldMoney* beteiligt. James Turk hat sich selbst mit seiner Company einen sehr hohen Standard auferlegt. *GoldMoney* ist gleichsam der Mercedes unter den DGC, während *e-gold* der Volkswagen ist.

Der ganze Abwicklungsprozeß ist auf verschiedene namhafte Firmen aufgeteilt, so daß niemand direkten Zugriff auf das Gold der Kunden hat, auch *GoldMoney* nicht. Die Aufteilung sieht etwa wie folgt aus:

- *Via-Mat* verwaltet den Tresor, in dem das Gold lagert. Die Schweizer V*ia-Mat* ist praktisch das größte Lagerhaus für die Schätze dieser Welt.
- ASL, eine Treuhandgesellschaft auf Jersey, managed die einzelnen Operationen und die Kundendaten.
- *Oxlea Consulting* managed die Datenbank für die Goldbestände der Kunden.
- *Lloyds of London* versichert die Goldbestände.
- Die Treuhandgesellschaft *Euro-Dutch* erzeugt praktisch die Zahlungseinheit Goldgramm, sobald sie von *Via-Mat* die Information bekommt, daß zusätzliches Gold in den Tresor gekommen ist. Umgekehrt nimmt sie Goldgramm aus dem System, wenn ein Kunde physische Lieferung verlangt, was allerdings nur in kompletten LBMA-Barren von ca. 400 Unzen möglich ist.
- *Deloitte & Touche* prüfen als Wirtschaftsprüfer, ob die Goldmenge im Tresor mit der Menge auf den Kundenkonten übereinstimmt.
- *Foreshore Ltd.* betreibt den Server in Jersey auf den britischen Kanalinseln.

- Verschiedene andere Firmen liefern zusätzlich Servicedienste, wie Sicherung verschlüsselter Kundendaten etc.

Durch diese Zusammenarbeit namhafter Firmen soll sichergestellt werden, daß kein einzelner den Ablauf beherrscht, auch *GoldMoney* selbst nicht. *GoldMoney* kann kein Gold aus dem Tresor nehmen, noch kann es mehr Goldgramm erzeugen, als im Tresor liegen. Es wird praktisch das Eigentum von Kunden gelagert und verwaltet, so als ob Sie Ihren Rembrandt bei *Via-Mat* einlagern lassen. Dieser Eigentumsanspruch ist wichtig. Mit dem Goldkonto bei einer Bank haben Sie nur das Versprechen der Bank, Gold zu liefern, Sie haben einen Schuldanspruch auf Gold aus dem Eigentum der Bank. *GoldMoney* ist keine Bank, sondern Teil eines Lagerhausprozesses. Sie haben einen versicherten Anspruch auf Ihr Eigentum.

American Liberty Dollar

Der American Liberty Dollar der Firma *Norfed* ist ein sehr interessantes Geldexperiment, mit dem Schwergewicht auf Silber. *Norfed* wurde auch schon 1998 in den USA gegründet von Bernard von Not-Haus, der vorher Münzmeister in Hawaii war. *Norfed* ist das einzige Unternehmen, das ein komplettes Programm von privatem Alternativgeld anbietet – von der eigenen Münze über Papierscheine, elektronische Übertragung bis zur Debitkarte und sogar zum Scheck.

Basis ist zunächst einmal die Münze ALD (American Liberty Dollar). Statt der Münzen, die bei größeren Beträgen ja unpraktisch wären, kann man die Zertifikate benutzen, die es zu einem, fünf, zehn, 20 und 500 Dollar gibt. Anders als bei fiat money handelt es sich hier nicht um einen ungedeckten, undefinierten Zettel, sondern um einen Lagerschein. Für jeden 20-Dollar-Schein ist eine Silbermünze zu einer Unze bei der *Sunshine Mint* in Kanada deponiert. Der Lagerbestand wird regelmäßig überprüft, und die Kunden können an der Prüfung sogar teilnehmen.

Münzen und Scheine werden über Wechselstuben, sogenannte »redemption center«, vertrieben, wo man Münzen und Scheine von *Norfed* gegen staatliches Papiergeld kaufen und auch wieder in staatliches Papiergeld zurücktauschen kann. Es gibt in Amerika bereits etwa 1000 solcher redemption center. Etwa fünf Millionen ALD sind im Umlauf bei etwa 100 000 Nutzern. Neben Münzen und Scheinen gibt es auch den Giroverkehr, ähnlich wie bei *e-Gold* und *GoldMoney*. Eine Besonderheit ist, daß man Silber per e-mail übertragen kann. Daneben besteht auch die Möglichkeit, sich das Edelmetall auf eine Debitkarte zu laden, um damit weltweit zu bezahlen oder sich damit das jeweilige Landesgeld am Automaten zu ziehen. Eine weitere Besonderheit bei *Norfed* ist die Tatsache, daß man sich sogar Schecks über einen beliebigen Betrag am eigenen Computer ausdrucken kann, mit denen man seine Stromrechnung oder die Steuerschuld beim Finanzamt bezahlen kann.

Ein gewisses Handicap ist die Tatsache, daß man bei *Norfed* einen Nominalwert auf die Münze prägt. Wenn der Silberpreis steigt, müssen die Münzen praktisch eingeschmolzen und neu geprägt werden. Diese Umstellung von zehn Dollar auf 20 Dollar hat jetzt im Frühjahr 2006 stattgefunden, nachdem Silber über 7,50 Dollar pro Unze gestiegen war. Dies ist praktisch ein Zugeständnis an die Gewohnheit der Menschen, noch eine feste Zahl auf dem Geld zu erwarten.

Ein neues Konzept – der Phönix-Dollar – umgeht dieses Problem, indem einfach keine Zahl mehr aufgeprägt wird. Der Phönix-Dollar ist einfach eine Unze Silber ohne Nominalwert. Hierbei handelt es sich um ein ähnliches Konzept, wie es Hugo Salinas Prices in Mexiko verfolgt und das ich anschließend beschreibe.

e-Dinar

e-Dinar war ursprünglich eine Unterabteilung von *e-gold* für den islamischen Markt, gegründet auf Initiative eines Schweizers, der zum Islam übergetreten war. Die Gründung fand übrigens im Jahr 2001 in Potsdam statt. Ähnlich wie die amerikanische Verfassung schreibt auch der Koran ausdrücklich Gold und Silber als Geld vor. Mittlerweile werden auch von der islamischen Mint wieder Gold-Dinar und Silber-Dirhams nach altem Muster geprägt und in Umlauf gebracht. Es war also naheliegend, das seit alters her bewährte Girosystem für Gold und Silber auch in islamischen Ländern wieder einzuführen. Unterstützung wurde dabei sogar von höchsten Regierungsstellen gewährt. Mittlerweile ist *e-dinar* völlig getrennt von *e-gold*, arbeitet aber nach dem gleichen Prinzip und mit dem gleichen System.

Die ganze Entwicklung der digitalen Edelmetallwährungen ist noch im Aufbruch, und die Szene ändert sich sehr rasch. Es ist wohl noch zu früh, das hier im Buch aufzunehmen oder ein Buch darüber zu schreiben. Das beste ist, Sie verfolgen die weitere Entwicklung dazu im Internet. Unter *www.goldcenturypress.com* können Sie beispielsweise ein kleines Buch mit dem Titel *Gold Currencies – and how to use them* herunterladen. Es handelt sich dabei um eine Art Gebrauchsanleitung für die einzelnen Anbieter der Branche.

Es existieren ein paar gute Diskussionsforen (alle noch vorwiegend in Englisch), in denen Sie sehr rasch die neuesten Entwicklungen erfahren und in denen auch auf Betrugsversuche, die es natürlich auch gibt, sehr rasch hingewiesen wird. Reputation ist alles in dieser Branche. Ich denke, daß hier wirklich eine Riesenchance liegt, wieder Free Banking und ehrliches Geld einzuführen. Es liegt an uns, diese Chance zu nutzen.

Nachfolgend noch ein paar Erfahrungen und Überlegungen zu privaten Edelmetallwährungen, die auch zur Nachahmung anregen sollen. So etwas wie den American Liberty Dollar kann man auch bei uns einführen und damit ein gutes Geschäft aufbauen.

Über Freiheit und die Vorteile paralleler Edelmetallwährungen

Noch haben wir als Individuen oder als Gruppe die Freiheit, selbst zu bestimmen, was wir im Tausch als Gegenwert akzeptieren. Steuern und Abgaben müssen wir in fiat money bezahlen, aber in privaten Verträgen können wir Gold und Silber zur Zahlung vereinbaren. Noch haben wir Vertragsfreiheit. Ob der Staat für solche Verträge Rechtsschutz gewährt, ist unklar und wird bewußt im Unklaren belassen. Wie frei das Rechtssystem einzelner Staaten ist, kann man an dieser Stelle sehr schön überprüfen. In den USA ist jedenfalls von den monetären Behörden ausdrücklich bestätigt worden, daß die Bezahlung mit der privaten Silbermünze American Liberty Dollar völlig legal sei und nicht gegen irgendwelche staatlichen Vorschriften verstößt, sofern beide Seiten das freiwillig vereinbaren. Gleichwohl werden immer wieder Leute, die mit American Liberty Dollar bezahlen, von irgendwelchen übereifrigen Sheriffs festgenommen wegen Verbreitung von Falschgeld. Das führt dann meist zu Aufregung in der lokalen Presse und trägt dazu bei, die Information über den ALD zu verbreiten. *Norfed* berichtet in monatlichen Rundschreiben an die Mitglieder über solche Zwischenfälle und gibt Ratschläge, wie man sich verhalten soll. *Norfed* ist eine sehr kämpferische Organisation, die viel Aufklärung über Geld und Edelmetalle in Seminaren und Vorträgen betreibt. Man empfiehlt den Mitgliedern, einfach im Restaurant z. B. eine 20-Dollar-Silbermünze von *Norfed* sowie 20 Dollar staatliches Papiergeld gleichzeitig als Bezahlung anzubieten. Meist nehmen die Kellner neugierig und überrascht die Münze und geben sogar Wechselgeld in Dollar zurück. Oft entwickelt sich dann auch ein Gespräch über Silber als Geld, und andere Kellner wollen ebenfalls eine Münze haben. Auf diese Weise verbreitet *Norfed* ganz pragmatisch seine Botschaft – Dollar für Dollar –, und die Leute erfahren wieder, was richtiges Geld ist. Es wird ihnen gleichsam wieder in Erinnerung gerufen, daß man Kartoffeln essen kann.

Die Vorteile solcher parallelen Edelmetallwährungen liegen auf der Hand:

- Eine staatliche Erlaubnis ist weder nötig noch gewünscht.
- Es muß nicht durch offiziellen Erlaß ein Wert im Verhältnis zur staatlichen Währung festgelegt werden.
- Es gibt kein Ausgabemonopol.
- Jedem ist es frei überlassen, ob er akzeptiert oder nicht (bei einem Zusammenbruch des fiat-money-Systems würde allerdings die Frage, ob fiat money oder Edelmetall gewünscht ist, sicher sehr rasch entschieden).
- Den »Wert« der Tauschmünze (Bartercoin) kann jeder Kaufmann selbst festsetzen mit der Menge, die er von jedem Gut dafür hergibt, genauso wie er auch festlegt, für wieviel er seine Ware heute verkauft. (Der Brotpreis wird also z. B. mit zehn Gramm Silber oder 0,3 Unzen statt drei Euro ausgezeichnet.)
- Produzenten und Großhändler können entsprechend verfahren.
- Es steht jedem Verkäufer frei, seine Preise in Edelmetall im Verhältnis zur Nationalwährung sehr tief anzusetzen, um die Käufer zu veranlassen, mit Edelmetall zu bezahlen, falls er das wünscht (beispielsweise weil er lieber ein wertstabiles Tauschmittel erhalten möchte statt ein sich rasch entwertendes Papiergeld).
- Die Käufer können entscheiden, ob sie mit wertstabilem Edelmetall bezahlen (um die Preisvorteile wahrzunehmen, die der Verkäufer dabei gewährt) oder lieber mit fiat money. Auf diese Weise kann sich ein natürlicher, marktorientierter Gleichgewichtspreis zwischen fiat money und Edelmetall sehr viel leichter und zuverlässiger ergeben, als durch die Farce einer papierbasierten halboffiziellen Preisbildung, wie sie heute an der *Comex* stattfindet.
- Käufer wie Verkäufer würden sehr rasch die Vorteile von Edelmetall gegenüber fiat money erkennen, wenn sie in ihrem Laden an der Ecke über die Preise selbst hautnah erfahren, wie Papiergeld immer wertloser wird gegenüber Edelmetall.

Die Wiedereinführung von Silbergeld auf lokaler Ebene ist aber eigentlich nur ein didaktischer Prozeß – gleichsam um den Menschen zu zeigen: Kartoffeln kann man essen. Die Zukunft wird sicher nicht dem Münzgeld gehören, sondern dem digitalen Geld, nach dem Muster von *e-gold* und *GoldMoney*.

Als Belohnung dafür, daß Sie das Buch bis hierher gelesen haben, will ich Ihnen einen kleinen Tip geben, mit dem Sie praktisch Geld verdienen und gleichzeitig die monetäre Zukunft ein wenig mitgestalten können. Kaufen Sie für 1000 oder 5000 Euro e-gold oder e-silber, verkaufen Sie es in kleinen Portionen von 100 oder 500 Euro an Freunde und Bekannte und nehmen Sie drei bis fünf Prozent vom Betrag für Ihren Service. Sie sind dann praktisch ein privater Marketmaker. Sie können damit kaum etwas falsch machen. Es ist die mit Abstand billigste Art, Gold und Silber zu kaufen, zu lagern und wiederzuverkaufen. Ihr Edelmetall ist hoch liquide, und wenn Tausende das machen, ist die Revolution da.

Ihr Freund eröffnet z. B. ein Konto bei *e-gold* und gibt Ihnen 105 Euro in die Hand und Sie übertragen ihm für 100 Euro Gold oder Silber auf sein Konto. Sie haben etwas verdient, und haben ein paar Maschen im Privatgeldnetz dazugehäkelt.

Zum Schluß will ich Ihnen noch ein interessantes Modell vorstellen, das den Staat auf dem Weg zu ehrlichem Geld mit einbezieht, nämlich die Initiative von Hugo Salinas Price in Mexiko, wieder eine Silberwährung einzuführen. Vor dem *American Institut for Economic Research* hat er in einem Vortrag seinen Plan vorgestellt.

Eine neue Silberwährung für Mexiko

Von Hugo Salinas Price

»Die Einladung des *American Institute for Economic Research*, hier einen Vortrag zum Thema ›Wie kann eine Silbermünze in Mexiko in Umlauf gebracht werden?‹, ehrt mich.

Ich denke, ich habe einen Weg gefunden, vielleicht den einzigen Weg, auf dem eine Silbermünze in Mexiko in Umlauf gebracht werden kann. Meine Entdeckung kann, denke ich, überall in der Welt angewendet werden, nicht nur in Mexiko, sofern der politische Wille besteht, meinen Plan umzusetzen. Darüber hinaus ist alles, was ich in bezug auf Silber in Mexiko sage, genauso auf Goldmünzen anwendbar und auch überall in der Welt.

Da diese Konferenzserie der AIER im Prinzip dem Problem gewidmet ist, wie Gold wieder als Geld verwendet werden kann, möchte ich darauf hinweisen, daß auch, wenn ich nur von Silber in Mexiko spreche, dennoch alles, was ich zu sagen habe, auch als Plan interpretiert werden kann zur Wiedereinführung von Gold als Geld in den USA.

Mein Plan ist das Ergebnis von neun Jahren intensiven Nachdenkens über das Problem des fiat money in Mexiko. Die letzte Wirtschaftskatastrophe von 1994 bis 1995 löste bei mir eine Suche nach Geldstabilität aus. Zunächst dachte ich an Gold, aber ich kam dann zu dem Schluß, daß die Feindschaft der Vereinigten Staaten und des IWF gegen eine Monetisierung des Goldes diesen Weg zu einer Sackgasse machen würde. Deshalb habe ich den anderen Weg gewählt, nämlich die Monetisierung von Silber, bei dem Mexiko an erster Stelle der Weltproduktion steht. Die Geschichte Mexikos ist untrennbar mit Silbergeld verbunden, denn in Mexiko geprägtes Silber war für Jahrhunderte das wichtigste Geld in der Welt.

Sie alle wissen, daß der US-Silberdollar, wie er in der Verfassung definiert ist, exakt auf den Merkmalen der ›Ocho Reales‹-Münze aufbaut, die in Mexiko geprägt wurde. Die geschichtliche Erfahrung unserer Silberprägung ist heute noch lebendig. Es war eine populäre Münze für den täglichen Gebrauch, anders als die Goldmünze, die größeren Transaktionen vorbehalten war, zumindest so lange, bis der Druck aus den USA nach dem spanisch-amerikanischen Krieg Mexiko zum ausschließlichen Gebrauch des Goldstandards gezwungen hat.

Ich empfehle Ihnen die Lektüre des Buches *Financial Missionaries of the World* von Emily S. Rosenberg zu diesem Thema.

Meine Idee, Silber in Umlauf zu bringen, wurde von den Zuhörern, zu denen ich in den letzten neun Jahren gesprochen habe, immer enthusiastisch aufgenommen. Es ist noch zu früh, um zu sagen, ob mein Plan Früchte trägt oder nicht, aber es gibt Zeichen der Hoffnung.

Ich denke, der einzige Weg zu einem Geldsystem, welches das Überleben der industriellen Zivilisation ermöglicht, hat etwas damit zu tun, die Schritte rückgängig zu machen, die uns in die gegenwärtige Lage gebracht haben. Papiergeld wurde eingeführt, nachdem richtiges Geld bereits existierte. Für eine gewisse Zeit zirkulierten Papierscheine sowie Gold- und Silbermünzen nebeneinander.

Der Mißbrauch durch Kreditexzesse führte schließlich zu so großen Mengen von Papiergeld, daß reales Geld zum Hindernis wurde bei dem Versuch, das überdehnte Kreditsystem liquide zu halten, was zur Abschaffung des realen Geldes führte. So kämpfen wir heute verzweifelt darum, unsere Zivilisation mit fiat money funktionsfähig zu halten.

Ich denke, wir müssen zum Ausgangspunkt zurückkehren, indem wir reales Geld wieder in den Kreislauf bringen, parallel zum Papiergeld. Ich kann mir nicht vorstellen, daß ein Land oder irgendeine Gruppe von Ländern Papiergeld und das Banksystem, so wie wir es kennen, reformiert und wieder Gold- und Silbermünzen sowie Banknoten einführt, die gegen Vorlage in Metall eingelöst werden.

Ich denke nicht, daß das gegenwärtige Geld- und Finanzsystem der Welt reformierbar ist. Jeder Versuch einer Reform würde die wirtschaftliche Aktivität in der Welt sofort lähmen. Es gibt keine Alternative: Wir müssen das Geld- und Finanzsystem der Welt sich selbst zerstören lassen. Wir können nicht einfach zurück zum Gold gehen.

Was wir allenfalls als Möglichkeit anstreben können, ist die Wiedereinführung von Silber und Gold oder sogar beidem als Umlaufmittel, parallel neben dem fiat-money-Papiergeld, das wir gegenwärtig überall nutzen.

Möglicherweise wird sich das fiat-money-System in der Welt von selbst zerstören durch seine inneren Widersprüche. Die Menschheit hat Gold und Silber als Geld ausgewählt. Keine anderen Metalle oder Objekte haben für die Menschen in gleicher Weise funktioniert. Die Edelmetalle werden nie völlig von fiat money verdrängt werden. Die Zeit des fiat money, in der wir derzeit leben, ist ein Irrweg in einem Moment der menschlichen Geschichte, der wohl bald zu Ende geht. Sobald Gold und Silber oder auch nur eines von beiden parallel zu Papiergeld in Umlauf ist, wird sich eine Reihe von vorteilhaften Entwicklungen entfalten. Diese werden die Attraktivität von Edelmetallen als Geld zusätzlich verstärken und so die Entwicklung zu realem Geld unterstützen.

Nach der Papierorgie der vergangenen 100 Jahre könnte die Welt allmählich ihr monetäres und finanzielles Gleichgewicht wiederfinden, indem die Papiergeldproduktion gezähmt und gebändigt wird durch die Gegenwart von Gold und Silber, die parallel dazu zirkulieren.

Gibt es irgendwo in der Welt den politischen Willen, meinen Plan einzuführen? Ich weiß es nicht. Ich bin allerdings überzeugt, daß der Plan, den ich vorschlage, funktionieren wird, daß in Mexiko Silber oder Gold in den USA oder in Europa oder sonstwo in der Welt parallel zu Papiergeld zirkulieren kann. Es wird jetzt immer klarer, daß das gegenwärtige monetäre und finanzielle Paradigma eines Geldes, das nur auf Vertrauen aufbaut, vor einem katastrophalen Ende steht. Es gibt eine gewisse internationale Sorge, die sich täglich verstärkt. Es ist einfach notwendig, wesentliche Änderungen in Gang zu setzen und wieder ein gesundes Geld einzuführen, um das Überleben unserer industriellen Zivilisation zu sichern. Es ist allerdings noch keineswegs klar, wie wir dahin gelangen.

Ich denke, mein Plan zeigt einen gangbaren Weg auf, wie wir von ›hier nach dort‹ gelangen können. Ich schlage nicht eine Reform des gegenwärtigen weltweiten fiat-money-Systems vor. Vielmehr wird dieses Problem umgangen durch die Einführung von real money, das parallel zum staatlichen Geld zirkuliert. Es ist meine tiefe Hoffnung, daß andere Geister, die auch an dem wichtigen Ziel eines gesunden Geldes interessiert sind, sich von dem, was ich vortrage, inspirieren lassen und daß bessere Geister als ich ihre politischen und geldreformerischen Anstrengungen auf die von mir skizzierte Linie konzentrieren und meine Meinung teilen, daß dies ein gangbarer Weg ist.

Nach meiner Meinung gewinnt die Idee, daß Silbermünzen tatsächlich Geld sein können, einen enormen Schub, sobald Silbermünzen in Umlauf gebracht werden. Die Edelmetalle werden als antiquiert und von der Technik und dem modernen Finanzwesen überholt dargestellt. Diejenigen, die an Gold festhalten wollen, werden als Goldbugs lächerlich gemacht. Sobald es uns aber gelingt, Silber und Gold parallel zum Papiergeld in Umlauf zu bringen, fallen diese Argumente in sich zusammen. Einfach durch die Tatsache, daß Gold und Silber tatsächlich umlaufen, parallel neben Papier, und daß es von der Bevölkerung auch tatsächlich akzeptiert wird. Es ist sehr wichtig, die Widerstände im Bewußtsein wegzuräumen, die einer Rückkehr zu gesundem Geld im Wege stehen, einfach weil Gold und Silber nicht mehr als Geld benutzt werden.

Wie alles, was natürlich und automatisch bei Millionen von Menschen funktionieren soll, muß es einfach sein. Der Plan, den ich vorschlage, ist sehr einfach. Hier ist mein Plan, wie er jetzt für Mexiko vorgesehen ist:

1) Die Münze aus reinem Silber mit einem Gewicht einer Troy-Unze, die derzeit von der mexikanischen Münzanstalt geprägt wird und

die als Teil der ›Libertad‹-Serie von Silbermünzen einen gewissen begrenzten Charakter als legales Zahlungsmittel hat – diese Münze wird dazu bestimmt, parallel zum Papier-Peso zu zirkulieren. Auf dieser Münze ist kein Nominalwert aufgeprägt. Dies ist eine wichtige Eigenschaft für jede Münze, die parallel zu Papiergeld zirkulieren soll.

2) Die mexikanische Zentralbank wird täglich einen Wert als gesetzliches Zahlungsmittel für diese Ein-Unzen-›Libertad‹-Münze veröffentlichen, ausgedrückt in Peso. Zu diesem festgesetzten Wert als gesetzliches Zahlungsmittel kann die Münze für alle Arten von Zahlungen verwendet werden, ohne irgendwelche Abschläge.
3) Die mexikanische Zentralbank wird den in Peso veröffentlichten Wert der ›Libertad‹-Unze bei keiner nachfolgenden Notierung zurücksetzen. Nachfolgende Notierungen können einen höheren Wert in Peso festlegen. Es kann auch sein, daß sich für längere Zeit nichts ändert, aber es wird auf jeden Fall nie ein geringerer Wert in Peso für die ›Libertad‹-Unze festgesetzt. Dies ist mein Plan, um Silber in Mexiko in Umlauf zu bringen.

Im folgenden will ich die drei Punkte erklären und einige Ansichten zu den möglichen Konsequenzen vortragen.

Die Münze darf keinen Nominalwert haben

In unserer Welt des Papiergeldes, in der Geldscheine nach den aufgedruckten Zahlen unterschieden werden, wäre eine Münze mit einem aufgeprägten Wert in Papiergeld dazu verurteilt, aus dem Umlauf zu verschwinden. Und zwar mit Sicherheit in dem Moment, in dem der Marktpreis des in der Münze enthaltenen Edelmetalls den aufgeprägten Wert in Papiergeld erreicht oder übersteigt. In diesem Moment würden die Münzen gehortet, um sie in Barren einzuschmelzen, die in Papiergeld mehr wert wären als der aufgeprägte Wert der Münzen in Papiergeld.

Münzen mit aufgeprägtem Nominalwert sind statisch, d. h. in ihrem Wert festgeschrieben. Sie können sich nicht anpassen in einer Welt, in der das Papiergeld inflationiert wird. Es ist daher unerläßlich, daß der gesetzliche Wert einer Edelmetallmünze flexibel sein muß. Nur eine Edelmetallmünze mit flexiblem Wert kann neben dem Papiergeld unbegrenzt in Umlauf bleiben. Alle Edelmetallmünzen, die von Papier verdrängt wurden, hatten Werte aufgeprägt – deshalb sind sie verschwunden.

Die Münze, die als Geld benutzt werden soll, muß ein definiertes Gewicht innerhalb des üblichen Gewichts- und Maßsystems haben. Die Troy-Unze ist ein solches Gewicht. Eine 1/2-, 1/4-, 1/10- oder 1/20-Troy-

Unze kann eventuell statt der vollen Unze monetisiert (als Geld erklärt) werden. Es sollte aber nicht mehr als eine Einheit zur gleichen Zeit als Geld erklärt werden. Auf jeden Fall muß es vermieden werden, eine Münze zu Geld zu erklären, etwa unter dem Begriff ›Silberpeso‹ mit einer Definition ihres Gewichtes, und zwar einfach deshalb, weil es anschließend ganz leicht wäre, diese Definition zu ändern. Eine Troy-Unze oder ein Bruchteil davon hat immer das gleiche Gewicht.

Der Grund, warum ich die volle Troy-Unze ›Libertad‹ als Geld ausgewählt habe, ist die Tatsache, daß sich bereits über 20 Millionen ›Libertad‹-Münzen in den Händen der mexikanischen Bevölkerung befinden. Es ist sinnvoll, mit etwas zu starten, das es bereits gibt. Falls der Silberpreis stark steigen sollte, könnte die neue Münze, die dann später zu Geld erklärt und notiert würde, die 1/10-Troy-Unze sein, die ja zufälligerweise auch schon existiert. Die volle Unze würde nicht formal entmonetarisiert. Ich denke, sie würde einfach als Geld weiter funktionieren als ein Vielfaches der kleineren kotierten Münze. Gesetzliches Zahlungsmittel wäre in diesem Fall jedoch die kleinere Münze zu 1/10-Unze.

Nach meinem Plan wird nur eine Münze und nicht ein Satz von Münzen zu Geld erklärt, und zwar aus dem gleichen Grund, aus dem auch die US-Verfassung nur eine Einheit von Edelmetall zur ›Münze der Nation‹ erklärt hat, nämlich den Silber-Dollar.

Die mexikanische Zentralbank veröffentlicht einen Wert als gesetzliches Zahlungsmittel für die ›Libertad‹-Münze.

Ich habe ein Verfahren vorgeschlagen, nach dem der Wert bestimmt werden kann, aber dies ist nur ein Vorschlag, den die Zentralbank nach ihren Vorstellungen variieren kann.

Grundsätzlich sollte der Wert auf dem internationalen Silberpreis aufbauen. Die Quelle für diesen Preis kann beliebig gewählt werden. Dieser Preis muß dann in mexikanische Peso umgerechnet werden, entsprechend dem aktuellen Kurs. Die Bank von Mexiko wird auch ihre Prägekosten decken und einen angemessenen Gewinnaufschlag (Seignorage) erzielen wollen. Nachdem dies in die Notierung eingerechnet wurde, sollte die Notierung auf die nächste Fünf aufgerundet werden. (Wir können von der Bevölkerung nicht erwarten, daß sie die Notierung erinnert, wenn diese etwa auf 107,43 Pesos lautet, noch daß sie dies ihren Zahlungen zugrundelegt.) Wie hoch sollte die Seignorage sein? Sie sollte angemessen sein und nicht mehr als zehn Prozent betragen, würde ich vorschlagen.

Die Zentralbanknotierung der Silber-›Libertad‹-Unze wird die Münze überbewerten im Vergleich zu Silberbarren. Dies sollte auch so sein, um sicherzustellen, daß gemünztes Silber in Mexiko verbleibt. Das gemünzte

Silber wird in Mexiko mehr kaufen als in den USA, da die ›Libertad‹-Unze in Mexiko gesetzliches Zahlungsmittel ist im Gegensatz zu den USA, wo sie eine schlichte Silbermünze ist und als solche bewertet wird.

Ich denke allerdings, daß trotz der Überbewertung eine nicht unbeträchtliche Anzahl von Leuten in den USA diese Münze kaufen würde, da sie in Mexiko gesetzliches Zahlungsmittel ist mit einem flexiblen Wert, der auf dem Dollar- oder Euro-Wert von Silber aufbaut, und der flexible Wert nicht verringert werden kann. Ich überlasse es Ihrer Phantasie, die Attraktivität einer solchen Münze für Amerikaner zu beurteilen. Keine Nachfolgenotierung kann unter einer vorausgegangenen Notierung liegen. Dies ist ein kitzliger Punkt, der zu Mißverständnissen Anlaß gibt und der auch kritisiert wurde.

Die Silberunze ›Libertad‹ wäre eine Münze, die ich als Hybridmünze bezeichne. Es hat in der Weltgeschichte noch nie eine Hybridmünze gegeben. Aber die Welt war auch noch nie in ihrer Geschichte so von Papiergeld versklavt wie heute. Die ›Libertad‹ wäre eine Hybridmünze, weil ein Teil ihrer Eigenschaften von dem Edelmetallgehalt bestimmt wird und ein anderer Teil von fiat money, was nicht überraschend ist, da sie ja parallel mit dem fiat money umlaufen soll.

Wenn der internationale Preis für Silber steigt, in Dollar, Pfund oder Euro, was immer als Basis für die Notierung gewählt wurde, oder auch, wenn der fiat-Peso im Wert fällt gegen Dollar oder die andere gewählte Währungsbasis, geht die Notierung für den ›Libertad‹ als gesetzliches Zahlungsmittel nach oben. Bei geringen Änderungen steigt er nicht, einfach weil die Notierung gewisse Puffer enthält. Die Seignorage und die Aufrundung auf volle Fünf sind solche Puffer, die diese geringfügigen Änderungen im Silberpreis sowie geringe Änderungen im Wechselkurs des Peso auffangen. Indem er in dieser Weise steigt, verhält sich der ›Libertad‹ wie eine Rohstoffmünze.

Der Wert wird nicht mehr zurückgesetzt.

Jedoch wenn der internationale Silberpreis fällt oder wenn der Wechselkurs für den Peso steigt, fällt der Wert des ›Libertad‹ als gesetzliches Zahlungsmittel gleichwohl nicht. Genauso wie es für jede gedruckte Geldnote irgendwo auf der Welt der Fall ist, was immer mit dem Wechselkurs passiert, der Wert der gedruckten Banknote als gesetzliches Zahlungsmittel wird davon nicht berührt, ebensowenig wie der notierte Wert der ›Libertad‹-Münze. Mit dem gedruckten Peso kann man möglicherweise mehr kaufen, wenn der Wechselkurs steigt, aber der Wert als gesetzliches Zahlungsmittel bleibt gleichwohl bei z. B. 100 Peso.

Dasselbe gilt auch für staatliches Münzgeld. Wir haben Münzen für einen Peso, für fünf, zehn, 20 und 50 Peso, aber diese verlieren nicht einen Teil ihres Wertes als gesetzliches Zahlungsmittel, weil der Peso-Preis gefallen ist für Nickel, Kupfer oder aus welchem Metall immer sie gefertigt sind. In gleicher Weise fällt der notierte Preis für den ›Libertad‹ nicht, wenn der Preis für das darin enthaltene Silber fällt, sei es durch einen Anstieg des Peso-Kurses oder durch einen Fall des internationalen Silberpreises. Indem sie ihren Wert als gesetzliches Zahlungsmittel behält, verhält sich die ›Libertad‹ wie fiat money.

Um sicherzustellen, daß eine Edelmetallmünze neben staatlichem fiat money dauerhaft im Umlauf bleibt, muß es sich um eine Hybridmünze handeln. Sie kann in ihrer Kaufkraft steigen wie ein Warengeld, aber sie behält ihren Wert als gesetzliches Zahlungsmittel, wenn der Preis des darin enthaltenen Metalls fällt oder wenn die Währung, in der sie umläuft, steigt. Es handelt sich um eine Hybridmünze mit einer Doppelnatur. Wir haben eine große Menge Münzen, aber sie dienen nicht als Geld. Sie zu horten mag eine gute Spekulation auf künftige Kaufkraft sein, aber das ist nur eine Spekulation. Manche Menschen lieben es zu spekulieren, aber die große Masse der Bevölkerung will nicht spekulieren. Der größte Teil der Bevölkerung wird sich auf jeden Fall weigern, ein Geld zu akzeptieren, dessen Wert als gesetzliches Zahlungsmittel morgen zurückgeht.

Um eine Rohstoffmünze zu Geld zu machen, muß sie einen gesetzlichen Wert haben, der nicht sinken kann, genau wie bei staatlichen Scheinen und Münzen. Aber anders als staatliche Scheine und Münzen muß die Rohstoffmünze in ihrem gesetzlichen Wert steigen, wenn das darin enthaltene Metall im Wert steigt oder wenn das Staatsgeld, in dem es zirkuliert, im Kurs fällt. Andernfalls wäre das Schicksal dieser Münze der Schmelzofen.

Ich wiederhole nochmals die drei Schritte, die notwendig sind, um eine Edelmetallmünze in Umlauf zu bringen:

- **Kein Nominalwert. Eine Standardgewichtseinheit bzw. ein Bruchteil davon.**
- **Eine Wertnotierung durch die Zentralbank, die einen Wert als gesetzliches Zahlungsmittel festlegt.**
- **Keine nachfolgende Notierung kann eine vorangehende unterschreiten.**

Damit kennen Sie den Kern meines Planes für die Wiedereinführung von Silber in den Umlauf in Mexiko. Ich denke, Sie stimmen mir zu, daß es sich um einen einfachen Plan handelt. Die Bank von Mexiko gibt heute täglich einen Preis für den US-Dollar an. Ich sehe keinen Grund, warum es

Probleme machen sollte, eine Notierung für die ›Libertad‹-Unze als gesetzliches Zahlungsmittel zu veröffentlichen. Wenn einmal ein Verfahren festgelegt ist, kann jeder untergeordnete Angestellte diese Aufgabe einfach bewältigen und den Kurs an das Banksystem und die Medien weitergeben zur Mitteilung an das Publikum.

Ein paar Leute werden möglicherweise den Fehler machen, eine überholte Münznotierung zu benutzen. Aber sie werden bald lernen, solche Fehler zu vermeiden. Diese Leute können jetzt den gleichen Fehler mit dem Dollar machen, indem sie ihn unter seinem aktuellen Gegenwert in Peso veranschlagen. Solche Fehler haben keinerlei Folgen außer für die betroffenen Individuen, die aber schnell lernen werden, solche Fehler zu vermeiden.

Die Wiedereinführung von Silber in den Geldumlauf würde Mexiko zum ersten Land der Welt machen, das zwei qualitativ unterschiedliche Gelder zugleich im Umlauf hat: den staatlichen Peso auf der einen Seite, der keinerlei Substanz aufweist (es ist eine einfache Zahl, wie der Dollar) und die ›Libertad‹-Münze auf der anderen Seite. Ich denke, das erste Land in der Welt, das solch eine Edelmetallmünze wieder in Umlauf bringt, wird einen enormen Prestigegewinn erzielen, und es wird bald Nachahmer finden.

Ich kann mir eine enorme Nachfrage vorstellen für diese zu Geld gewordene Münze. Der Besitzer einer ›Libertad‹-Unze spekuliert nicht mehr auf eine künftige Wertsteigerung seiner Münze. Er besitzt eine Münze, die Geld ist, die ihren gesetzlichen Wert nicht verliert und das Potential in sich trägt, gemeinsam mit dem Silberpreis zu steigen. Solange die Nachfrage nach dieser Münze von der *Bank of Mexiko* nicht voll befriedigt wird, würde wahrscheinlich ein Parallelmarkt für die Münze entstehen. Der Vorteil, daß es sich um eine Münze handelt, die nicht an Wert verlieren kann, würde wahrscheinlich eine solche Nachfrage erzeugen, daß die Leute bereit wären, mehr als den gesetzlichen Wert zu bezahlen, um sie zu besitzen. Um den Preis auf dem Parallelmarkt auf den gesetzlichen Wert herunterzubringen, müßte die Bank von Mexiko große Mengen von dieser Münze erzeugen.

Wir haben eine beträchtliche Geldinflation in Mexiko. In den vergangenen acht Jahren, von Dezember 1995 bis Dezember 2003, hat sich die Geldmenge M1 nach den Zahlen der Bank von Mexiko verfünffacht. Dies ist in erster Linie auf den Zustrom von Dollar aus den USA zurückzuführen. Was immer der Grund sein möge, ein Anstieg von M1 könnte vermieden werden, wenn nur die Silbermünzen in ihrem gesetzlichen Wert heraufgesetzt würden. Wenn die Münzen im Wert steigen, könnte die Menge des zusätzlich in Umlauf gebrachten fiat money einfach reduziert werden, um dem Silbergeld zu entsprechen. Wenn wir schon eine wachsende

Geldmenge M1 brauchen, warum nicht den größten Teil davon in Form von ›Libertad‹-Münzen mit vollem Wert als gesetzliches Zahlungsmittel? Der Binnenmarkt für ›Libertad‹-Münzen könnte in die Hunderte von Millionen Unzen gehen.

Wie würde die Zentralbank merken, daß der Markt gesättigt ist? Ein klares Signal wäre z.B., wenn das Publikum anfängt, Silbermünzen zur Bank zu bringen, als Einzahlung oder für Überweisungen. Wenn die Banken berichten, daß sie genügend Silbermünzen zur Verfügung haben für die laufenden Geschäfte, wäre der Markt gesättigt.

Mir scheint es wichtig, daß klar verstanden wird, daß Ersparnisse, diese unerläßliche Quelle für Wohlstand, keine Zinsen brauchen, um die Leute zum Sparen zu bringen. Die Leute sparen dann, wenn das, was sie sparen, es wert ist, gespart zu werden, wobei manche durch ihre natürliche Veranlagung mehr sparen als andere.

Daß Sparen durch einen entsprechenden Zinsertrag belohnt werden müsse, ist ein gefährlicher Irrglaube. Ersparnisse sind ihre eigene Belohnung, das Wissen, daß man eine Sicherheit für die Zukunft hat, ist eine große Belohnung. Es bedarf keiner zusätzlichen Belohnung, wenn es ein richtiges Wertaufbewahrungsmittel ist.

Mexiko ist ein Land, das Ersparnisse braucht, aber der Peso taugt dafür nicht. Wir benutzen anderes Geld, z.B. den US-Dollar, für Ersparnisse, oder wir verlangen hohe Zinszahlungen für kurzfristige Einlagen oder gar für Sichteinlagen. Ein solcher Wunsch läßt sich realistischerweise nicht befriedigen. Kein stabiles oder seriöses Finanzsystem kann hohe Zinsen programmieren. Indem es Silber als Rohstoff exportiert, schadet sich Mexiko selbst. Mexiko hätte es in der Hand, für sich das beste Geld der Welt zu erzeugen, das parallel zu seinem fiat money zirkulieren kann. Aber das hat es noch nicht getan. Wir berauben uns selbst der Möglichkeit, realen Reichtum in Form unseres Geldes zu besitzen, einen Reichtum, der wächst, wenn die Silberpreise in der Welt steigen.

Unser fiat money kann weiter umlaufen wie bisher, vielleicht ein wenig eingeschränkt durch die Attraktivität des Silbers, das daneben zirkuliert. Möglicherweise wird alles fiat money auf der Welt einmal wertlos. Die ›Libertad‹-Unze aus Silber ohne Nennwert wird in künftigen Jahrhunderten noch existieren, wenn unsere turbulenten Zeiten längst schon als Chronik in Bibliotheken verstauben.

Eine Sache kann man allerdings nicht mit der monetisierten Silber-›Libertad‹-Münze machen, nämlich Kreditverträge in ›Libertad‹-Münzen vereinbaren. Schuldner würden praktisch Silber shorten, wenn sie Kreditverträge in ›Libertad‹-Münzen akzeptieren, während Gläubiger long gingen. Das voraussehbare Ergebnis wäre, daß die Schuldner ›Libertad‹-

Münzen nicht zurückzahlen könnten. Die Gläubiger würden feststellen, daß sie die Rückzahlung nicht durchsetzen können. Deshalb muß der mexikanische fiat-Peso weiterhin der Vertragsgegenstand sein.

Allenfalls zu einem sehr viel späteren Zeitpunkt, der jetzt noch nicht am Zeithorizont erkennbar ist, könnte es möglich sein, an einen voll konvertiblen mexikanischen Peso mit einem festen Kurs zu denken. In Anbetracht unserer Erfahrung mit menschlichen Schwächen könnte sich ein Versuch mit voller Konvertibilität zu einem festen Kurs als Katastrophe erweisen.

Unsere Welt ist auf Kreditausweitung und Kreditbeziehungen aufgebaut. Wir können das nicht ändern, ohne die Welt zu verändern. Aus praktischen Erwägungen heraus dürfte der Silber-›Libertad‹ für sehr lange Zeit ein Vehikel für persönliches Sparen sein, vielleicht auch noch auf der Unternehmensebene, sowie für tagtägliche Zahlungen.

Banksysteme auf der ganzen Welt sind allergisch gegen richtiges Geld. Wenn sie gezwungen wären, richtiges Geld bei der Vereinbarung von Darlehen zu benutzen, würden sie zusammenbrechen und mit ihnen unsere Industriegesellschaft. Es ist für sie überlebenswichtig, kurz zu borgen und lang zu leihen sowie die ausstehenden Darlehen ständig auszuweiten. In ihrem aktuellen Zustand können sie nicht gerettet werden.

Lassen wir daher das aktuelle fiat-money-Spiel weiterlaufen. Kreditvereinbarungen werden weiterhin in Peso, nicht in ›Libertad‹-Unzen abgeschlossen, abgesehen von den Unvorsichtigen, die es anders wagen. Persönliche Ersparnisse in ›Libertad‹-Unzen wären sicher und könnten von ihrem Besitzer nach seiner Entscheidung eingesetzt werden, für was auch immer er gerade für wichtig genug hält, um seine Ersparnisse zu mobilisieren – sei es für normale Einkäufe, für Notfälle oder Investitionen in Kapitalgüter. Ein anderer Einwand, der vorgetragen wurde gegen den Vorschlag, Silber parallel zu fiat money zirkulieren zu lassen, lautet: ›Das Silber würde gehortet.‹ Natürlich wird es gehortet. Das ist ja nur ein anderer Name für Sparen. Wer nicht wünscht, daß die Menschen ihre eigenen Ersparnisse unter ihrer eigenen Verwahrung haben, sind natürlich die Banken. Die wollen Einlagen haben. Sie möchten nicht, daß die Menschen ihre Ersparnisse in Form von Silbermünzen halten. Sie wollen, daß die Menschen ihre Ersparnisse zur Bank tragen, um diese ausleihen zu können, um mit den berechneten Zinsen Geld für sich selbst zu verdienen. Sie sind gegen jede Alternative für die Menschen im Hinblick auf Ersparnisse.

Der Charme der Hybridmünze besteht darin, daß das Horten bzw. Sparen mit einer Münze erfolgt, die zu einem bekannten gesetzlichen Wert eingesetzt werden kann. Dieses Sparen ist keine Spekulation. Wie ich schon sagte, wollen die Menschen im allgemeinen mit dem Wert ihres Einkommens oder ihrer Unternehmensgewinne nicht spekulieren. Silber oder Gold als Rohstoff zu horten ist eine gute Spekulation, wie ich denke. Aber nur wenige wollen auf diese Weise spekulieren. Wenn die Silbermünze dagegen Geld ist und jederzeit damit bezahlt werden kann, z.B. für einen Notfall oder irgendeinen anderen Zweck, dann bekommt das Sparen mit ›Libertad‹-Unzen einen ganz anderen Charakter. Wenn eine Münze gehortet wird, bedeutet das nicht, daß sie außerhalb der Geldzirkulation ist. Sie ist selbstverständlich im Umlauf. Der Eigentümer weiß zu jedem Zeitpunkt, wie viele Münzen er besitzt sowie ihren exakten Wert als gesetzliches Zahlungsmittel. Seine Münzen werden ausgegeben, wann immer er sich dafür entscheidet.

Es gibt eine Grenze für die Gesamtsumme, die eine Gesellschaft zu horten oder zu sparen wünscht. Manche Menschen sparen mehr als andere. Wenn die Menschen in Mexiko entscheiden, daß sie ausreichend ›Libertad‹ für ihre Bedürfnisse gespart haben, werden sie anfangen, zusätzliche ›Libertad‹-Münzen, die in ihren Besitz gelangen, auszugeben zusammen mit Banknoten.

An diesem Punkt werden die Banken feststellen, daß die Silbermünzen genauso schnell zu ihnen zurückkehren, wie sie ausgezahlt werden. In diesem Moment kann die Zentralbank das Prägen weiterer ›Libertad‹-Münzen einstellen, bis die Nachfrage wieder steigt. Dieser Moment, da bin ich mir ziemlich sicher, wird erst Jahrzehnte nach dem Beginn der Prägung von ›Libertad‹-Unzen kommen.

Wie würde die Einführung von Silber in den Kreislauf das Banksystem berühren? Diese Frage sollte tiefer analysiert werden. Ich will hier nur kurz darauf hinweisen, daß es sich dabei nicht um ein Silberproblem handelt. Es handelt sich eher um ein Bankproblem, das möglicherweise mit der Flucht aus dem Peso in andere Währungen zusammenhängt. Auf den ersten Blick gibt es zwei Wege, diese Flucht einzudämmen.

Der erste wäre, daß die Zentralbank die Silbermenge bestimmt, die gemünzt werden soll. Es handelt sich hier ja nicht um einen Plan zur freien Prägung von Silber. Der zweite Weg wäre, über den Zinssatz den Sparer davon abzubringen, in Silber zu sparen.

Würde die Monetisierung der ›Libertad‹-Unze inflatorisch wirken? Diese Frage hat gegenwärtig und auch für die vorhersehbare Zukunft keine Bedeutung. Mexiko hat ein fiat-money-Peso-System, das vom Dollar abgeleitet ist. Wir importieren die amerikanische Geldinflation, ob wir mögen oder nicht. Wir können es nicht vermeiden, weil unsere Zentralbank Geldinflation produziert, indem sie zusätzliche Dollars für ihre Reserven kauft. Unser Banksystem funktioniert wie alle anderen rund um die Welt, indem es kurzfristige Gelder langfristig verleiht, was immer die Erzeugung von zusätzlichem Geld erfordert, um liquide zu bleiben.

Ich denke jedoch, daß durch die Geldeigenschaft der Silberunze die Prägung von Silber nicht zu Preissteigerungen beiträgt, einfach weil die Leute die meisten Münzen, die sie in die Hand bekommen, sparen werden. Wie schon gesagt, erst, wenn der Sparimpuls befriedigt ist – etwas, das sicher eine Weile dauert –, erst dann werden wir die Münzen im täglichen Handel sehen. Bis dahin würden wir jedoch keinen zusätzlichen Inflationsdruck spüren, außer dem ohnehin vorhandenen, denn wir leben in einem Geldsystem, das inhärent inflationär ist. Wenn das Bedürfnis der Mexikaner nach Silber befriedigt ist, wird der nächste Punkt interessant.

Der ungedeckte mexikanische Peso hat, anders als der Dollar, keinen internationalen Paß. Er kann nicht verreisen. Die erzeugten ungedeckten Pesos üben ihre inflatorische Wirkung in Mexiko aus und wandern nicht ins Ausland wie die Dollars. Die Silberunze kann den internationalen Paß erwerben. Die Ausgabe zusätzlicher Silbermünzen könnte erneut, so wie vor 100 Jahren, Zahlungsmittel für Käufe im Ausland sein.

Der monetäre Gebrauch der ›Libertad‹-Münze muß nicht auf Mexiko beschränkt bleiben. Wenn die Bank von Mexiko in Zukunft die Überbewertung der Silbermünze allmählich zurückführt bis auf einen Preis knapp über den Preis von Silberbarren, kann Mexiko auch eine Zahlung in Silber anbieten, um einen Teil seiner Importe zu bezahlen. Das liegt zwar noch in weiter Ferne, aber im Prinzip denke ich nicht, daß eine Bezahlung in monetärem Silber auf internationale Ablehnung stoßen würde.

Dies wurde vor 100 Jahren künstlich zum Problem gemacht und diente dazu, Mexiko und Lateinamerika dazu zu bringen, ebenfalls Silber zu demonetisieren und zu Gold überzugehen, zusammen mit London und New York, was ein großer Nachteil für ganz Lateinamerika war.

Die Sparer in Mexiko sind derzeit Opfer des gleichen Tricks, der auch um die ganze Welt wirksam ist. Wenn die Zentralbank ihres Landes zu viele Dollars in Reserve hält, inflationiert sie ihren Peso, und die Preise steigen in ihrem Land. Ihre Industrie wird durch die Preise der ausländischen Konkurrenz verdrängt. Die Ersparnisse werden womöglich entwertet.

Silbermünzen stellen realen Reichtum in der Hand des Besitzers dar. Silbermünzen sind immun gegen die Fragen von Reserven, guter oder schlechter Politik, intelligentem oder unfähigem Management. Es ist eine Alternative zu dem tückischen Dollar-Reservesystem, das wir jetzt haben.

Das umlaufende Silber hat noch weitere Effekte, die eine theoretische Analyse verdienen und die ich hier nur kurz andeuten will. Mexiko bemüht sich, wie viele andere Länder auch, Unternehmen anzusiedeln, um Arbeitsplätze entstehen zu lassen. Um eine bestimmte Größe zu erreichen, mußten sie Dollar borgen. Um Dollar-Kredite zu erhalten, mußten sie nachweisen, daß sie in der Lage sind, Einkommen in Dollar zu erzielen, weshalb sie sich natürlicherweise wiederum auf Exportmärkte und nicht auf Inlandsmärkte konzentrieren.

Wenn das Publikum über eine bedeutende Menge Silber verfügt, könnte es für mexikanische Betriebe attraktiver werden, als es jetzt der Fall ist, dieses Publikum mit Produkten zu versorgen, die in Mexiko hergestellt wurden. Warum sollte man nach Dollar-Erträgen streben, wenn der Silber-›Libertad‹ die bessere Währung ist? Größere Mengen Silber in der Hand des Publikums würden den Binnenmarkt stärken. Im Falle eines Zusammenbruches der Exporte, der mit Sicherheit kommt, wenn der Dollar kollabiert und mit ihm der internationale Handel, könnten wir auf einen Binnenmarkt zählen, der darauf vorbereitet ist, mit Silber zu zahlen. Die Welt stützt sich mehr auf Exporte, als gut ist.

Argentinien zeigt, was passieren kann, wenn die Bevölkerung eines Landes einer gesunden Währung beraubt ist. In den vergangenen Jahren wurden zeitweise 18 verschiedene Notgelder erfunden, um den Produktionsfluß zu den Konsumenten aufrechtzuhalten. Warum sollten wir uns einer solchen Prüfung aussetzen? Der beste Schutz, den wir nach meiner Meinung installieren können, um die Gefahr eines Zusammenbruches der Exporte abzuwenden, ist es, möglichst rasch bedeutende Mengen Silber in Umlauf zu bringen. Ich lade alle ein, die an diesem Projekt interessiert sind, sich weiter in das Thema zu vertiefen.

Wie weit könnte der Silberpreis steigen, wenn dieser Plan angenommen würde? Niemand kann das genau sagen, aber ich halte es für sehr wahrscheinlich, daß die Entstehung eines neuen großen Marktes für Silber als Geld den internationalen Silberpreis nach oben beeinflussen würde. Dies wäre gewiß vorteilhaft für Mexiko, das sein wertvolles Silber für viele Jahrzehnte zu extrem niedrigen Preisen exportiert hat zum Nachteil seines Minensektors und der mexikanischen Bevölkerung ganz allgemein. Ich kann mir ohne weiteres einen Preis des Silber-›Libertad‹ von 100 Dollar in heutigen Dollars vorstellen. Was wäre, wenn eine spekulative Übertreibung entstehen würde, wie sie von den Hunt-Brüdern in den 80er Jahren erzeugt wurde? Würde die Silberunze einen unrealistischen Wert als gesetzliches Zahlungsmittel erreichen, wenn der Preis explodiert? Was geschähe, wenn der Preis kollabiert?

Die Zentralbank muß nichts überstürzen. Sie kann sich Zeit lassen, wenn sie im Zweifel ist mit der Bekanntgabe eines höheren Wertes als gesetzliches Zahlungsmittel. Wenn der Silberpreis die Notierung des ›Libertad‹ weit hinter sich lassen sollte, würden einige Leute anfangen, ihre Münzen an Unternehmen zu verkaufen, die sie einschmelzen würden, um sie als höherpreisige Barren zu verkaufen. Aber es würde sicher eine ganze Weile dauern, bis diese Aktivität ernsthaft den Silbervorrat in der Hand des Publikums berühren würde. Die meisten Leute würden ihre ›Libertad‹- Münzen halten, in Erwartung einer höheren Notierung in nächster Zeit.

Die Zentralbank, konfrontiert mit der Ausnahmesituation einer spekulativen Blase beim Silberpreis, würde einfach die höhere Notierung verschieben, bis klar wäre, daß sich ein neuer, höherer Silberpreis etabliert hat. Erst dann würde sie einen neuen Wert bekanntgeben. Wenn der Preis des Silbers dagegen deutlich fällt, würde gar nichts passieren. Die Silbermünze würde weiter benutzt, zwar mit einem geringeren Wert für ihren Silbergehalt, aber nicht für ihren Wert als gesetzliches Zahlungsmittel. Das einzige wäre, daß die Bank von Mexiko eine höhere Seignorage einstreichen würde, wenn sie weitere ›Libertad‹-Unzen prägt. Niemand würde seine Münzen zurückgeben, weil der Silberpreis gefallen ist. Wenn jemand auf einen neuen Preisanstieg des Silbers spekulieren wollte, würde er seine Papier-Peso zu diesem Zweck eintauschen – etwas, das er ohnehin jederzeit tun kann.

In der kommenden Finanz- und Wirtschaftskrise wird vielleicht die Zahlung mit Silber international akzeptiert. In diesem Fall könnte ich mir vorstellen, daß alles Silber in Mexiko für eine unbegrenzte Zeit gemünzt wird. Die derzeitige Produktion beträgt 2000 Tonnen. Die Reserven im Boden sind reichlich.

Fazit

Ich denke, mein Plan ermöglicht es, in Mexiko Silbermünzen parallel zu ungedecktem Papiergeld in Umlauf zu bringen. Falls es derzeit politisch noch nicht möglich ist, den Plan zu verwirklichen, so wird eine Entwicklung zur Hyperinflation die Haltung der Geldbehörde sicher verändern. Es macht Sinn, einen wohldurchdachten Plan für diesen Fall in der Schublade zu haben. Silber, das parallel zu rasch verfallendem Papiergeld umläuft, könnte der Zerstörung entgegenwirken.

Ein Land kann sich glücklich schätzen, wenn die Ersparnisse der Bevölkerung dann nicht nur als Bankeinlagen, sondern auch in als Geld nutzbaren Silbermünzen gehalten werden, sei es zuhause oder an anderen sicheren Orten. Eine zufriedene Bevölkerung hat weniger Anlaß zur Revolution oder zur Auswanderung nach den USA. Mit der politischen Stabilität würden auch Ruhe und Lebensfreude einziehen, wie die Mexikaner sie verstehen, sowie finanzielle Stabilität und Stolz aufs eigene Land. Dazu noch eine Reihe weiterer Vorteile, die hier nicht alle aufgezählt werden können. – Danke für Ihre Aufmerksamkeit.«

Zusammenfassung und Ausblick

Spätestens jetzt sollten Sie gemerkt haben, daß dieses Buch auch einen Weg zu finanzieller Freiheit zeigt

Auf unserer Reise durch die Geschichte des Geldes haben wir gesehen, daß es immer eine Art stillschweigendes Privileg der Obrigkeit war, das Volk mit Geld zu betrügen. Über viele Jahrhunderte hinweg wurde dies mit dem simplen Trick gemacht, daß weniger Edelmetall in den Münzen drin war, als drauf stand. Im Laufe des 18. und 19. Jahrhunderts, mit der zunehmenden Verbreitung von Kreditgeld und Papiergeld, wurde diese »heimtückische Enteignung«, wie Alan Greenspan den Vorgang nennt, immer raffinierter betrieben. Vor etwa 35 Jahren wurde die Golddeckung ganz aufgehoben und ein weltweites Experiment gestartet mit Papiergeld ohne jede Deckung. Unser Geldsystem ist heute ausschließlich auf fiat money aufgebaut.

Fiat money wird von Banken und Zentralbanken erzeugt und an den Staat oder das Publikum verliehen. Es entsteht gleichsam auf Knopfdruck und wird meist gegen ein Pfand verliehen. Manche behaupten zwar, das Geld sei durch das Bruttosozialprodukt »gedeckt«, aber das ist eine Illusion. Der konkrete Anspruch, der mit dem erzeugten Geld verbunden sein soll, wird nicht definiert, eine Umtauschverpflichtung in reale Güter von Seiten der Gelderzeuger besteht nicht mehr. Der Londoner *Economist* nennt dieses Geld »confetti money«, der ehemalige Bundesbankpräsident Schlesinger nennt es »Ersatzgeld«. »Legales Falschgeld« ist wohl eine klare deutsche Übersetzung dafür. Die meisten Menschen wissen nicht, daß hier ein Experiment läuft. Sie befassen sich nicht damit und überlassen das Thema den »Experten«. Voraussetzung für den Triumph des fiat money war, daß Gold und Silber ihrer Geldfunktion entkleidet (entmonetisiert) wurden. Gold und Silber sollten keine Konkurrenz mehr zu fiat money sein. Nur dadurch war es möglich, ungedecktes Geld zu installieren, für das kein konkreter Schuldinhalt mehr definiert wird und das nur noch mit neuen, undefinierten Zukunftsversprechen eingelöst wird. Kein Geringerer als Alan Greenspan hat uns ganz offen erklärt, warum das notwendig war, wie es gemacht wurde, und warum es heimtückisch ist. Allerdings beschreibt Greenspan nur den letzten Schritt eines langfristig geplanten Komplotts. Er schließt gleichsam wieder die Stalltür, nachdem das Pferd längst gestohlen ist.

Bereits 1694 mit der Gründung der *Bank of England* wurde das Grundmodell der Geldherrschaft entwickelt. Staat und Banken arbeiten zusammen und teilen sich die Beute. Die Banken finanzieren den Staat (Kriege, Sozialstaat etc.), indem sie ihm fiat money leihen, und der Staat gewährt den Banken das Monopol, legales Falschgeld (fiat money) zu erzeugen. Damit fiat money funktioniert, darf es möglichst keine Konkurrenz durch Alternativen (Gold und Silber) geben. Deshalb wurde in einem raffinierten, langfristigen Komplott erst Silber und dann Gold entmonetisiert, indem man erst den bewährten Bimetallstandard durch den Goldstandard ersetzte und diesen dann durch den Papierstandard. Parallel dazu wurde weltweit das bewährte Mafia-Modell zur Beuteteilung (Zentralbanken) installiert, mit denen nun immer mehr fiat money erzeugt werden konnte. Die Tabelle im Anhang legt ein beredtes Zeugnis von der Geldvermehrung ab.

Die Menschen sparen durch Konsumverzicht, um für ihre Zukunft im Alter vorzusorgen. Wenn sie Jahre später Geldersparnisse in reale Güter (Wohnung, Kleidung, Nahrung etc.) umtauschen wollen, merken sie, daß sie weniger Güter bekommen, als sie erspart haben, weil andere die Güter verbraucht und dafür gleichsam Falschgeld ins Sparschwein gelegt haben. Neben den Banken ist es in erster Linie der Staat, der sich über diesen Prozeß Güter aneignet. Der Prozeß wird etwas mysteriös als Inflation bezeichnet und zur Irreführung den Kaufleuten, den Ölscheichs und den Gewerkschaften angelastet, welche die Güterpreise, die Ölpreise und die Löhne hochtreiben. Inflation wie Deflation werden aber nur und ausschließlich durch die staatlich sanktionierte Falschgelderzeugung von Banken und Zentralbanken bewirkt, und zwar unter dem falschen Vorwand, daß die Geldmenge reguliert werden müsse. Die Geldmenge muß aber, wie wir gesehen haben, genausowenig reguliert werden wie etwa das Metermaß. Die Geldmenge muß sich eigentlich gar nicht ändern, sie kann für immer gleich bleiben, wie das Metermaß. Daß wir keine Zentralbanken zur Regulierung der Geldmenge brauchen, zeigen die Schicksalsfäden von Gold und Silber sonnenklar. Insbesondere Silber als Geld hat sich der extremen Veränderung der Geldmenge im 14. und 15. Jahrhundert, die ja durch einmalige Umstände entstanden war, wunderbar angepaßt und dann fast 200 Jahre Preisstabilität auf einem neuen Niveau beschert. Ohne das Silberkomplott könnten wir wahrscheinlich bei Silber die gleiche Kaufkraftstabilität bis heute erkennen, die wir bei Gold sehen. Wir könnten also mit großer Zuversicht darauf vertrauen, daß Gold und Silber als Geld uns ein langfristig stabiles Preisniveau bescheren, solange es keine Zentralbanken gibt, welche die Geldversorgung regeln.

Unser heutiges Falschgeldsystem ist noch sehr jung. Erst seit 1971, mit der Lösung des Dollars vom Gold, gibt es ein weltweites System, das ausschließlich auf Falschgeld aufgebaut ist. Dieses Geldsystem verfügt über einen eingebauten Selbstzerstörungsmechanismus, weil Geld nur durch Verschuldung entsteht und immer verzinst werden muß, im Gegensatz zu Gold und Silber, die als Geld keine Schuld sind. Dadurch entsteht ein Zwang, immer schneller immer mehr Falschgeld zu produzieren – Geldvermögen und Geldschulden wachsen gemeinsam immer schneller. Dieser Prozeß ist jetzt nicht mehr zu stoppen. Es bleibt nur noch der Weg in die weltweite Hyperinflation, um die unhaltbaren Zahlungsverpflichtungen, welche die Staaten übernommen haben, zu entwerten. Steigende Ölpreise könnten ein Mittel sein, um diese Hyperinflation einzuleiten.

Aber jetzt haben die Menschen erstmals wieder eine reale Chance, quasi ein Gegenkomplott zu schmieden. Die Krise des fiat money, das Internet und die Globalisierung bieten nun eine Möglichkeit, sich gleichsam gegen die Verschwörer zu verschwören. Dazu muß keine kriminelle Vereinigung gebildet werden. Jeder einzelne muß nur seinem eigenen Verstand vertrauen und in seinem eigenen Interesse handeln, indem er einfach fiat money in Gold und Silber tauscht, seine Altersvorsorge weitgehend auf Gold und Silber aufbaut und sein Geldvermögen weitgehend in Gold und Silber hält. Er geht dabei kein großes Risiko ein. Gold und Silber gehen nicht pleite. Das Risiko bei Staatsanleihen, auf die ja das meiste Geldvermögen aufgebaut ist (Versicherungen, Pensionen etc.), ist dagegen riesig.

Wie wir gesehen haben, ist bereits wieder ein komplettes privates Geldsystem auf der Basis von Gold und Silber entstanden, wie es früher über Jahrhunderte hervorragend funktioniert hat (Venedig, Hamburger Girobank, Bank von Amsterdam). Wir können also mit großer Gewißheit darauf vertrauen, daß es funktioniert, sofern es nicht wieder vom Staat verboten wird. Ich glaube allerdings nicht, daß der Staat es noch einmal wagt, in dieser vernetzten Welt den Besitz von Gold und Silber zu verbieten. Es wäre zumindest sehr dumm, und jeder Bürger hätte alles Recht, sich gegen diese Art von Staats-Mafia mit allen Mitteln zu wehren. Die Preise für Gold und Silber würden extrem steigen, und der Handel ließe sich noch weniger unterdrücken als beim Rauschgift, weil niemand ein Unrechtsbewußtsein haben müßte. Ich denke eher im Gegenteil, die Verantwortlichen sind ganz froh, daß sich ein monetäres Auffangsystem in Form von Gold und Silber bildet. Alan Greenspan selbst hat sich dafür ausgesprochen, diese Entwicklung von seiten der Behörden nicht zu behindern – man könne nie wissen, wofür es gut sei.

Im Laufe dieses Geldentwertungsprozesses werden sich die Menschen wieder darauf besinnen, was Geld eigentlich ist, und sie werden erneut

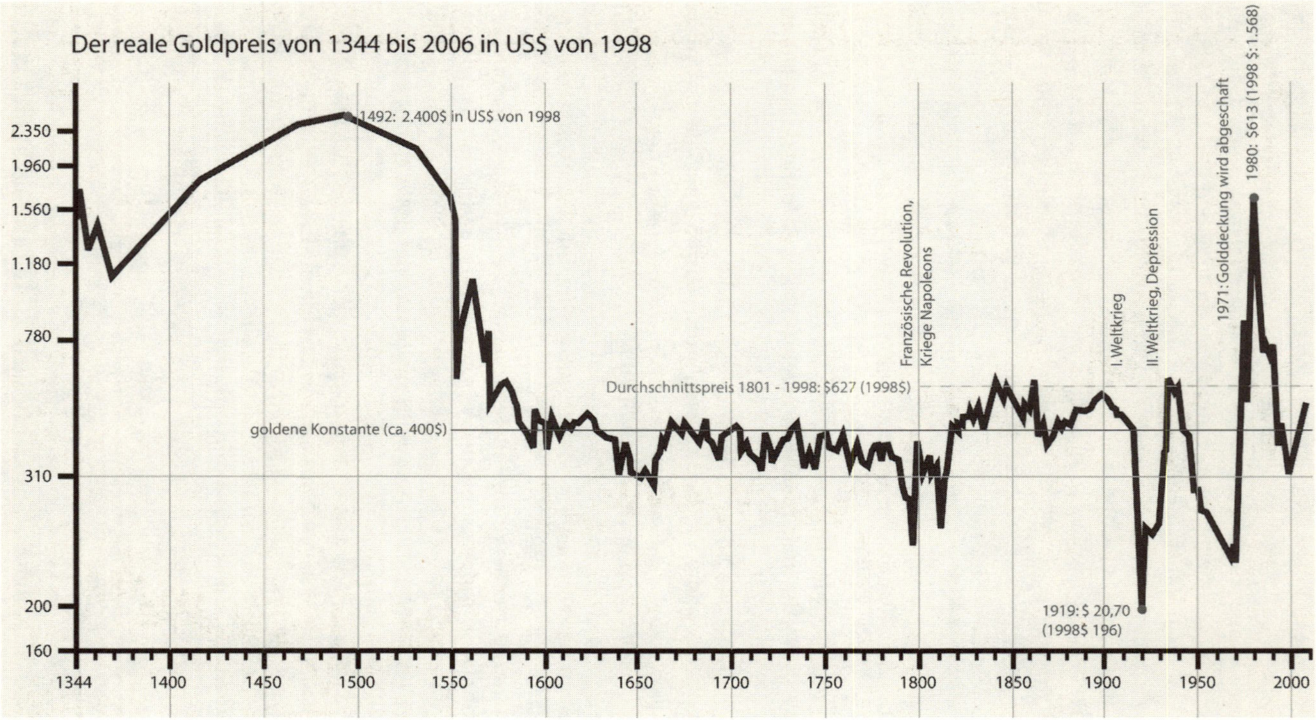

Quelle: www.sharelynx.com/chartsfixed/600yeargold.gif (Chart S. 302) und www.sharelynx.com/chartsfixed/600yearsilver.gif (Chart S. 303)

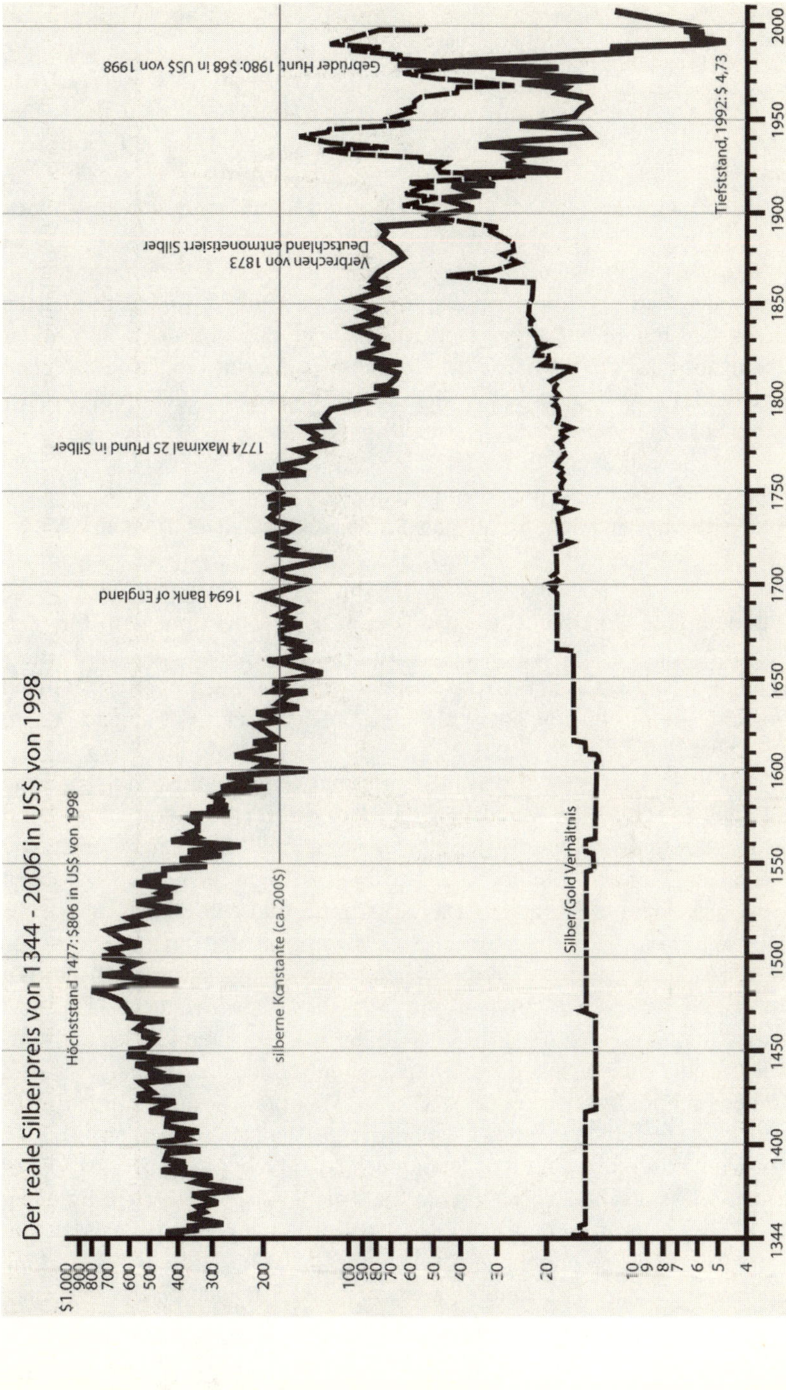
Der reale Silberpreis von 1344 - 2006 in US$ von 1998
Höchststand 1477: $806 in US$ von 1998
silberne Konstante (ca. 200$)
Silber/Gold Verhältnis
1694 Bank of England
1774 Maximal 25 Pfund in Silber
Verbrechen von 1873
Deutschland entmonetisiert Silber
Gebrüder Hunt 1980: $68 in US$ von 1998
Tiefststand, 1992: $ 4,73
$1.000
900
800
700
600
500
400
300
200
100
90
80
70
60
50
40
30
20
10
9
8
7
6
5
4
1344
1400
1450
1500
1550
1600
1650
1700
1750
1800
1850
1900
1950
2000

wieder Gold und Silber als Geld entdecken. Weltweit kommt es jetzt zu einer allmählichen Remonetisierung von Gold und Silber. In Ländern wie Rußland, China, Indien, Südamerika und den Arabischen Staaten wird, wie wir gesehen haben, zunehmend versucht, sich vom Dollar als Leitwährung unabhängig zu machen und die eigene Währung wieder auf Gold und Silber zu gründen.

Bei einem Geldsystem, das auf Gold und Silber gegründet ist, können wir auf über 6000 Jahre Erfahrung zurückgreifen. Wir wissen, daß es funktioniert, während wir mit fiat money noch kaum Erfahrungen haben, außer der, daß alle Versuche damit bisher gescheitert sind. Die meisten Menschen halten allerdings eine Remonetisierung von Gold und Silber heute noch für völlig utopisch, weshalb die Märkte von einer solchen Entwicklung wohl auch völlig überrascht werden. Der Silberpreis könnte dabei besonders stark steigen, wie wir gesehen haben.

Daneben konnten wir noch eine andere Entwicklung beobachten. Die Menschen entdecken zunehmend wieder, daß sie sich selbst wechselseitig Kredit einräumen können, daß man dazu weder Staat noch Banken braucht. Durch das Internet wird dieser Prozeß beschleunigt, wobei zunehmend Tauschringe und Kreditgemeinschaften im Internet entstehen. Auch große internationale Unternehmen entdecken jetzt, daß man mit dem Internet, genauso wie es früher gemacht wurde, gedecktes, privates Geld selbst erzeugen kann, daß man dazu ebenfalls weder den Staat noch die Banken braucht, die ja ohnehin nur schlechtes Geld, nämlich Falschgeld, gegen Zins verleihen.

Staat und Banken werden ihr System aber verteidigen und so lange wie möglich zu verhindern versuchen, daß der Preis für Gold und Silber steigt und so das Ende des fiat money signalisiert wird. Wir haben gesehen, wie mit sehr raffinierten Methoden jetzt wieder ein regelrechter Kampf gegen Gold und Silber geführt wird. Das Komplott ist durchaus noch im Gange.

Dagegen hilft nur das private »Silberkomplott«. Jeder hat die Möglichkeit, die phantastischen Freiheiten zu nutzen, die das Internet und die Globalisierung bieten. Er muß sich nur die Mühe machen, sich selbst aufzuklären und sich über die Entwicklung des privaten Geldes zu informieren oder auch selbst die Initiative zu ergreifen. Free Coinage, wie es früher funktioniert hat, ist keine Utopie. Man braucht nicht einmal mehr eine Prägeanstalt. Was *e-gold* macht, ist free coinage, eben digital.

Wir müssen uns nicht von Religionen beherrschen lassen, wie es Peter Sloterdyk sehr schön formuliert hat, auch nicht von monetären Religionen. Wir können durch Aufklärung und Gebrauch des eigenen Verstandes monetäre Freiheit gewinnen, und Silber bietet dafür, wie ich denke, eine einmalige Chance. Es kommt nicht oft vor, daß eine Sache vor einer völligen Neubewertung steht. In der Kunst haben wir zuweilen solche Phänomene, aber bei weltweit gehandelten Anlageinstrumenten ist das eher selten. Wenn Silber als Geld neu entdeckt und bewertet wird, könnte es durchaus auf die Linie seiner durchschnittlichen Kaufkraft zurückkehren, auf der es sich 150 Jahre lang, von 1600 bis 1750, bewegt hat, bevor das Komplott wirksam wurde und der Einbruch erfolgte. Wir hätten quasi eine silberne Konstante, die bei etwa 200 Dollar liegt, so wie wir eine goldene Konstante bei etwa 400 Dollar erkennen können. Wenn man bedenkt, daß der Vorrat an Gold auf der Welt heute etwa fünfmal größer ist als der verbliebene Vorrat an Silber, so ist es nicht schwer, sich vorzustellen, daß sich ein Verhältnis von 1:1 einstellt mit einem Preis von 400 Dollar für die Unze Silber oder auch von 2:1 zugunsten von Silber, was dem alten Hoch von 800 Dollar für Silber entsprechen würde. Dabei ist nicht berücksichtigt, daß Gold auch steigen kann – oder natürlich gegen Silber auch fallen.

Aber lassen Sie sich von solchen Überlegungen nicht mitreißen. Sie sollen Ihnen nur zeigen, daß Sie mit großem Vertrauen in Silber investieren können, wenn Sie die Botschaft der beiden Schicksalslinien in der gleichen Weise interpretieren. Es spielt dann keine Rolle, ob Sie bei zehn oder 20 Dollar einsteigen, und Sie werden auch bei 50 Dollar nicht verkaufen, denn warum sollte man gutes Geld (Silber) gegen schlechtes Geld (Dollar) tauschen?

Eine gute Variante ist es vielleicht, Silber in Form von Kunst als Silberskulpturen ins Regal zu stellen, weil Sie damit nicht in Versuchung geführt werden, Ihr Silber schnell wieder zu verkaufen. Im Internet wird unter *www.bullion-art.de* so etwas angeboten. Jedenfalls muß man sich bei Silber wohl auf eine rasante Achterbahnfahrt einstellen und ist daher gut beraten, sich deshalb in Ruhe ein langfristiges Ziel setzen. Wenn Sie jetzt Silber kaufen, wird es Sie als Mittel der Wertaufbewahrung sicher nicht enttäuschen.

Lassen Sie mich zum Schluß noch einmal den zwiespältigen Gedanken aus der eingangs erzählten Geschichte *Das falsche Geldstück* von Baudelaire aufnehmen, nämlich der Vorstellung, daß man mit Falschgeld wohltätig sein könne. Vor ca. 150 Jahren sprach der französische Ökonom und Philosoph Frédéric Bastiat von einem »außer uns selbst befindlichen, höchst wohltätigen und unerschöpflichen Wesen, welches sich Staat nennt und welches zugleich Brot für alle Hungrigen, Arbeit für alle Hände, Kapital für alle Unternehmungen, Kredit für alle Projekte, Linderung für alle Leiden, Rat für alle Ratlosigkeit, Lösung für alle Zweifel, Wahrheit für alle Bedenken, Zerstreuung für alle Langweile, Milch für die Kinder und Wein für die Alten hat – welches für all unsere Bedürfnisse sorgt, alle unsere Wünsche befriedigt, über alles Auskunft gibt, alle Irrtümer, alle Fehler beseitigt und uns entbindet von jeder Verpflichtung der Selbsthilfe, der Selbstverantwortlichkeit, der Vorsicht, der Klugheit, des Urteils, des Scharfsinns, der Erfahrung, der Ordnung, der Sparsamkeit, der Mäßigung und des Fleißes«. Dieses wohltätige Wesen – der Nuckelstaat – entfaltet seine Kraft heute mittels Falschgeld, das er gemeinsam mit Banken und Zentralbanken erzeugt.

Dr. Alfred Boss vom Institut für Weltwirtschaft in Kiel zitierte diese hübsche Passage von Bastiat in einem Aufsatz über Staatssubventionen im *Unternehmermagazin* und fügt dann an: »Es gilt Abschied zu nehmen von der Vorstellung, daß es dieses Wesen gibt. Es gilt verstärkt der Eigenverantwortung und dem Wettbewerb zu vertrauen.« Das gilt auch für Geld – Trust Yourself.

Anhang

Größenordnungen

$ 1 000 000 000 000:	One Trillion Dollar = 1 deutsche Billion Dollar
$ 1 000 000 000:	One Billion Dollar = 1 deutsche Milliarde Dollar
$ 1 000 000:	One Million Dollar = 1 deutsche Million Dollar
$ 400 000 000 000 000:	Geschätzter Umfang der Derivatespekulation
$ 118 000 000 000 000:	Globaler Kapitalmarkt (Aktien, Anleihen etc.)
$ 75 000 000 000 000:	Ungedeckte Zahlungszusagen der US-Regierung (social security etc.)
$ 49 000 000 000 000:	Weltweiter Anleihenmarkt im Herbst 2004
$ 46 000 000 000 000:	Geldmenge weltweit
$ 45 153 000 000 000:	Vermögen der US-Haushalte 2004 (inklusive Immobolien und Geldvermögen)
$ 37 000 000 000 000:	Weltweiter Aktienmarkt, Kapitalisierung Juni 2001
$ 21 700 000 000 000:	Marktkapitalisierung NYSE Dezember 2005
$ 21 000 000 000 000:	US-Anleihenmarkt September 2003
$ 12 605 000 000 000:	US-Bruttosozialprodukt 2005
$ 10 261 000 000 000:	Geldmenge (US-Banken) M3
$ 8 249 000 000 000:	Offizielle Staatsschuld der USA 2006
$ 4 000 000 000 000:	Aktienmarktkapitalisierung Tokio Dezember 2005
$ 3 600 000 000 000:	Kapitalisierung *Nasdaq* Dezember 2005
$ 3 000 000 000 000:	Kapitalisierung London Dezember 2005
$ 2 622 000 000 000:	Weltgoldbestand (150 000 Tonnen, 4,6 Milliarden Unzen) à $ 570 pro Unze
$ 2 500 000 000 000:	Kapitalisierung *Euronext* Dezember 2005
$ 2 400 000 000 000:	US-Haushaltsvolumen 2005
$ 1 200 000 000 000:	Kapitalisierung Deutsche Börse Dezember 2005
$ 754 000 000 000:	US-Münzen und -Papiergeld im Umlauf März 2005
$ 753 000 000 000:	US-Handelsbilanzdefizit 2005

$	596 000 000 000:	US-Neuverschuldung (Haushaltsdefizit) 2003 bis 2004
$	400 000 000 000:	Alles jemals geförderte Silber (40 Milliarden Unzen zu $ 10 pro Unze)
$	376 000 000 000:	Kapitalisierung *Exxon* (größte US-Gesellschaft) August 2005
$	286 000 000 000:	Schulden von *General Motors* Januar 2006
$	149 000 000 000:	US-Goldreserve (261 Millionen Unzen zu $ 570 pro Unze)
$	110 000 000 000:	Wert aller Gold-Aktien im September 2005
$	75 000 000 000:	Geldzufluß in Aktienfonds 1. Quartal 2004
$	26 000 000 000:	Kapitalisierung von *Newmont* Juli 2005
$	8 226 000 000:	Wert aller Silberminen-Aktien Juni 2004
$	7 000 000 000:	Jährliche Verluste, die in Las Vegas verspielt werden
$	3 500 000 000:	Wert der bekannten, verfügbaren Silberbestände weltweit (350 Millionen Unzen zu $ 10 pro Unze)
$	1 300 000 000:	Wert der 130 Millionen Unzen Silber, die *Barclay* für sein ETF kaufen will, à $ 10 pro Unze
$	720 000 000:	Wert der 72 Millionen Unzen, die bei der NYMEX registriert sind, zu $ 10 pro Unze (Januar 2005)
$	266 000 000:	40 Millionen Unzen Silber, die 2004 als Investment gekauft wurden, zu $ 6,66 pro Unze
$	100 000:	Versicherung durch FDJC pro Bankkonto
$	5000:	Limit für Bargeldauszahlung bei kleinen Banken ohne Ankündigung
$	300:	Tageslimit an Geldautomaten
$	10:	Ungefährer Betrag, den jede Person in den USA in Silber zur Verfügung hätte, bei $ 10 pro Unze (300 Millionen Unzen)
$	500:	Ungefährer Betrag, den jede Person in den USA in Silber zur Verfügung hätte, bei $ 500 pro Unze (bei 300 Millionen Unzen)

Quelle: *Silver Stock Report.com*

Die Goldschätze der Zentralbanken in Tonnen

United States	8133,5
Germany	3427,8
IMF	3217,3
France	2856,8
Italy	2451,8
Switzerland	1290,1
Japan	765,2
Netherlands	716,9
ECB	719,9
China, Mainland	600,0
Spain	472,5
Taiwan	423,3
Portugal	407,5
ETF (current)	396,5
Russia	386,7
India	357,7
Venezuela	357,4
ETF (27.12.2005)	337,1
United Kingdom	311,2
Austria	302,5
ETF (30.11.2005)	296,7
Lebanon	286,8
Belgium	227,7
ETF (30.03.2005)	223,0
Philippines	170,6
BIS	189,3
Algeria	173,6
ETF (04.01.2005)	170,1
Sweden	154,5
Libya	143,8
Saudia Arabia	143,0
Singapore	127,4
South Africa	124,0
Turkey	116,1

Das Spiel »Inflation – Deflation«

Nachfolgend finden Sie ein Spiel, mit dem Sie den Trick »Viel Geld – wenig Geld« selbst hautnah im Kreis der Familie oder Freunde erleben und entsprechende Verhaltensweisen einüben können. Das Spiel bereitet viel Spaß, jedenfalls spielen meine Enkel es mit großer Begeisterung. Sie werden sehen, daß man bei dem Spiel hellwach sein muß. Meist siegt bei uns ein Enkel, und meist der, welcher die Kasse führt.

Das Spiel ist auf dem bekannten Spiel »Monopoly« aufgebaut, auch heute noch das meistverkaufte Spiel überhaupt. Monopoly wurde zur Zeit der großen Depression in USA von einem arbeitslosen Lehrer entwickelt, und es hat seinerseits noch eine spannende Vorgeschichte, die Sie im Internet nachlesen können. Am besten verwenden Sie die klassische Variante von Monoply, bei der man nur 200 Euro oder Dollar bekommt, wenn man über Los geht. Es werden nur ein paar Veränderungen vorgenommen, die in der Spielanleitung erklärt sind und die man sich leicht merken kann. Ansonsten bleibt alles bei den alten und bekannten Spielregeln.

Das Spiel gewinnt allerdings durch die Änderungen eine rasante Dynamik und erhöht beträchtlich den Spaß am Monoply.

Sie werden sehen, daß durch den schnellen Wechsel zwischen Inflation und Deflation Ihre Sinne geschärft werden für diesen heimtückischen Vorgang, der sich ja normalerweise über mehrere Generationen erstreckt und deshalb immer wieder für Überraschungen sorgt. Die Vorlagen, Tabellen und Karten, die Sie zusätzlich benötigen, finden Sie alle nachfolgend auf den Seiten 314 bis 319. Sie müssen sie nur in einem Computer nachgestalten, auf Karton ausdrucken und ausschneiden. Sie können aber auch eine CD bestellen, auf der bereits alles gespeichert ist, oder auch alle kompletten Zusätze fix und fertig ausgedruckt bestellen, oder auch ein komplettes klassisches Monopoly mit allen Zusätzen darin. Bestellen können Sie das unter *www.silverliberty.de*. Der Kürze halber nennen wir das Spiel »INFLA-DEFLA«.

Spielanleitung »INFLA-DEFLA«

INFLA-DEFLA wird auf der Grundlage des klassischen Monopoly gespielt. Das Ziel des Spieles, nämlich dem Bankrott zu entgehen und als reichster Spieler zu enden, bleibt erhalten, ebenso wie alle Spielregeln des klassischen Monopoly.

Durch die simple Einführung von fünf monetären Szenarien (Goldstandard, Boom, Inflation, Hyperinflation und Deflation) gewinnt das Spiel eine rasante Dynamik, und die Spieler haben ein regelrechtes Aha-

Erlebnis in bezug auf das Funktionieren von Geldpolitik und die Entstehung von Zyklen.

Es empfiehlt sich, das klassische Monopoly zu verwenden, bei dem 200 Euro oder Dollar auf Los ausgezahlt werden. Jeder Spieler erhält 1500 Euro Startkapital. Allerdings werden bei INFLA-DEFLA keine Scheine zu einem Euro ausgezahlt, sondern einfach ein zusätzlicher Fünf-Euro-Schein. Fünf Euro ist also die kleinste Einheit und kleinere Beträge werden einfach auf fünf Euro auf- oder abgerundet. Die Ein-Euro-Scheine gelten bei INFLA-DEFLA als 1000 Euro, die bei der Hyperinflation gebraucht werden.

Zusätzliche Spielausstattung für INFLA-DEFLA:

- acht Tabellen mit Wirtschaftszyklen, also für jeden Spieler eine Tabelle
- fünf Signalkarten (Goldstandard, Boom, Inflation, Hyperinflation und Deflation)
- neun zusätzliche Ereigniskarten
- 18 zusätzliche Gemeinschaftskarten
- 18 Hypothekenmarker (dreimal zweifach, sechsmal vierfach, neunmal zehnfach)
- neun Gold-Unzen
- neun Silber-Unzen

Allgemeine Vorbereitung des Spieles:
Bereiten Sie alles so vor, wie für den normalen Ablauf von Monoply, mit der Ausnahme, daß keine Scheine zu einem Euro ausgezahlt werden.

Zusätzliche Vorbereitung für INFLA-DEFLA:
Geben Sie jedem Spieler eine Zyklentabelle, aus der er ablesen kann, was sich im jeweiligen Zyklus ändert. Legen Sie die Signalkarten in der richtigen Reihenfolge als Stapel auf das Spielfeld. Oben liegt der Goldstandard, dann folgen Boom, Inflation, Hyperinflation, unten liegt Deflation.

Mischen Sie die zusätzlichen Ereignis- und Gemeinschaftskarten in den jeweiligen Stapel oder benutzen Sie nur die INFLA-DEFLA-Karten.

Änderungen im Spielablauf:
Das Spiel verläuft wie beim klassischen Monopoly. Hier werden nur die Änderungen beschrieben, die sich aus den Zyklen zusätzlich ergeben und die alle auch auf den Zyklenkarten ablesbar sind:

1. Die Auszahlungen auf Los ändern sich beträchtlich.
2. Die jeweiligen Bestrafungen, Gebühren und Belohnungen ändern sich beträchtlich im Betrag.
3. Die Bebauungsmöglichkeiten ändern sich. Wenn nicht mehr genügend Hotels oder Häuser da sind, nehmen Sie Knöpfe oder Büroklammern.
4. Die Preise für Grundstücke und Häuser ändern sich beträchtlich. Bei Verkäufen an die Bank gilt jeweils die Hälfte des aktuellen Preises. Man kann zu jeder Zeit während des Spieles Häuser kaufen, wie beim normalen Monoply, also auch, wenn man nicht selbst am Zug ist.
5. Der Beleihungswert ändert sich beträchtlich. Insbesondere in der Hyperinflation kann man viel Geld leihen. Um festzuhalten, ob zweifach, vierfach oder gar zehnfach beliehen wurde, muß der Hypothekenmarker auf das beliehene Grundstück gelegt werden und natürlich auch der zehnfache Betrag an die Bank zurückgezahlt werden, um die Hypothek wieder abzulösen.
6. Die Mieten bleiben aus sozialen Gründen (Mietstop) immer unverändert, so wie es auf den Karten steht. Lediglich bei Bahnhöfen und Versorgern erhöhen sich die Gebühren kräftig.
7. Auf dem Feld FREI PARKEN gibt es zusätzliches Geld. Zunächst sorgt die Bank dafür, daß hier immer Geld liegt, wie auf der Zyklentabelle vorgeschrieben. Zusätzlich gehen alle Gebühren nicht mehr an die Bank, sondern an FREI PARKEN. Wer auf das Feld kommt, erhält den ganzen Reibach.
8. Ein wichtiger Punkt sind die Signalkarten für den jeweils geltenden Zyklus. Immer wenn ein Spieler auf ein Eckfeld kommt, ändert sich der Zyklus. Das heißt, die oberste Signalkarte, z. B. Goldstandard, wird nach unten gelegt, und es beginnt der nächste Zyklus (Boom). Ausnahme: »Gehen Sie in das Gefängnis.« Das zählt nur als ein Zykluswechsel.
9. Jeder Spieler kann sich jeweils, bevor er würfelt, eine Unze Gold oder eine Unze Silber kaufen. Diese können jederzeit mit dem aufgedruckten Betrag 500 Euro bzw. 100 Euro als Geld benutzt werden. Der Vorrat an Gold und Silber ist, wie im richtigen Leben, begrenzt. Hier im Spiel auf jeweils neun Unzen. Die Bank kann also nur verkaufen, solange der Vorrat reicht, bzw. das, was als Geld zurückkommt. Der Vorteil von Gold und Silber ist, daß es auch in der Deflation seinen Wert behält. Es empfiehlt sich also, rechtzeitig immer einen gewissen Vorrat an Gold und Silber anzulegen, bevor das Papiergeld wertlos wird.

Noch ein paar Tips zum Spiel:
Es empfiehlt sich, in der Inflation Schulden zu machen und Sachwerte (Gold und Silber) zu kaufen, damit man in der Deflation liquide ist und billig Häuser und Grundstücke kaufen kann. Bei der Währungsreform zählt man einfach sein Bargeld zusammen, behält zehn Prozent davon und liefert den Rest an die Bank ab. Gold und Silber bleiben davon aber unberührt und können gleich zur Ablösung von Zwangshypotheken und zum Kauf von billigen Häusern benutzt werden. Nur Gold und Silber kann vor Geldentwertung schützen – hat schon Alan Greenspan gesagt.

Es empfiehlt sich auch, am Beginn zwei oder drei Grundstückskarten einfach zu verteilen, damit das Spiel schneller in Schwung kommt. Am Ende des Spieles wird, wie üblich, der reichste Spieler ermittelt. Viel Spaß!

Eine Unze Gold **€ 500** **999 fein**	**Eine Unze Gold** **€ 500** **999 fein**	**Eine Unze Gold** **€ 500** **999 fein**
Eine Unze Gold **€ 500** **999 fein**	**Eine Unze Gold** **€ 500** **999 fein**	**Eine Unze Gold** **€ 500** **999 fein**
Eine Unze Gold **€ 500** **999 fein**	**Eine Unze Gold** **€ 500** **999 fein**	**Eine Unze Gold** **€ 500** **999 fein**

Eine Unze Silber **€ 100** **999 fein**	**Eine Unze Silber** **€ 100** **999 fein**	**Eine Unze Silber** **€ 100** **999 fein**
Eine Unze Silber **€ 100** **999 fein**	**Eine Unze Silber** **€ 100** **999 fein**	**Eine Unze Silber** **€ 100** **999 fein**
Eine Unze Silber **€ 100** **999 fein**	**Eine Unze Silber** **€ 100** **999 fein**	**Eine Unze Silber** **€ 100** **999 fein**

Solidaritätsabgabe Jeder zahlt € 100 an Frei Parken.	**Die Kommunisten haben die Wahl gewonnen** Alles wird in Volkseigentum überführt. Eine Volkskommissar-Figur wird auf LOS gestellt. Der Spieler mit dieser Ereigniskarte würfelt für die Figur, die eine Runde auf dem Brett absolviert. Auf den Feldern, auf denen der Kommissar landet, geht alles Eigentum erstatzlos an ihn. Der Kommissar ignoriert alle Boardregeln wie Ereigniskarten, Gehe ins Gefängnis etc. und wird nach einer Runde vom Brett genommen.	**Finanzkrise** Das Wirtschaftklima verschlechtert sich schlagartig auf Deflation. Folgen Sie allen Anweisungen der Deflation.
Konjunkturprogramm Banker: Lösen Sie alle Hypotheken ab.	**Umverteilung von Rechts nach Links** Jeder Spieler gibt seinen Bargeldbestand an den Spieler zu seiner Linken.	**Urlaub** Sie können drei Runden im Gefängnis ausruhen, aber auch jederzeit gehen. Heben Sie die Karte auf, bis sie benutzt werden soll. Sie können die Karte auch verkaufen.
Enteignung Der Staat dreht eine Enteignungsrunde. Dabei gehen alle Gebäude auf den Grundstücken, auf denen der Staat landet, entschädigungslos an die Bank. Bei Bahnhöfen und Versorgern geht die Karte zurück.	**Bankenkrise** Jeder zahlt 200 € an die Bank. Versuchen Sie, stolz zu sein, daß Sie einen Beitrag leisten durften.	**Konjunkturprogramm** Der Spieler mit dieser Karte stellt einen neuen Stein auf Los und würfelt zwei Runden. Jedes Feld, auf dem er landet, erhält den aktuellen Los-Betrag von der Bank.

Terrorist Eine Terroristen-Figur wird auf LOS gestellt. Der Spieler mit dieser Krisenkarte würfelt für die Terroristen-Figur, die eine Runde auf dem Brett absolviert. Wenn der Terrorist auf einem bebauten Grundstück landet, werden alle Häuser zerstört und an die Bank zurückgegeben. Wenn der Terrorist auf einem unbebauten Grundstück landet, auf einem Bahnhof oder einem Versorgerwerk, wird die Besitzrechtskarte an die Bank zurückgegeben. Der Terrorist ignoriert alle Boardregeln wie Ereigniskarten, Gehe ins Gefängnis etc. und wird nach einer Runde vom Brett genommen.	**Vaterländischer Solidarausgleich** Jeder Spieler gibt seinen Bargeldbestandes an den Spieler zu seiner Rechten.	**Sie erhalten** **Das Geld von Frei Parken**
Subvention Sie erhalten mit dieser Karte 500 € zinsfreien Kredit. Die Karte geht in der Deflation an die Bank zurück, wer immer sie gerade hat.	**Krisenhilfe** Banker: Lösen Sie ohne weitere Erklärung alle Hypotheken ab und zahlen Sie jedem Spieler zusätzlich 200 €. Keine Aufzeichnungen. Je weniger gesagt wird, umso besser.	**Steuerreform** Jeder Spieler zahlt € 500 an die Bank
Gefängniswärter (käuflich) Läßt Sie für € 200 ins Gefängnis und für weitere € 200 wieder frei.	**Goldbesitz wird verboten** Alles Gold geht gegen Zahlung von 500 € pro Unze an die Bank.	**Gold und Silber werden verboten** Alles geht gegen Zahlung des Unzenpreises an die Bank.

Hypothek Beleihung vierfach	Hypothek Beleihung zehnfach
Hypothek Beleihung zehnfach	Hypothek Beleihung zweifach
Hypothek Beleihung vierfach	Hypothek Beleihung vierfach
Hypothek Beleihung zehnfach	Hypothek Beleihung zehnfach
Hypothek Beleihung zehnfach	Hypothek Beleihung zehnfach

Goldstandard	Boom	Inflation	Hyperinflation	Deflation
Auszahlung Los: 0	**Auszahlung Los: 300**	**Auszahlung Los: 500**	**Auszahlung Los: 1000**	**Auszahlung Los: minus 10**
	Aus- und Einzahlungen: Gutes + Schlechtes doppelt	**Aus- und Einzahlungen:** Gutes + Schlechtes dreifach	**Aus- und Einzahlungen:** Gutes + Schlechtes vierfach	**Währungsreform 1:10** 90% des Bargeldes gehen an die Bank sowie alle beliehenen Grundstücke – Gold und Silber werden davon nicht betroffen. Auf noch vorhandene Grundstücke wird eine Zwangshypothek eingetragen (Karten werden umgedreht)
Bebauung: max. ein Hotel	**Bebauung:** max. zwei Hotels	**Bebauung:** unbegrenzt	**Bebauung:** unbegrenzt, auch wenn noch nicht komplett	**Bebauung:** maximal ein Hotel, alles darüber geht an die Bank
	Grundstücke + Häuser Preise normal	**Grundstücke + Häuser** Preise verdoppeln sich	**Grundstücke + Häuser** Preise vierfach	**Grundstücke + Häuser** halber Preis
	Beleihungswert zweifach	**Beleihungswert vierfach**	**Beleihungswert zehnfach**	
	Bahnhöfe: Jetzt doppelte Gebühr	**Bahnhöfe:** 3fache Gebühr	**Bahnhöfe:** vierfache Gebühr	**Bahnhöfe:** wieder normal
	Strom und Wasser: Augen sechsfach für ein Werk Augen 15fach für zwei Werke	**Strom und Wasser:** Augen zehnfach für ein Werk Augen 25fach für zwei Werke	**Strom und Wasser:** Augen 15fach für ein Werk Augen 50fach für zwei Werke	**Strom und Wasser:** wieder normal
	Freies Parken: Mindestbestand 300 Alle Gebühren gehen hierhin Besucher erhält alles	**Freies Parken:** Mindestbestand 500 Alle Gebühren gehen hierhin Besucher erhält alles	**Freies Parken:** Mindestbestand 1000 Alle Gebühren gehen hierhin Besucher erhält alles	**Freies Parken:** Sparschwein geht an die Bank, sonst wieder normal

Ausgewählte Bibliographie

Addison, C. G.: *The Knights Templar*, 1842
Baader, Roland: *Geld, Gold und Gottspieler*, 2004
Baigent und Leigh: *The Temple and the Lodge*, 1989
Barnett: *The Crime of 1873 Reexamined*, 1964
Bernstein, Peter: *The Power of Gold*, 2000
Blanchard, James, U.: *Silver Bonanza*, 1993
Bonus, Holger: *Wertpapiere, Geld und Gold*, 1990
Derrida, Jacques: *Falschgeld*, 1991
Dunbar, Nicolas: *Inventing Money*, 2001
Engels, Wolfram: *Der Kapitalismus und seine Krisen*, 1996
Eucken, Walter: *Die Grundlagen der Nationalökonomie*, 1950
Friedman, Milton: »The Crime of 1873« in: *Journal of Political Economy*, 1990
Gesell, Silvio: *Die natürliche Wirtschaftsordnung*, 1916
Goethe, Johann W., von: *Faust*, Teil 2
Greenspan, Alan: »Fostering Financial Innovation« in: Dorn: *The Future of Money*, 1997
Greenspan, Alan: »Gold and Economic Freedom« in: Rand: *Capitalisme – The Unknown Ideal*, 1967
Griffin, G. Edward: *The Creature from Jekyll Island*, 2005
Gaettens, Richard: *Geschichte der Inflationen*, 1957
Hayek, Friedrich A., von: *Entnationalisierung des Geldes*, 1977
Harvey, William, H.: *Coin's Financial School*, 1894
Jastram, Roy, W.: *The Golden Constant*, 1977
Jastfram, Roy, W.: *Silver, The Restless Metal*, 1981
Knapp, Georg: *Staatliche Theorie des Geldes*, 1923
Lietaer, Bernard, A.: *Das Geld der Zukunft*, 1999
Lips, Ferdinand: *Die Goldverschwörung*, 2004
Martin, P.C.: *Der Kapitalismus – Ein System, das funktioniert*, 1986
Müller, Jürgen: *Generation Gold*, 2006
Rist, Charles: *Geschichte der Geld- und Kredittheorien*, 1947
Rothbard, Murray, N.: *Das Scheingeldsystem*, 1990
Schacht, Hjalmar: *Magie des Geldes*, 1966
Schulz, Karsten: *Digitales Geld*, 2000
Schlesinger, Helmut: *Staatsverschuldung – ohne Ende*, 1993
Smith, Jerome: *Silver Profits in the '80s*, 1982
Sprengler, Bernd: *Das Geld der Deutschen*, 1991
Terres, Paul: *Die Logik einer wettbewerblichen Geldordnung*, 1999
Turk, James & Rubino, J.: *The Coming Collapse of the Dollar*, 2004
Veit, Otto: *Reale Theorie des Geldes*, 1966
Wagemann, Ernst: *Wo kommt das viele Geld her?*, 1940
Weimer, Wolfram: *Die Geschichte des Geldes*, 1994
Wilder, Thornton: *Die Brücke von San Luis Rey*, 1927
Williams, Jeffrey: *Manipulation on Trial, The Hunt Silver Case*, 1995
Zarlenga, Stephen: *Der Mythos vom Geld – Die Geschichte der Macht*, 1998
Zweig, Stefan: *Die Welt von Gestern*, 1942